NAG HAMMADI STUDIES
VOLUME XII

NAG HAMMADI STUDIES

EDITED BY

MARTIN KRAUSE - JAMES M. ROBINSON
FREDERIK WISSE

IN CONJUNCTION WITH

ALEXANDER BÖHLIG - JEAN DORESSE - SØREN GIVERSEN
HANS JONAS - RODOLPHE KASSER - PAHOR LABIB
GEORGE W. MACRAE - JACQUES-É. MÉNARD -
TORGNY SÄVE-SÖDERBERGH
WILLEM CORNELIS VAN UNNIK - R. McL. WILSON
JAN ZANDEE

XII

VOLUME EDITOR
MARTIN KRAUSE

LEIDEN
E. J. BRILL
1978

DIE POLEMIK DER GNOSTIKER GEGEN DAS KIRCHLICHE CHRISTENTUM

Unter besonderer Berücksichtigung der Nag-Hammadi-Traktate
„Apokalypse des Petrus" (NHC VII,3)
und
„Testimonium Veritatis" (NHC IX,3)

VON

KLAUS KOSCHORKE

LEIDEN
E. J. BRILL
1978

ISBN   90 04 05709 9

INHALTSVERZEICHNIS

VORWORT

Die vorliegende Arbeit stellt die nur unwesentlich überarbeitete Fassung meiner Dissertation dar, die im Dezember 1976 von der Theologischen Fakultät der Universität Heidelberg angenommen worden ist. Sie ist das Ergebnis längerdauernder Beschäftigung mit dem im Thema angegebenen Problemkreis, der für die Ketzerpolemik der katholischen Gegenseite meine Vorstudie über die Refutatio Hippolyts entspricht. Zu danken habe ich meinen Lehrern in Heidelberg und in Tübingen: Herrn Prof. A. Schindler, dessen intensive Förderung und kritische Begleitung der kirchengeschichtlichen Seite dieser Arbeit zugute gekommen ist; Herrn Prof. D. Lührmann (jetzt Bethel), der mich in den neutestamentlichen Aspekten dieser ursprünglich enger beim Neuen Testament liegenden Arbeit beraten hat; den Herren Proff. C. D. G. Müller (jetzt Bonn), A. Böhlig und E. Otto †, die mich in die Grundlagen der koptischen Sprache und Grammatik eingewiesen und mein Studium der koptisch-gnostischen Texte begleitet haben. Mein Dank gilt weiter James Brashler (Claremont), der mir wichtige Anstöße bei der Themenwahl gegeben hat. Für die großzügige Bereitstellung von Arbeitsmaterialien und die Möglichkeit, selbst die koptischen Originale der Nag-Hammadi-Texte in Alt-Kairo studieren zu können, bin ich Herrn Prof. J. M. Robinson und den Mitgliedern des Claremont-Teams zu Dank verpflichtet. Ganz besonders aber habe ich meinem Freund Dr. F. Wisse zu danken, der als kritischer Gesprächspartner und exzellenter Kenner der Bibliothek von Nag Hammadi die vorliegende Arbeit entscheidend gefördert hat.

Herr Prof. M. Krause hat als der zuständige Herausgeber das Erscheinen dieser Arbeit in den „Nag Hammadi Studies" ermöglicht; dafür gilt ihm mein Dank.

Klaus Koschorke

TAFEL DER NAG-HAMMADI-TRAKTATE, ABKÜRZUNGEN

NHC		Nag-Hammadi-Codex
NHCI,1	OrPl	Das Gebet des Apostel Paulus
I,2	EpJac	Epistula Jacobi Apocrypha
I,3	EvVer	Evangelium Veritatis
I,4	Rheg	Der Brief an Rheginos über die Auferstehung
I,5	TracTrip	Tractatus Tripartitus
II,1	AJ	Das Apokryphon des Johannes
II,2	EvTh	Das Thomasevangelium
II,3	EvPh	Das Philippusevangelium
II,4	HA	Die Hypostase der Archonten
II,5	OrigMund	Vom Ursprung der Welt
II,6	ExAn	Die Exegese über die Seele
II,7	LibTh	Das Buch des Thomas
III,1	AJ	Das Apokryphon des Johannes
III,2	EvAeg	Das Ägypterevangelium
III,3	Eug	Eugnostos, der Selige
III,4	SJC	Sophia Jesu Christi
III,5	Dial	Der Dialog des Erlösers
IV,1	AJ	Das Apokryphon des Johannes
IV,2	EvAeg	Das Ägypterevangelium
V,1	Eug	Eugnostos, der Selige
V,2	ApcPl	Die Apokalypse des Paulus
V,3	1ApcJac	Die erste Apokalypse des Jakobus
V,4	2ApcJac	Die zweite Apokalypse des Jakobus
V,5	ApcAd	Die Apokalypse des Adam
VI,1	ActPt	Die Taten des Petrus und der zwölf Apostel
VI,2	Bront	Der Donner: vollkommener Nus
VI,3	AuthLog	Authentikos Logos
VI,4	Noema	Der Gedanke unserer großen Kraft
VI,5	—	Plato Politeia 588B-589B
VI,6	OgdEnn	De Ogdoade et Enneade
VI,7	Or	Oratio
VI,8	Ascl	Asklepios
VII,1	ParSem	Die Paraphrase des Sēem
VII,2	2LogSeth	Der zweite Logos des großen Seth
VII,3	ApcPt	Die Apokalypse des Petrus
VII,4	Silv	Die Lehren des Silvanus
VII,5	StelSeth	Die drei Stelen des Seth
VIII,1	Zostr	Zostrianus
VIII,2	EpPt	Epistula Petri ad Philippum
IX,1	Melch	Melchisedek
IX,2	Nor	Der Gedanke der Norea
IX,3	TestVer	Testimonium Veritatis
X	Mars	Marsanes
XI,1	Inter	Die Interpretation der Gnosis
XI,2	ExpVal	Valentinianischer Traktat
XI,3	Allog	Allogenes
XI,4	Hyps	Hypsiphrone

NHCXII,1	SSex	Die Sextussprüche
XII,2	EvVer	Evangelium Veritatis
XII,3	Frgm	Fragmente
XIII,1	Prot	Die dreigestaltige Protennoia
XIII,2	OrigMund	Vom Ursprung der Welt
BG		Codex Berolinensis Gnosticus 8502
Cod.Askew.		Codex Askewianus
Cod.Bruc.		Codex Brucianus
PS		Pistis Sophia
1 Jeu		1. Buch des Jeu
2 Jeu		2. Buch des Jeu

Die Liste der Abkürzungen der Nag-Hammadi-Traktate basiert auf der vom ,,Berliner Arbeitskreis für koptisch-gnostische Schriften'' vorgeschlagenen (in: K.-W. TRÖGER [Ed.], Gnosis und Neues Testament, Berlin 1973, 20f), die sie zu vervollständigen, zu vereinheitlichen und zu straffen sucht. — Die Namen der wichtigsten Häresiologen werden durchgehend in abgekürzter Form angegeben: Iren. = Irenäus (Adversus haereses); Hipp. = Hippolyt (Refutatio); Tert. = Tertullian; Clem.Al. = Clemens Alexandrinus; Orig. = Origenes; Epiph. = Epiphanius. Die sonstigen Abkürzungen sind die von ,,Die Religion in Geschichte und Gegenwart'', 3. Auflage, 1957-1965, oder verstehen sich von selbst. Zitiert wird bei Monografien und Einzelbeiträgen nach der im Literaturverzeichnis angegebenen Abkürzung, bei Zeitschriftenaufsätzen und Lexikonartikeln nach Verfasser sowie Zeitschrift (bzw. Lexikon).

TEIL I

EINLEITUNG

A. Die Fragestellung

Die Auseinandersetzung zwischen kirchlichem und gnostischem Christentum zählt zu den wichtigsten Vorgängen in der Geschichte des Christentums der ersten Jahrhunderte. Das gilt sowohl für die Zeit des Kampfes selbst — in der der rechtgläubige Flügel nur mühsam den phasenweise überlegenen gnostischen Rivalen abzudrängen vermochte — wie auch im Hinblick auf die Folgezeit, für die diese Auseinandersetzung in ihren Ergebnissen prägend geworden ist. Umso bedauerlicher ist es, wie wenig wir im Grunde auf diesem so wichtigen Feld Bescheid wissen. Das liegt an dem *doppelten Defizit der Quellen*, auf denen unsere bisherige Kenntnis dieses Gegensatzes beruht. 1. Zum einer können wir diesen Vorgang der Auseinandersetzung bislang im Grunde *nur aus der Sicht der* einen, nämlich der siegreichen *kirchlichen Seite* nachzeichnen. A. v. Harnack hat es als die wichtigste Aufgabe der Gnosisforschung bezeichnet, ,,den Gegensatz und Kampf zwischen der Kirche und dem Gnostizismus samt den Ergebnissen und dem Kampfplatz so zu erfassen, *wie ihn die Gegner selbst erfaßt haben* und wie er wirklich gewesen ist" [1]. Wer dieser Formulierung zustimmt, muß angesichts des fast vollständigen Mangels an gnostischen Originalzeugnissen [2] sofort hinzufügen, daß die Lösung dieser Aufgabe bislang eben nur zur *einen* Hälfte möglich gewesen ist. Denn für das, was wir im kirchlichen Bereich etwa in den Werken des Irenäus, Tertullian, Origenes, Ephraem oder — auf einem anderen, nicht-theologischen Niveau — in Schriften in der Art der Epistula Apostolorum oder des 3. Korintherbriefes vor uns haben, fehlt uns auf gnostischer Seite bisher jegliche Entsprechung. — 2. Erschwerend kommt nun aber hinzu, daß uns die häresiologische Überlieferung der Kirche gerade für die so außerordentlich wichtigen *Jahrzehnte vor Iren.* im Stich läßt, in die die

---

[1] Harnack ThL 33 (1908) 10; Hervorhebung von mir.
[2] Die wichtigste Ausnahme ist der Brief des Ptolemäus an Flora. Die Pistis-Sophia-Literatur spiegelt (chronologisch wie sachlich) eine untypische Spätform der Gnosis wider, die Mandaica stehen in einem anderen geschichtlichen und kulturellen Rahmen etc.

entscheidende Ausprägung der frühkatholischen Kirche fällt: denn
aus dieser Zeit sind uns keine antignostischen Werke erhalten.
Dieser Tatbestand wird meist einfach dem Zufall der Überlieferung
oder dem mangelnden Interesse einer späteren Zeit an vergangenen
Kontroversen angelastet und entsprechend gefolgert: „Die Art
und Weise, wie man in ältester Zeit kirchlicherseits den Gnostizismus bekämpfte, ist vorzugsweise dem großen Werke des hl. Irenäus
... zu entnehmen" ³. Daß dieser Analogieschluß nicht zulässig ist,
spricht kein anderer aus als Iren. selbst. Denn bei aller Hochachtung
vor seinen ketzerbestreitenden Vorgängern muß er dennoch deren
Versagen im Kampf gegen den gefährlichsten Gegner, die valentinianische Gnosis, konstatieren: „Quapropter hi qui ante nos fuerunt,
et quidem multo nobis meliores, *non tamen satis potuerunt contradicere* his qui sunt a Valentino, quia ignorabant regulam ipsorum"
(IV praef. 2). Dieses — indirekt auch durch Tert.adv.Val. 5 gestützte — Zeugnis desjenigen Kirchenmannes, der mit seinem Werk
maßgeblich für die ganze folgende häresiologische Tradition geworden ist, zeigt, daß es nicht Zufall ist, sondern mangelnde Eignung, was die antignostischen Werke der früheren Zeit verschwin-
den ließ ⁴.

  Durch den *Fund der Bibliothek von Nag Hammadi* hat sich diese
mißliche Quellenlage nun in der ersten, entscheidenden Hinsicht
von Grund auf geändert. Denn nun stehen uns nicht nur in großer
Fülle gnostische Selbstdarstellungen zur Verfügung, sondern darunter in erstaunlicher Anzahl gerade auch solche Texte, die — ire-
nisch oder polemisch — das Verhältnis zum kirchlichen Christentum reflektieren. Dabei greifen diese in einer Vollständigkeit die
zwischen Gnosis und Kirche zur Diskussion stehenden Fragen auf,
mit der man nicht zu rechnen gewagt hätte. Besonders wichtig ist
dabei der Umstand, daß in diesen Texten die kirchlichen Opponenten meist klar als solche identifiziert werden. So hören wir etwa
von dem „Bischof" und den „Diakonen" im gegnerischen Lager
(ApcPt [NHC VII,3]), erfahren, daß die Orthodoxen die Gnostiker

---

³ BARDENHEWER Geschichte I 384.
⁴ Zur genaueren Diskussion von Iren. IV praef. 2 s. S. 242-246; cf. S. 204ff.
Cf. auch SCHWARTZ Aporien 126 über die antignostische literarische Polemik
der Kirche: „diese Polemik ist es nicht gewesen, was ihr den Sieg brachte,
sie setzt sogar, wenn die spärliche und chronologisch unsichere Überlieferung
nicht täuscht, mit voller Kraft erst ein, nachdem der Kampf entschieden
ist". Weiter CARPENTER JThS NS 14 (1963) 297; KOSCHORKE Hippolyt
93f.25ff.

,,im Namen Christi" verfolgen (2LogSeth [NHC VII,2]), werden
über die gegnerischen ,,Häresien" belehrt (zB NHC I,4 IX,3) und
finden die Gegner durch Namensnennung (NHC VII,3 IX,3 VI,4)
oder — so meistens — durch Zitierung ihrer Anschauungen kenntlich gemacht. Diese Texte darzustellen und auszuwerten, ist das
Ziel der vorliegenden Arbeit. Die uns interessierenden Traktate gehören dabei vorwiegend zu den Teilen der Nag-Hammadi-Bibliothek, die entweder noch gar nicht ediert sind oder die erst in jüng-
ster Zeit der Öffentlichkeit zugänglich gemacht worden sind und
deshalb noch kaum Bearbeitung erfahren haben. Es ist insofern
Neuland, das es zu erschließen gilt.

Das zweite oben angesprochene Defizit der herkömmlichen Quellen, nämlich der Ausfall der antignostischen Literatur aus der Zeit
vor Iren., kann durch die neuen gnostischen Texte naturgemäß
nicht beseitigt werden. Wohl aber können diese zu einem unvorein-
genommenen Verständnis des Tatbestandes verhelfen, den Iren.
für seine Gegenwart zu beklagen hat, an dem er seine ketzerbestreitenden Vorgänger gescheitert sieht und der der kirchlichen
Orthodoxie noch bis hin zur Zeit des Epiphanius zu schaffen macht:
daß nämlich die häretischen Gnostiker nach außen hin nicht als
solche zu identifizieren sind, daß sie zwar ,,Ähnliches wie die Gläubigen sprechen, darunter aber nicht nur Unähnliches, sondern sogar
Entgegengesetztes und durchaus Gotteslästerliches verstehen"
(Iren. III,17,4). Dieser Sachverhalt, von den Ketzerbestreitern beklagt, aus den gnostischen Originalzeugnissen heraus genauer verständlich, gibt über das Verhältnis der Kontrahenten zueinander
und die Umstände ihrer jahrhundertelangen Auseinandersetzung
genau so wichtigen Aufschluß wie die Diskussion der einzelnen
kontroversen Fragen. Denn er zeigt an, daß sich der Gegensatz der
christlichen Gnostiker gegenüber dem Gemeindechristentum, wie
er für uns am deutlichsten in ihrer Polemik zutage tritt, in ganz
anderer Weise äußert und auf ganz andere praktische Konsequenzen
hintendiert, als es die Polemik der Häresiologen, aber auch die
Frontstellung eines Markion gegenüber dem katholischen Teil der
Christenheit tut [5]. Dieser Sachverhalt wird in der vorliegenden
Arbeit ebenfalls ausführlich erörtert werden.

---

[5] Die Markioniten lästern den Demiurgen ,,durch klare Worte", ,,die
Valentinianer und alle fälschlich so genannten Gnostiker" hingegen durch
,,Umdeutung der Lehre" (Iren. V,26,2): diese Kontrastierung finden wir
regelmäßig (s. S. 178f. 189-192).

B. Gnosis als kirchengeschichtlicher Faktor

Es ist also eine ausgesprochen kirchengeschichtliche Fragestellung, unter der im Folgenden gnostische Zeugnisse untersucht werden sollen. Die vorliegende Arbeit fragt nach den unterschiedlichen Äußerungen der verschiedensten gnostischen Gruppierungen über das kirchliche Christentum [6]. Insbesondere aber sucht sie Genaueres zu erfahren über die Artikulationsweise, das Erscheinungsbild sowie die Beurteilung des Gemeindechristentums durch die *christlich*-gnostischen Häresien — jene Gruppierungen also, die nicht bloß einzelne christliche Elemente einer vorgegebenen Mythologie einverleibten, sondern die durch ihre gnostische Deutung der *gemein* christlichen Tradition der kirchlichen Orthodoxie Rivale sein konnten und es zeitweilig auch überaus erfolgreich waren. Sie zielt also ab auf jene Gnosis, die aufgrund ihrer inneren Struktur, ihrer äußeren Verbreitung sowie ihres Selbstverständnisses ein kirchengeschichtlich relevanter Faktor gewesen ist.

Diese kirchengeschichtliche Fragestellung ist in verschiedener Hinsicht zu präzisieren und gegen mögliche Mißverständnisse abzusichern. Zum einen steht sie nicht in Gegensatz zu einer *religionsgeschichtlichen Betrachtungsweise* der Gnosis, die diese im Kontext und in ihrer Verwurzelung im spätantiken Synkretismus zu verstehen sucht. Beide Fragestellungen sind zwar deutlich zu unterscheiden [7], nicht aber einander entgegengesetzt. Sie haben eher als komplementär zu gelten, da sie sich im Grunde auf parallele Entwicklungen in unterschiedlichen Traditionsbereichen beziehen [8]. — Es ist bedauerlich, daß die Vertreter beider Sichtweisen der Gnosis häufig im Sinn faktischer Alternativen gegeneinander argu-

---

[6] Die manichäische und die mandäische Gnosis liegt außerhalb des Rahmens unserer Arbeit. Zur antichristlichen Polemik der letzteren cf.: Rudolph WZ Leipzig 7 (1957/58) Ges.Spr. wiss.R. 5 651-659; ders. Mandäer I 34ff.70ff.

[7] Das zeigt sich v.a. in der Frage, für welche Gruppen innerhalb des breiten gnostischen Spektrums welche Texte repräsentativ sind. Als Musterbeispiele des gnostischen Synkretismus sind etwa die Naassenerpredigt (Hipp. V,7ff) oder das Diagramm der Ophianer des Celsus (Orig.c.C. VI,24ff) Dokumente allerersten Ranges. Für den christlichen Bereich jedoch sind die hinter ihnen stehenden Gruppen ohne Bedeutung, kirchengeschichtlich also irrelevant. Für die Ophianer spricht dies Orig. klar aus (c.C. VI,24.26), und die Naassener werden von Hipp. (der sie nicht aus eigener Anschauung kennt: s. Koschorke Hippolyt 29f.64ff.82f) nur aus polemischen Gründen an exponierter Stelle plaziert (um so gleich zu Beginn seines Ketzerwerkes die heidnische Herkunft der Häresien sinnenfällig vor Augen führen zu können). Cf. S. 207. 218f. 238f.

[8] Cf. die Skizze bei Wisse VigChr 25 (1971) 222f.

mentiert haben, sofern auf der einen Seite die Existenz oder Bedeutung der außerchristlichen Gnosis in Abrede gestellt wird, auf der anderen Seite die christliche Gnosis nur als zeitlich und sachlich sekundäres Mischprodukt zweier ursprünglicherer Größen, nämlich der gnostischen und der christlichen Religion, in den Blick kommt. Nun kann zum einen allerspätestens seit der Bibliothek von Nag Hammadi mit ihren Beispielen lupenreiner paganer Gnosis — verwiesen sei etwa auf die Traktate NHC VII,5 VIII,1 IX,2 X XI,3.4 — kein Zweifel mehr an Existenz und Verbreitung einer außerchristlichen Gnosis bestehen. Umgekehrt läßt aber gerade dieses angewachsene Vergleichsmaterial — zusammen mit dem Wegfall des Zwanges, die Berechtigung einer religionsgeschichtlichen Betrachtungsweise unter Nachweis stellen zu müssen — die Frage nach der spezifischen Ausprägung gerade der christlichen Gnosis umso dringlicher erscheinen. Das gnostische Denken konstituiert sich, wie noch genauer zu begründen sein wird [9], als solches nicht in einem abgeschlossenen Ganzen religiöser Anschauungen bzw. eines mythologischen Systems, sondern in der einheitlichen — „entweltlichenden" — Grundtendenz bei der Deutung vorgegebener religiöser Traditionen. Die christliche Traditionsbildung aber hat sehr anders als die im paganen Bereich ausgesehen, zwangsläufig also auch die darauf aufbauende Gnosis. Diese spezifische Unterschiedenheit der christlichen Gnosis gegenüber der heidnischen ist gerade im Hinblick auf das Verhältnis von gnostischem und kirchlichem Christentum von grundlegender Bedeutung.

Zum andern ist die Frage nach der kirchengeschichtlich relevanten Gnosis nicht einfach gleichzusetzen mit der Frage nach *Gnosis als Faktor der Dogmengeschichte*. Das wäre eine bedenkliche Einengung. Denn die kirchengeschichtliche Bedeutung der christlichen Gnosis besteht zunächst einfach in ihrer Verbreitung und ihrem Einfluß jeweils an einem ganz bestimmten Ort zu einer ganz bestimmten Zeit, während ihre dogmengeschichtliche Bedeutung zu bestimmen ist als der Beitrag, den sie in Synthese wie in Antithese zur kirchlichen Dogmenbildung geleistet hat, also eher im wirkungsgeschichtlichen Moment (auf die Folgezeit) liegt. HARNACK etwa gebraucht beide Begriffe in der Gnosisdarstellung seiner Dogmengeschichte weitestgehend deckungsgleich (zB Dogmengeschichte I 248ff). Dahinter steht ein bestimmtes Gnosisverständnis: Gnosis

---

[1] Cf. Teil IV.C (S. 204-219).

ist für ihn als „Religionsphilosophie", die nicht von einem soteriologischen, sondern einem „speculativ-wissenschaftlichen" Interesse
geleitet sei [10], wesentlich Sache der „Gebildeten" (zB S. 252f), weshalb HARNACK den Gnostizismus der „kleinen Leute" im Grunde
nur in jenem superstitiösen „Kehricht" „der Armen und Armseligen"
sehen kann, wie er „in Fragmenten, in Zaubersprüchen und in ent-
wurzelten Riten zu den untersten Klassen stückweise herabsinkt":
„Diese ‚Gnostiker' haben mit einem Valentin soviel gemeinsam wie
eine Kartenschlägerin mit Plato und können die Kirchengeschichte
natürlich so wenig interessieren wie jene Damen" (S. 249). Eine
solche Grenzziehung zwischen der Gnosis der Gebildeten und der
Gnosis der einfachen Leute scheint mir in ihrer Gesamttendenz ausgesprochen problematisch zu sein. Denn sie droht wesentliche Aspekte der Auseinandersetzung zwischen kirchlichem und gnostischem Christentum zu verdecken, wie sie sich etwa bei Iren. oder
Tert. darstellt. Diese haben nämlich mit einem Gegner zu tun, der
mit seiner Predigt gerade bei der „Menge" der „Einfältigen" Erfolg hat (Iren. III,15,2; I praef.), der gerade die „multi rudes" und
„simplices plures" in Verwirrung stürzt (Tert.resurr. 2), mit seiner
Schriftauslegung die Masse des Gemeindechristentums beeindruckt
(Tert.praescr. 18f 8,1), in seiner Deutung des Bekenntnisses „bei
Unterredungen häufig die Unsrigen zu fangen vermag" (Tert.
resurr. 19) oder dem Tert. in den disputiersüchtigen gnostischen
Weibern entgegentritt (praescr. 41,5). — Im übrigen dürfte die
dogmengeschichtliche Bedeutung der christlichen Gnosis nicht nur
in jenen (v.a. der philosophisch geprägten Gnosis zuzuordnenden)
Momenten und Denkformen liegen, in denen sie laut HARNACK die
spätere kirchliche Dogmenbildung „antizipiert" habe [11]. Prägend für
die Folgezeit ist das gnostische Christentum mindestens ebensosehr
einfach darin gewesen, daß es seine ureigenen Fragestellungen un-

---

[10] Dogmengeschichte I 292f. Diese Leugnung des soteriologischen Ausgangspunktes der Gnosis ist fatal. Ihre Unhaltbarkeit ergibt sich schon aus
einer Stelle wie Tert.resurr. 2 („sub obtentu quasi *urgentioris* causae, id
est ipsius *humanae salutis ante omnia requirendae*, a quaestionibus resur-
rectionis incipiunt").

[11] Also zum einen in dem formalen Element der Umwandlung des Christentums in ein „System von Lehren", zum andern in den materialen Ent-
sprechungen (wie der Aussage von der Homoousie zwischen Vater und
Sohn, den Formeln zur Bestimmung der innerpleromatischen Relationen,
der Zwei-Naturen-Lehre etc), in denen die spätere trinitarische und christologische Debatte der Kirche antizipiert sei. S. HARNACK Dogmengeschichte I 277-292.

überhorbar zur Geltung gebracht und seinen orthodoxen Opponenten aufgezwungen hat.

Die untere Grenze des in dieser Untersuchung ins Auge gefaßten Zeitraums liegt etwa beim Schrifttum des Ignatius. Die nach wie vor umstrittene Frage, wieweit Gnosis als Auslegungshintergrund des Neuen Testaments in Frage kommt, liegt also außerhalb des Horizonts dieser Arbeit. Diese Frage ist angesichts der in dieser Arbeit vorausgesetzten (und weitergeführten) Unterscheidung von paganer, christlicher und (nur äußerlich) christianisierter Gnosis [12] offengehalten.

C. Quellen

Auch nach dem Fund der gnostischen Originalschriften von Nag Hammadi bleibt ein genaues Studium der *patristischen Zeugnisse* unerläßlich. Zum einen geben allein sie uns die notwendigen äußeren Daten über Zeit, Ort, zahlenmäßige Stärke etc. der unterschiedlichen gnostischen Gruppierungen an die Hand, die die neuen Texte ihrer Natur nach nicht bieten können. Wichtig sind dabei insbesondere jene Berichte, durch die wir etwas über das äußere Erscheinungsbild der Gnostiker, ihre Selbstdarstellung in Mission und bei Streitgesprächen, ihre Verteidigung gegenüber kirchlichen Attacken etc kennenlernen. So erfahren wir etwa, daß die Gnostiker selbst ganz andere ,,Folgerungen" aus ihren Lehren ziehen, als sie der Antignostiker Clemens für geboten hält (Clem.Al.str. VII,97,2); daß sie die Darstellung ihrer Lehren durch den Ketzerbestreiter Tert. rundherum für ,,fingiert" erklären und statt dessen beanspruchen, die ,,communis fides" zu vertreten (Tert.adv.Val. 5.1); daß sie selbst den Sinngehalt ihrer Aussagen über die Beschaffenheit des Pleroma ganz anders bestimmen, als dies der Kirchenmann Iren. meint tun zu müssen (Iren. II,15,3; cf. II,5,2 8,2 13,10); etc. Gerade auch zur Kenntnis der Umstände der Auseinandersetzung beider Kontrahenten ist es von erheblicher Bedeutung, daß die kirchlichen Ketzerbestreiter dort, wo sie ihre gnostischen Gegner aufgrund eigener Anschauung schildern, meist ein ganz anderes Bild von diesen zeichnen als dort, wo sie einfach die häresiologische Tradition reproduzieren [13]. Daraus ergibt sich die Notwendigkeit, sehr viel stärker die

---

[12] Cf. S. 207f. 218f. 238f. 4 Anm. 7.
[13] Als Beispiel diene Tert.s Schrift Adversus Valentinianos, wo sich seine eigene Schilderung der Valentinianer in c. 1(-5) — sie sind äußerlich von den

patristischen Zeugnisse auf ihre jeweiligen Kenntnisquellen hin zu befragen und ihren Wert entsprechend abzustufen, als dies gemeinhin geschieht.

Daß die Texte der *Nag-Hammadi-Bibliothek* für unsere Fragestellung erstaunlich umfangreiches Material zur Verfügung stellen, wurde bereits eingangs erwähnt. Die wichtigsten Traktate sind ApcPt (NHC VII,3) und TestVer (NHC IX,3). Besondere Beachtung verdient weiter „Der zweite Logos des großen Seth" (NHC VII,2), der von der ersten bis zur letzten Zeile bestimmt ist durch den Gegensatz zur katholischen „Nachahme"-„Kirche", die gegründet ist auf der „Lehre von einem Toten" (60,22), die dem Judengott verfallen ist und deren Mitglieder die Gnostiker „im Namen Christi" verfolgen (59,21ff). Die noch nicht edierte „Interpretation der Gnosis" (NHC XI,1) ist als die erste bekanntgewordene gnostische Gemeindeordnung einzustufen (!); ihre stark an 1Kor 12. 8 Rm 12. 14 anklingenden Mahnungen sind an eine Gemeinschaft gerichtet, die zerrissen ist durch „Neid" und Mißgunst zwischen den gnostischen Charismatikern und den psychischen Mitchristen. Unter den übrigen themarelevanten Texten [14] sind insbesondere jene hervorzuheben, die sich gegen nicht-katholische Opponenten wenden. So haben wir in Melch (NHC IX,1) eine gnostische Polemik gegen die Vertreter einer doketistischen Christologie vor uns, und Noema (NHC VI,4) warnt vor den „Anhomöern, schlechten Häresien ohne Bestand". Noema ist zugleich ein Beispiel dafür, daß auch die Polemik der Gnostiker einfach geläufigen Ketzerschablonen folgen kann [15].

Kirchenchristen nicht zu unterscheiden und bekräftigen die „communis fides" — von der Fremdartigkeit ihres in c. 6ff referierten Systems betont abhebt, dessen Kenntnis Tert. allein dem Iren. verdankt. S. S. 204-207.

[14] Zu nennen sind v.a.: EvPh (NHC II,3); Auth (NHC VI,3); EpPt (NHC VIII,2); EpJac (NHC I,2); Rheg (NHC I,4); LibTh (NHC II,7); 2ApcJac (NHC V,4); TracTrip (NHC I,5); ParSem (NHC VII,1).

[15] In Noema 40,5-9 ist mit WISSE (VigChr 25 [1971] 208 Anm. 16) das NIⲀⲚ2ⲟⲘⲞⲒⲟⲚ personal zu fassen. Motive für diese Polemik gegen die Anhomöer sind schwer zu finden. Kontroverschristologisches Interesse — cf. des Arius' Charakterisierung seiner Christologie als antignostisch (OPITZ Urk. 6,3) — scheidet aus in einer Schrift, die von Christus nur weiß, daß er „die große Kraft erkennt" (40,26f). Auch die Nachricht über tätliche Auseinandersetzungen zwischen Arianern und Valentinianern in Edessa (Julian.Ap.ep. 115 BIDEZ I/2 196,6-9) hilft kaum weiter. Am wahrscheinlichsten ist die Erklärung WISSES: die Nennung der Anhomöer im Kontext eines allgemeinen Lasterkataloges ist als Nachwirkung eines Ketzerplakates in der Art von Epiph.pan. 76,4,8ff zu verstehen.

D. Der Aufbau der Arbeit

Mit ApcPt (*Teil II*) und TestVer (*Teil III*) werden zwei Texte paradigmatisch analysiert, die sich durch klare Kennzeichnung des Gegners vor anderen gnostischen Traktaten auszeichnen und die in der breiten Fächerung der disputierten Themen für das Phänomen der gnostischen Polemik insgesamt repräsentativ sind. ApcPt (NHC VII,3) richtet seine Angriffe gegen die kirchliche Verkündigung des Gekreuzigten, gegen die orthodoxe Hierarchie sowie gegen das Kirchenverständnis der Gegner; TestVer (NHC IX,3) attackiert die fehlende Askese der Kirchenchristen, ihr nichtiges Martyrium, falsches Vertrauen auf die Taufe, unbegründete Auferstehungshoffnung, Sklaverei unter den Judengott sowie ihr fehlendes Forschen in den biblischen Schriften; besonders wichtig an diesem Text ist das Nebeneinander von antikatholischer und antignostischer Polemik (gegen die Anhänger des „Valentin[os]", „Isido[ros]", „[Basilid]es", die „Si[mo]nianer" u.a.). In den *Exkursen I - VII* werden die Stellungnahmen anderer gnostischer Texte zu den jeweiligen Themen diskutiert — wobei besondere Aufmerksamkeit der Tatsache gilt, wie außerordentlich unterschiedlich die einzelnen strittigen Fragen in den verschiedenen Texten behandelt und zur Geltung gebracht werden —, so daß die gnostische Polemik hinsichtlich ihrer materialen Seite in den Teilen II und III mit einer gewissen Vollständigkeit abgedeckt ist. In den verschiedenen Exkursen wird dabei meist je ein Text in besonderer Weise vorgestellt, so etwa 2LogSeth (NHC VII,2) in Exkurs I, Inter (NHC XI,1) in Exkurs II oder Melch (NHC IX,1) in Exkurs VII.

Teil IV fragt nach der Struktur gnostischer Polemik. Es zeigt sich, daß bei *den* gnostischen Gruppierungen, die mit dem kirchlichen Christentum die größten Gemeinsamkeiten und damit auch Reibungsflächen aufwiesen und die deshalb den eigentlichen Rivalen der kirchlichen Rechtgläubigkeit darstellten, nicht — wie in der kirchlichen Ketzerpolemik — Richtig *gegen* Falsch gesetzt wird, sondern die vorläufige kirchliche Glaubensweise durch die überlegene gnostische Einsicht *überboten* wird: die Gnostiker setzen ein bei der — allen gemeinsamen — christlichen Tradition, die sie in einer „nicht-weltlichen", „erhabenen" Weise zu deuten sich mühen. Polemik und schärfste Verurteilung gilt im Allgemeinen nur dem Umstand, daß die Kirchenchristen diese ihre *vorläufige*, beschränkte Glaubensweise als die *allein gültige* ausgeben. — Dieser Verhältnisbestimmung zum kirchlichen Christentum entspricht eine bestimmte ekklesiologische Struktur: die des inneren Kreises; von sich aus haben diese Gnostiker nicht die Gemeinschaft mit den Kirchenchristen aufgehoben. Wie weit und wie lange sie tatsächlich — angesichts der orthodoxen Bemühungen nach klarer Grenzziehung — in relativ ungehindertem Verkehr mit dem Gemeindechristentum standen, fragt *Exkurs VIII*, der Zeugnisse andauernder Kirchengemeinschaft bis hin zur Zeit des Epiphanius zusammenstellt.

Teil V kann leider nur thesenartig auf die historischen Implikationen dieser Verhältnisbestimmung von gnostischem und kirchlichem Christentum eingehen. 1. Die — gerade auch durch die Untersuchung der polemischen Äußerungen gestützte — Erkenntnis, daß sich das gnostische Christentum nicht als abgegrenzte Größe gegenüber dem kirchlichen Christentum und seiner Glaubensweise konstituierte, sondern als höhere Stufe, auf diesem aufbauend und dieses voraussetzend, erlaubt eine Neubestimmung der Geschichte der Auseinandersetzung beider Größen. Verständlich ist so nicht nur das Versagen der antignostischen Vorgänger des Iren.; insbesondere läßt die Schwierigkeit einer Identifizierung der gnostischen Häretiker (als Voraussetzung ihrer Bekämpfung) auch in der folgenden Zeit erkennen, daß die wechselseitige Beeinflussung von gnostischem und kirchlichem Christentum länger andauerte, als allgemein angenommen wird. — 2. Bei der Selbstbestimmung des gnostischen Christentums als einer höheren Stufe, die dasjenige geistig realisiert, was sich das Gemeindechristentum nur äußerlich anzueignen vermag, handelt es sich um keinen abgeschlossenen Prozeß. Vielmehr wiederholt sich dieser je neu in den unterschiedlichen Stadien der christlichen Traditionsbildung. Der Impuls der Fragestellung W. BAUERs läßt sich so für einen weiteren Zeitraum verfolgen, als BAUER selbst es sich als Aufgabe gestellt hat. — 3. Nicht alle polemischen Äußerungen der Gnostiker fügen sich diesem Bild zweier abgestufter Größen ein. Doch entsprechen zumeist die unterschiedlichen Weisen der polemischen Distanzierung auch erkennbar unterschiedlichen äußeren Situationen. Die Polemik der Gnostiker fungiert insofern als Indikator des wechselnden Verhältnisses von gnostischem und rechtgläubigen Christentum.

TEIL II

DIE POLEMIK DER PETRUSAPOKALYPSE (NHC VII,3) GEGEN DAS KIRCHLICHE CHRISTENTUM

A. Einleitung, Aufbau der Schrift

Die gnostische Petrusapokalypse [1] hat *zwei* Themen — die ‚Passions'-Geschichte und die Häresiengeschichte —, an denen *eine* Erkenntnis demonstriert wird: dem Gnostiker können die Anfeindungen der archontischen Mächte und ihrer menschlichen Handlanger nichts anhaben.

---

[1] Diese gnostische Schrift hat nichts zu tun mit der bekannten Petrusapokalypse (s. HENNECKE-SCHNEEMELCHER II 468-483). Sie ist greifbar in der Faksimile-Ausgabe der Nag-Hammadi-Bibliothek durch die UNESCO (The Facsimile Edition of the Nag Hammadi Codices ..., Codex VII, Leiden 1972). Drei *Übersetzungen* dieses sprachlich außerordentlich schwierigen Textes liegen vor: 1. die von M. KRAUSE in der Editio princeps dieses Textes durch: M. KRAUSE/V. GIRGIS, Die Petrusapokalypse, in: F. ALTHEIM/R. STIEHL (Ed.), Christentum am Roten Meer, II, Berlin - New York 1973, 152-179 (.200-229), mit transskribierten Text, Übersetzung und Index; 2. die des Berliner Arbeitskreises für koptisch-gnostische Schriften, in: ThL 99 (1974) 575-584 (federführend: A. WERNER; zu der vorausgesetzten Bearbeitung des koptischen Textes ist heranzuziehen: SCHENKE ZÄS 102 [1975] 130-133); 3. die noch nicht publizierte Übersetzung des Claremont-Teams, die R. A. BULLARD, J. BRASHLER und F. WISSE verfaßt und mir freundlicherweise zur Verfügung gestellt haben. — Die im Folgenden gebotene Übersetzung ist meine eigene. Daß sie auf den genannten fußt, versteht sich; Übereinstimmungen und Abweichungen von diesen sind nur selten eigens vermerkt. Doch sei erwähnt, daß ich der wichtigen Übersetzung des Berliner Arbeitskreises mehr verdankte, als die kritischen Hinweise ihr gegenüber erkennen lassen. Der Diskussion mit F. WISSE über Text und Verständnis von ApcPt verdanke ich sehr viel. — Da der koptische Text eine Übersetzung aus dem Griechischen darstellt, ist es zweckmäßig, übernommene griechische Wörter in der deutschen Übersetzung kenntlich zu machen. Doch geschieht dies in vollständiger Weise nur in den eingerückten Textpartien. — *Literatur* zu diesem erst jüngst edierten Text gibt es kaum. Kurze Besprechungen bieten: der Berliner Arbeitskreis: TRÖGER Gnosis 61f; WERNER in der Einleitung seiner Übersetzung (ThL 99 [1974] 575-577); weiter C. COLPE innerhalb seiner Rezension der Edition von NHC VII,1.2.3.5 durch M. KRAUSE (und V. GIRGIS): JAC 16 (1973) 119-121. KRAUSE Petrusakten 39-42 gibt eine textnahe Inhaltsangabe. SCHENKES Rezension der Faksimile-Ausgabe von Codex VII (ZÄS 102 [1975] 123-138, dort: 130-133) enthält auch wichtige inhaltliche Bemerkungen; ders. Petrusapokalypse 277-285 untersucht 71,15-72,4; 74,27-34; 82,3-9. Zum Ende von ApcPt cf. BÖHLIG Göttinger Miszellen 8 (1973) 11-13.

Der Rahmen dieser Schrift besteht in der komprimierten Wiedergabe von Todesbeschluß, Verhaftung sowie Kreuzigung des Soter,
die dieser aber richtig zu „sehen" seinen einzigen Begleiter Petrus
(Ptr) lehrt: während die Volksmenge mit Steinen anstürmt, schaut
Ptr ihn als den Verherrlichten (72,4-73,10); während — für irdische
Augen — der Soter gekreuzigt wird, sieht Ptr ihn, der aus seinem
sarkischen Gewand herausgetreten ist, „lächelnd" daneben stehen
(81,3-83,15). Auf dem Höhepunkt dieser ‚Gefahr' nun offenbart der
Soter dem Ptr eine andere ‚Gefahr', die diesen genau so in „Furcht"
versetzt: die Geschichte der künftigen „Häresie(n)" [2], für die in
langer Reihung („Einige ... Einige ... Andere ..." etc) Beispiele
angeführt werden. Und nun ist es faszinierend zu sehen, wie die
Bilder der Juden und die Bilder der Häretiker ineinander über-
gehen: durch beide droht dem Gnostiker Ptr „Todes"-Gefahr und
Bedrängung (72,4-9 81,27f / 74,3-9 73,18ff), vor den anrückenden
Juden wie den angekündigten Häretikern zeigt er „Furcht" (72,8f
/ 79,31ff; cf. 80,32f 84,7f). Beide Gegner sind „taub" und „blind"
(72,10ff 81,29ff / 76,20-22); beide wähnen, daß es der Soter selbst
ist, der den Kreuzes-„Tod" erlitten hat (81,31ff / 74,10f); beide
sind Handlanger bzw. Sprachrohr der archontischen Mächte (81,31-
82,3 / 77,4ff). In 80,29-32 spricht der Soter deutlich das Fortdauern
der gegenwärtigen Bedrohung auch in die Zukunft hinein aus:
„Mich nun können sie (die Juden) nicht berühren. Du aber, Petrus,
wirst (weiter) in ihrer Mitte stehen". Aber gerade deshalb kann der
Gnostiker Ptr das, was das geistige „Sehen" des Kreuzigungsgeschehens ihn lehrte, auf sich selbst anwenden, weshalb das Resüme
der ‚Passions'-Geschichte ganz grundsätzlich lautet: „Wenn einer
aus dem unsterblichen Sein sich zeigt, wähnen sie (sc. die „Menschen
dieses Ortes"), ihn ergreifen zu können" (84,1-4), und der Soter den
Ptr mit dem Aufruf zur „Furchtlosigkeit" in seine gefahrvolle Zukunft entläßt (84,6-11).

So ist der *Aufbau* von ApcPt konstituiert durch die Verschrän-
kung von Passions- und Häresiengeschichte. Das Geschehen des
Rahmens (70,14-73,14; 80,23-84,13) deckt ungefähr die Jerusalemer
Zeit nach der Darstellung der kirchlichen Evangelien (Mt 21-28
par) ab; ApcPt setzt ein bei dem im Tempel lehrenden Soter,
schildert in verdichteter Form die Feindschaft der Juden, ihren

---

[2] Der Terminus αἵρεσις wird in 74,21f innerhalb einer adverbialen Bestimmung verwendet (ϨⲚ ⲞⲨ ⲘⲚⲦ Ϩ ⲈⲢⲈⲤⲒⲤ).

Todesbeschluß, die Festnahme, Kreuzigung und ‚Auferstehung' des Soter (seine Vereinigung mit seinem „Pleroma"), und schließt ab mit der Beauftragung des Ptr zur Weiterverkündigung (an die Gnostiker: 83,15ff), der Versicherung bleibenden Beistandes an ihn sowie der ‚Himmelfahrt' bzw. dem Weggang des Soter. Die Entsprechung zur Berichterstattung der kirchlichen Evangelien ist beabsichtigt; deren Darstellung klingt — als die Wirklichkeit des leiblichen Auges — immer wieder, zT bis in den Wortlaut hinein an (Einzelnachweis S. 18ff), und eine Stelle wie 81,31f etwa ist ohne Kenntnis des vorausgesetzten Evangelienberichtes (Rede der Häscher) gar nicht verständlich. — Eingebettet in diese ‚Jerusalemer Zeit' ist nun die *Ankündigung* der kommenden Zeit der Irrung (73,14-80,23). Ihrer Stellung nach entspricht sie der synoptischen Apokalypse (Mt 24 [f] par), und auch hier liegt nicht bloß formale Entsprechung, sondern bewußte Bezugnahme vor. Das zeigen die zahlreichen Anspielungen an Mt 24 — 80,2-4 zB nimmt fast wörtlich Mt 24,11 auf —, die die von ApcPt bekämpften Gegner als die angekündigten Irrlehrer der Endzeit ausweisen (Einzelnachweis S. 42f). — Den *Kernteil* dieser Vorausschau bildet der Abschnitt 74,22-79,31, der in langer Reihung (74,22ff 74,27ff 76,23ff 76,27ff 77,22ff 78,31ff 79,31ff) Beispiele der kommenden Irrung anführt (diskutiert S. 48ff). Der *einleitende* (73,14-74,22) und der *abschließende Teil* (79,31-80,23) der Häresiengeschichte benennt die allgemeinen Merkmale des künftigen Irrglaubens: dieser ist Abfall von der Wahrheit, besteht wesentlich im Glauben an den „Toten", doch ist die Dauer dieser Schreckenszeit begrenzt (s. S. 37ff). — So werden unter der angekündigten „Herrschaft" der „Häresie" (74, 20-22) bzw. der „Täuschung" (80,8-11) die wahren Christen, die dem Gnostiker Ptr Gefolgschaft leisten, einen schweren Stand haben. Doch tritt in ihrer Auseinandersetzung mit den „Männern der Lügenverkündigung" ein tiefer liegender Gegensatz zutage, worüber Ptr in den vielleicht als *Exkursen* anzusprechenden Abschnitten 75,12-76,23 und 77,4-22 belehrt wird. Denn hinter dieser Auseinandersetzung steht der fundierende Gegensatz zwischen der „unsterblichen", im Lichtreich beheimateten Seele der Gnostiker auf der einen Seite und der „toten" Seele der „Kinder dieses Äons" bzw. den archontischen „Gewalten, Mächten und Kräften dieser Äonen" auf der anderen Seite. Letztere sind in der häretischen Predigt inspirierend wirksam, um so die „unsterbliche Seele" in der „geschaffenen Welt" festzuhalten.

Der Aufbau von ApcPt ist also, entgegen anderslautenden Urteilen [3], in seinem Grundgerüst von prägnanter Klarheit und darüber hinaus — sofern er vor Augen führt, daß es derselbe Irrtum und
dieselben archontischen Mächte sind, die einst in den Juden auf
Golgatha und jetzt in den Häretikern wirksam sind, und dieselbe
Feindschaft, der einst der Soter und jetzt die Gnostiker ausgesetzt
sind — von hoher Aussagekraft. Mit dieser Feststellung sollen nun
aber nicht die erheblichen *Schwierigkeiten* geleugnet werden, die
sich dem Bemühen um ein Verständnis dieser Schrift entgegenstel-
len. Diese liegen zum einen darin, daß uns der Vorstellungshintergrund bestimmter Aussagen unbekannt ist. Sie haben aber in erster
Linie ihren Grund in dem schwierigen Koptisch bzw. dem korrupten
Text einer ganzen Reihe von Abschnitten, was entweder dem Unvermögen des koptischen Übersetzers, der diese Schrift aus dem
Griechischen übertragen hat [4], oder der Nachlässigkeit eines Kopi-
sten anzulasten ist. Diese Schwierigkeiten, die die sichere Interpretation wichtiger Einzelabschnitte unmöglich machen, sind umso bedauerlicher, als ApcPt — wie alle Traktate des Codex VII —
zu den äußerlich besterhaltenen Texten der Nag-Hammadi-Bibliothek gehört.

Was für Häretiker sind es nun, durch deren Ankündigung der
Soter den Ptr in Furcht versetzt? Trotz der Gliederung in ,,Einige
... Einige ... Andere ...'' etc — ein wohl nur stilistisches Dar-
stellungsmittel — ist eine *einheitliche Fronstellung* gegeben, und
zwar *gegen das katholische Christentum*. Denn die sich anmaßend
,,Bischof'' und ,,Diakone'' nennen lassen, ,,als ob sie Vollmacht von
Gott erhalten hätten'' (79,21-31), sind wohl kaum von denen zu
trennen, die behaupten, daß es nur durch die kirchliche Gemein-
schaft ,,Heil'' gebe (78,31-79,21), oder denen, die ,,allein das
Mysterion der Wahrheit zu besitzen'' beanspruchen (76,27-77,22),
oder denen, die meinen, daß ,,Gutes und Schlechtes aus einer
(Wurzel) stammen'' (77,30ff), oder denen, die ,,die Wahrheit lästern''

---

[3] COLPE JAC 16 (1973) 119; WERNER ThL 99 (1974) 575.

[4] Man kann davon ausgehen, daß alle Nag-Hammadi-Traktate koptische
Übersetzungen griechischer Vorlagen darstellen; zu möglichen Ausnahmen
cf. NAGEL Das Wesen der Archonten ... S. 15 Anm. 1. Für ApcPt ist zu
verweisen etwa auf den unverändert übernommenen griechischen Titel in
70,13 oder den übernommenen Vokativ in 75,27 70,20f 71,15f. Zu welchen
Fehlleistungen die koptischen Übersetzer in der Lage waren, führt der Traktat NHC VI,5 plastisch vor Augen, den erst SCHENKE (OLZ 69 [1974] 236ff)
als gänzlich mißratene Übersetzung eines Stückes aus Platons Politeia
(588B-589B) hat identifizieren können.

(74,22ff). Freilich scheint eine Stelle, nämlich 74,27-34, die Annahme zuzulassen, daß ApcPt noch einen weiteren Gegner, nämlich Simon bzw. die Simonianer, ins Auge faßt. Doch ist bei der Interpretation dieses undeutlichen Abschnittes größte Zurückhaltung angezeigt, und falls hier wirklich Simon gemeint ist, so nur als Chiffre für Paulus (cf. S. 39ff). — Darf man also von einer einheitlichen Gegnerschaft gegen das katholische Christentum ausgehen, so heißt dies nicht, daß dieses undifferenziert gesehen wäre. Vielmehr richtet sich die Polemik von ApcPt im Grund nur gegen die *Hierarchie*, gegen die Exponenten der Rechtgläubigkeit, die sich der Machtmittel des kirchlichen Amtes bedienen können (s. S. 80-90). — ApcPt hat ein ausgeprägtes Verständnis des *Phänomens Häresie*. Deren Gefährlichkeit ist darin begründet, daß sie in Christi „Namen" auftritt (80,6f), doch an die Stelle der wahren Offenbarung eine bloße „Nachahmung" setzt (78,16 79,10f 71,22ff). Deshalb eröffnet ApcPt mit dem Makarismos derer, die zu unterscheiden wissen „zwischen Worten der Ungerechtigkeit und Gesetzeswidrigkeit und (Worten) des Gesetzes und der Gerechtigkeit" (70,28ff). Bemerkenswert ist, daß der die katholische Ketzerpolemik bestimmende Grundsatz der principalitas veritatis et posteritas mendacitatis auf die Darstellung des Gegners Anwendung findet (73,23-28); bemerkenswert ist ferner die reflektierende Rückführung der Häresie auf den grundlegenden Gegensatz der „toten" und der „unsterblichen" Seele (v.a. 75,12-76,23); bemerkenswert ist aber auch das Wissen, daß die „unsterbliche Seele" zwar gänzlich von der toten Seele geschieden ist und allein „ihr Denken auf Unsterbliches zu richten" vermag, daß sie dieser aber in dieser Welt „gleicht", da sie ihre wahre „Natur nicht offenbaren wird" (75,26ff).

ApcPt ist eine *gnostische Schrift*. Am deutlichsten zeigt sich dies in der Christologie — diese ist in Teil II.B.1+2 (s. S. 18ff) diskutiert — und der darin vorausgesetzten Anthropologie. Für ApcPt hat der himmlische „Vater" (70,21f) nichts zu tun mit der „geschaffenen Welt" (77,7f); ist der geistige „Soter" den demiurgischen „Gewalten, Mächten und Kräften dieser Äonen" (77,4f) [5] entgegengesetzt, die in der katholischen Kirche „verehrt" (77,13) werden; steht die „unsterbliche Seele" des Gnostikers, die im Lichtreich beheimatet ist, in unaufhebbarem Gegensatz zu der „toten Seele"

---

[5] Der Terminus „Gott" wird nur dort gebraucht, wo der Sprachgebrauch des Gegners wiedergegeben wird (79,14; cf. 79,27f).

der Opponenten, die „diesem Ort" entstammt. WERNER charakterisiert ApcPt in der Einleitung zu seiner Übersetzung folgendermaßen: „Das Charakteristische dieser Schrift besteht ... darin, daß sie gnostische Mythologie mehr voraussetzt als entfaltet; statt dessen werden Personen, Gruppen und Meinungen aus der Frühzeit des Christentums einer kritischen Betrachtung unterzogen". Ich halte diese Feststellung in doppelter Hinsicht für verfehlt. ApcPt setzt keine gesondert zu entfaltende Mythologie voraus, sondern spricht vielmehr das, was sie zu sagen hat — daß nämlich der Gnostiker als „unsterbliches" Wesen sich seines himmlischen Ursprungs „erinnern" und alles meiden wird, was ihn an „diesem Ort" festhalten könnte — auch klar aus. V.a. aber werden die Ereignisse der Häresiengeschichte nicht *statt* gnostischer Mythologie thematisiert, sondern gerade *in* gnostischen Denkkategorien zur Darstellung gebracht und gewertet; und es ist gerade dies, was den Reiz und die Bedeutung dieser gnostischen Schrift nunmehr ausmacht. — ApcPt läßt sich, wie die meisten gnostischen Originaltexte der Nag-Hammadi-Bibliothek [6], nicht einer bestimmten gnostischen „Schulrichtung" zuweisen bzw. einer der geläufigen häresiologischen Rubrizierungen unterordnen. Bemerkenswert ist eine gewisse judenchristliche Prägung, die in der Hochschätzung des gnostisch verstandenen „Gesetzes" des Soter (70,31) und vielleicht bereits in der bevorzugten Benutzung des Matthäusevangeliums zutage tritt. Doch weiß auch ApcPt, daß der Soter „von keinem Prophetengeschlecht angekündigt worden ist" (71,7-9).

Der *Ort* der Abfassung von ApcPt läßt sich nicht bestimmen. Es erscheint verlockend, diese Petrusschrift der syrischen Petrus-Tradition zuzuweisen [7]. Als deren Belege wären anzuführen: das Matthäusevangelium, das ja von ApcPt bevorzugt zitiert (v.a. c. 16.18.23. 24.26-28) und vorausgesetzt wird (so verweist zB das Drohwort 79, 11ff.16ff gegen die Bedrücker der „Kleinen" auf Mt 18,6ff 25,40.46); das Petrusevangelium (cf. Eus.h.e. VI,12); die pseudo-klementinischen Kerygmata Petrou, mit denen ApcPt eine Reihe bemerkenswerter Gemeinsamkeiten aufweist [8]. Doch ist andererseits zu be-

---

[6] Cf. WISSE VigChr 25 (1971) 205-223 sowie den Teil IV dieser Arbeit.

[7] Dazu cf. KÖSTER-ROBINSON Entwicklungslinien 117.

[8] Zu nennen wären: der judenchristliche Hintergrund gnostischer Prägung (cf. STRECKER Pseudoklementinen 213ff); petrinische Lehre als Geheimlehre; die Klage über die Zersplitterung der Wahrheit in vielfältige Meinungen; wahrscheinlich auch der Antipaulinismus und dieser wiederum vielleicht auch in der Maske des Antisimonianismus (s. S. 39-42).

rücksichtigen, daß EvMt „weithin eine Art Normalevangelium"
geworden ist (CAMPENHAUSEN Bibel 198) und als solches etwa dem
Gnostiker Ptolemäus (EpPtol) oder dem Traktat Inter (NHC XI,1)
zur Grundlage dient; daß Ptr in gnostischer Literatur häufig positive
Wertung erfahren hat [9] und sich in ApcPt die Aussagen über Ptr —
ähnlich wie in EpPt (NHC VIII,2), die eine gnostische Paraphrase
von Lk 24 bis Act 8 darstellt — am einfachsten aus gnostischer
Exegese des NT verstehen lassen (cf. S. 192ff); daß schließlich das
Interesse an der Figur des Ptr mitbedingt zu sein scheint durch
die Berufung der katholischen Opponenten auf seine Autorität
(s. S. 32ff).

Zur Bestimmung der *Abfassungszeit* liefert die Polemik von
ApcPt genauere Anhaltspunkte. Die betont gnostische Exegese von
Mt 16,13-20 in 71,15ff 70,20ff (s. S. 27ff) scheint sich zugleich
gegen eine andersgeartete Verwendung dieser Stelle durch die befehdeten Katholiken zu richten (cf. 73,18-21 und dazu S. 32f);
episkopale Berufung auf die Schlüsselworte ist jedoch erst seit dem
vom Tert. in De pudicitia bekämpften Bischof nachweisbar (cf.
LUDWIG Primatworte). Weiter dürfte der eine sichere Deutung
leider nicht zulassende Abschnitt 77,22-78,31 wohl als Polemik gegen
die kirchliche Buße („Nachahmung", „Sündenvergebung") zu verstehen sein, die sich „auf den Namen eines Toten, des Hermas, des
Erstgeborenen der Ungerechtigkeit" stützt (s. S. 54ff). Anfang
des dritten Jahrhunderts war, gerade auch im Kontext der Bußfrage, die Stellung des Hirten des Hermas Gegenstand einer bewegten und weitreichenden Kontroverse (Tert.; die montanistischen
Gemeinden; der Kanon Muratori; s. ZAHN Geschichte I 338ff); von
einem vergleichbaren Streit um die Buße vor Tert. hören wir nichts
(cf. POSCHMANN Paenitentia 265); und das dürfte kein Zufall sein,
da die kirchliche Buße in ihrer strikten Bezogenheit auf das bischöfliche Amt Folge der antimontanistischen Reaktion ist (cf. CAMPEN-
HAUSEN Amt 258.241ff; auch: HARNACK Mission 452). Beachtung
verdient weiter die in der Polemik von ApcPt vorausgesetzte Situation: die Gnostiker können noch mit den orthodoxen Kirchenführern
um den Einfluß auf die Masse der Gemeindechristen streiten (s.
S. 80-90). Diese verschiedenen Gesichtspunkte sprechen für eine
Entstehung Anfang bis Mitte des 3. Jahrhunderts.

---

[9] S. S. 33 Anm. 27.

B. Der Rahmen: Die ,Passions'-Geschichte (70,14-73,14; 80,23-84,13)

Die Darstellung des ,Passions'-Geschehens in ApcPt läßt sich charakterisieren als ein gnostischer Kommentar, der ein richtiges Verständnis dessen lehrt, was die kirchlichen Evangelien berichten. Nicht als ein Konkurrenzunternehmen, das die kirchlichen Passionsberichte einfach *ersetzen* sollte; denn was die kirchlichen Evangelien berichten, ist Wirklichkeit, doch allein die mit dem leiblichen Auge wahrgenommene Wirklichkeit. Deshalb lehrt der Soter den Gnostiker Petrus, der zunächst gleich den kirchlichen Chronisten nur das vordergründige Geschehen wahrnimmt, dahinter die entscheidende Realität zu „sehen", die allein dem geistigen Auge faßlich ist: „lege deine Hände auf die Augen deines (leiblichen) Gewandes und sage, was du siehst" (72,15-17). Während Priester und Volk den Soter zu „steinigen" suchen und gegen ihn mit lauter Stimme „anschreien", sieht Ptr ihn so als den bereits Verherrlichten (72,4-73, 10); während für irdisches Sehen der Soter „ergriffen" wird, schaut Ptr ihn „heiter" und „lächelnd" neben seiner am Kreuz hängenden sarkischen „Gestalt" stehen (81,3-82,17). *Für das leibliche Auge ist der Soter also dem Leiden unterworfen, für das geistige jedoch ist er diesem gänzlich entnommen*: das führt ApcPt in plastischer Szenik vor Augen. Dabei ist die Meinung, daß der Soter gelitten habe, nicht eigentlich falsch; falsch ist nur der Glaube, daß dieses Leiden den Soter *selbst* und nicht vielmehr allein „sein σαρκικόν" (81,20f), sein zeitweilig angenommenes fleischliches Gewand, getroffen habe (cf. 81,7-10: „Was sehe ich, Herr: bist du es *selbst*, den sie ergreifen, und (dies), obwohl du mich (bei der Hand) hältst?"). *Diese dem Kreuzestod unterworfene Fleischesgestalt aber ist der Christus der Kirche*: „sie werden dem Namen eines Toten anhangen" (74,13f) [1]. Die Gnostiker hingegen, denen allein das von Ptr geschaute Mysterion anvertraut ist (83,15ff 82,17ff), „lobpreisen" (83,19; cf. 82,9ff 73,10) den geistigen Soter, der sich von seinem Fleischesleib getrennt und so seine „Vollendung" bzw. sein „Pleroma" erlangt hat (80,24f 83,10-15).

1. Die Realität des leiblichen Auges: der Soter leidet

a. *Todesbeschluß, Festnahme, Kreuzigung*. Kommt also dem äußeren Passionsgeschehen die entgegengesetzte *Bedeutung* zu als die,

---

[1] S. die Diskussion S. 37-39.

die die kirchlichen Evangelien ihm zumessen, so kann es auch —
im Unterschied zu den kirchlichen Berichten, die die einzelnen Akte
der Ratschlagung, Verurteilung, Verhaftung und Kreuzigung voneinander unterscheiden — zu einer einzigen Handlung oder besser:
einzigen Folie nichtiger archontischer Anschläge gegen das Himmelswesen komprimiert werden. Das ist die Darstellungsweise von
ApcPt. Zugleich aber bleibt der Bezug auf die einzelnen Stationen
der kirchlichen Passionserzählung v.a. bei Festnahme und Kreuzigung noch hinreichend, zT bis in den Wortlaut hinein, deutlich.

— *Der Soter im Tempel lehrend* (70,14-20: ,,Als der Soter im Tempel saß . . . ², sprach er zu mir''). Tempel als typischer Ort der
Lehre Jesu: Mt 26,55 par (,,täglich saß ich lehrend im Tempel''); Lk
19,47; Joh 18,20; etc.

— *Ankündigung der dreimaligen Prüfung des Ptr* durch den ,,Nach-
ahmer der Gerechtigkeit'' ,,in dieser Nacht'' (71,22ff 72,2-4). Neben
der dreimaligen Verleugnung (Mt 26,33-35. 69-75 par; Joh 13,38
18,25-27) kommt die dreimalige Prüfung durch den Auferstandenen
(Joh 21,15-17) sowie auch die in Gethsemane (Mt 26,37-45 par) als
Bezugspunkt in Betracht; s. die Diskussion S. 29-32.

— *Bedrohung durch ,,Priester'' und ,,Volk''*, das ,,auf uns mit Steinen loslief . . . Ich aber fürchtete, daß wir sterben würden'' (72,4-
9). Neben einer Stelle wie Lk 19,47 oder auch Mt 21,23 dürfte v.a.
Joh 7-10 szenebildend gewirkt haben: der Tempel als der Ort
ständigen Zusammenpralls zwischen Jesus und den Juden, die ihn
zu ,,steinigen'' und zu ,,töten'' suchen und ihm doch nichts anhaben
können (Joh 8,59a.b 10,23/31-33(.39); cf. 11,8 7,14.19f.25.30.44).

— *Beratung und Verurteilung* (73,1-4: ,,Und ich hörte die Priester,
wie sie mit den Schriftgelehrten dasaßen; die Menge (pl.) schrie mit
(lauter) Stimme''). Am wahrscheinlichsten komprimierende Zusammenfassung von Todesbeschluß der ,,Priester'' und ,,Schriftge-
lehrten'' (Lk 22,2 par) mit dem ,,Kreuzige''-Schrei (Mt 27,22f par)
der ὄχλοι (Mt 27,20 Lk 23,4) vor Pilatus.

— *Aufbruch von Gethsemane* (80,23-29). a. ,,Auf, laß uns gehen . . .'':
Mt 26,46 par: ,,auf, laßt uns gehen . . .''; b. ,,. . . zur Vollendung
des Wohlgefallens des (oder: der Einheit mit dem) ³ unbefleckten
Vater(s)'': cf. Joh 19,30 (τετέλεσται) sowie 1ApcJac (NHC V,3) 24,

---

² Sinn und Übersetzung der näheren Umstandsbestimmung in Z. 15-20
ist unklar. SCHENKE ZÄS 102 (1975) 131 sieht in ihr ,,eine (apokalyptisch
verschlüsselte) dreigliedrige Zeitangabe''.

³ ⳨ⲙⲁⲧⲉ Äquivalent zu εὐδοκία, συμφωνία; cf. 71,4 78,29f.

10f 30,11f; c. „Denn siehe, sie sind gekommen . . .": Mt 26,46 par:
„Siehe, gekommen ist, der mich verrät".

— *Festnahme*: „. . . bist du es selbst, den sie ergreifen" (81,3-10).
Mt 26,50 par: „und sie ergriffen ihn".

— *Kreuzigung an „Händen" und „Füßen"* (81,12ff). Mt 27,35ff par:
Kreuzigung; Lk 24,39 (Joh 20,20.25.27): „Nägel"-Male an „Hän-
den" und „Füßen" (cf. BAUER Leben 216f). — Zu dem „lachenden"
Soter am Kreuz cf. die Spötter am Kreuz Mt 27,39-43 par.

— *Flucht*. „Herr, keiner sieht dich, laß uns von diesem Ort fliehen"
(82,24-28). Mt 26,56: „und flohen alle". Cf. Joh 8,59b; Mt 16,22.

— „Und siehe, wie sie *nicht wissen, was sie sagen*" (81,31ff). Der
Fortsetzung nach geht es um die irrige Ansicht, den Soter selbst
ergriffen zu haben: Joh 18,4-8 (cf. Mt 26,63 par 27,54 par). Diese
Feststellung ist ohne Kenntnis des hier vorausgesetzten biblischen
Textes nicht verständlich.

— *Auftrag zur Weiterverkündigung* an die Gnostiker: „Dies nun,
was du gesehen hast, sollst du den Fremden anvertrauen" (83,15
ff); „ich werde mit dir sein" (84,8f); cf. Mt 28,20a.b. Cf. auch 82,15
(„Ich aber bin es, der ihn gesehen hat") mit Joh 19,25.

Zwei Anmerkungen seien nachgetragen. Einmal: die Aufforderung zur Flucht ist an ihrem Ort — *nach* der ‚Kreuzigung' — eigentlich sinnlos: ein Zeichen dafür, daß die Evangelienüberliefe-
rung primär dazu benutzt wird, die „Nichtigkeit" der archontischen
Anschläge in immer neuer Vergewisserung zu demonstrieren. Ferner: die Römer spielen überhaupt keine Rolle — einer verbreiteten
Darstellungsweise entsprechend (s. BAUER Leben 201.199ff). Bemerkenswert ist diese Konzentration auf die Juden aber doch, da
ApcPt ja das Bild der archontischen Agenten in der Passions- und
in der Häresiengeschichte, die beide den Getöteten für den Soter
selbst halten, zusammenfließen läßt: so läßt sich der Vorwurf des
Judaismus an die Kirchenchristen eindrucksvoll unterstreichen.
Auch 2LogSeth (NHC VII,2) sieht in den Juden, die wähnen, den
Soter selbst gekreuzigt zu haben (zB 56,1ff), und den Kirchenchristen, die der „Lehre von einem Toten" Glauben schenken (60,
21ff), dieselbe archontische Verblendung wirksam.

b. *Allein die sarkische Soter-Gestalt gekreuzigt*. So ist Ptr Zeuge
des Kreuzigungsgeschehens. Doch klärt ihn der Soter sofort darüber auf, daß „der, in dessen Hände und Füße sie die Nägel schlagen" und den „sie zuschanden machen", nur „sein σαρκικόν" (und

nicht er selbst) sei (81,18ff). Eingehend wird Ptr in *82,17-26* über die Beschaffenheit der am Kreuz hängenden Gestalt und damit zugleich über den in der Kirche verehrten Christus (74,13f) belehrt. Deshalb verdient dieser Abschnitt ausführliche Beachtung.

„Denn der, den sie angenagelt haben, ist der *Erstgeborene* . . .“. Im Hintergrund mögen hier christologische Prädikationen in der Art von Apc 1,5/Kol 1,18 („πρωτότοκος (ἐκ) τῶν νεκρῶν“) oder vielleicht auch Kol 1,15 („πρωτότοκος πάσης κτίσεως“) stehen, die den so Bezeichneten für einen Gnostiker eindeutig auf die Seite der Schöpfung stellen konnten und die im übrigen gerade auch in der antignostischen Polemik Verwendung fanden [4]. — Die weitere Benennung als „das *Haus der Dämonen* und der Stein-Krug (?), in dem sie hausen“ dürfte darauf abzielen, das dieser sarkische Leib wesensmäßig Herrschaftsgebiet der Dämonen ist. — Ebenso mag die Bezeichnung „(*Mensch*) *des Elohim*“ den Gekreuzigten auf seinen sarkischen Charakter ansprechen. Elohim — Name des Judengottes oder einer seiner Kräfte — kann im Besonderen als „Herrscher über das Grab (des Leibes)“ gelten (AJ [BG] 62,10ff 63,11f; ähnlich die Audianer nach Theodor bar Konai [CSCO 69 319,6ff]); laut Gen 2,7 MT (bei Iren.epid. 43 hebräisch zitiert) „bildete Jahve Elohim den Menschen aus Staub von der Erde“ (cf. ExcTh 50,1). An erster Stelle aber dürfte hier, im Kontext der Kreuzigung, an Mk 15,34 par (ἐλωΐ ἐλωΐ λαμὰ σαβαχθάνι) zu denken sein — eine Stelle, die der orthodoxen Exegese große Schwierigkeiten bereitete (BAUER Leben 224f), von Gnostikern hingegen gerne zitiert wurde [5] und die sich den sonstigen Aussagen von ApcPt gut einfügen würde: sie weist den Gekreuzigten als Geschöpf jener demiurgischen Macht aus, die dieses ihr eigenes Gebilde am „Holz“ vernichtet hat (cf. 82,1-3). Eine analoge Verwendung eines Kreuzeswortes findet sich in Hipp. V,26,31f. — Die ausdrückliche Gleichsetzung des „Angenagelten“ (Z. 21) mit dem „(*Mann*) *des Kreuzes* (σταυρός)“ (Z. 25) erscheint überflüssig; auch ist σταυρός hapax legomenon (sonst heißt es

---

[4] Cf. Iren. IV,4,2: „neque primogenitum mortuorum sciunt, separatim Christum intelligentes, tamquam impassibilem perseverantem, et separatim eum qui passus est Jesum“; cf. weiter Adam.dial. 5,10. Kol 1,15, von Markion entschärft (cf. HARNACK Marcion 51), galt den Arianern als wichtiger Beleg für die Geschöpflichkeit Christi (s. HOCKEL Erstgeborene 54f.48ff). — Cf. auch 78,18f sowie ParSem (NHC VII,1) 30,8. SCHENKE erwägt: ΠϢΟΡΠ ΜΜΙⲤⲈ <ⲚⲤⲀⲢϪ̄>.

[5] EvPh (NHC II,3) § 72; Iren. I,8,2; EvPt 19; Ephr.hymn. 55,6; cf. KROPP Zaubertexte III § 128 und GAFFRON Studien 244 Anm. 172.

,,Holz"). Deshalb ist hier vielleicht bewußte Bezugnahme auf die Verkündigung des ἐσταυρωμένος (1Kor 1,23 2,2 Gal 3,1) anzunehmen, die kirchlicherseits gerade den Gnostikern gegenüber betont wurde (zB Tert.carn.Chr. 5). — Auch die Bestimmung ,,. . . der unter dem Gesetz (νόμος) ist" mag auf den sarkischen Charakter des Gekreuzigten abzielen. Cf. etwa OrigMund (NHC II,5) 117,33ff: ,,Der dritte Adam ist choisch, das ist der des Gesetzes" oder — im Hinblick auf den Soter — Gal 4,4: weibgeboren — unter das Gesetz getan (ein Zusammenhang, der ja auch die antikirchliche Polemik von TestVer [NHC IX,3] prägt). Wahrscheinlich aber ist in irgendeiner Weise der spezifische Zusammenhang Kreuz — Gesetz angesprochen, etwa im Sinn von Joh 18,31 19,7 (,,nach dem Gesetz muß er sterben") oder Gal 3,13 (der Gekreuzigte steht unter dem ,,Fluch des Gesetzes") — eine Stelle, die für Markion sehr wichtig war (Tert.adv.Marc. V,3 I,11) und die auch etwa in EpJac (NHC I,2:13, 23-25) anklingt. Vielleicht ist aber auch an Lk 24,44 Joh 15,25 zu denken: der Kreuzestod ist die Erfüllung von Gesetz und Propheten. Dann wäre hier die gekreuzigte Christus-Gestalt, die vom Gesetz angekündigt worden ist, in charakteristischen Gegensatz zum Soter selbst gestellt, der laut 71,6ff ,,von keinem Prophetengeschlecht angekündigt worden ist". Einen solchen Gegensatz finden wir häufig in gnostischen Zeugnissen, zB in ExcTh 59,2: ,,Jesus" steigt herab auf den ,,Christus,. . . den die Propheten und das Gesetz angekündigt hatten"; in Iren. III,16,1: erst der dritte Christus ist der ,,Verheißene", ,,der ins Leiden geriet"; oder vielleicht auch in EvAeg (NHC III,2) 65,17ff: ,,Jesus, der das Leben besitzt und der kam und den (oder: das) kreuzigte, der (/das) im Gesetz ist" [6].

c. *Der Irrtum der Archonten und ihrer Handlanger.* Vom Kreuzestod betroffen ist also allein das ,,sarkische" Gewand des Erlösers, das als solches ganz der Schöpfung angehört. In ihrer ,,Blindheit" haben die Archonten ihr eigenes Gebilde vernichtet; ,,denn den Sohn *ihrer* ,Herrlichkeit' haben sie anstelle *meines* Dieners (διάκονος) zuschanden gemacht" (82,1-3). Der ,,Sohn ihrer Herrlichkeit" ist der sarkische Leib des Erlösers, wobei dieser Ausdruck in polemi-

---

[6] In 81,21 und 83,6 wird der sarkische Leib als ϢⲈⲂⲓⲱ (,,Tausch", ,,Entgelt"; Äquivalent zu ἀντάλλαγμα, ἀντί etc) bezeichnet. SCHENKE ZÄS 102 (1975) 133 deutet das mit Verweis auf Mk 8,37 Mt 16,26 auf ,,das sog. ,Lösegeld' der kirchlichen Kreuzestheologie, welcher Ausdruck sich eben höchstens auf das bloße Fleisch Jesu beziehen kann". Als kirchliches Gegenstück cf. Iren. V,1,1.

scher Anlehnung an IKor 2,8 gewählt sein dürfte (cf. auch 2LogSeth [NHC VII,2] 56,13-18). Mit dem „Diener" des Soter hingegen ist dessen eigentlicher, nicht-fleischlicher „Leib" (83,7f: ϲⲱⲙⲁ ⲛⲁⲧϲⲱⲙⲁ) gemeint [7]. So machen die Archonten auf Golgatha sich selbst — und nicht den Soter — „zuschanden" (80,28f) und ziehen sich selbst das dem Soter zugedachte „Gericht" zu (80,27f).

Diese Interpretation des Kreuzigungsgeschehens hat ApcPt mit vielen gnostischen Texten gemeinsam. 2LogSeth (NHC VII,2) 55, 30-56,4: „Denn *mein* Tod — von dem sie denken, daß er (so) geschah — widerfuhr *ihnen* in ihrer Verblendung ..., da sie *ihren* Menschen annagelten zu *ihrem* Tod. Denn *mich* hat ihre Ennoia nicht gesehen. ... Indem sie dieses tun, *richten* sie nur sich selbst". Noema (NHC VI,4) 41,23-25: „Sie haben es getan, sie ergriffen ihn. Sie brachten über sich selbst (das) Gericht". Die „Doketen": „wenn der Archon sein eigenes Gebilde verurteilt zum Tod, zum Kreuz" (Hipp. VIII,10,7). „Baruch": der von Naas, dem Strafengel Edems, verfolgte Jesus „ließ Edems Leib am Holz" (Hipp. V,26,31). EvAeg (NHC III,2) 64,3-6: der mit dem „lebendigen Jesus" bekleidete Seth „nagelte durch ihn die Kräfte der 13 Äonen" ans Holz. 1ApcJac (NHC V,3) 31,23-26: „Dies (Leiden Christi) aber war vorbehalten einem Gebilde der Archonten, und dies verdiente es ja, durch sie zerstört zu werden".

ApcPt macht an der Realität der Kreuzigung keinerlei Abstriche. Doch ist es allein das Geschöpf der archontischen Welt, das so von seinen eigenen Schöpfern zugrunde gerichtet wird. Beides entspricht und bedingt einander: die Tatsache, daß das Leiden Christi in seiner ganzen Anstößigkeit, ohne jegliche Abschwächung, stehen gelassen wird; und das harte Urteil über eben *den* Christus, der diesem Leiden unterworfen ist.

2. *Die Realität des geistigen Auges: der Soter ist dem Leiden entnommen*

„Was sehe ich, Herr: bist du es selbst, den sie ergreifen?" (81,7-9). Dieser anfängliche Unverstand des Ptr findet dadurch sein

---

[7] Zur Bezeichnung des Leibes als „Diener" cf. Tert.bapt. 4,5; EpAp 14 (25); PS 80,30ff; AJ (BG) 65,19-21; Herm.sim. V,6,5.7. — Analog die Christologie der sog. Doketen (Hipp. VIII,10,7): bei der Taufe nahm der Soter „das Bild und den Abdruck des aus der Jungfrau geborenen Leibes an, auf daß, wenn der Archon sein eigenes Gebilde zum Tode verurteile, die Seele ... anstelle jenes Fleisches den Leib anziehe, der bei der Taufe ... ausgebildet wurde". Auch hier: zwei Leiber; der eine archontisches Gebilde, der andere nicht; der eine bleibt am Kreuz, der andere nicht.

Ende, daß Ptr den *Unterschied zwischen dem leidensfähigen und
dem vom Leiden unberührten Teil des Soter* zu erkennen lernt. Er
„sieht" nämlich neben dem Gekreuzigten „heiter" und „lächelnd"
den „lebendigen Jesus" bzw. „lebendigen Soter" stehen, der über
die „Blindheit" seiner Feinde lacht und „in Freude" ist, „da sie"
— das dürfte heißen: der Gekreuzigte und er — „so von einander
geschieden sind" (81,15-18; 82,26-83,6) [8]. Deshalb kann der Soter
dazu auffordern, ihn mit dem Gekreuzigten zu vergleichen: „Sieh
ihn und mich doch an!" (81,24), und dem Ptr die entscheidende
Einsicht vermitteln: *„Mich können sie nicht berühren"* (80,29f).

Auf die Fähigkeit zur Unterscheidung dieser beiden Größen —
des Soter selbst und seiner fleischlichen Gestalt, die allein dem
Leiden unterworfen ist — kommt es also an [9]. Nun sieht Ptr allerdings gleich eine Mehrzahl solcher äußerlich gleichartiger (s. ⲈⲒⲚⲈ
82,5 81,23), räumlich jedoch auseinander getretener Gestalten des
Soter (81,10-83,15). Sie entsprechen jeweils unterschiedlichen
Wesensstufen des Erlösers, wie die Belehrung des Ptr durch den
Soter zeigt. Der Soter selbst („Ich") ist πνεῦμα νοερόν (83,8-10.
14f). Die am Holz hängende Gestalt ist sein zeitweiliger „sarki-
scher" (81,20) Leib. Davon zu unterscheiden ist sein eigentlicher,
nichtfleischlicher „Leib" (ⲤⲰⲘⲀ ⲚⲀⲧⲤⲰⲘⲀ: 83,6-8), „in" dem

---

[8] Diese Szene erinnert an die Figur des *Simon von Kyrene* in der — auf
Literalexegese von Mk 15,21-24 beruhenden — Deutung des *„Basilides"*:
der unkörperliche Christus steht „lächelnd" neben dem an seiner Stelle
gekreuzigten Simon (Iren. I,24,4; PsTert.haer. 4; Epiph.pan. 24,3,2-5).
Ebenso in *2LogSeth* (NHC VII,2:56,9-19: „Es war ein anderer, der das
Kreuz auf seinen Schultern trug, nämlich Simon . . . Ich aber lachte über
ihre Unwissenheit") sowie — ohne Nennung des Simon — im antimani-
chäischen *Fluchformular* (BAUER Leben 240; kritisch dazu POLOTSKY PW
Suppl. VI 261) und bei *Photius* bibliotheca cod. 114. — Wie wenig das Motiv des „lächelnden" Daneben-Stehens an diese Simon-Deutung gebunden
ist, zeigt OrigMund (NHC II,5) 116,25ff 117,12ff und HA (NHC II,4) 89,
23ff: Die Archonten verfolgen Eva; sie jedoch „verlachte ihren Beschluß"
und „ließ heimlich ihr Abbild bei Adam . . . Das Abbild ist es (bloß), das
die Mächte befleckt haben". Cf. weiter: ActJoh 102; ActAndr.Narr. 29.33.
— Doch ist in *ApcPt* das Einwirken des Simon-Kyrene-Motivs nicht auszuschließen: denn während „Eva" überhaupt nicht „ergriffen" wird, heißt
es vom „Leib" des Soter: „den sie ergriffen und (wieder) losgelassen haben"
(82,29f 83,6f). Das ist am besten von Mk 15,21ff her zu verstehen.

[9] Das ist ein Grundmuster gnostischer Christologie. Cf. zB Tert.carn.Chr.
24: „alium faciunt Christum alium Jesum, alium dilapsum de mediis turbis
alium detentum, alium in secessu montis in ambitu nubis sub tribus arbitris
clarum alium ceteris passivum ignobilem, alium magnanimum alium vero
trepidantem, novissime alium passum alium resuscitatum"; ähnlich etwa
Iren. I,7,2 III,11,3 16,1; Hipp. VII,27,10. Cf. ExKURS I (S. 44-48).

(82,29) [10] jener „lebendige" — entsprechend also wohl psychische —
„Jesus" (81,18) bzw. „Soter" (82,28) ist, den Ptr lächelnd neben dem
Kreuz gesehen hat. Der Erlöser scheint also trichotomisch verstanden zu sein (σῶμα/ψυχή/πνεῦμα), ist aber trotzdem vierteilig
gedacht: während seines Erdenlebens hat er sich noch mit einem
Fleischesleib verbunden [11]. Dieser einfache Sachverhalt — die leidensfähige sarkische Gestalt auf der einen Seite und der (dreifach
gestufte) Soter selbst auf der anderen — ist durch die etwas kom-
plizierte Szenerie [12] nicht sofort ersichtlich. Doch scheint diese dadurch mitbedingt zu sein, daß der Soter einerseits als angelus inter-
pres fungiert und andererseits selbst Gegenstand der Offenbarung ist.

Zuletzt sieht Ptr noch eine weitere Gestalt, die als das „*Pleroma*"
des Soter vorgestellt wird (82,3-17 83,10-15; cf. 81,2f). Sie ist aus-
gestattet mit allen Kennzeichen himmlischer δόξα, mit „großem
unbeschreiblichem Licht" und der „Menge der unbeschreiblichen
und unsichtbaren Engel". Solche δόξα zu sehen hatte der Soter
schon anfangs den Ptr gelehrt (72,13-73,10), doch handelt es sich
hier um etwas Neues: dies Pleroma „*verbindet* das vollkommene
Licht mit meinem heiligen Geist" (83,13-15), d.h. mit dem ‚Selbst'
des Soter (83,8f). Diese vollkommene Weise der Einheit war zuvor
sicherlich wegen der Verbindung mit dem leidensfähigen Fleischesleib nicht möglich gewesen, weshalb der Gang zur Kreuzigung als
Gang zur „Vollendung" bezeichnet wird (80,24; cf. 81,2f). Kurz:
die Gestalt des „Pleroma" zeigt den Soter in seiner Vollendung, in
seiner eigentlichen Bestimmung (das meinen sicher auch die auf das
Pleroma gehenden Worte 82,8f: „er ist der Soter"); sie stellt gleichsam Auferstehung und Himmelfahrt in Person dar; erst nachdem
Ptr ihn gesehen hat, ist er zur Weitervermittlung der Gnosis des
Erlösers befähigt (83,15ff; cf. Joh 1,16) [13].

---

[10] Ein anderes Verständnis dieser Stelle und zugleich der Christologie
von ApcPt vertritt der Berliner Arbeitskreis (WERNER ThL 99 [1974]
577.581; SCHENKE ZÄS 102 [1975] 132). Doch ist der „ergriffene" und
wieder „losgelassene" „Leib" durch Neueinsatz deutlich vom „lebendigen
Soter" unterschieden (82,26f 83,6: ΠΗ ΔЄ - ΠΗ ΔЄ).

[11] Cf. die Christologie der Naassener laut Hipp. V,6,6f: „Dies alles aber,
τὰ νοερὰ καὶ ψυχικὰ καὶ χοικά, ist vereint auf einen Menschen, Jesus, den
Sohn Mariens, herabgekommen".

[12] Doch ist das gleichzeitige Auftreten des Soters mit einer Dublette
gleicher Gestalt an sich nicht ungewöhnlich in gnostischer Literatur; cf.
den himmlischen Zwilling in ActJoh 92 und PS 78,1ff.18f; die bei der Taufe
herabsteigende Christus-Gestalt (zB Iren. I,15,3); das Simon-Kyrene-Motiv.
Cf. auch Clem.Al.str. VI,132,2f.

[13] Cf. Kol 2,9 1,19. „Pleroma" als Bezeichnung des Soter: zB EpPt

3. Die beiden Weisen des Sehens

So sind es *zwei* Wirklichkeiten, die ApcPt in plastischer Szenik *nebeneinander*stellt: die des leiblichen Auges, das den Erlöser leiden sieht; und die des geistigen Auges, das den Soter selbst — der leidensunfähig ist — von seinem zeitweiligen fleischlichen Gewand — das dem Leiden unterworfen ist — zu unterscheiden vermag. SCHENKE (ZÄS 102 [1975] 130) nennt die Christologie von ApcPt „doketistisch". Das ist eine gefährliche Ungenauigkeit des Ausdrucks, da für den Doketismus eben dies kennzeichnend ist, daß zugunsten der *einen*, himmlischen Realität des Erlösers seine irdische Wirklichkeit als bloßer „Schein" abqualifiziert bzw. geleugnet wird. So ist etwa für Satornil der Heiland „incorporalis", „innatus", nur „putative visus homo" und sein Leib folglich bloßes „phantasma" (Iren. I,24,2; Ps.Tert.haer. 3). In ApcPt hingegen wird Ptr von seiner anfänglichen Blindheit dadurch geheilt, daß er die beiden Realitäten *neben*einander zu sehen und dadurch zu unterscheiden lernt: „Sieh ihn und mich doch an!" (81,24). Bezogen auf die in ApcPt ja vorausgesetzte Berichterstattung der kirchlichen Evangelien aber heißt das: diese ist als solche nicht falsch, erfaßt jedoch allein die Wirklichkeit des leiblichen Auges. „Trug" (cf. 74,11ff) und Zeichen der „Blindheit" (cf. 72,13ff 82,1ff) ist sie folglich *nicht* in dem, *was* sie berichtet, sondern darin, daß sie dies als die *einzige* Wirklichkeit versteht und ausgibt.

Was wir in ApcPt vor uns haben, ist *gnostische Exegese*, umgesetzt in visionäre Gegenständlichkeit. Das ist sicherlich mehr als ein nur darstellerisches Mittel. Hier dürfte die Überzeugung Ausdruck finden, daß jedes geistige Verstehen als solches auch geistiges „Schauen" ist, und eine solche „Schau" konnte durchaus recht realistisch verstanden werden [14]. Es sei auch auf die nicht nur

---

(NHC VIII,2) 136,16 (im Anschluß an Joh 1,16); 2ApcJac (NHC V,4) 46,8f (dazu: FUNK Jakobus 119). Jeder Pneumatiker hat „sein" „Pleroma" (= Syzygos) und kann sich mit ihm „vereinigen": Heracl.frgm. 18. Cf. noch ExcTh 32,1; Clem.Al.str. IV,90,2; EvPh (NHC II,3) §§ 127.81. — Vielleicht bezieht 83,12 („unser Pleroma") die Gnostiker mit ein; cf. 70,32ff 71,14f sowie den Plural in 79,23f 73,25 75,16f 80,1f.24f. Cf. auch 83,8f/77,18f.

[14] Ähnlich kann auch im pneumatischen Mönchtum der Sinn einer Schriftstelle gegenständlich „geschaut" werden: Apoph.patr. 190 (Melchisedek als Mensch). Wichtig die Bemerkungen von GEORGI Gegner 176 zu Philo vit.cont. 28f: „Die von den Vätern überkommene Kunst der *Schriftauslegung* wird also *als Schau* verstanden und mit Äußerungen des gottesdienstlichen Lebens zusammengenommen ... Dies ist ein deutlicher Hinweis darauf, daß die zunächst nur formal und methodisch anmutende Eigen-

formale Analogie des Orig. verwiesen, der — entsprechend der Notwendigkeit, den Logos nicht mit dem körperlichen, sondern mit
dem geistigen Auge zu sehen (zB Comm.Jo. frgm.CXIII) — dem
rein äußerlichen Schriftverständnis der „Menge" die Forderung entgegenstellt, in den Schriften den „Sinn des Hlg. Geistes" zu „schau-
en" (zB Comm.Jo. X,43), und solche Schau auch als Vision begreifen kann [15].

4. *Petrus, der erste Gnostiker*

a. *Zur vollkommenen Gnosis berufen.* In ApcPt ist Ptr der *alleinige*
Zeuge des ‚Passions'-Geschehens und zugleich der einzige Jünger,
der über den Sinn dieses Geschehens Kenntnis erlangt hat (cf.
82,18ff 83,15ff). Für diese Darstellungsweise gibt es im NT eine
Reihe von Anhaltspunkten, die Ptr als den alleinigen autoritativen
Interpreten der Passionsereignisse geeignet erscheinen lassen. Einziger Augenzeuge (Mt 26,58ff par) nach der Flucht „aller" Jünger
(Mt 26,56 par), hat er auch als erster den Auferstandenen gesehen
(1Kor 15,5; Lk 24,34) sowie eine vor anderen Jüngern hervorragende
Rolle gespielt in Gethsemane (Mt 26,37ff par) und bei der Festnahme (Joh 18,10f). Vom Unverstand der (übrigen) Jünger hingegen sprechen etwa auch Lk 24,25.31; Mk 9,32 par; Joh 2,22.

Begründet ist in ApcPt diese Vorrangstellung des Ptr in seiner
„*Berufung*" zur vollkommenen Gnosis. *71,15ff*: „Du aber selbst,
Ptr, erweise dich deinem Namen entsprechend als vollkommen
(τέλειος) (und bleibe) bei mir selbst, dem, der dich berufen hat, denn
durch dich habe ich einen Anfang (ἀρχή) gemacht für die übrigen,
die ich zur Erkenntnis berufen habe ... (Ich bin es), der dich zuvor
berufen hat und zwar dazu berufen hat, daß du ihn *so erkennst,*
wie es angemessen ist ...". — Bei dieser Berufung zur Gnosis ist
nicht allgemein an den Ruf in die Nachfolge (Mk 3,13-19 par; Mt
4,18-22 par; Lk 5,1-11; cf. Act 15,7) gedacht, sondern an die Cäsarea-
Philippi-Perikope, wo Ptr als *einziger* unter den Jüngern durch
himmlische Offenbarung der Erkenntnis des wahren Wesens des

---

art einer übertragenden Auslegungsweise sehr realistisch verstanden werden
kann und zur wirklichen Übertragung in eine andere Sphäre führen kann,
die von pneumatischen Kräften bestimmt ist" (Sperrung von mir). Aus dem
gnostischen Bereich sei etwa auf 2ApcJac (NHC V,4: 57,8-19 58,20-23;
57,24ff 58,14ff); 1ApcJac (NHC V,3: 32,3-8; 31,17-26); oder auch ActPt
(gr.) c. 21.37 verwiesen: in visionärer Schau erkennt der Gnostiker, daß der
Herr vom Leiden unberührt blieb.

[15] Cf. VÖLKER Vollkommenheitsideal 73.

Gottessohnes gewürdigt wird (Mt 16,13-20; cf. auch Joh 6,66-69).
Mt 16,13-20 ist in ApcPt in folgenden vier Momenten aufgenom-
men: 1. Zunächst in der Erinnerung an den Ehrennamen ,,Petrus''
(Mt 16,18a: σὺ εἶ Πέτρος), der nach geläufiger Anschauung bei dieser
Gelegenheit verliehen wurde (Just.dial. 100,4; PsClem.EpClem. 1;
ActPt [NHC VI,1] 8,35-9,19), zumindest aber seine entscheidende
Begründung erfuhr; 2. dann eben in der Befähigung des Ptr zu
vollkommener Erkenntnis des Soter (Mt 16,17f), die etwa auch in
den Kerygmata Petrou (PsClem.Hom. XVII,17,5ff) als Grund der
einzigartigen Autorität des Ptr gilt. Mt 16,17f wird in der Überlieferung gerne mit der Verklärungsgeschichte (Mt 17,1ff) zusammengestellt [16], die gemeinhin als Offenbarung der wahren Himmel-
gestalt Christi gegenüber allen uneigentlichen Erscheinungsformen
und fleischlichen Sichtweisen verstanden wurde [17]. Das mag im
Hinblick auf die im Folgenden ausgesprochene Warnung vor der
Verführung durch den ,,Nachahmer der Gerechtigkeit'' nicht ohne
Bedeutung sein. 3. In dieser Befähigung zu einzigartiger Erkenntnis
ist Ptr zugleich ,,ἀρχή für die übrigen, die ich zur Gnosis berufen
habe''. In Ptr ist also zugleich die Gemeinschaft der Gnostiker berufen: das dürfte Interpretation des Wortes von der Kirchen-
gründung auf Ptr sein (Mt 16,18b: καὶ ἐπὶ ταύτῃ τῇ πέτρᾳ οἰκοδομήσω
μου τὴν ἐκκλησίαν). Mt 16,18b klingt schon unmittelbar zuvor bei
der Beschreibung dieser Gnostiker an: sie ,,sind erbaut auf dem,
was fest ist'' (70,26f; cf. auch Mt 7,24f 1Pt 2,5). Auch der eröffnende
,,Makarismos'' der Gnostiker (70,20ff; Mt 16,17: μακάριος εἶ, Σίμων
Βαριωνά) [18], die Betonung ihrer Erleuchtung durch den himmlischen ,,Vater'' (Mt 16,17b: ἀλλ' ὁ πατήρ μου ὁ ἐν τοῖς οὐρανοῖς)
sowie die Feststellung, daß sich ihnen der himmlische ,,Menschen-
sohn'' (hapax legomenon) geoffenbart habe, der den ,,Mächten''
verborgen blieb (Mt 16,13: τίνα λέγουσιν οἱ ἄνθρωποι εἶναι τὸν
υἱὸν τοῦ ἀνθρώπου), verweisen auf Mt 16,13-20. Ähnlich sehen die
kirchlichen Gnostiker Clem.Al. und Orig. in der geistgewirkten Er-

---

[16] Z.B. Orig.c.C. VI,77: ,,Für solche aber, die aus seiner Nachfolge Kraft
gewonnen haben, um ihm auch beim Hinaufstieg ,auf den hohen Berg'
folgen zu können, hat er eine göttlichere Gestalt. Diese kann man schauen,
wenn man ,ein Petrus ist', der die vom Logos erbaute Kirche in sich faßte
...''; Orig.Comm.Jo. frgm.CVI.
[17] Cf. ActPt (gr.) 20; Orig.c.C. VI,68 II,64f IV,15f; ExcTh 4f; Tert.carn.
Chr. 24; ActJoh 90; cf. ActTh 143; Iren. I,14,6 ApcPt.aeth. 15.
[18] Cf. Orig.Comm.Mt. XII,10, (GCS 40 84,27ff): ἐὰν ὡς ὁ Πέτρος λέγωμεν
. . . καὶ αὐτοὶ γινόμεθα ὅπερ καὶ ὁ Πέτρος, ὁμοίως αὐτῷ μακαριζόμενοι . . .

kenntnis des Ptr in Mt 16,18f eine Beschreibung des Pneumatikers überhaupt [19]. 4. In Mt 16,18f ist die Benennung „Petrus" mit der Zusicherung verbunden, daß die „Hadespforten" ihn nicht überwinden werden. Diese „Hadespforten" sind häufig als die Gefährdung durch Irrlehre verstanden [20]. Analog folgt in ApcPt auf die Erinnerung an den „Namen" des Ptr die Warnung vor der Irreführung durch den „Nachahmer der Gerechtigkeit", die so zum Prüfstein der Petruswürde wird („*Daher* sei stark …").

b. *Petrus und der „Nachahmer der Gerechtigkeit"*. Die Fortsetzung lautet (71,22-72,4): „Daher sei stark, wenn (wörtl.: bis) der Nachahmer (ἀντίμιμον) der Gerechtigkeit (δικαιοσύνη), (d.h. der Nachahmer) dessen, der dich zuvor berufen hat — und zwar dazu berufen hat, daß du ihn so erkennst, wie es angemessen ist angesichts seines Abstandes (ἀποχή) (jenem gegenüber) — ‹kommt› mit den Sehnen seiner Hände und Füße, (mit) der Bekrönung durch die (Wesen) der Mitte (μεσότης) und (mit) seinem glänzenden Leib (σῶμα), indem sie (die Wesen der Mitte) ihn bringen in der Hoffnung (ἐλπίς) auf (deinen) Dienst (διακονία) um des Lohnes einer Ehre(nstellung) willen, da er dich dreimal in dieser Nacht zum Abfall zu bewegen (versuchen) wird". Der Text dieses wichtigen Abschnittes ist zweifellos korrupt, der Versuch seiner Deutung mit starken Unsicherheiten behaftet. Eine Interpretation, die von der im Folgenden entwickelten unterschieden ist, bietet SCHENKE Petrusapokalypse 277-281.

Gesichert sein dürfte hier allein dies, daß unter dem Gegenspieler des Soter, dem „*Nachahmer der Gerechtigkeit*" (cf. 70,29ff 78,18f), die *leidensfähige Gestalt* des Erlösers — nach ihrer „Trennung" (82,33) vom Soter selbst — verstanden ist. Vor ihr ist zu warnen: sie wird den Ptr dreimal zum Abfall zu bewegen versuchen (72,2-4; ⲥⲟⲟⲍⲉ kann Äquivalent zu ἀφιστάναι sein). Ähnlich ist es auch in 82,17ff die gekreuzigte Soter-Gestalt, die dem Ptr wie hier nach der Aufforderung: „Sei stark!" vorgeführt wird. Dies einzig sichere Datum ist bereits bezeichnend genug für die Wertung des kirchlichen Glaubens an den Gekreuzigten durch ApcPt.

---

[19] Clem.Al.str. VI,132,4; Orig.Comm.Mt. XII,9-11 (GCS 40 84,24ff 85,2ff. 25ff 87,23ff 88,6ff). Diese Pneumatiker bilden im eigentlichen Sinn die „Kirche": KETTLER Sinn 49.

[20] Orig.Comm.Mt. XII,12 (GCS 40 90,31ff); Clem.Al.str. VII,106,2; cf. PsClem.Hom. XVII,17,4 (Kerygmata Petrou).

Schwierig zu entscheiden ist nun die Frage, auf welches Ereignis sich die Warnung in 71,22-72,2 bezieht, auf die dreimalige *Verleugnung des Ptr* (Mt 26,57-75 par) *oder* auf die nach dreimaliger Prüfung erfolgte *Berufung des Ptr durch den Auferstandenen* (Joh 21,15ff). 72, 2-4 („er wird dich dreimal in dieser *Nacht* zum Abfall zu bewegen (suchen)") paßt genau auf die dreimalige Verleugnung des Ptr. Diese wäre dann als Absage an den leidensfähigen Christus positiv gewertet, ähnlich wie der Verrat des Judas im „Evangelium des Judas" (Iren. I,31,1). Schwierigkeiten bereitet bei dieser Deutung jedoch der Handlungsablauf in ApcPt, da der Soter und Ptr bis zur Kreuzigung zusammengedacht sind; erst dort trennt sich der Soter von seinem sarkischen Leib [21] und dann auch von Ptr, der danach allein gelassen und somit der Gefahr der Irreführung ausgesetzt ist. Das aber paßt genau auf die Szene in Joh 21,55ff, wo Ptr in den Dienst des (Gekreuzigten und wieder) Auferweckten berufen wird [22]. So wäre auch der Gegensatz zwischen dem Soter selbst — der den Ptr „zuvor berufen" und zwar zur Erkenntnis seines himmlischen Wesens berufen hat — und seinem „Nachahmer" — der den Ptr in seinen eigenen „Dienst" zu stellen sucht — voll verständlich. Die Auferweckung des Gekreuzigten haben Gnostiker auch sonst anerkennen können, ohne dabei im geringsten von ihrer abschätzigen Wertung desselben abzulassen [23]. Für den Auferstandenen spricht insbesondere auch die Erwähnung des „glänzenden Leibes" (die Deutung von SCHENKE auf die Verklärungsgeschichte erscheint mir ausgeschlossen: diese ist in gnostischen Texten m.W. ausnahmslos positiv gewertet). — Auch die Erwähnung der „Hände" und „Füße" läßt sich im Sinn der Realitätsdemonstrationen des Auferstandenen in Lk 24,39 oder Joh 20,20.25.27 gut mit der Figur des auferweckten Christus in Einklang bringen (cf. 81,13f.19f). In einem Teil der Tradition gilt Ptr ausdrücklich als Zeuge dieser Demonstra-

---

[21] Der Soter bzw. sein nicht-sarkischer „Leib" ist „*ergriffen* und (wieder) freigelassen worden" (82,29f 83,6-8); die Trennung vom Fleischesleib erfolgt also erst nach der Festnahme, bei der Kreuzigung (cf. S. 24 Anm. 8).

[22] Die Zeitangabe „in dieser Nacht" ist kein unumstößliches Gegenargument, da ApcPt die verschiedenen Ereignisse der Jerusalemer Zeit ohnehin in einen Moment zusammenrafft; auch wird in Joh 21 (v.3) die „Nacht" erwähnt. — Vielleicht ist auch in 80,31f („Du aber, Ptr, wirst (weiter) in ihrer Mitte stehen") auf Joh 21 (v.18b) angespielt.

[23] Cf. zB die Rede der Protennoia in Prot (NHC XIII,1) 49,4ff 50,9ff: „[Die Archonten] dachten, [daß ich] ihr Christus wäre ... Ich habe Jesus (nur) angezogen; ich trug ihn weg von dem verfluchten Holz und versetzte ihn in die Wohnungen *seines* Vaters". Cf. auch Hipp. VII,38,4.5.

tion (EpAp 11 [22]: „so lege, Ptr, deine Hand (und deine Finger)
in das Nägelmal meiner Hände"; Ign.Sm. 3,2: „als er zu denen
um Ptr kam, sprach er zu ihnen: ‚Fasset, betastet mich und sehet,
daß ich kein körperloser Dämon bin' "). Die Erwähnung der
„Sehnen" oder „Nerven" — WERNER emendiert zu: „Fesseln"
(ⲙ̅ⲟ̅ⲩ̅ⲧ - ⲙ̅ⲟ̅ⲩ̅ⲣ̅) — wäre dann von dem gerade gegenüber Gnostikern betont hervorgekehrten Auferstehungsrealismus her zu verstehen (Tert.resurr. 63,1: „derselbe Leib" wird auferstehen; cf. Iren.
V,2,3: „ein wahrhaft menschlicher Organismus, der aus Fleisch,
Nerven und Knochen besteht"; Tert.resurr. 57.32: „Fleisch, Haut,
Sehnen"; Tert.carn.Chr. 5.9). — Der hier vorgetragenen Deutung
bereitet die „Krönung" eingestandenermaßen Schwierigkeiten.
Doch ist hier vielleicht nicht an die Dornen —, sondern (analog
zum „glänzenden Leib") an eine Siegeskrone zu denken (cf. auch
Apc 6,2). — „Die (Wesen) der Mitte" — μεσότης ist in EvPh (NHC
II,3) § 63 der Ort absoluten Übels; vielleicht deutet ApcPt hier die
Überlieferung von den Grabesengeln —, die den Auferweckten „in
der Hoffnung" vorbringen, Ptr so in ihren „Dienst" nehmen zu
können, sind sicherlich mit jenen „Gewalten, Mächten und Kräften"
identisch, die laut 77,4ff durch falsche Lehre die „unsterblichen
Seelen" zum Zweck ihrer eigenen Verehrung in dieser Welt festhalten wollen. „Si quis igitur ... confitetur crucifixum, adhuc hic
servus est, et *sub potestate eorum*, qui corpora fecerunt" (Basilides
laut Iren. I,24,4). Bei ⲉⲧⲃⲉ ⲟⲩⲃⲉⲕⲉ ⲛⲧⲉ ⲟⲩⲧⲁⲉⲓⲟ (72,1f) ist
entweder — wie in 77,8ff — an ihre eigene „Verehrung" oder —
wahrscheinlicher — an die dem Ptr versprochene „Ehre" (das
Hirtenamt von Joh 21,15ff) zu denken. Das würde gut zur anti-
hierarchischen Polemik von ApcPt passen (cf. 79,21-31; 74,10f).

Ohne daß sich in dieser Frage Sicherheit gewinnen läßt, so scheint
doch mit dem „Nachahmer der Gerechtigkeit" — in polemischer
Exegese von Joh 21,15ff — das auferweckte, noch mit allen Merkmalen der Kreuzigung behaftete Gebilde der Archonten gemeint
zu sein. Es fungiert gleichsam als *Pseudochristus* (worauf auch
schon der Name hindeutet [24]); denn für ApcPt ist die wirkliche
‚Auferstehung' des Soter in der rein geistigen Gestalt des „Pleroma"
anzuschauen. — Eine solche Deutung der Berichte von den Erscheinungen des Auferstandenen wäre so isoliert nicht, wie es
scheinen mag. Als *abgewiesene* Erklärung finden wie sie auch bei

---

[24] Cf. Noema (NHC VI,4) 45,1ff.17ff; 2Thess 2,3; 2Kor 11,15; EpAp 35.

Orig. (Comm.Jo. frgm.CVI [zu Joh 20,25]), wonach Thomas —
aber „auch die übrigen Apostel" — deshalb nicht sofort denen
Vertrauen schenkte, „die den Herrn gesehen zu haben behaup-
teten, ... weil er sich vorsah, ob es sich nicht um eine Erscheinung
handle, und weil er sich des Wortes erinnerte: ‚Viele werden in
meinem Namen kommen und sagen: ‚Ich bin es' ". Erinnert sei
auch an Markion (der Antichrist als Sohn des Demiurgen) oder an
die Kerygmata Petrou. Hier polemisiert Ptr gegen den Anspruch
des Paulus, vom Auferstandenen selbst berufen zu sein: Paulus
habe nicht die Lichterscheinung Christi (Act 9,3), sondern den vom
Himmel gefallenen Satan (Lk 10,16) gesehen [25].

   c. *Die künftigen „Lästerungen" gegen Petrus.* Die Ankündigung
der kommenden „Häresie" (cf. 74,21f) durch den Soter wird mit
folgenden Worten eingeleitet (73,14ff): „So vernimm jetzt, was dir
im Geheimen gesagt wird, und bewahre es! Sage es nicht den Söhnen
d(ies)es Äons! Du wirst nämlich gelästert werden in diesen Äonen,
da sie dich nicht kennen; wo aber Gnosis (γνῶσις) ist, wirst du
gepriesen". Diese „Lästerungen" dürften sich, in Verbindung mit
dem Vorwurf der „Unwissenheit", auf falsche Aussagen über Ptr
— konkret: auf die *kirchliche In-Anspruch-Nahme* der Autorität
des Ptr für ihre Lehren — beziehen. Ähnlich besteht die „Lästerung" und „Schmähung", über die der Ptr der Kerygmata Petrou
zu klagen hat, in der ihm böswillig unterstellten Meinung, daß
„ich die Auflösung des Gesetzes lehrte" (PsClem.Hom. XVII,19,5
EpPt 2,4; cf. Gal 2,11-14); hier wie dort ergibt sich als Konsequenz
der „Lästerung" die Notwendigkeit der Geheimhaltung. Im Einzelnen kommen insbesondere folgende Differenzpunkte gegenüber
dem kirchlichen Petrusverständnis in Frage:
   1. Die *Christologie.* Für ApcPt ist Ptr der autoritative Zeuge dafür, daß der Soter selbst nicht gelitten hat. In kirchlicher Sicht
spielte er eine entgegengesetzte Rolle. — 2. Die kirchliche *Hierarchie.* Wie wir sahen, zeigt ApcPt betontes Interesse an Mt 16,
13-20 und Joh 21,15ff. Beide Stellen aber, in erster Linie natürlich Mt 16, dienten jenem bischöflichen Amt, dessen Ansprüche
ApcPt ausdrücklich zurückweist (79,21-31), als biblische Hauptstütze: „Dominus noster ... episcopi honorem et ecclesiae rationem
disponens in evangelio loquitur et dicit Petro: Mt 16,18f. Inde per
temporum et successionum vices episcoporum ordinatio et ecclesiae

---

[25] PsClem.Hom. XI,35,5 XVII,14,5; s. STRECKER Pseudoklementinen 195.

ratio decurrit ..." [26]. ApcPt nimmt Mt 16 und Joh 21 in je unterschiedlicher Weise auf, jedoch so, daß das amtskirchliche Verständnis beider Stellen schlechthin ausgeschlossen ist. Ptr ist nicht ini-
tium episcopatus, sondern ἀρχή wahrer Gnosis, und die christliche
„Bruderschaft" (79,1) ist auf wahrer Erkenntnis des Soter, nicht
aber auf angemaßter, menschlicher Autorität (79,21ff) begründet.
— 3. Die kirchliche *Buße*. 77,22-78,31 ist am ehesten als Polemik
gegen die kirchliche Buße zu deuten („Sündenvergebung", „Nachahmung", „Hermas"). Bei der Durchsetzung des kirchlichen Bußinstitutes aber hat Mt 16,19, deutlich faßbar seit Tert.pudic. 21,9f
(„si, quia dixerit Petro Dominus: Mt 16,18f, idcirco praesumis ad te
derivasse solvendi et adligandi potestatem ...?"), eine bestimmende Rolle gespielt. Es sei daran erinnert, daß in dieser Frage
auch der montanistische Tert. (pudic. 21) dem gegnerischen Bischof
das Recht der Berufung auf Mt 16,18f gänzlich abspricht, und daß
ganz ähnlich Orig. (Comm.Mt. XII,14) die Bindung der Petruswürde an die opera Petri kritisch gegen die Ansprüche des Episkopats wendet. Das ist als mögliche Parallele zur Polemik von ApcPt
wichtig.

So werden in ApcPt ein wahres und ein falsches Petrusbild gegeneinander gestellt: ein Ptr, der in „Gnosis" „gepriesen", und ein
Ptr, der aus „Unwissenheit" „gelästert" wird; ein Ptr, der vom
geistigen Soter zur „Erkenntnis" „berufen" (Mt 16), und ein Ptr,
der vom Gekreuzigten und wieder Auferweckten in „Dienst" genommen wird (Joh 21); ein Ptr der Gnostiker und ein Ptr der
Kirche. Beide Momente, die Hochschätzung eines gnostischen und
die Verwerfung eines kirchlichen Ptr finden sich je für sich auch
sonst in gnostischen Texten [27]. ApcPt aber ist das wichtigste Doku-

---

[26] So die nur in ihrer Prägnanz untypische Formulierung Cypr. ep. 33,1.
Im Einzelnen cf. das etwa bei LUDWIG Primatworte oder KOCH Cathedra
erörterte Material. Zur Verbindung von Mt 16 und Joh 21 cf. etwa Cypr.unit.
4 (in der sekundären Fassung): „Super illum aedificat ecclesiam et illi pas-
cendas oves mandat" oder Orig.Comm.Rom. V,10.

[27] In *EpPt* (NHC VIII,2), einer gnostischen Paraphrase von Lk 24 bis
Act 8, ist es der Gnostiker Ptr, von dessen Pfingstpredigt über Jesus, der
gekreuzigt wurde und dennoch „diesem Leiden fremd" blieb (139,9-140,1),
die geisterfüllte Verkündigung der Apostel ausgeht; deren Zweck ist die
„Bekämpfung" der Archonten (137,13-138,3). — In *EpJac* (NHC I,2) sind es
Ptr und Jakobus, die die Auferstandene aus dem — bereits mit der Abfassung der Evangelienberichte beschäftigten (!) — Zwölferkreis aussondert
(2,7-39 1,23-25), um allein ihnen sein „letztes" (14,32), allein heilbringendes
(1,25-28) „Wort" zu offenbaren. — Auch der Ptr der *ActPt* (gr.) verkündigt
einen gnostischen Erlöser (c. 20.21.37-39.7), der „das Leiden nicht kannte

ment des Streites von Gnosis und Kirche um den Ersten der Apostel.

d. *Unterscheidungsfähigkeit als Merkmal der wahren Petrusjünger* (70,20-71,15). In der Gestalt des Ptr, der „ἀρχή für die übrigen, die ich zur Gnosis berufen habe" (71,19-21), sind zugleich die gnostischen Christen dargestellt. Auf sie treffen, wie wir sahen, die in Mt 16 ausgesagten Merkmale der Petruswürde zu; ihnen allein ist das von Ptr geschaute Mysterion anvertraut (83,15ff); mit dem Lobpreis auf sie eröffnet der Soter seine Rede (70,20-71,15), um erst dann den Ptr selbst anzusprechen (72,15ff). Und so wie Ptr in der

.... und niemals gezüchtigt worden ist" (c. 20). Denn die scheinbar widersprüchlichen Antithesen des 20. Kapitels lösen sich auf durch die Unterscheidung dessen, was der Soter „ipse" war und dessen, was er nur „pro nobis" — d.h.: in der „effigies hominis", die er allein um der schwachen menschlichen Fassungskraft willen annahm — tat (LIPSIUS-BONNET I 67,7ff. 20ff). — Im Hinblick auf *Petrus Gnosticus* ist weiter von Belang: *Basilides*, der sich auf Überlieferungen des Ptr beruft (Clem.Al.str. VII,106,4); *Herakleon*, der das Kerygma Petrou exegesiert (frgm. 21); die *Petrusakten* als Teil der Nag-Hammadi-Bibliothek (NHC VI,1). Das *Petrusevangelium* ist weniger als solches (so BAUER Leben 222f) als durch die Verwendung, die es erfahren hat (Serapion ap.Eus.h.e. VI,12: „Doketen") der gnostischen Literatur zuzurechnen. — Wo Ptr hingegen in *negativer Wertung* erscheint, ist er meist zugleich als Vertreter des kirchlichen Christentums kenntlich. So in *EvTh* (NHC II,2) Logion 13, das als Konkurrenzerzählung zu Mt 16,13-20 (!) zu bezeichnen ist: im Gegensatz zum Gnostiker Thomas, der von Jesus ausdrücklich belobigt wird, zeugt die Antwort des Ptr (und Matthäus) von beschränktem Verständnis (cf. BLUM Tradition 141: „Es ist anzunehmen, daß sie wahrscheinlich als Vertreter der kirchlichen Tradition diskreditiert werden sollen"; SCHÄFER Primat 357: „der auf Petrus gegründeten Kirche ist die gnostische Sekte überlegen"; HAENCHEN Botschaft 64: „hier ist Polemik im Spiel!"; WALLS NTS 7 [1960/61] 269; MONTEFIORE-TURNER Thomas 84f). — In *EvMar* (BG) ist nach dem „Fortgang" (9,5) des Soter authentische Kunde über ihn wie Gnosis überhaupt ausschließlich von Maria (Magd.) vermittelt. Sie allein vermag den Herrn in einem „Gesicht" zu sehen (10,10ff) und weiß, was den andern verborgen ist (10,8f). Gegen sie, die „der Herr mehr als uns (andere Jünger) geliebt" und in einzigartiger Weise „würdig gemacht hat", rebelliert Ptr „wie der Widersacher", ist nicht zur Annahme ihrer Verkündigung und damit zur „Umkehr" bereit (17,15ff). Deshalb trifft ihn harter Tadel (18,4ff). Ihm gilt auch die Mahnung, „kein weiteres Gesetz zu erlassen außer dem, was der Erlöser sagte" (18,20f). — Auch in der *Pistis Sophia* kann Maria zeitweilig in die Rolle des gnostischen Offenbarers eintreten (221,11ff), auch hier wird sie durch Ptr bedroht („ich fürchte mich vor Ptr, weil er mir droht und unser Geschlecht haßt": 104,17ff) und auszuschalten gesucht (36,6ff 248,37f). Doch dürfte hier im Hintergrund nicht der Gegensatz zwischen Kirche und Gnosis, sondern die Stellung der Frau in der durch Ptr vertretenen Großkirche stehen (so ZSCHARNACK Frau 160f; HARNACK Pistis-Sophia 16ff; SCHMIDT Schriften 455).

Vision zur Unterscheidung des leidenden und des leidensunfähigen Teils des Soter befähigt wird und sich seine Würdestellung darin bewährt, daß er den „*Nachahmer* der Gerechtigkeit" als solchen zu erkennen vermag, so ist in gleicher Weise die Befähigung zur Unterscheidung das Kennzeichen seiner gnostischen Jünger: „denn sie werden mein (Christi) Wort hören und sie werden (zu unterscheiden) verstehen zwischen Worten der Ungerechtigkeit (ἀδικία) und Gesetzeswidrigkeit (+ παράνομος) (und Worten) des Gesetzes (νόμος und der Gerechtigkeit (δικαιοσύνη), da sie aus der Hohe aller Worte dieses Pleromas der Wahrheit stammen" (70,28-71,3).

Damit ist gleich zu Beginn der *entscheidende Differenzpunkt* gegenüber den Kirchenchristen ausgesprochen, denen dieses Unterscheidungsvermögen gänzlich abgeht. Ihr Grundfehler ist der Glaube, „daß das Gute und das Schlechte aus *einer* (Wurzel) stammt" (77,30-32); so verwechseln sie die irdische und die himmlische Realität und haben an die Stelle der „reinen" (77,28f) Offenbarung Christi eine bloße „*Nachahmung* (ἀντίμιμον)" gesetzt. Ihre irdische Gemeinschaft halten sie für die geistige, „wahrhaft existierende Bruderschaft", obwohl sie nur eine „Nachahmung", eine „Schwesterschaft" ist (78,31ff); an die Stelle der wirklichen „Sündenvergebung" Christi, die von der Knechtschaft unter die Heimarmene befreit, setzen sie eine „Nachahmung", ein Surrogat auf den Namen des „Hermas, des Erstgeborenen der Ungerechtigkeit" (78, 1ff). Sie „verschachern" Christi „Wort" (77,33f) und halten sich nicht an das „Gesetz" des Soter (70,31), sondern ihr eigenes (77,27). Sie führen zwar Christi „Namen" im Mund und leiten so viele irre (80,2-7). Doch wird der Gnostiker eben die Worte der Ungerechtigkeit und die Worte der Gerechtigkeit zu scheiden wissen (70,28ff).

Dies können die Gnostiker deshalb, da sie „aus der Höhe" (71,1) und aus der „Wahrheit" (75,12f) stammen. So haben sie denselben Ursprung wie der Menschensohn (70,22/71,13), mit dem sie „wesenseins" sind (71,14f: ϣⲃⲏⲣⲛⲟⲩⲥⲓⲁ = ὁμοούσιος [28]; cf. 79,1-5 83, 22ff) und dessen Offenbarung für sie nur ein „Erinnern" ist (70, 25). So wird ihnen, die „aus dem Leben stammen", „das Leben geoffenbart" (70,23f).

---

[28] Der Sinn von 71,13-15 ist nur schwer zu bestimmen. „Furcht" ist entweder, wie in 72,21f oder 2ApcJac (NHC V,4) 57,17f, positiv gewertet als Reaktion auf das Offenbarungsgeschehen, oder es handelt sich im Sinn des Gerichtsgedanken von 80,8ff um die Furcht der übrigen Menschen vor den „Menschen gleichen Wesens".

5. *Leidensunfähigkeit des Soter als Trost für den bedrängten Gnostiker*

Zum Abschluß des ‚Passions'-Geschehens mahnt der Soter den Ptr zur Geheimhaltung des von ihm Geschauten (83,15ff) und entläßt ihn mit der Aufforderung zur Furchtlosigkeit und der Zusicherung, daß keiner seiner „Feinde" etwas gegen ihn vermögen wird. Diese „Feinde" sind kaum andere als jene Kirchenchristen, die den Ptr „lästern" (73,18ff), seine gnostischen Jünger zu „töten" suchen (74,3ff) und dem Ptr „Furcht" einflößen werden (79,31ff). Zur Begründung der Mahnung zur Geheimhaltung in 83,15ff verweist der Soter auf sein früher gesprochenes Wort Mt 13,12 (83,26-84,6), das in seiner zweiten Hälfte eine bezeichnende Erläuterung erfährt: „Wer aber nicht hat — das ist der Mensch dieses Ortes, der gänzlich tot ist . . . ; (das sind die), die, wenn einer aus dem unsterblichen Sein (οὐσία) sich zeigt, *wähnen, ihn ergreifen zu können* —, dem wird genommen etc". Wer wie der Soter ein „unsterbliches Wesen" ist, dem können also die nichtigen Anschläge der Archonten und ihrer Handlanger nichts anhaben — das ist das generalisierende Resümee, das ApcPt aus den Ereignissen auf Golgatha zieht. Und das ist zugleich der Trost, mit dem der Soter den Gnostiker Ptr auf den Weg in seine gefahrvolle Zukunft entläßt.

So ist der Glaube an den geistigen Heiland, der den Anschlägen des Judengottes nicht erlegen ist, Grund der Gewißheit, selber den Nachstellungen der feindlichen Mächte entzogen zu sein; und diese Nachstellungen begegnen dem Gnostiker konkret in den Feindseligkeiten der Kirchenchristen. Ganz analoge Aussagen finden wir etwa in 2LogSeth (NHC VII,2). Der erste Teil dieser Schrift handelt vom Herabstieg des Soter in diese Welt (p. 50ff) und der Feindschaft der Archonten (die vermeinen, ihn kreuzigen zu können: 55,14-57,6 58,17-59,19). Der zweite Teil berichtet dasselbe von den Gnostikern (59,19ff): „Nachdem wir unser (himmlisches) Haus verließen und zur Welt herabstiegen . . ., wurden wir gehaßt und verfolgt . . . von denen, die sich für reich halten, im Namen Christi . . ."). Doch werden auch sie in alledem „siegreich" sein (60,3ff). Denn — das prägt der Soter in stereotyper Wiederholung ein (62, 27-65,18): gegen „mich und meine Brüder" können die Archonten nicht Oberhand gewinnen.

C. DIE ANKÜNDIGUNG: DIE HÄRESIENGESCHICHTE
(73,14-80,23)

1. *Der kirchliche Irrglaube als die angekündigte „Häresie"*

Den Mittelteil von ApcPt (73,14-80,23), an Umfang der Darstellung des „Passions"-Geschehens gleich, bildet die Ankündigung der kommenden „Häresie" (74,21f). Diese besteht wesentlich im Glauben an den „Toten" (74,13f) und ist damit gleich zu Beginn als das katholische Christentum kenntlich gemacht. Ihre verschiedenen Einzelmerkmale kommen in 74,22-79,31 zur Sprache. Doch wenden wir uns zunächst dem einleitenden (73,14-74,22) und dem abschließenden (79,31-80,23) Teil zu, der die entscheidenden Charakteristika des kirchlichen Irrglaubens feststellt.

a. *Abfall von der ursprünglichen Wahrheit* (73,14-74,12). „Denn (γάρ) eine Menge wird am Anfang (ἀρχή) unserer Verkündigung (diese) annehmen und sich (dann) wieder davon [1] abwenden nach dem Willen des Vaters ihrer Verblendung (πλάνη), denn sie taten, was ihm gefällt" (73,23-28). Der Grundsatz der principalitas veritatis et posteritas mendacitatis (Tert.praescr. 31,1), der für die Polemik der Kirche gegen die häretische Gnosis so bestimmend ist [2], wird hier gegen des katholische Christentum gewendet: die ursprüngliche Wahrheit findet sich bei den gnostischen Christen, das Christentum der „Menge" hingegen ist Abfall von den Anfängen [3]. Deshalb wird in der kommenden Zeit des Abfalls Ptr, der Mittler wahrer Erkenntnis, nicht „gepriesen", sondern „gelästert" (73,18-23); die ihm Gefolgschaft leistenden „Diener des Wortes" werden bedrängt (73,29-74,9); „gepriesen" werden hingegen anstelle des Ptr „die Männer der Lügenverkündigung, die nach dir kommen werden" (74,10f).

b. *Der Glaube an den „Toten"* (74,13ff). Nachdem so die Tatsache des Abfalls ausgesprochen ist, erfolgt die inhaltliche Kennzeich-

---

[1] ⲉⲡⲟⲟⲩ; s. CRUM Dictionary 51b und TILL Grammatik § 393. WERNER emendiert bei gleichem Sinn: „Denn viele werden befreit werden von <ihren Irrtümern> am Anfang unserer Verkündigung, und werden (doch) wieder zu ihnen zurückkehren".

[2] BAUER Rechtgläubigkeit 3f; TURNER Pattern 3-8.

[3] Ähnlich Markion (HARNACK Marcion 35ff) und Mani (zB Keph. 13,26ff). Für gnostische Texte ist der Vorwurf des Abfalls nicht eigentlich typisch, da kirchliches und gnostisches Christentum dort meist auf unterschiedliche Verkündigungsphasen des Soter oder der Apostel zurückgeführt werden (zB Iren. III,5,1 12,6). Doch cf. Noema (NHC VI,4) 45,15-17; LibTh (NHC II,7) 141,12f.10; EpPt (NHC VIII,2) 135,3-8; 1ApcJac (NHC V,3) 29,19ff.

nung der kommenden Irrlehre. ,,Sie werden dem Namen eines Toten
anhangen — da sie glauben, daß sie (so) rein werden werden, doch
werden sie sich (so) erst recht besudeln —, (d.h.) sie werden einem
Trugnamen (-πλάνη) und einem üblen Betrüger (-τέχνη) mit einer
vielgestaltigen (-μορφή) Lehre (δόγμα) verfallen, so daß sie häretisch
(-αἵρεσις) beherrscht (ἄρχειν) werden''. Hauptmerkmal der künftigen
,,Häresie'' [4] ist also der Glaube an den dem Kreuzes-,,Tod'' unterworfenen Christus. Damit ist zugleich der Zusammenhang zur
,,Passions''-Geschichte hergestellt, wo Ptr ja eingehend über die
Beschaffenheit des Gekreuzigten — der als das nur zeitweilige
sarkische Gewand des Soter gänzlich dieser Schöpfung angehört —
aufgeklärt wird (81,18-22 82,18-26). — Man könnte freilich zunächst versuchen, die vorliegende Stelle auf Hermas zu beziehen,
da dieser in 78,17f mit einer ähnlichen Wendung (,,der Namen
eines Toten, nämlich des Hermas'') erwähnt wird und auch die
weitere Bestimmung des Irrglaubens — die Erwartung, so ,,Rein-
heit'' zu erlangen — auf die mit dem Namen des Hermas ver-
bundene kirchliche Buße beziehbar wäre. Doch kommt eine solche
Deutung aus verschiedenen Gründen nicht in Betracht [5]. — Vielmehr ist hier wie auch in anderen gnostischen Texten mit dem
,,Toten'' der am Kreuz getötete Christus gemeint, und der irrige
Glaube, durch den Toten ,,gereinigt'' zu werden, dürfte sich auf die
Anschauung von der reinigenden Kraft des Sühnetodes Christi (cf.
zB Orig.Comm.Jo. I,32: ,,damit alle durch seinen Tod gereinigt
werden''), vielleicht aber auch auf die Taufe beziehen (,,Namen'';
cf. zB 1Kor 6,11 Rm 6,2f). Zur Bezeichnung des Gekreuzigten als
,,Toten'' cf. v.a. 2LogSeth (NHC VII,2), der durchgehend gegen
das orthodoxe Kreuzigungsverständnis polemisiert (zB 49,25-29 55,
15-57,7 58,17-59,19) und deshalb vor der ,,Lehre von einem Toten''
(60,22) warnt, auf der die katholische ,,Nachahme''-,,Kirche'' begründet ist. Auch in EpPt (NHC VIII,2) prangert Christus die
Verblendung derer an, die ihn für einen ,,toten'' (oder: ,,sterb-
lichen'': ογρωμε εϥμοογτ) Menschen hielten (,,Sie haben
mich nicht erkannt; sie dachten von mir, daß ich ein toter Mensch

---

[4] Zu αἵρεσις in gnostischen Texten s. S. 159 Anm. 11. 164. 189-192.

[5] Die Nennung des Namens ,,Hermas'' wäre sonst bereits an dieser Stelle
zu erwarten; diese Deutung ließe sich auch nicht mit der erläuternden Fortsetzung (74,16-22) verbinden, wonach der ,,Name eines Toten'' als ,,Trug-
name'' von einem ,,Betrüger'' propagiert zu sein scheint; Hermas wäre
auch kaum als Hauptrepräsentant der Orthodoxie geeignet. Ein ,,Toter''
(78,17) ist er so, wie jeder Rechtgläubige eine ,,tote Seele'' ist (75,15ff).

sei": 136,20-22.11-15 139,21ff). Erwähnt sei auch Julian Apostata, der die außerkatholischen Christen als solche charakterisiert, die „nicht auf dieselbe Weise wie ihr den Toten (τὸν νεκρόν) beklagen" (adv.Gal. 206A), oder Celsus, der nur dem Bericht von Jesu Tod, nicht aber dem von seiner Auferstehung Glauben schenkt (Orig.c.C. III,43). — In ApcPt entspricht und begründet — im Sinn des Grundsatzes, daß Gleiches nur durch Gleiches erkannt werden kann — der Gegensatz zwischen dem Glauben an den geistigen, leidensunfähigen Soter und dem an den „Toten" die Unterscheidung der beiden Menschenklassen, der „toten" und der „unsterblichen" Seelen. Denn die „toten Seelen" (75,31f.15ff 83,31f), die aus dieser Welt stammen und die „hylischen Geschöpfe lieben" (75,24-26), hangen dem Namen eines „Toten" an, während für die „unsterbliche Seele" gilt: „sie allein ist es, die unsterblich ist, die ihr Denken *auf Unsterbliches* richtet, die glaubt und die begehrt, diese (Schöpfung) zu verlassen" (75,26ff.33ff; cf. S. 72ff).

c. *Polemik gegen Paulus?* Wer aber ist nun in 74,16-22 mit jenem „üblen Betrüger mit einer vielgestaltigen Lehre" gemeint? Zunächst könnte man an einen besonders exponierten unter den kirchlichen Wortführern (cf. 74,10f 77,24f) denken, etwa an einen monarchischen Bischof („herrschen"; doch cf. 80,8-11). Wahrscheinlicher scheint mir aber die Deutung auf Paulus, die WERNER (ThL 99 [1974] 575) allgemein als Vermutung geäußert hat und die ich im Folgenden genauer zu begründen suche. Es kann dabei aber — was angesichts der Tragweite einer solchen Behauptung ausdrücklich betont sei — um nicht mehr als den Aufweis einer diskussionswürdigen *Möglichkeit* gehen.

1. In 74,13ff dürfte der „Name eines Toten" identisch sein mit dem „Trugnamen", der auf die Wirkung des „Betrügers" zurückgeführt wird. Diesem „Betrüger" kommt also die *ursächliche* Verantwortung für den Glauben den Gekreuzigten zu. Nun ist im NT zweifellos Paulus der hervorstechendste *Verkündiger des „Gekreuzigten"* (1Kor 2,2 1,18.23 Gal 3,1). In dieser Eigenschaft aber wurde Paulus ein Kronzeuge des Kampfes der Kirche gegen die häretische Gnosis (zB Iren. II,26,1; Tert.carn.Chr. 5,3), und in dieser Eigenschaft war er zugleich Hauptstütze des Glaubens der simpliciores etwa im Alexandrien des Orig.: „Andere, die ‚nichts kennen als Jesus Christus als Gekreuzigten', in der Meinung, das fleischgewordene Wort sei alles am Wort, kennen Christus allein

nach dem Fleisch. Sie bilden die Masse derer, die als Gläubige gelten"
(Comm.Jo. II,3). HARNACK (Ertrag II 81 Anm. 1) bemerkt dazu:
„Hier hätten die Angegriffenen — Orig. stellt sogar ihren Christenstand in Frage — den Vorwurf der Irrlehre zurückgeben können
und haben es auch getan". Diesen Gegensatz ein wenig schroffer
gefaßt — und wir hätten die für ApcPt anzunehmende polemische
Front.

2. Diese Beobachtungen aber haben umso mehr Gewicht, als in
ApcPt an mehreren Stellen *polemische Bezugnahme auf paulinische Aussagen* feststellbar zu sein scheint. In 82,21-26 wird der
„Angenagelte" ausdrücklich als der „(Mann) des Kreuzes" — nur
hier σταυρός, sonst „Holz" — bezeichnet, was als Aussage überflüssig, als Anspielung auf die Verkündigung: des „Gekreuzigten"
jedoch plausibel ist. Auch die weitere Bestimmung: „der unter dem
Gesetz (νόμος) ist" ist wohl als Zitat aufzufassen, da „das Gesetz"
(70,31), ohne einschränkenden Zusatz (77,25), in ApcPt sonst
positiv gewertet ist. Zu denken wäre dabei v.a. an Gal 4,4 oder
3,13 (cf. S. 20-22ff). Schließlich dürfte die Bezeichnung des Gekreuzigten als „Sohn *ihrer* (der Archonten) ‚Herrlichkeit' " (82,1f)
antithetisch auf die wirkungsgeschichtlich so wichtige Stelle [6]
1Kor 2,8 („Archonten", „Herr *der* Herrlichkeit", „kreuzigen")
zurückgehen.

3. Auch die *übrigen Angaben in 74,16-22* lassen sich mit Paulus
in Einklang bringen. „Vielgestaltiges δόγμα" dürfte einfach polemisches Stereotyp sein (cf. nur die δόγματα ποικίλα der Pseudopropheten in ApcPt.graec. 1 oder in ActPl. graec. 8 die ποικίλοι λόγοι
als Charakterisierung einer schlichten Paulussentenz), weniger ein
spezifisch auf Paulus bezogenes Prädikat (so Julian.Ap.adv.Gal.
106AD; cf. 1Kor 9,19ff; PsClem.EpPt. 2,2; 2Pt 3,16). Zum „üblen
Betrüger (-τέχνη)" cf. PsClem.EpPt. 2,3 (Paulus als „homo inimi-
cus"); τέχναι gehören zur Ketzerschablone (zB Iren. I praef., IV
praef 4; TestVer [NHC IX,3] 74,28-31; Ign.Phld. 6,2). „Herrsch"-
Sucht als das Motiv „häretischer" Irreführung finden wir in kirchlicher (Ephr.hymn. 24,2: der Ketzer „Beweggrund ist Herrschsucht") wie in gnostischer Polemik (EvPh [NHC II,3] § 13; 2Log-
Seth [NHC VII,2] 60,26f 61,21ff; 2ApcJac [NHC V,4] 48,17-20);
für ApcPt „herrscht", wer durch „Verführung" „gefangennimmt"
(80,8-11.2ff 74,1-3 79,20f). Eine formal vergleichbare Ankündi-

---

[6] Cf. WERNER Entstehung 242-244.

gung des Paulus durch den Soter stellt EpAp 31.33 dar. Zum Ganzen cf. Porphyrius über den „heimtückischen Bösewicht" Paulus, der durch „gauklerische Kunst (τέχνη)" und schillernde Äußerungen die Leichtgläubigen „knechtet", „versklavt" und „gefangen nimmt" (ap. Macarius Magnes apocriticus III,31).

4. In 74,27-34 ist von einem merkwürdigen Paar die Rede. Die mir wahrscheinlichste Übersetzung lautet: „Einige werden sich [7] danach benennen, daß sie in der Gewalt der Archonten (ἄρχων) sind — (der Archonten) eines Mannes und eines nackten, vielgestaltigen (-μορφή) und vielen Schmerzen ausgesetzten Weibes". Wenn man nicht — was vielleicht die beste Lösung ist — auf eine Interpretation überhaupt verzichten will, kommen unter den verschiedenen Deutungsmöglichkeiten [8] eigentlich nur Simon und Helena in Frage. Mit Simon aber dürfte kaum das Haupt der Simonianer gemeint sein, sondern wie etwa in den Kerygmata Petrou dürfte *Simon als Chiffre für Paulus* fungieren [9].

---

[7] 75,1 („die dieses sagen") setzt eine zuvor erwähnte Äußerung der Gegner voraus, die eher innerhalb des Abschnittes (74,27ff) als außerhalb (74,22-27) anzunehmen ist und eine reflexive Übersetzung des ϵροοⲩ nahelegt. Bei passivischer Übersetzung wäre — ähnlich wie TestVer (NHC IX,3) 29,19f: die Gegner „stehen auf der Seite der Archonten" — ein Urteil seitens der Gnostiker anzunehmen.

[8] 1. *Adam und Eva* („Schmerzen": cf. Gen 3,16). Gegen das kirchliche Bekenntnis zum Schöpfer wäre dann die mißlungene Schöpfung („Schmerzen") geltend gemacht; cf. Iren. I,30,15: die Erhebung gegen den „factor Adae". — 2. *Hermas und Rhode* (cf. 78,18). „Nackt": Herm.vis. I,1,2.8; „vielgestaltig": vis. III,10-13 I,1,4; „Schmerzen": cf. vis. III,11,1-4. Der Sinn wäre: in der gebrechlichen Greisin Rhode stellt Hermas die „Kirche" dar (vis. III,11,1-4 II,4,1 III,3,3): so hinfällig ist in der Tat die menschliche Vereinigung der Katholiken (ganz ähnlich Tert.ieiun. 17,1: ADAM Kirchenbegriff 180f)! — 3. Der *Gekreuzigte und das Weib von Apc 12* („Leiden": Apc 12,6.13.17. Cf. auch BOUSSET Antichrist 89ff: Geburt des „Antichristen" aus einem „befleckten Weib"). — 4. *Jesus und Maria Magdalena* als Syzygie (cf. BLUM Tradition 128ff). — 5. *Simon und Helena.* „Nackt": „Hure" (zB Iren. I,23,2; cf. ihre „Schönheit" Hipp. VI,19,2 [Epiph.pan. 21,2,5]); „vielgestaltig": ihre Metempsychose (zB Iren. I,23,2), weniger ihre Metamorphose laut Epiph.pan. 21,2,5); „viele Leiden": ihre ständige Vergewaltigung (Iren. I,23,2: „omnem contumeliam ab iis *passam*"); „Archonten": cf. die fragwürdige Notiz bei Photius.bibl.cod. 114: Simon als Diener des Judengottes. — Je nach der gewählten Deutung würde sich natürlich die Übersetzung ändern.

[9] SCHENKE Petrusapokalypse 281-283 deutet 74,27-34 als „Polemik gegen Simon und die Simonianer". Doch macht es gerade die mögliche Parallele der Kerygmata Petrou äußerst schwierig, die Polemik gegen „Simon" von der gegen Paulus zu unterscheiden. Überhaupt ist „Simon" ja in der christlichen Überlieferung zunehmend zu einer Chiffre für Irrglauben jeder Art geworden (cf. BEYSCHLAG ZThK 68 [1971] 396ff). Auch legt der Zusam-

5. Erinnert sei auch an den — bei umgekehrter Wertung für Markion so bedeutsamen — Gegensatz zwischen *Ptr und Paulus* sowie an die Paulusgegnerschaft des judenchristlichen Bereiches (Überblick bei STRECKER Pseudoklementinen 195f), dem in irgendeiner Weise ja auch ApcPt zuzuordnen ist. Aus den Zeugnissen gnostischer Paulusfeindschaft verdient die Zurückweisung der kirchlichen Paulusliteratur [10] Beachtung. Die wichtigste Parallele zu ApcPt liefert die Notiz des Orig. (Comm.Rom. V,10), daß Einige, „ ‚qui tenero erga Iesum tenentur affectu', dem Paulus das Wort (c. 6,9) verübeln, daß der Tod *nicht mehr* über Christus herrschen werde, weil sie ‚nihil humile, nihil indignum de eo patiuntur audire' " (!) (HARNACK Ertrag II 31). Ptr als die ἀρχή wahrer Gnosis und der *nach* ihm kommende Paulus als der Stammvater der „Häresie", des Glaubens an den „Toten": in diesen Chiffren scheint ApcPt die Polemik gegen das kirchliche Christentum zu führen.

d. *Die Kennzeichen der Endzeit.* In 79,31-80,7 resümiert Ptr die vorangegangenen Ankündigungen des Soter: „Ich fürchte mich wegen der Dinge, die du mir gesagt hast, daß ... viele wiederum viele der Lebenden irreführen werden, indem sie sie unter sich zugrunde richten; und wenn sie deinen Namen aussprechen, wird man ihnen glauben". Das klingt deutlich an die synoptische Apokalypse an (Mt 24,11: καὶ πολλοὶ ψευδοπροφῆται ... πλανήσουσιν πολλούς; v.5: πολλοὶ γὰρ ἐλεύσονται ἐπὶ τῷ ὀνόματί μου ... καὶ πολλοὺς πλανήσουσιν; v.24: ὥστε πλανῆσαι ... καὶ τοὺς ἐκλεκτούς) und weist die kirchlichen Wortführer als die angekündigten Irrlehrer der Endzeit aus [11].

menhang in ApcPt eine fortdauernde Auseinandersetzung mit der Passionschristologie nahe (s.u.). — Man müßte, falls die Deutung auf (Simon-)Paulus überhaupt möglich ist, so paraphrasieren: Die Katholiken nennen sich nach den Archonten (etwa: Gottesfürchtige, -verehrer, -knechte, Kirche Gottes o.ä.; in antignostischem Kontext finden sich solche Selbstbezeichnungen etwa Iren. V,26,2 I,13,4 6,4; cf. GR II,1 Lidzb. 49,34f über die „Christianer": „ ‚Gottesfürchter' und ‚Gerechte' nennen sie sich selber"). Das aber sind die hinter Simon-Paulus stehenden Mächte, denen dieser mit seiner Predigt dient; der Gekreuzigte ist ja das Geschöpf der Archonten (82,1f: 1Kor 2,8; 82,25). Cf. Iren. I,24,4: „Si quis igitur ... confitetur *crucifixum*, adhuc hic servus est, et sub potestate *eorum* qui corpora fecerunt". — Zu bedenken wäre auch das Paar Paulus — Thekla.

[10] Pastoralbriefe: ZAHN Geschichte I 266 Anm. 2; 3Kor: ZAHN Geschichte II/2 598; Interpolationen: HARNACK Markion 45ff.35ff; BRUCKNER Faustus 6off.

[11] Zu dieser Vorstellung cf. Just.dial. 35,4 82; Hegesipp (Eus.h.e. IV,22,6); Tert. praescr. 4,3; Const.Ap. VI,18; Did. 16; AscJes 3; EpAp 29,34ff; PS 181,27ff; PsClem.Hom. XVI,21,4 XI,35,3-6. Orig. kann in den ecclesiarum magistri die Pseudopropheten sehen: HARNACK Ertrag II 132.

Auch die übrigen Merkmale des endzeitlichen Abfalls finden sich in der Beschreibung der Katholiken wieder: das Um-Sich-Greifen der „Gesetzeslosigkeit" (70,29-31; Mt 24,12); die innere Zerstrittenheit des christusfeindlichen Menschheitsteils (74,27f: „sie werden Böses widereinander reden"; Mt 24,10: μισήσουσιν ἀλλήλους); die Bedrückung auch der eigenen „Brüder" (79,11ff; Mk 13,12); Verfolgung und „Tötung" der wahren Gläubigen (73,32-74,9; Mt 24,9: καὶ ἀποκτενοῦσιν ὑμᾶς)[12]; das Auftreten von „Lügenpredigern" (74,10f 77,22ff; Mt 24,11). Die befristete Dauer dieser Schreckenszeit wird zugesichert (80,8-11; Mt 24,22)[13]; ihre Beendigung durch die „Parusie" des Soter wird verheißen (78,1-6; cf. Mt 24,27ff); ein Herrschaftswechsel im kommenden Äon in Aussicht gestellt (80, 15f). Die Wirren der Endzeit, die rechtgläubige Polemiker mit der Verbreitung der „fälschlich so genannten Gnosis" angebrochen sahen[14], ist für ApcPt umgekehrt in der kirchlichen „Lügenpredigt" Gegenwart.

---

[12] Das Verständnis dieser schwierigen Stelle wird erleichtert durch Berücksichtigung der geprägten Darstellungsweise von ApcPt. Die in gnostischen Texten an sich naheliegende Deutung von 74,3-6 („Den Guten (ἀγαθόν) aber, der rein (ἀκέραιον) und ohne Falsch ist, stoßen sie zum Arbeiter des Todes"; ἀκέραιος und ἀγαθός sind auch in 2LogSeth [NHC VII,2] 60,9f Prädikat des Gnostikers) auf einen geistigen Tod (cf. 2LogSeth 60,21-26: „sie töten" durch ihre „Lehre von einem Toten") dürfte angesichts der Fortsetzung nicht durchführbar sein. Denn in 74,7ff steht parallel zu „zum Arbeiter des Todes": „zum Reich derer, die Christus in Ursprünglichkeit (ἀποκατάστασις) preisen". Der Sinn dürfte sein: durch seinen gewaltsamen, physischen Tod wird der Gnostiker zugleich in das himmlische „Reich" versetzt, wo Christus (anders als auf der Erde) in unverfälschter, ursprünglicher Weise „gepriesen" wird (solchen „Lobpries" darf Ptr in 73,4-10 visionär miterleben, in 83,19ff wird er jedem Gnostiker verheißen). — Nun ist vor Theodosius wirkliche Ketzerhinrichtung kaum denkbar (doch cf. Julian. Ap.ep. 115), lokale Prügeleien (Julian.Ap.ep. 114) eingerechnet. ApcPt dürfte vielmehr die Bekämpfung der Gnostiker durch die kirchlichen Amtsträger im Licht der alten Prophezeihungen (Mt 24,9) verstehen und darstellen. Ähnliches finden wir bei den Montanisten („Prophetenmord" [Mt 23,34]: Eus.h.e. V,16,12) und in EpAp 50,37f („Martyrium" der Rechtgläubigen: s. HORNSCHUH Studien 93 + Anm. 4), auch bei den Manichäern (Manis Tod im Gefängnis als „Kreuzigung"). Wichtig weiter: HARNACK Ertrag II 61 Anm. 5; ders. Marcion 137.

[13] Dies apokalyptische Motiv deckt sich mit der gnostischen Anschauung von der vergänglichen Herrschaft des Demiurgen (Heracl.frgm. 40; 2Apc-Jac [NHC V,4] 58,18-21.8ff; Iren. I,7,4).

[14] Iren. IV praef. 4: „Nunc autem, quoniam novissima sunt tempora, extenditur malum in homines, non solum apostatas eos faciens (sc. diabolus), sed et blasphemas in plasmatorem instituit multis machinationibus, id est, per omnes haereticos qui praedicti sunt".

EXKURS I: GNOSTISCHE POLEMIK GEGEN DIE VERKÜNDIGUNG DES GEKREUZIGTEN

1. *Die vielfältigen christologischen Anschauungen der Gnostiker.* Die Meinung, daß gnostische Christologie gleichzusetzen sei mit doketistischer Christologie [15], ist ebenso verbreitet wie unzutreffend. Denn Doketismus ist nur *eine* unter vielen gnostischen Christologien. Das läßt sich, wie P. WEIGANDT in seiner Untersuchung des Doketismus gezeigt hat, bereits auf der Basis der patristischen Zeugnisse detailliert belegen, und diese Einsicht ist grundlegend nicht nur zur sachgemäßen Beschreibung der christologischen Vorstellungen der Gnostiker an sich, sondern gerade auch im Hinblick auf ihre Beurteilung der kirchlichen Glaubensweise. Denn Doketismus besagt, daß (zusammen mit der Leiblichkeit des Erlösers [16]) die Wirklichkeit seines Leidens geleugnet wird. Vielmehr habe der Erlöser nur ,,dem Scheine nach (τῷ δοκεῖν) gelitten'' (Ign.Trall. 10; Sm. 2. 4,2) bzw. sei — so Satornil — nur ,,putative visus homo'' (Iren. I,24,2) und folglich ,,in substantia corporis non fuisse et phantasmate tantum quasi passum fuisse'' (Ps.Tert.haer. 3). Jedoch haben die Gnostiker zumeist die Realität des von den Kirchenchristen geglaubten Kreuzestodes überhaupt nicht in Frage gestellt. So heißt es etwa in ExcTh 61,1f: ,,Er starb, als sich der Geist, der auf ihn im Jordan herabgestiegen war, von ihm trennte ... Denn als der Leib gestorben war, als der Tod ihn besiegt hatte, schickte der Soter den Strahl der Kraft, der auf ihn gekommen war, zurück und vernichtete den Tod, den sterblichen Leib aber erweckte er''. Vielmehr bestritten sie zumeist nur dies, daß sich dies Leiden auf den Soter *selbst* und nicht vielmehr allein auf seinen *leidensfähigen Teil* erstreckt habe, und ganz entsprechend unterschieden sie strikt zwischen den unterschiedlichen Wesensstufen *im* Soter (Musterbeispiel: Tert.carn. Chr. 24). Das konnten sie durch eine Fülle unterschiedlichster Vorstellungen zum Ausdruck bringen.

Diese *Vielfalt der christologischen Anschauungen* der Gnostiker ist bereits aus den Berichten der Ketzerbestreiter ersichtlich (cf. etwa die Zusammenstellung gnostischer Stimmen in Iren. III,11,3 oder III,16,1). Durch die Texte der Bibliothek von Nag Hammadi tritt sie besonders anschaulich hervor; das gilt sowohl für die Bibliothek als Ganzes wie auch für die einzelnen Schriften. In dem Traktat 2LogSeth (NHC VII,2) beispielsweise haben zwei einander ausschließende Passionsdarstellungen nebeneinander Platz (s.u. S. 47f). Zu dieser Vielfalt christologischer Anschauungen gehört etwa die schwebende, sich einer eindeutigen Interpretation entziehende Art und Weise, in der in EvVer (NHC I,3) von der Kreuzigung die Rede ist (zB 20,25ff: ,,Er wurde an ein Holz genagelt; er hat die Verfügung des Vaters am Kreuz angeschlagen. O, welch große Lehre! Bis zum Tod erniedrigt er sich, während das ewige Leben ihn bekleidet''), oder der Umstand, daß die Gnostiker in ihrer Argumentation gegenüber den Kirchenchristen gerade bei dem *Faktum des Todes Jesu* einsetzen konnten: ,,Christus

---

[15] Als Beispiel für viele cf. FISCHER Christus 262: ,,Die Lösung, die man schließlich in seltener Einmütigkeit gefunden hat, ist die Lösung mit dem Scheinleib''. Richtig hingegen HARNACK Dogmengeschichte I 286 Anm. 1: ,,Nicht der Doketismus (im strengen Sinn) ist das Charakteristische der gnostischen Christologie, sondern die Zwei-Naturen-Lehre, d.h. die Unterscheidung zwischen Jesus und Christus''. Cf. weiter die hilfreichen Bemerkungen bei FUNK Jakobus 254.

[16] Doch cf. HARNACK Marcion 125f.

ist ein für allemal für uns gestorben und einmal für uns getötet, damit wir
nicht getötet würden" (so die gnostischen Martyriumskritiker laut Tert.
scorp. 1). Zu dieser Vielfalt gehört weiter, daß die die Gnostiker die *relative
Heilsbedeutung* des Kreuzestodes für die Psychiker durchaus zugestehen
konnten (Inter [NHC XI,1] 14,29ff: sündenvergebende Kraft des Kreuzestodes; EvVer [NHC I,3] 20,13f: „sein Tod ist Leben für viele"; TracTrip
[NHC I,5] 115,3-5; Heracl.frgm. 10). Schließlich erweist sich diese Vielfalt
darin, daß die Gnostiker gerade auch für sich selbst dem Kreuzestod *heils-
konstitutive Bedeutung* zumessen konnten. Für die „Basilidianer" des Hipp.
etwa war „Jesus der Uranfang der Scheidung, und auch sein Leiden hatte
keinen anderen Zweck, als das Vermengte zu scheiden" (VII,27,12; ähnlich
V,26,31f; Iren. I,31,1). Aus einem ähnlichen Grund sieht 2ApcJac (NHC V,4)
Kreuzestod des Soter und Martyriumstod des Jakobus in deutlicher Entsprechung zueinander. Denn der leibliche Tod ist als Befreiung aus dieser
Welt ersehnt (62,21ff: „Laß mir nicht zu lang werden die Tage dieser Welt
... Erlöse mich aus dieser [Fr]emde!"), und für diese Loslösung von der
Leiblichkeit hat der Soter durch seinen Kreuzestod dem Gnostiker Jakobus
den Weg gewiesen (57,6-8). Schließlich finden wir in EpJac (NHC I,2) die
erstaunliche Feststellung: „Niemand wird gerettet werden, wenn er nicht
an mein Kreuz glaubt"; damit weist der Soter die Meinung zurück, daß
„Kreuz" und „Tod" „fern" von ihm seien (5,35ff). Denn diese Welt ist
schlecht (5,29f 10,9-15 11,17ff), darum gilt es, hier so rasch wie möglich
die Zelte abzubrechen: „Sucht also den Tod" (6,7f). Dabei sollen sich die
gnostischen Jünger nicht nur „beeilen" (7,10-15 10,26f 13,13-17), sondern in
dieser Todesbereitschaft den Soter sogar zu übertreffen suchen: „Kommt
mir selbst zuvor" (7,14f).

Wir haben als für die Gnosis, zT bis in die einzelnen Schriften hinein,
eine ausgesprochene Mannigfaltigkeit christologischer Anschauungen zu konstatieren: positive Wertung des Kreuzestodes (als Vernichtung der verhaßten
Leiblichkeit bzw. als „Uranfang der Scheidung"); doketistische Leugnung
desselben; Anerkennung seiner Realität bei gleichzeitiger Scheidung von
leidensfähigen und leidensunfähigen Wesensstufen des Soter (so meistens);
etc. Doch ist in diesen zT konträren Bestimmungen ein einheitliches Grund-
motiv wirksam: die Überzeugung, daß der Soter in seinem eigentlichen Sein
der Sphäre des Leidens und der Vergänglichkeit gänzlich entnommen ist.
Und dies bezeichnet zugleich den Gegensatz zum kirchlichen Glauben.

2. Polemik gegen die Verkündigung des Gekreuzigten. Denn diese Einsicht
ging nach gnostischer Einschätzung den Kirchenchristen gänzlich ab, und
eben dies ist das dominierende Thema der gnostischen Polemik. Am aus-
führlichsten dokumentieren diesen Sachverhalt die Traktate *2LogSeth* (NHC
VII,2) (unten diskutiert) und *ApcPt*, wo dieser Vorwurf expressis verbis an
die Adresse der Kirchenchristen gerichtet wird. Dies ist wohl auch in der
Evangeliumsverkündung der *ActJo* der Fall; denn hier dementiert der Soter
nicht nur die Meinung der Menge in Jerusalem, daß er den Kreuzestod erlitten habe (c. 97f), sondern zugleich auch den gleichgestalteten kirchlichen
Glauben: „Nichts von dem, was sie über mich sagen *werden*, habe ich gelitten" (c. 101). — Den Irrtum derer, die an die Kreuzigung des Erlösers glauben, stellt auch *Prot* (NHC XIII,1) bloß: „[Die Archonten] dachten, [daß
ich] ihr Christus wäre ... Ich habe Jesus (nur) *angezogen*; ich trug ihn weg
von dem verfluchten Holz und versetzte ihn in die Wohnungen seines Vaters" (49,4f 50,9-12). — Zu erwähnen ist weiter die leider nur schlecht erhaltene Schrift *Inter* (NHC XI,1). Hier ist in pg. 1 im Zusammenhang des

auf „Zeichen und Wunder" angewiesenen „Glaubens" der Psychiker auch von der „Kreuzigung" die Rede; der Zusammenhang besteht wohl darin, daß sich die Kreuzigung nur auf eben jene fleischliche „Gestalt" erstreckt, die der Soter um der schwachen menschlichen Fassungskraft willen angenommen hat (cf. 5,38f). 5,27-35 lautet: „Er wurde verfolgt an jenem Ort (allein) in der ‚Spur', die der Soter hervorgebracht hat. Sie kreuzigten ihn aber, und er starb. Nicht [star]b er wirklich. D[enn nich]t war er würdig zu sterben [...] . [...] der Kirche [der] Toten (?) haben [sie ihn] dort [...], damit [sie] ihn in der Kirche festhielten (?)". — Besonders wichtig sind hier weiter die Traktate *1ApcJac* (NHC V,3), wo der Auferstandene die Rede des Jakobus über sein „Leiden" zurückweist: „Niemals habe ich irgendwie Leid erlitten noch wurde ich gequält", denn: „Ich bin der, der *in* mir war" (31, 6ff.14ff); weiter *EpPt* (NHC VIII,2), wo die Pfingstpredigt des Gnostikers Ptr — nach Wiedergabe des traditionellen Passionskerygmas — auf den Satz hinausläuft: „Meine Brüder, diesem Leiden ist Jesus fremd" (139,21f), und wo der Soter den Irrtum der Archonten entlarvt, die ihn mit seinem leiblichen Gewand verwechselt haben: „sie erkannten mich nicht; sie dachten von mir, daß ich ein toter Mensch sei" (136,20-22); sowie *2ApcJac* (NHC V,4), wo Jakobus der jüdischen Menge mitteilt, daß „jener, den ihr gehaßt und verfolgt habt" (50,8-10) und den sie gerichtet haben, „ein anderer" war, als sie dachten (57,24-27), nämlich „der Unsichtbare, der nicht auf die Erde herabkam" (58,14-17). Diese wichtigen Texte sind ausführlicher S. 192ff diskutiert. — Eine in ihrer Radikalität vereinzelte Stellung nehmen die *Ophianer* ein, die laut Orig. (c.C. VI,28; Cat. in 1Cor. [CRAMER V 227]) „niemand zu ihrer Gemeinschaft zulassen, der nicht zuvor Jesus verflucht hat". Die Frage, ob hier tatsächlich eine ausdrückliche Verfluchung Jesu gemeint ist, ist umstritten. Doch ist gegenüber den Bedenken von B. PEARSON (JBL 86 [1967] 301ff) auf weitere gleichgerichtete Angaben des Orig. über diese Sekte zu verweisen (c.C. III,13: „die mit uns nicht einmal den Namen Jesus gemeinsam haben"; VI,28: „die nicht einmal den Namen Jesus hören wollen, auch wenn man nur sagt, daß er ein weiser oder ein tugendhafter Mann war"; VI,30).

Das wohl zentrale Motiv der gnostischen Polemik gegen die kirchliche Passionschristologie spricht Iren. I,24,4 aus: „Si quis igitur, ait, confitetur crucifixum, adhuc hic servus est, et *sub potestate eorum qui corpora fecerunt*; qui autem negaverit, liberatus est quidem ab iis" (in dem Referat über die Basilidianer). Denn wer den Gekreuzigten bekennt, hält sich allein an die körperliche Wirklichkeit des Erlösers und damit an das, was der Herrschaft der Archonten untersteht (und ihren Anschlägen erlegen ist). Damit aber bleibt er versklavt unter die Archonten, die die Seelen durch die Fesseln der Leiblichkeit beherrschen und von denen zu befreien Christus doch gekommen ist. — Ganz analog qualifiziert etwa auch 2ApcJac die dem Jakobus gewährte Gnosis, daß der Erlöser „nackt und ohne (leibliches) Gewand" ist (58,20-23), als eine Erkenntnis, die dem über die Schöpfung bzw. Leiblichkeit regierenden Demiurgen verschlossen bleibt (56,17-57,3; cf. 52,9ff). Umgekehrt vermag diese Offenbarung den Jakobus von der Macht der Leiblichkeit zu befreien: „[Komm zur Erke]nntnis und begreife alles, auf daß *du aus diesem Leib herauskommst so wie ich*" (57,6-8; cf. 56,7-9: „du bist der erste, der sich entkleiden wird"). Den gleichen Zusammenhang stellt auch EpPt (NHC VIII,2) heraus. Für diese Schrift vermögen die Archonten als die Schöpfer der „toten Körper" (136,12ff) nichts Höheres als eben diese Körperlichkeit zu erkennen. Deshalb halten sie den Soter wegen des von ihm angenommenen Leibes irrigerweise für einen „toten Menschen" (136,17-

22). Wer als Gnostiker hingegen den hohen Ursprung des Soter erkennt, dem können sie nichts anhaben (139,21ff.28ff; cf. 134,8f 138,24-26). Und der weiß, daß das Weiterverbreiten dieser Erkenntnis „Kampf gegen die Archonten" (137,13ff.22ff) ist, Unterminierung ihrer Herrschaft.

3. *Die katholische „Nachahme"-„Kirche": gegründet auf der „Lehre von einem Toten".* Angesichts seiner hervorragenden Bedeutung sei der Traktat *2LogSeth* (NHC VII,2) gesondert diskutiert [17]. 2LogSeth polemisiert ebenso vehement wie ApcPt gegen die kirchliche Verkündigung des „Toten" (60,22); und strikter noch als ApcPt sieht 2LogSeth die katholische Gemeinschaft konstituiert durch eben diesen Glauben. Thema dieser Schrift ist die *Gemeinschaft zwischen dem Soter und seinen gnostischen „Brüdern"* bzw. „Mitgeistern", die beide ihren Ursprung im Lichtreich haben und beide auf Erden den archontischen Anfeindungen ausgesetzt sind. Der erste Teil (49,10-59,19) handelt vom Soter, der dem Lichtreich zugehört, in die Welt der Schöpfung herabsteigt, die archontische Herrschaft erschüttert, seinerseits den Anschlägen der Archonten und ihrer menschlichen Handlanger ausgesetzt ist (die irrigerweise wähnen, ihn kreuzigen zu können), doch siegreich in die himmlische Heimat zurückkehrt. Der zweite Teil (59,19-70,10) entfaltet das gleichartige Geschick der Gnostiker: „Nachdem wir unser (himmlisches) Haus verlassen hatten und zur Welt herabgestiegen waren und in der Welt in die Körper gerieten, wurden wir gehaßt und verfolgt — nicht nur von denen, die unwissend sind, sondern auch von denen, die sich für reich halten im Namen Christi" (59,19-26). Doch werden auch sie „siegreich sein in allen Dingen", da sie das „Denken des Vaters" besitzen (60,3ff), und schließlich eingehen ins himmlische Reich, in das „Pleroma" bzw. die himmlische „Kirche". Dieser *himmlischen* „*Kirche*" nun, von der der Soter seinen Ausgang nahm (50,1ff), die in ihrer inneren Einheit und vor aller Zeit vollzogenen „geistigen Hochzeit" (65,33ff) zugleich den Zielpunkt allen Geschehens darstellt und an der der Gnostiker bereits jetzt geistig Anteil hat, gilt nun das ganze Interesse von 2LogSeth. Kam doch der Soter eben dazu herab, um „das lebenspendende Wort über die unbeschreibliche Einheit und die Größe der Ekklesia" mitzuteilen (51,13-20 50,22-24). Und durch dieses „*lebenspendende Wort*", das der Soter hervorgebracht hat (49,20ff), durch das sich die geistige Hochzeit der himmlischen Ekklesia vollzieht (65,33-66,11) und das die Gemeinschaft zwischen dem Soter und seinen gnostischen „Brüdern" begründet (49,14-17), partizipiert der Gnostiker bereits in dieser Welt an der himmlischen Kirche. Denn bereits hier *ist* er „belehrt über den Einen (= Urvater), so wie die Kirche und die (Wesen), die in ihr sind" (68,13-16).

Diesem „lebenspendenden" und Gemeinschaft mit dem Soter (sowie den anderen Wesen der himmlischen Welt) stiftenden „Wort" ist nun die „Tod"-wirkende „*Lehre von einem Toten*" (60,21-26), die bei der Versammlung der Katholiken in Geltung steht, zutiefst entgegengesetzt. Diesen Gegensatz zum kirchlichen Glauben machen bereits die eröffnenden Worte von 2Log-Seth deutlich: „Sklaverei bedeutet es (zu behaupten), daß wir mit Christus sterben werden, (d.h.) mit einem unvergänglichen und unbefleckten Gedanken!" (49,25-28; cf. Rm 6,4f), und er wird durch die ganze Schrift hin-

---

[17] Die Editio princeps besorgte M. KRAUSE (Texte 106-151 200-229; Text, Übersetzung, Index). Wichtig die ausführliche Untersuchung von GIBBONS Commentary (Text, Übersetzung, Kommentar). Federführend für die Berliner Übersetzung ist H.-G. BETHGE (ThL 100 [1975] 97-110).

durch immer wieder betont herausgestellt (cf. 53,24-26 55,9f 60,21ff 65,9-12). Besonders wichtig sind hier die beiden ausführlichen *Passionsberichte*. Der erste Bericht (55,15-56,20) stellt — ähnlich wie in Iren. I,24,4 als Literal-exegese von Mk 15,21-25 — fest, daß nicht der Soter selbst, sondern nur Simon bzw. das Geschöpf der Archonten den Kreuzestod erlitten hat: ,,Denn mein Tod — von dem sie denken, daß er (so) geschah — widerfuhr ihnen in ihrer Verblendung und Blindheit, da sie ihren Menschen annagelten zu ihrem Tod. Denn mich hat ihre Ennoia nicht gesehen . . . Es war ein anderer, der das Kreuz auf seinen Schultern trug, nämlich Simon. Es war ein anderer, auf dessen Kopf sie die Dornenkrone setzten" etc (55,30ff). Der zweite Be-richt (58,17-59,9) deutet — in allegorischer Auslegung von Mt 27,45-53 — das Kreuzigungsgeschehen auf die Entleerung der archontischen Welt und die geistige Auferweckung der gnostischen Seelen aus den Gräbern der Un-wissenheit. Beide Darstellungen wenden sich, so sehr sie auch in sich unter-schieden sind — sofern das eine Mal die Kreuzigung des Soter vorausge-setzt, das andere Mal jedoch bestritten wird — polemisch gegen den kirch-lichen Glauben an den Gekreuzigten. In diesem Glauben kann 2LogSeth nur archontische Verblendung wirksam sehen, und dieser Glaube konstituiert für 2LogSeth zugleich die *katholische* ,,*Nachahme*"-,,*Kirche*": ,,Da die Ar-chonten nicht wissen, daß es eine unaussprechliche Verbindung der unbe-fleckten Wahrheit ist, wie es sie (nur) unter Kindern des Lichtes gibt, *schufen sie eine Nachahmung* (ἀντίμιμον) *von ihr, indem sie die Lehre von einem Toten* und Lügen *verbreiteten,* um die Freiheit und Reinheit der vollkommenen *Kirche* (ἐκκλησία) nachzuahmen. So töten sie sie (die katholischen Christen) durch ihre Lehre (und wirken) Furcht, Sklaverei, weltliche Satzungen und nichtige Verehrung" (60,15-29).

Die von den Archonten in ,,Nachahmung" errichtete ,,Kirche" ist dem-nach der ,,vollkommenen", himmlischen ,,Kirche" des Geistes in jeder Hin-sicht entgegengesetzt (ἀντίμιμον): denn anstelle der ,,unbefleckten Wahrheit" gelten dort ,,Lügen"; anstelle des ,,lebenspendenden Wortes" (s.o.) die tod-wirkende ,,Lehre von einem Toten"; anstelle der ,,Freiheit" ,,Furcht und Sklaverei". Das ist also das Urteil von 2LogSeth über die Gemeinschaft der orthodoxen Christen: sie ist eine Einrichtung der Archonten, die die Men-schen gerade durch die ,,Lehre von einem Toten" in ,,Sklaverei" halten und zu ihrer eigenen ,,Verehrung" bewegen. Denn der Gekreuzigte, den die Katholiken verehren, ist ja kein anderer als ,,*ihr* (sc. der Archonten) Mensch" (55,34ff). So dient die bei den Katholiken in Geltung stehende Irrlehre der Sache der Archonten. Unter dieser Sklaverei haben auch die Gnostiker früher gestanden (61,21-23). Doch sind sie davon freigekommen: ,,denn wir wurden Herr über seine (sc. des Demiurgen) Lehre" (64,29f). Und indem sie den himmlischen Ursprung des Soter erkannten, erkannten sie zugleich ihren eigenen. Denn — so sagt der Soter —: ,,wenn sie mich sehen, so sehen sie sich (selbst)" (58,5f).

2. *Die einzelnen Merkmale der Häresie* (74,22-79,31)

In 74,22-79,31 werden in langer Reihung verschiedene Gruppie-rungen aufgeführt (,,Einige . . . Einige . . . Andere . . ." etc). Sach-lich aber handelt es sich dabei um die unterschiedlichen Merkmale des *einen*, katholischen Gegners; denn der ,,Bischof" und die ,,Dia-kone" etwa (79,21ff) zählen natürlich zum selben Lager wie die, die allein das ,,Mysterion der Wahrheit" zu besitzen beanspruchen

(76,27ff), oder die, die den Grundsatz ,Extra ecclesiam nulla salus' vertreten (78,31ff). Vielleicht ist diese gliedernde Darstellungsweise als rein formales Gestaltungsprinzip aufzufassen. Vielleicht aber soll auf diese Weise — analog zum ,,*viel*gestaltigen δόγμα" des häresiebegründenden ,,Betrügers" (74,18ff) und im Sinn des Schemas des Abfalls von der Einheit zur Vielheit — die Vielfalt und damit die innere Haltlosigkeit des katholischen Christentums dargetan werden.

a. *Lästerung der Wahrheit* (74,22-27). ,,Denn (γάρ) einige unter ihnen werden die Wahrheit lästern und üble Rede im Munde führen. Und sie werden Böses widereinander reden". Zur genaueren Profilierung der Gegner trägt dieser Abschnitt nichts bei. Vielmehr werden diese noch einmal in allgemeinen Wendungen als Widersacher der vom gnostischen Christus geoffenbarten Wahrheit charakterisiert [18]. Die innere Zerstrittenheit des Gegners gehört zu den Kennzeichen der endzeitlichen Wirren (zB Mt 24,10; Asc Jes 3,29f). Auch die EpAp prophezeit: ,,Darauf Uneinigkeit, Streit und Bosheit des Handelns gegeneinander" (37 [48]), auch sie hat dabei nur *einen* (hier: gnostischen) Gegner im Auge.

b. *Verleumdung der Offenbarung als dämonische Inspiration* (74, 27-76,23). Die einleitenden Worte (74,27-34: ,,Einige (+ μέν) werden sich danach benennen, daß sie in der Gewalt der Archonten (ἄρχων) stehen — (der Archonten) eines Mannes und eines nackten, vielgestaltigen (-μορφή) und vielen Schmerzen ausgesetzten Weibes") sind bereits oben (S. 41) behandelt. Anschließend heißt es:

,,Und die, die dieses sagen, werden nach ,Träumen' fragen. Und wenn (κἄν) sie sagen, daß ein Traum von einem Dämon (δαίμων) stammt — (eine Behauptung,) die ihrer Verblendung (πλάνη) angemessen ist —, dann (τότε) wird ihnen das Verderben anstelle der Unvergänglichkeit (ἀφθαρσία) gegeben werden. Denn (γάρ) das Schlechte (κακόν) kann nicht gute (ἀγαθόν) Frucht (καρπός) hervorbringen. Denn (γάρ) jeder — von welchem [19] Ort er auch immer stammt — bringt das hervor, was ihm gleicht" (74,34-75,11; zum anschließenden Exkurs über die tote und die unsterbliche Seele s. S. 72-74).

Die Beantwortung der Frage, was hier mit ,,Traum" gemeint ist, hat davon auszugehen, daß dieser Streitpunkt für ApcPt von

---

[18] Zur ,,Lästerung" der ,,Wahrheit" cf. 73,18ff (,,Lästerung" des Ptr, des Mittlers wahrer Gnosis) und 77,23f (,,sie kämpfen gegen die Wahrheit"); zum schlechten ,,Wort" cf. als Gegensatz das wahre ,,Wort" des Soter (70,28 77,33f) sowie das der gnostischen ,,Diener des Wortes" (73,31f).

[19] Statt ⲘⲘⲞⲞⲨ lies ⲘⲘⲞϤ oder ⲘⲘⲀⲨ.

allergrößter Bedeutung ist. Die gegnerische Meinung wird mit einem harten Drohwort bedacht („Verderben anstelle der Unvergänglichkeit"); sie ist der Anlaß zu dem großen Exkurs 75,12-76,23, der zum ersten Mal und am umfassendsten den Gegensatz der „toten" und der „unsterblichen Seele" entwickelt und damit die ekklesiologischen Kategorien bereitstellt, die für die gesamte Polemik von ApcPt grundlegend sind; sie stellt keine zufällige Äußerung dar, vielmehr ist sie als die typische („denn") „Frucht" eben dieser toten Seelen kenntlich gemacht. Dann kann sich aber die gegnerische Verleumdung nicht auf irgendeinen minder wichtigen Sachverhalt beziehen, sondern muß das Entscheidende der gnostischen Verkündigung bezeichnen: die *Gnosis des dem Leiden entnommenen Soter*, die dem Ptr in einem *Gesicht* geoffenbart wurde und die darin ihre Legitimierung findet („sehen": 83,15ff 82,15ff 72,23ff.27f[28ff 73,1ff.9ff] 81,14ff.31ff). Diese Interpretation kann sich weiter in zweifacher Hinsicht auf den unmittelbaren Kontext unserer Stelle stützen. 1. Die Verleumdung ist der πλάνη der Gegner „angemessen". Ihre πλάνη aber, von der zuvor die Rede ist, besteht eben darin, daß sie einem „Trugnamen (-πλάνη)", d.h. dem „Namen eines Toten" anhangen (74,13ff). 2. Diese Verleumdung ist die „Frucht" der toten Seele. Diese wird aber dadurch gekennzeichnet, daß sie entsprechend ihrem Ursprung aus dieser Welt (75,12ff) die „hylischen Geschöpfe liebt" (75,24f) und eben nicht wie die „unsterbliche Seele" ihr Denken auf „Unsterbliches" — sprich: den unsterblichen Soter — richtet (75,33ff).

Problematisch an dieser Deutung scheint allein der Terminus „*Traum*" zu sein: warum heißt es nicht — analog zum sonstigen „sehen" — ὅρασις oder ὅραμα o.ä.? Doch dürfte dieser Einwand nicht stichhaltig sein, denn 1. kann der Sprachgebrauch des Gegners aufgenommen sein (davon geht die Übersetzung aus) [20]; 2. können „Traum" und „Vision" als *deckungsgleiche Begriffe* gebraucht werden. Dies zeigt die große „Visions"-Debatte in den Kerygmata Petrou (PsClem.Hom. XVII, 13-19), wo ὀπτασία / ὅραμα und ὄναρ / ὄνειρον / ἐνύπνιον entweder in austauschbarer Reihung (14, 3f 15,1 16,2 17,1.4.5 18,2.4.5.6. 19,1) oder in paralleler Stellung (15,5 u.ö.) genannt werden und eine Unterscheidung von Traum und Vision allenfalls hypothetisch getroffen wird, um sogleich auf-

---

[20] S.u. Cf. auch Firmilian von Cäsarea (Cypr.ep. 75,7): alle Häresien ersinnen übereinstimmend „somnia sibi et fantasmata ignoti Dei". Cf. weiter Jud 8; Iren. IV,1,1.

gehoben zu werden (17,3; vergleichbar Iren. II,33,3; Orig.c.C. II,48). Entscheidend ist v.a. dies: der sich hier auf ,,Visionen" und ,,Traumgesichte" beruft, ist Simon-Paulus, gedacht ist also an Stellen wie 1Kor 9,1 15,8 Gal 1,12 (Act 9,3f), wo Paulus sich darauf beruft, den Auferstandenen gesehen zu haben. Auf die Schau des *Auferstandenen* also beziehen sich *beide* Disputanten mit dem Terminus ,,Traum". — Verwiesen sei auch auf Celsus, der dem Glauben an den Auferstandenen dadurch den Boden zu entziehen sucht, daß er Ptr als den Kronzeugen der Auferstehung als ,,krankhaften Träumer" unglaubwürdig macht (Orig.c.C. II,55; dazu: HARNACK Petrus 2).

Auf was für eine Situation das *,,Fragen"* der Gegner (75,1f) [21] verweist, ist nicht deutlich. Man könnte an unverständige Gegenfragen bei gnostischen Missionsbemühungen denken (wie etwa in Iren. III,15,2), an öffentliche Dispute zwischen orthodoxen und gnostischen Lehrern (wie etwa in Tert.praescr. 18) oder an Verhöre mit dem Ziel des Kirchenausschlusses (wie wir es etwa von den Montanisten [Eus.h.e. V,16,10.16] oder Noet [Hipp.c.Noet. 1] wissen). Die Frage des Rhodon an Apelles: ,,Woher hast du den Beweis für deine Lehre?" (Eus.h.e. V,13,6) wird auch an diese Gnostiker gerichtet worden sein. Sie werden sich auf die geistige Schau berufen haben, die wie einst dem Ptr so auch ihnen den Soter als den leidensunfähigen geoffenbart hat (s. S. 26f). Daß den Gnostikern visionäre Schau als die Quelle ihrer Gnosis galt, erfahren wir häufig [22]; daß sie sich gegenüber ihrer Umwelt auf solche Erleuchtungen beriefen, ebenfalls: ,,si aliquid novi adstruxerint, revelationem statim appellant praesumptionem et charisma ingenium" (Tert.adv.Val. 4). Insbesondere ist es die Erkenntnis von der Leidensunfähigkeit des Soter gewesen, die ihnen als Wirkung geistiger Schau galt [23]. — Daß umgekehrt die kirchliche Seite in solcher visionären Schau nur *dämonische* Inspiration sehen konnte, ist bekannt [24]; sind doch die Häresien überhaupt von ,,Dämonen" ins

---

[21] WERNERS passivische Übersetzung von 75,1f ist nicht möglich.
[22] Cf. Valentin (Hipp. VI,37,7); Markos (Iren. I,14,1); Apelles (HARNACK Marcion 177f.321*. 371); EvVer (NHC I,3) 42,37-43,2 (BLUM Tradition 101ff). Zum Ganzen cf. LIECHTENHAN Offenbarung 5-50; BAUER Rechtgläubigkeit 179ff.184; CAMPENHAUSEN Amt 195ff.204ff.208; REITZENSTEIN Historia 192ff; BOUSSET Apophthegmata 236-244; HEUSSI Ursprung 274; STRECKER Pseudoklementinen 191ff; DÖRRIE Wort I 354ff.
[23] So ätiologisch etwa 2ApcJac (NHC V,4) 58,20ff.14ff 57,17ff und paränetisch etwa ActPt.graec. 21.37ff. Cf. ActJoh 87-105.
[24] Philumene, deren Sprüchen Apelles folgt, ist ,,besessen" (Rhodon ap. Eus.h.e. V,13,2); die ,,törichten Visionen" des EvEvae sind ,,Teufelswerk"

Leben gerufen (zB Just.apol. I 26.58.56), und die Bestreiter des
„Zeugnisses des Kreuzes" allemal Werkzeuge des Satans (zB Polyc.
7,1). — Es scheint, daß wir einen gnostischen Text haben, der
ebenso wie ApcPt die kirchliche Abweisung der Berufung der Gnostiker auf visionäre Schau reflektiert: EvMar (BG). Hier ist es die
Gnostikerin Maria, die deshalb das den übrigen Jüngern Verborgene
kennt (10,8f), da allein sie den Herrn in einem „Gesicht" (10,11) zu
sehen gewürdigt wurde (10,8-17,9). Doch Ptr weist dies Zeugnis zurück (17,15ff), deshalb trifft ihn harter Tadel (18,5ff).

    c. *Irreführung* (76,23-27). Die Interpretation dieses Abschnittes
hängt von der Übersetzung des einzigen Verbums ογωτв εβολ
(ϩΝ-) ab. Dessen Normalbedeutung („wechseln", „ändern", „sich
entfernen", „versetzen") ergibt folgende Übersetzung: „Andere
aber (δέ) werden ablassen von (KRAUSE: vorübergehen an) schlechten (πονηρόν) Worten und irreführenden (-λάος) Mysterien (μυστήριον)". Es ist hier also, etwas erstaunlich innerhalb der Darstellung
der verschiedenen Merkmale der katholischen Häresie, von solchen
Christen die Rede, die sich von der kirchlichen Irreführung haben
frei machen können. ογωτв εβολ kann zwar auch die euphemis-
tische Bedeutung: „hinübergehen", „sterben" haben [25]. Bei Zu-
grundelegung dieser Bedeutung wäre dann der einheitlich negative
Duktus der Verführungsgeschichte gewahrt und innerhalb des
kirchlichen Lagers auf die Opfer der Irreführung, die geistig Abge-
töteten abgehoben: „Andere werden sterben (oder: zugrundegehen)
durch ...". Doch scheidet diese zweite Deutung aus, da sich euphe-
mistischer Sprachgebrauch nicht mit dem scharfen Ton der Polemik
verträgt: es ist also von der oben gegebenen Übersetzung auszugehen. — Angesichts der sonstigen Verwendung von μυστήριον in
ApcPt sind die „irreführenden Mysterien" und die „schlechten
Worte" als Äquivalente zu betrachten. Die verlockende Möglichkeit,

---

(Epiph.pan. 26,2,6-3,2); ὀνειροπομποὶ δαίμονες müssen Simon (Iren. I,23,4;
Hipp. VI,20,1), Karpokrates (Eus.h.e. IV,7,9) und Markus (Iren. I,13,3f)
angelastet werden (cf. REILING Hermas 88). Cf. Hipp. IX,13,2.5: Alkibiades
behauptet, sein „Buch sei von einem Engel inspiriert. Wir aber taten dar,
daß dies das Wirken eines falschen Geistes sei ...". Dämonen stehen hinter
den montanistischen Propheten (Eus.h.e. V,19,3 16,16 18,10; Epiph.pan.
48,5) und den Visionen des pneumatischen Mönchtums, die zu Hochmut
und Unabhängigkeit von der verfaßten Kirche führen (REITZENSTEIN
Historia 193ff.197). Cf. Tert.anim. 47,1 und Joh 8,52.
[25] WESTENDORF Handwörterbuch 280; CRUM Dictionary 497a Z. 27f.
WERNER gewinnt die negative Wertung durch folgende Übersetzung:
„Andere werden den Bruch vollziehen durch ...".

hier eine Polemik gegen kirchliche Sakramente zu sehen — eine Deutung, die sich auf die mögliche, wenngleich nicht wahrscheinliche Interpretation von 74,13-16 als Kritik kirchlichen Taufglaubens im Sinn von Rm 6,2f stützen könnte —, dürfte also nicht zutreffen.

d. *Anspruch auf alleinigen Besitz der Wahrheit* (76,27-77,22).

> „Einige verstehen die Mysterien (μυστήριον) nicht, indem sie über Dinge reden, die sie nicht verstehen. Doch (ἀλλά) werden sie sich brüsten, daß das Mysterion (μυστήριον) der Wahrheit allein in ihrem Besitz sei. Und aufgeblasen werden sie sich zu dem Hochmut versteigern (?) [26], neidisch zu sein (φθονεῖν) auf die unsterbliche Seele (ψυχή), die zum Pfand geworden ist. Denn (γάρ) alle Gewalten (ἐξουσία), Mächte (ἀρχή) und Kräfte dieser Äonen (αἰων) wollen mit diesen (den unsterblichen Seelen) zusammen in der geschaffenen Welt sein . . ." (zur Fortsetzung s. S. 74-77).

Sichtlich geht es hier um den wohlbekannten Anspruch des orthodoxen Lagers, „allein" das Mysterion der „Wahrheit" zu besitzen (cf. Iren. IV,33,7: „außerhalb der Wahrheit, das heißt außerhalb der Kirche"). Nichtig ist dieser Anspruch, da die Kirchenleute die „Mysterien" gar nicht „verstehen", über die sie „reden"; gefährlich, sofern er geeignet ist, die Seelen der Gnostiker „in der geschaffenen Welt" festzuhalten. Unter den „Mysterien", die ja Gegenstand der „Rede" sind, dürften einfach die Heilswahrheiten der christlichen Offenbarung verstanden sein; es ist durchaus möglich, daß ApcPt in 76,33f den Sprachgebrauch des Gegners wiedergibt [27]. — Die hier geführte Kontroverse ist aus zwei Gründen besonders bedeutsam. 1. Den Gegnern wird nicht einfach vorgeworfen, Lüge an die Stelle der Wahrheit gesetzt zu haben. Sie haben ja durchaus Kenntnis der „Mysterien", nur „verstehen" sie eben deren Sinn „nicht". Das ist von größter Wichtigkeit zur Beurteilung des Verhältnisses dieser Gnostiker gegenüber dem kirchlichen Glauben, dem als solchem ein relatives Recht durchaus zugestanden wird. Die gefährliche Anmaßung liegt nur darin, daß die Kirchenleute dieses ihr vordergründiges Verständnis als das *„allein"* mögliche ausgeben: *das* ist die „Lüge", der „Trug", die „Irreführung" der

---

[26] SCHENKE (ZÄS 102 [1975] 132) emendiert: „Und voller Hochmut werden sie versuchen, <die Seelen zu verführen. Denn es ist nötig für> den Hochmut, neidisch zu sein . . .".

[27] Cf. zB Clem.Al.str. VII,97,4 oder Orig.sel.Iob (11,337f Lomm.): alle Häretiker sind „vom Mysterion der Kirche abgefallen". — Zu μυστήριον als „Christian faith as body of revealed truth" cf.: LAMPE Lexicon 892a; ANRICH Mysterienwesen 150ff; GAFFRON Studien 111ff (Literatur). Cf. BLUM Rabbula 103 Anm. 44: „Brüder unseres Geheimnisses" als Selbstbezeichnung.

kirchlichen Predigt, vor der ApcPt so häufig warnen muß (cf. auch
an unserer Stelle das „Neides"-Motiv). An dem wichtigsten „Mysterion" (82,19), dem vom Leiden des Erlösers, führt ApcPt dies ja
plastisch vor Augen: falsch ist nicht die Kunde vom Kreuzestod an
sich, falsch ist nur der Glaube, daß dies die einzige, entscheidende
(und nicht vielmehr nur die sarkische) Wirklichkeit des Soter sei
(s. S. 26f). — 2. Der hier konstatierte Exklusivitätsanspruch gibt
das Selbstverständnis der Gegenseite zutreffend wieder. Er entspricht aber auch einem Wesensmerkmal des Demiurgen, das wohl
das in gnostischen Texten am regelmäßigsten wiederholte Motiv
überhaupt darstellt: seinem nichtigen Anspruch nämlich, allein Gott
zu sein, außer dem es keinen anderen gebe. Diese Entsprechung (cf.
auch das gemeinsame „sich brüsten") dürfte kaum Zufall sein, da
der Demiurg meist deutlich als der mythische Repräsentant des
kirchlichen Christentums kenntlich gemacht ist (zB Iren. 1,7,4) und
da ApcPt ihrerseits in unmittelbarem Anschluß klarstellt (77,4ff:
„denn"), daß hinter dieser Anmaßung die archontischen Kräfte
stehen, die die unsterblichen Seelen in dieser Welt festhalten wollen.
Dazu s. S. 74-77.

e. „Nachahmung" auf den Namen des „Hermas" (77,22-78,31).
Der zur Diskussion stehende Abschnitt lautet:

> „Andere aber (δέ), die zahlreich sind, die gegen die Wahrheit kämpfen —
> es sind die Sendboten (ἄγγελος) der Täuschung (πλάνη) — werden ihre
> Täuschung (πλάνη) und ihr Gesetz (νόμος) gegen meine reinen Gedanken
> richten, da (ὡς) sie, (nur) von einem (Punkt) aus blickend, denken, daß
> das Gute (ἀγαθόν) und das Böse (πονηρόν) aus einer (Wurzel) stammen,
> und (so) mein Wort verschachern. Und sie werden eine harte Heimarme-
> ne (εἱμαρμένη) aufrichten (oder: verkündigen), durch die das Geschlecht
> (γένος) der unsterblichen Seelen (ψυχή) vergeblich laufen wird bis zu
> meiner Parusie (παρουσία) — sie (die Gnostiker) werden nämlich (γάρ)
> unter ihnen (den Ekklesiastikern) sein — und (bis zu) meiner Vergebung
> ihrer Verfehlungen (παράπτωμα), in die sie (wieder) gefallen sind infolge
> der Wirksamkeit der Widersacher (ἀντικείμενος), deren Erlösung ich
> (doch bereits) bewirkt [28] habe im Hinblick auf (πρός) ihre Knecht-
> schaft, in der sie (zuvor) waren, um ihnen Freiheit zu geben. Denn sie
> werden schaffen NOYϢϢⲬⲠ NⲀNTIMIMON auf den Namen eines
> Toten, das ist Hermas, des Erstgeborenen der Ungerechtigkeit (ἀδικία),
> damit (ἵνα) die Kleinen nicht an das (wahrhaft) existierende Licht
> glauben. Leute von solcher Art (+ δέ) sind jene Arbeiter (ἐργάτης),
> die in die äußerste Finsternis geworfen werden werden, außerhalb der
> Kinder des Lichtes. Denn (γάρ) weder (οὔτε) gehen sie selbst hinein,
> noch (οὔτε + ἀλλά) lassen sie die (hinein), die zu ihrer Vereinigung
> streben, um (πρός) deren Auflösung zu bewirken".

---

[28] Cf. CRUM Dictionary 748f: ⲬI = to bring.

Dieser Abschnitt ist wahrscheinlich als gnostische Polemik gegen die kirchliche Buße zu deuten, und dieser Sachverhalt macht ApcPt zu einem einzigartigen Dokument. Nur ist — das muß klar herausgestellt werden — diese Deutung keineswegs gesichert, da sich die Übersetzung von ⲚⲞⲨϢⲰⲬⲠ ⲚⲀⲚⲦⲒⲘⲒⲘⲞⲚ in 78,16 nicht zufriedenstellend klären läßt. ϢⲰⲬⲠ gibt griechisches (ὑπο-, κατα-) λεῖμμα, λοιπός, περισσός wieder. Zwei Übersetzungen kommen in Frage: „sie werden in Nachahmung einen ‚Rest' schaffen" (oder: „sie werden einen Nachahme-‚Rest' schaffen"), wobei „Rest" im Sinn des prophetischen und auch ntl.n (Rm 11,5 9,27) Sprachgebrauchs zur Bezeichnung der wahren Gemeinde dienen würde, die in der katholischen Gemeinschaft eine „Nachahmung" bzw. Nachäffung erfährt; 2. „sie werden eine weitere Nachahmung schaffen", was auf die in Z. 8f genannte Sündenvergebung zu beziehen wäre: „auf den Namen" des „Hermas" errichten die Kirchenführer eine „Nachahmung" der wahren „Sündenvergebung" Christi, nämlich das kirchliche Bußinstitut. — Prüfen wir beide Möglichkeiten.

aa. *Nachahmung der wahren Gemeinschaft?* Vom Wort ϢⲰⲬⲠ her verdient die erste Deutung (Nachahmung des „Restes") deutlich den Vorzug; ϢⲰⲬⲠ dient etwa auch an der wichtigen Stelle Rm 9,27 11,5 (sah.) zur Bezeichnung des eschatologischen „Restes". Der „Hermas", der mit dem typischen Ketzerprädikat „Erstgeborener der Ungerechtigkeit" [29] bedacht wird, wäre dann ein uns sonst unbekannter Kirchenführer, der hier gleichsam als Häresiarch fungieren würde (Benennung nach seinem „Namen"; cf. Ephr.hymn. 22,5). Aus dem Kontext würde die Erwähnung von Zwang und Unterdrückung („Gesetz", „harte Heimarmene"), die etwa auch in 2LogSeth (NHC VII,2: 61,21ff 60,20ff) Kennzeichen der „Nachahme"-Kirche sind, zu dieser Deutung passen. Insbesondere könnte sich die Übersetzung „Rest" auch auf die Stelle 71,18ff berufen, die in gleicher Weise übersetzt werden kann („denn durch dich habe ich einen Anfang gemacht für den ‚Rest', den ich zur Erkenntnis berufen habe"), so daß dort das positive Gegenstück zur kirchlichen Nachahmung genannt wäre. — Doch beginnen gerade an dieser Stelle die erheblichen Schwierigkeiten dieser

---

[29] Cf. „Erstgeborener des Satan": Polyc. 7,1; Iren. III,3,4; Mart.Polyc. mosq.epil. 3; Eus.h.e. IV,14,7; Ign.Trall.interpol. 10f; Didym.Comm.Jes. VI (HARNACK Litteratur I 160); cf. DAHL Erstgeborene 70-84. Cf. auch Ephr.hymn. 22,17: „Markion ist der erste Dorn, der Erstgeborene des Sündengestrüpps, des Unkrauts, das zuerst aufblühte".

Deutung. Denn 1. ist der koptische Terminus in 71,20 nicht ϣⲱⲭⲡ, sondern (ⲕⲉ)ⲥⲉⲉⲡⲉ, und diesen würde man zunächst anders übersetzen („die übrigen"). Diese terminologische Differenz kann natürlich dem koptischen Übersetzer angelastet werden; trotzdem entfällt so ein Beweisstück, das die Übersetzung „Rest" überhaupt erst plausibel machen würde. — 2. Entscheidend kommt hinzu, daß „Rest" m.W. weder als *kirchliche* [30] noch als gnostische [31] Selbstbezeichnung überhaupt nachweisbar ist. Das aber wäre die Voraussetzung einer entsprechenden Deutung der vorliegenden Stelle. — 3. Den Vorwurf, daß die menschliche Gemeinschaft der Katholiken nur eine verfälschende Nachahmung der wahren κοινωνία darstellt, erhebt ApcPt durchaus, doch zweifelsfrei nur im folgenden Abschnitt (wahre und angemaßte „Bruderschaft"). Das spricht gegen eine deckungsgleiche Deutung des vorliegenden Abschnittes. — 4. Einleuchtend wäre die Deutung von ϣⲱⲭⲡ als „Rest" auf die katholische Gemeinschaft, wenn man das ohnehin etwas ungelenk zwischen zwei Genetiven stehende „das ist Hermas" streichen würde. Dann wäre mit dem „Toten" wie in 74,14 der Gekreuzigte gemeint, und auf diesen wäre die „Nachahme"-Kirche gegründet Doch wäre dies eine gewaltsame Lösung, und auch das folgende *Ketzer*prädikat „Erstgeborener der Ungerechtigkeit" (s.o.) spricht gegen diesen Ausweg (doch cf. 71,22-24). — 5. Überhaupt nicht erklärt wäre die entscheidende Aussage, wieso die kirchliche „Heimarmene" (78,1f) durch die bei der „Parusie" des Soter erfolgende endgültige „Sündenvergebung" (78,6-9) ihr Ende findet.

bb. *Nachahmung der wahren Vergebung?* All diese Schwierigkeiten entfallen, wenn man die Nachahmung auf die „Sündenvergebung" bezieht. ϣⲱⲭⲡ wäre dann in Anlehnung an seine Äquivalente λοιπός, περισσός als „eine weitere (Nachahmung)" zu fassen. So wie insgesamt das kirchliche Christentum zwar den Namen Christi für sich in Anspruch nimmt (80,6f), de facto aber konstituiert ist durch den Abfall und die verfälschende „Nachahmung" seiner ursprünglichen Offenbarung (cf. 71,22ff/74,13f; 73,18-20/74,

---

[30] S. die verschiedenen Lexika; HARNACK Mission 410-445 („Die Namen der Christgläubigen"); ANDRESEN Kirchen 27ff („Fremd- und Selbstbezeichnungen"); die einschlägigen Monographien zum Kirchenverständnis des NT und der Alten Kirche.

[31] Allenfalls könnte man an Stellen wie TracTrip (NHC I,5) 125,5-9 denken, wo Christus als der Erstling der Erlösung vom „Rest" der ihm gleichartigen Pneumatiker unterschieden wird. Doch läge auch hier keine technische Bedeutung vor.

1of.23f; 79,8-11; s. S. 34-35.42f), so wäre hier ein besonderes, „weiteres" Beispiel solcher „Nachahmung" hervorgehoben: das kirchliche Bußinstitut. Diese zweite Deutung, die anders als die erste den gesamten Kontext organisch erklären kann, dürfte die zutreffende sein [32]; ihre bleibende Unsicherheit besteht in der nicht abschließend geklärten Wiedergabe von ϣⲱⲭⲡ [33]. — Der *Gedankengang* unseres Abschnittes dürfte der folgende sein: 1. Die Menschen waren einst in „Knechtschaft" (78,13f). 2. Christus „*hat*" sie daraus erlöst und ihnen „Freiheit" gegeben (78,12.14f). 3. In der Kirche jedoch ist die frühere Knechtschaft bzw. Herrschaft der „Heimarmene" wieder hergestellt (78,1ff), und zwar 4. durch die in 78,15f genannte „Nachahmung" der wahren Sündenvergebung, die kirchliche Buße (syntaktisch ist das fut. III in 78,15 die Fortsetzung des fut. III in 78,1: „sie werden eine harte Heimarmene aufrichten ..., denn sie werden eine ... Nachahmung errichten"). 5. Die Befreiung aus dieser erneuten Sklaverei erfolgt bei der „Parusie" des Soter durch seine endgültige „Vergebung" (78,6-9). — Gehen wir die einzelnen Momente durch.

1. Christus hat die Befreiung aus der „*Knechtschaft*" gebracht (78,12-15). *Sachlich* ist diese Knechtschaft als die durch die „Widersacher" bewirkte Verstrickung in die „Verfehlungen" zu beschreiben, unabhängig davon, ob man 78,9-11 der Phase 3 zurechnet (so unsere Übersetzung) oder der Phase 1 [34]. Über diese „Widersacher" erfahren wir unmittelbar zuvor in 77,4ff (dort „Gewalten, Mächte und Kräfte dieser Äonen" genannt), daß sie die Seelen mit aller Macht in „der geschaffenen Welt" festhalten wollen; und zum genaueren Verständnis der „Verfehlungen" verhilft 75,15ff (die tote Seele „ist geschaffen für ihre Begierden" und „liebt die hylischen Geschöpfe"): es sind die Handlungen aus „Liebe" zur „Hyle", die an diese Welt fesseln. — 2. Aus dieser „Knechtschaft" hat Christus „*befreit*", er hat den Weg aus dieser Welt gewiesen. Cf. die „Doketen" in Hipp. VIII,10,1f: „Bis zur Erscheinung des Soter gab es eine große Irrung der Seelen (durch die ständige Wiederverkörperung) .... Seit des Soters Zeit aber hat die Wieder*verkörper*ung

---

[32] Dieser Deutung neigen ohne nähere Begründung auch COLPE (JAC 16 [1973] 120) und WERNER (ThL 99 [1974] 575) zu.
[33] WERNER übersetzt bei gleichem Sinn: „sie werden eine bloße Nachahmung (der wahren Vergebung) zustande bringen". Das ist Paraphrase, nicht Übersetzung.
[34] So wäre 78,9-11 zu deuten, falls mit SCHENKE (ZÄS 102 [1975] 132) in 78,7/8 ein Bruch anzunehmen sein sollte.

aufgehört, der Glaube wird verkündet zur Vergebung der *Sünden*".
„Der Herr kam herab auf die Erde, damit er die an Christus Gläubigen aus der Heimarmene versetze in seine Pronoia" (ExcTh 74,
2) [35]. — 3. Diese „Heimarmene" aber ist in der Kirche wieder aufgerichtet (78,1f) und das Erlösungswerk Christi so zunichte gemacht. Deshalb geht das Geschlecht der unsterblichen Seelen nun
in die Irre (78,3-6), werden die Seelen, um ihre „Auflösung" zu bewirken, nicht zu ihrer Erlösung „gelassen" (78,28-31) und vom
„Glauben" an das „Licht" abgehalten (78,20-22). Was solcher
„Glaube" besagt, läßt 76,2-4 erkennen: die unsterbliche Seele
„glaubt und begehrt, diese (Welt) zu *verlassen*". Die Seelen sind
also wieder in dieser Schöpfung festgehalten. — 4. Bewirkt („denn")
ist diese erneute Knechtschaft durch die „Nachahmung" der wahren
Vergebung, die kirchliche Buße. Deren Effekt nämlich ist die (erneute) Verstrickung der Menschen in die „Verfehlungen" (78,9-11).
Das dürfte die polemische Interpretation der kirchlichen Sündenvergebung als einer bloßen Scheinerlösung sein, vielleicht auch zugleich als eines Freibriefs zum Sündigen, wie wir sie auch sonst
bei ihren Kritikern finden. Hipp. IX,12,20.25: Kallist erlaubte „den
Menschen die Befriedigung der Lüste, indem er sagte, daß allen
von ihm die Sünden vergeben würden ... Er lehrt Ehebruch und
Mord zugleich"; Tert.pudic. 1: Hoffnung auf Sündenvergebung beim
Eintritt ins Bordell; cf. weiter: Herm.mand. IV,3,3; Celsus (Orig.cC.
III,59,7ff); Porphyrius (ap. Macarius Magnes apocriticus IV,19);
Epiph.pan. 42,3,6-8. So ist die kirchliche Sündenvergebung, die
unter dem Anschein der Sündentilgung in Wahrheit an diese Welt
fesselt, der Vergebung entgegengesetzt („ἀντίμιμον") (cf. auch in
77,25-29 den Gegensatz des kirchlichen „Gesetzes" „gegen meine
reinen Gedanken"). Verwiesen sei nochmals auf 77,4ff, wonach die
archontischen Mächte gerade dadurch die Seelen „in der geschaffenen Welt" festhalten, daß sie den irreführenden Anspruch erheben, zu „retten" und „auf den Weg (aus dieser Welt) zu bringen"
(s. S. 74-77). — 5. Die endgültige Befreiung der Seelen aus dieser
Welt erfolgt bei der „Parusie" des Soter (cf. 80,11ff und OrigMund
[NHC II,5] 123,23f.12ff).

Der „Hermas", auf dessen „Namen" hin die „Nachahmung"
der wahren „Vergebung" geschieht, ist dann der *Hermas des Hirten*.

---

[35] Ebenso ExcTh 78,1 25,2 72,1 76,1. PS 217,21-23: „Die Archonten der
Heimarmene sind es, die den Menschen zwingen, bis daß er sündigt". Cf.
auch Gal 4,3f.

Die Polemik gegen ihn erklärt sich aus der Verwendung, die seine Autorität bei der Durchsetzung des kirchlichen Bußinstitutes erfahren hat [36]. Zwei Dinge muß man sich hier vor Augen halten:

1. PastHerm, der ja zunächst sogar den Rang einer biblischen Schrift einnahm [37], hat sehr lange Zeit quasi-kanonisches Ansehen genossen; noch Hieronymus (vir.ill. 10) berichtet, daß er „apud quasdam Graeciae ecclesias etiam publice legitur". 2. Auf diesen autoritativen Zeugen aber haben sich, mit nur beschränktem Recht [38], die Fürsprecher der kirchlichen Buße berufen; streckenweise fällt die Auseinandersetzung um das Recht des Bischof zur Vergebung von Todessünden zusammen mit der um die Gültigkeit von PastHerm [39]. Sofern sich also die von ApcPt verworfene Buße der Kirche auf die Autorität des Hermas gründet, gewinnt gerade auch das Prädikat „*Erst*geborener der Ungerechtigkeit" einen präzisen Sinn. — Deutlich greifbar ist eine solche Berufung auf PastHerm bei dem von *Tert.* in De pudicitia bekämpften Bischof (c. 10.20). Außer ihrer asketischen Grundeinstellung haben die gnostische ApcPt und der antignostische Montanist wohl nichts gemeinsam. Umso bemerkenswerter — und wohl als Reflex auf eine gleichartige kirchenpolitische Konstellation zu interpretieren — sind die Übereinstimmungen ihrer antikatholischen Polemik. Beide bekämpfen die katholische Bußpraxis, und beide scheinen in ihr einen Freibrief zum Sündigen zu sehen (s.o.). Beide verwerfen deshalb den Hermas mit harten Worten; ApcPt nennt ihn einen „Toten" und den „Erstgeborenen der Ungerechtigkeit", Tert. spricht von dem „pastor moechorum" (c. 20), der „scriptura Pastoris, quae sola

---

[36] HARNACK Litteratur I 51: der Hirte ist „ein so viel gelesenes Buch" gewesen, „dass er die Vorstellungen geradezu beherrscht, ja auch manche *Institutionen hervorgerufen* hat oder doch zur Beschreibung resp. *Bestätigung* derselben benutzt worden ist" (Hervorhebung von mir). — Die alternative Möglichkeit, in ApcPt das Dokument einer zeitgenössischen Auseinandersetzung mit Hermas als einem wichtigen Sprecher der römischen Gemeinde zu sehen, könnte sich zwar darauf berufen, daß in sim. IX,22 (und vis. III,7,1) wohl Polemik gegen Gnostiker vorliegt, unter denen vielleicht auch die Bußgegner von sim. VIII,6,5 zu suchen sind. Insgesamt aber wirft diese Hypothese mehr Probleme auf, als sie löst.
[37] Cf. HARNACK Litteratur I 51ff; ZAHN Geschichte I 326-347.
[38] 1. Die zweite Buße des Hermas war keine kirchliche Buße (CAMPENHAUSEN Amt 154f.236; anders POSCHMANN Paenitentia 189-202); 2. die apokalyptische Einmaligkeit der zweiten Buße bei Hermas wird transponiert in eine individuel-biographische, die der kirchlichen Reglementierung offensteht (CAMPENHAUSEN Amt 239f; POSCHMANN Paenitentia 171).
[39] Cf. ZAHN Geschichte I 341 über die Montanisten.

moechos amat" und „adultera et ipsa et inde patrona sociorum"
(c. 10). Beide polemisieren gegen die Anmaßungen des Episkopats,
beide weisen die Berufung des Gegners auf Mt 16 zurück (s. S. 32ff.
27ff), beide machen Ptr statt dessen zum Prototyp des geisterfüllten
Menschen (71,18-21/pudic. 21). — Dabei ist diese Verknüpfung der
Polemik gegen den Episkopat und gegen das Bußinstitut alles
andere als zufällig, da letzteres je länger desto mehr die Macht des
ersteren stärkte — CAMPENHAUSEN Amt 260: „Die Bußbestim-
mungen werden gelockert und die Autorität des bischöflichen
Amtes wird entsprechend gestärkt ... Gerade so versteht man
den ungeheuren Aufschwung, den das bischöfliche Amt im Lauf
des dritten Jahrhunderts überall erfahren wird"; HARNACK Dogmengeschichte I 444: „Die volle Durchführung der bischöflichen
Kirchenverfassung fiel mit der Einführung des unbeschränkten
Rechtes, Sünden zu vergeben, zusammen" — und zum wohl stärksten Faktor bei der Bindung der Heilsvermittlung an die verfaßte
Kirche geworden ist. In diesem Zusammenhang verdient der Umstand Beachtung, daß wie bei Tert. so auch in ApcPt die antihier-
archische Polemik ihren Ort gerade auch im Kontext der Bußfrage
hat. Denn 78,26ff, deutliche Aufnahme von Mt 23,13, erweist, daß
in dieser „Nachahmung" die kirchlichen Pharisäer am Werke sind.

   f. ,*Kein Heil ohne die Kirche*' (*78,31-79,21*). Der nächste Abschnitt lautet:

> „Andere wiederum (+ δέ) unter denen, die das Leid haben, denken,
> daß sie voll der Weisheit der wahrhaft (ὄντως) existierenden Bruderschaft
> sein werden, welche die Gemeinschaft des Geistes (-πνεῦμα) mit (oder:
> zwischen) denen ist, die gleicher Wurzel sind, kraft einer Verbindung
> (κοινωνία), durch die die Hochzeit der Unvergänglichkeit (ἀφθαρσία) in
> Erscheinung treten wird. (Statt dessen) wird (bei ihnen) in Erscheinung
> treten als Nachahmung (κατά, ἀντίμιμον) etwas von nur ähnlicher
> Art, das Geschlecht (γένος) der Schwesterschaft [40]. Das sind die, die
> ihre Brüder bedrücken, indem sie ihnen sagen: ,Durch dieses (sc.
> das Geschlecht der Schwesterschaft) schenkt [41] unser Gott sein Er-
> barmen, da es für uns (allein) durch dieses Heil geben wird'. Wobei
> sie nicht die Strafe (κόλασις) kennen (allein schon) für die, die (auch
> nur) freudig denen zustimmen, die dies den Kleinen angetan haben —
> die (zustimmend) denen zugesehen haben, die sie (die Kleinen) gefangen-
> genommen haben (αἰχμαλωτεύειν)".

----

[40] Ich folge hier der überzeugenden Übersetzung von WERNER; ΓΕΝΟС
ist als Regens, ЄΙΝЄ als Attribut aufzufassen; cf. TILL Grammatik § 117.
Verfehlt hingegen ist WERNERS Ergänzung in 79,13f.

[41] Zu praes.consuet. II im Hauptsatz cf. 76,14 und TILL Grammatik
§ 334. Weitere Beispiele: NHC II,6:134,29-31; Cod.Bruc. (SCHMIDT Schriften 235,11f).

Der *Sinn dieses Abschnittes* dürfte der folgende sein. Die Katholiken verstehen sich als „Bruderschaft", als die Gemeinschaft der Christen. Die „wahrhaft existierende Bruderschaft" jedoch ist eine rein geistige Größe: sie ist das Eins-Sein derer, die ihre „Wurzel" im Pleroma haben, und ist somit allein im Lichtreich begründet. Eine solche „Bruderschaft" aber ist die irdische Versammlung der Katholiken nicht, ganz im Gegenteil: diese ist in Wirklichkeit nur ein „Abbild" derselben, eine „Nachahmung", eine „Schwesterschaft". An diese nichtige Nachahmung aber, so behaupten die Katholiken, ist die Erlösung gebunden: allein „durch" ihre Gemeinschaft könne man Gottes „Erbarmen" und das „Heil" erfahren (das ⲡⲁⲓ in 79,13.16 bezieht sich entweder auf ⲁⲛⲧⲓⲙⲓⲙⲟⲛ oder ⲅⲉⲛⲟⲥ, in jedem Fall ist die Kirche damit gemeint). Die Verblendung eines solchen Exklusivitätsanspruches hat ApcPt bereits in 76,27-34 bloßgestellt; dort ging es um die anmaßende Behauptung der Kirchenleute, „allein" das „Mysterion der Wahrheit" zu besitzen, obwohl sie doch den Sinn dieser „Mysterien" überhaupt nicht „verstehen". Durch diese Behauptung aber (oder: mit dieser Begründung, daß es allein durch ihre Gemeinschaft Heil gebe) „bedrücken" die Orthodoxen die „Kleinen". Deshalb gilt ihnen die „Strafe", die über die ausgesprochen ist, die die „Kleinen" bedrängen (Mt 18,6.10.14 25,40.46) [42].

Die Beschreibung der „wahrhaft existierenden *Bruderschaft*" in 79,2ff läßt sich in verschiedener Weise übersetzen. 1. „das ist die Gemeinschaft des Geistes (= Christus, s. 83,8f) mit denen, die gleicher Wurzel (wie er) sind, kraft einer Verbindung . . ."; 2. „das ist die geistige Gemeinschaft und (das sind) die, die gleicher Wurzel sind (,) kraft einer Verbindung . . ."; 3. „das ist die geistige Gemeinschaft zwischen denen, die gleicher Wurzel sind" etc. In jedem Fall ist unter der „Bruderschaft" die geistige Einheit der aus dem Pleroma stammenden Seelen verstanden, die — ob ausgesprochen (1.) oder nicht (2.,3.) — insbesondere den Soter, das πνεῦμα νοερόν (83,8f), einschließt. Solche Einheit zwischen dem Soter und den geistigen Seelen spricht bereits der Prolog aus: diese sind mit dem Soter „wesenseins" (71,14f:ϣⲃⲏⲣⲛⲟ ⲩⲥⲓⲁ = ὁμοούσιος) [43],

---

[42] 79,16-21 dürfte als Schluß a minore ad maius zu verstehen sein: wenn schon diejenigen Strafe empfangen, die der Bedrückung auch nur zustimmen, wieviel mehr dann die eigentlichen Bedrücker selbst.

[43] Zum Verständnis von 71,13-15 cf. S. 35 Anm. 28. Völlig verfehlt hier ist WERNERs Übersetzung („Menschen, die Besitz lieben"), die an der Verwendung von οὐσία sowohl in ApcPt wie der Gnosis überhaupt vorbeigeht.

stehen „in Übereinstimmung" mit ihm (71,3-5: †ΜΕΤΕ = συμφωνία), haben — da auch sie aus der „unsterblichen οὐσία" (83,23f),
dem „Leben" (70,24f), der „Höhe" (71,1) und der „Wahrheit" (75,
13) stammen — denselben Ursprung wie dieser und werden deshalb auch vom Soter in ein verbindendes „Wir" miteingeschlossen
(79,23f 75,16f 73,25; cf. 83,12). — Solche *Homoousie* zwischen Soter
und Pneumatiker (und damit der letzteren untereinander) ist nun
in der Tat das wesentliche Kennzeichen des gnostischen „Bruderschafts"-Verständnisses. Wenn HARNACK (Terminologie 105f) als
Grund für das nur „rudimentäre" Bewußtsein der Bruderschaft mit
Christus auf kirchlicher Seite angibt, daß diese Bezeichnung „die
Distanz nicht ausdrückt, die für das religiöse Bewußtsein hier doch
immer bestehen bleibt", so ist damit zugleich der Grund ihrer zentralen Bedeutung im gnostischen Bereich genannt. Solche „Bruderschaft" kann an den Herren-„Brüdern" Jakobus und Thomas als
den prototypischen Gnostikern festgemacht werden; die unter ihrer
Autorität stehenden Traktate LibTh, 1ApcJac und 2ApcJac thema-
tisieren jeweils eingangs solche Bruderschaft als Befähigung zur
Gnosis (NHC II,7: 138,4-21; NHC V,3:24,12-18; NHC V,4:46,
20ff 50,11-51,19). Sie kann weiter ihre Darstellung erfahren im
Mythos von der gefallenen Seele, die, ursprünglich „Mitglied und
Mitkörper und Mitgeist" im „Pleroma", gefallen ist und vom himm-
lischen Bräutigam als ihrem „Bruder" wieder erlöst wird (AuthLog
[NHC VI,3] 22,13ff 24,17f; ExAn [NHC II,7] 132,6-10 133,3ff).
Diese Bruderschaft kann schließlich direkt ausgesprochen werden
(stereotyp etwa in 2LogSeth [NHC VII,2], zB 70,8-10: „So ruhet
nun mit mir, meine Mitgeister und meine ewigen Brüder!"; Inter
(NHC XI,1) 9,32-34: „Ihr seid das Licht der Welt, meine Brüder
und meine Mitgenossen"; etc). — Solche Wesenseinheit mit dem
Soter aber, wie sie mit der „Bruderschaft" gegeben ist, konstituiert die wahre, geistige, himmlische „*Ekklesia*", an der der Gnostiker
in seinem Geist partizipiert. So etwa TracTrip (NHC I,5) 122,12ff:
die „Ekklesia" besteht in der „Homoousie (ϣΒΗΡΝΝΟΥϹΙΑ) mit
dem Soter, sie ist wie ein Brautgemach wegen ihrer Einheit und
ihrer Übereinstimmung mit ihm". Wichtig als Parallele zu ApcPt
ist insbesondere 2LogSeth (NHC VII,2), das die „Bruderschaft"
von Soter und Gnostiker betont herausstellt (v.à. 62,27-64,38) und
dabei die „Einheit" und „Vereinigung" der himmlischen „Ekklesia" mit denselben Worten wie unser Abschnitt beschreibt: sie
besteht in „geistiger *Bruderschaft* und *Weisheit*, und ist eine *Hoch-*

zeit der Wahrheit und *Unvergänglichkeit* in einem *Geist* der Wahrheit" (67,4ff 65,33ff; cf. EXKURS III [S. 77-80]).

So besteht die „*Bruderschaft*" in der *geistigen Einheit von Soter und Pneumatiker (und der letzteren untereinander)*, da beide in gleicher Weise ihre „Wurzel" (79,4) im Pleroma haben. Diese Einheit bedeutet das vollkommene Heil, diese „Bruderschaft" stellt zugleich — ob nun der Terminus gebraucht wird (2LogSeth, TracTrip) oder nicht (ApcPt) — allein die *wahre* „*Kirche*" dar. — Die Katholiken hingegen haben ihre „Wurzel" nicht im Pleroma, sondern in der geschaffenen Welt (75,12ff) und haben darum auch keine Gemeinschaft mit dem geistigen Soter [44]. Darum ist ihre Versammlung keine „Bruderschaft", sondern eine „*Schwesterschaft*" [45]. Diese rein irdische Größe aber geben sie als den alleinigen Ort des „Heils", als unumgänglich zur Teilhabe an Gottes „Erbarmen" aus (79,13-16). Durch solche Irreführung „bedrücken" sie die „Kleinen", da diese nun das „Abbild" für die Sache selbst halten und so davon abgehalten werden, zur wahren „Bruderschaft" und zum wirklichen, jenseitigen „Heil" zu streben [46]. Auf diese Weise sind sie nun „gefangen".

Was wir so in ApcPt vor uns haben, ist die gnostische *Kritik* des Kernsatzes *der katholischen Ekklesiologie*: „Salus extra ecclesiam non est" (Cypr.ep. 73,21; Orig.Hom. 3,4 in Jos [GCS 7 307,8-10]; Iren. IV,33,7; etc). Zur Ausdrucksweise: „unser Gott" sei

---

[44] In diesem Zusammenhang verdient die einleitende Charakterisierung: „die das Leid haben" Beachtung, die vielleicht auf den Glauben an den dem „Leid" (so 83,5) unterworfenen Christus zu beziehen ist. Andernfalls müßte man dem Kontext („bedrücken", „gefangennehmen") entsprechend den Ausdruck aktivisch fassen (Schmerz „bereiten", „zufügen") und ein dem ⲉⲩⲛⲧⲁⲩ ⲙⲙⲁⲩ zugrundeliegendes παρέχειν o.ä. postulieren.

[45] Diese Bezeichnung dürfte ad hoc (analog dem Wertgegensatz männlich — weiblich) als Gegenbegriff geprägt sein. Ein Rekurs auf eine mythische Urheberschaft durch die gefallene „Schwester" (zB Iren. I,30,12) Sophia o.ä. erübrigt sich. — In expliziter Polemik gegen das katholische Kirchenverständnis wird die gnostische „Bruderschafts"-Vorstellung auch in 2LogSeth (NHC VII,2) entfaltet. Cf. auch Orig., für den die eigentliche, von der empirischen unterschiedene Kirche aus den „Brüdern Jesu" besteht; s. Comm.Jo. XIX,5 und KETTLER Sinn 49.48ff.

[46] Eine andere Deutung der „Bedrückung" wäre: mit der Begründung, daß es allein durch die Kirche Heil gebe, werden die Kleinen an der Aufnahme gnostischer Verkündigung gehindert o.ä. Unwahrscheinlich: mit solcher Begründung wird allgemein die drückende Herrschaft des Klerus (markante Beispiele bei HARNACK Ertrag II 137) gerechtfertigt (cf. zB PsClem.Hom. III,66,1: „Aufgabe der Brüder ist es zu gehorchen ... Durch Unterordnung werden sie gerettet werden").

ergänzend etwa auf die Einladung Ephraems an die Häretiker verwiesen: „Preiset mit uns *unseren* Gott ... Brüder, kommt in *seine*
Kirche, preist ihn, der euch ertragen hat!" (hymn. 21,13.12). —
Ob mit der „Bruderschaft" in 78,34f eine Selbstbezeichnung der
Gegenseite aufgegriffen ist, ist nicht sicher, da ApcPt den Anspruch des Gegners auch in eigener Terminologie wiedergegeben
haben kann. Doch deutet vielleicht schon 79,11f auf polemische
Aufnahme einer entsprechenden Selbstbezeichnung hin: die Katholiken nennen sich „Bruderschaft", und was machen sie? sie „bedrücken ihre Brüder" (zu dieser Stelle cf. auch Mt 10,21). „Bruderschaft" als kirchliche Selbstbezeichnung ist durchaus geläufig [47], un-
gleich häufiger freilich ist die allgemeine Bezeichnung als „Brüder".
Für Tert. zählt die „appellatio fraternitatis" zu den notae ecclesiae (praescr. 20,6).

   g. *Hierarchie* („*Bischof*", „*Diakone*") (*79,21-31*). Hier heißt es:

> „Andere aber (δέ) von denen, die außerhalb unserer Zahl sind, werden
> sich ‚Bischof (ἐπίσκοπος)' und auch (ἔτι, δέ) ‚Diakone (διάκονος)' nennen
> lassen, als ob (ὡς) sie Vollmacht(ἐξουσία) (oder: ihre Vollmacht) von
> Gott erhalten hätten. Sie beugen sich unter das Gericht (über das
> Streben nach) den ersten Plätzen. Diese sind die Kanäle ohne Wasser".

Die vorliegende Stelle ist der deutlichste Beleg der Polemik von
ApcPt gegen die kirchliche Hierarchie. Die sonstigen Belege sind
zusammengestellt in Teil II.D.a (S. 80f). An der vorliegenden
Stelle erfahren wir Folgendes. 1. Die attackierten Amtsträger berufen sich auf eine „*Vollmacht* von Gott". Das aber ist ein nichtiger Anspruch; in Wirklichkeit sind sie nur „Kanäle ohne Wasser"
(cf. 2Pt 2,17; Prv 13,14; Jer 2,13). „Richte, Bischof, mit ἐξουσία
wie Gott" (Const.Ap. II,12,1). „Wer ohne den Bischof etwas tut,
dient dem Teufel" (Ign.Sm. 9,1). Wer „ein übles Gerücht über den
Bischof verbreitet, ... der versündigt sich gegen den allmächtigen
Gott; und wiederum wenn jemand übel von einem Diakon redet,
... der schmäht Christus" (Syr.Didasc. IX [ACHELIS-FLEMMING 47,
32ff]). Äußerungen solcher Art mögen im Hintergrund der Polemik von ApcPt stehen. — 2. Die Kirchenführer „lassen sich" mit
Ehrennamen „nennen" (cf. 74,10f). Die deutliche Anspielung an Mt
23,7ff (cf. auch Lk 22,25f) zeigt das Verwerfliche dieses Tuns an
und wirft ein bezeichnendes Licht auf die katholische Gemeinschaft: an die Stelle des gegenseitigen „Dienens" der „Brüder" (Mt

---

[47] Z.B. 1Pt 2,17 5,9; Iren. II,31,2; Eus.h.e. V,1,32 19,2 VI,45,1; Epiph.
pan. 40,1,7; cf. HARNACK Mission 416ff; LAMPE Lexicon 30b.

23,8.11) tritt das Herr-Sein der διάκονοι. — 3. Die Amtsträger streben nach den „*ersten Plätzen*" (Mt 23,6). Der Ausdruck „Gericht der ersten Plätze" ist so zu verstehen: sie fallen unter das „Gericht", das für das Streben nach der πρωτοκαθεδρία bestimmt ist (cf. das ständige „Wehe" in Mt 23, ferner die Androhung des „Gerichtes" [v. 33]) [48]. — Die biblischen Anspielungen zeigen, daß ApcPt das Verhalten der Gegner in geprägter Sprache zur Darstellung bringt. Auch Orig. etwa kritisiert die Herrschsucht und Aufgeblasenheit der kirchlichen Würdenträger und tut dieses mit gleichen Worten wie ApcPt: „In ecclesia Christi inveniuntur ... *cathedras primas* in eis *amantes* et multa facientes, primum quidem ut *diaconi fiant* ... et qui tales se diaconi fieri volunt, consequenter visibiles primas cathedras eorum, qui dicuntur presbyteri, praeripere ambiunt. quidam autem nec istis contenti plurima machinantur, ut *episcopi vocentur* ab hominibus (quod est Rabbi)" (Comm. ser. 12 in Mt [GCS 11 22,23ff]). Manche kirchlichen Lehrer „sunt tales, qui diligunt primos discubitus ... et vocari ab hominibus Rabbi aut aliquid quod simile est Rabbi huic: utputa, qui volunt vocari episcopi aut presbyteri aut diaconi" (Comm.ser. 10 in Mt [GCS 11 18,14ff]) [49].

An Ämtern werden genannt: das des „*Bischofs*" und der „*Diakone*". Der Singular „Bischof" dürfte sich aus dem Gegensatz zur Mehrzahl der „Diakone" erklären. Daß außer Episkopat und Diakonat keine weiteren Ämter, v.a. das der Presbyter, erwähnt werden, läßt sich am besten von der engen Zuordnung der Diakone zum Bischof als dem alleinigen Haupt der Gemeinde her verstehen. Die Diakone sind die Assistenten des Bischofs (zB Hipp. KO kopt. 33.56); der Aufstieg zum Episkopat erfolgte sehr häufig über den Diakonat (Einzelheiten bei ANDRESEN Kirchen 209.206ff); sie nehmen, meist anders als die Presbyter, ihre Aufgaben hauptberuflich wahr (ANDRESEN Kirchen 210; ACHELIS-FLEMMING 272). Für die syrische Didaskalia vermittelt der Diakon zwischen der Gemeinde und dem Bischof, so wie Christus zwischen den Menschen und Gott vermittelt (ACHELIS-FLEMMING 46,23ff 45,20ff 59,14ff). „Es soll der Diakon das Gehör des Bischofs sein, sein Mund, sein Herz, seine Seele"

---

[48] Das Streben nach der πρωτοκαθεδρία ist natürlich auch allgemein ein stereotypes Moment der Ketzerpolemik (Belegnachweis bei BEYSCHLAG ThZ 20 [1964] 106f Anm. 14; ders. Simon 51 Anm. 90). Doch zielt dieser Vorwurf dort meist auf Diskreditierung der Anschauungen des Gegners (zB Clem.Al.str. VII,98,2), worum es in unserem Abschnitt nicht geht.

[49] Weitere Belege dieser Art bei HARNACK Ertrag II 136-141; I 76).

(59,17ff). Die Laien hingegen „müssen alles, was sie zu tun wünschen, durch die Diakone dem Bischof kundtun, dann mögen sie es ausführen" (46,28ff). So sind der Bischof und die Diakone die eigentlichen Exponenten der Hierarchie: „Seid also, ihr Bischöfe und Diakonen, eines Sinnes und hütet das Volk sorgfältig in Einmütigkeit" (59,11f). — Sind die Diakone das wirksame Ausführungsorgan des Bischofs, so kommt ihnen gerade auch im *Kampf gegen die Irrlehre* erhebliche Bedeutung zu. So heißt es in PsClem. Hom. III,67,2: „Die Diakone sollen umhergehen und Leib und *Seele der Brüder prüfen* und dem Bischof Bericht erstatten". Nach Syr.Didasc. haben sie die Aufgabe, die Rechtgläubigkeit durchreisender Brüder festzustellen (ACHELIS-FLEMMING 289). Allgemein ergeht an sie die Aufforderung, vor häretisch gesonnenen Brüdern auf der Hut zu sein (53,12ff). — Die Eignung der Diakone zur Eindämmung der Häresie scheint wesentlich dadurch mitbestimmt zu sein, daß sie die kirchlichen *Finanzen* mitverwalteten. Bereits im Hinblick auf Ignatius, Dionys, Montanus, die Monarchianer u.a. stellt BAUER (Rechtgläubigkeit 126ff) die Frage, „inwieweit Geldzahlungen im Ringen um die Geister von Bedeutung werden konnten". Inwiefern sie es waren, führt als Einzelbeispiel der Streit zwischen Cyprian und Novatus, der den Diakon Felicissimus auf seiner Seite hatte, vor Augen: „Wer Unterstützung haben wollte, mußte jetzt gegen den Bischof stehen — und viele sind der Parole gefolgt" (LIETZMANN Geschichte II 233). Im Hinblick auf den Streit zwischen „Geist" und „Amt" verdient insbesondere die Auseinandersetzung zwischen Bischof und Witweninstitut in Syr.-Didasc. Beachtung, welches, auf charismatische Rechte pochend, eine „Konkurrenz des bischöflichen Amtes in allen seinen Funktionen" darstellt. Hier war die Verteilung der regelmäßigen Liebesgaben das „Mittel, mit dem der Bischof die Witwen gefügig machen konnte" (ACHELIS-FLEMMING 278f.276ff).

Eine verkürzende Wendung wie „das Gericht der ersten Plätze" ist nur auf dem Hintergrund von Mt 23,6(ff) verständlich und v.a. in seiner Drohung beweiskräftig. Solche Anspielungen auf die Pharisäerrede sind aber v.a. auch deshalb wichtig, weil sie die kirchlichen Führer als die modernen *Pharisäer* kenntlich machen, und seien darum kurz zusammengestellt. Wenn sich die Kirchenführer mit Würdenamen „nennen lassen" (79,24-26), so verweist dies auf *Mt 23,6-10*. Die in *Mt 23,8* als Gegensatz dazu herausgestellte „Bruder"schaft der wahren Jesusjünger erinnert an den vor-

angegangenen Abschnitt 78,31-79,21, der seinerseits mit dem Drohwort gegen die Bedrücker der „Kleinen" (= *Mt 18,6ff*) das Illegitime der innerchristlichen Herrschaftsansprüche (*Mt 18,1-5*) hatte
anklingen lassen. Das Gerichtswort über die προτοκαθεδρία (79,28-
30) beruft sich auf *Mt 23,6*. Fast wörtlich wird *Mt 23,13* („weder
geht ihr selbst hinein noch laßt ihr die ,die hineingehen wollen, hinein") in 78,26-30 aufgenommen [50]. Zu den schweren Lasten" von
Mt 23,4 darf man vielleicht an das „Gesetz" der Kirche erinnern.
Wie die Kirchenführer den „Glauben" hindern (78,20-22), so
lassen auch die Pharisäer die „Pistis" außer acht (*Mt 23,23*). Die
„Tötung" (74,5ff) der Sendboten des Soter ist auch in *Mt 23,34* angekündigt. Wenn schließlich der Soter dem Ptr „viele Mal" gesagt
hat, daß die Juden „blind sind und keinen Führer haben" (72,9-13;
cf. 73,11-14; 81,28-32), so ist dazu auf Mt 23,16.17.19.26 15,14 zu verweisen; daß in ApcPt die Bilder der ,Juden' und ,Häretiker' zusammenfließen, stellten wir bereits mehrfach fest (cf. auch 76,20-22).

EXKURS II: GNOSIS UND KIRCHLICHES AMT

1. *Indifferenz gegenüber den kirchlichen Ämtern.* Die Polemik von ApcPt
gegen den befehdeten „Bischof" bzw. die gegnerischen „Diakone" ist der
deutlichste Beleg gnostischer Kritik an der kirchlichen Hierarchie. Wir
haben hier also aus dem gnostischen Lager ein polemisches Echo auf die
Ausprägung des kirchlichen Amtes als eines Amtes gegen die Häretiker vor
uns, von der wir uns bislang nur aus dem kirchlichen Schrifttum ein Bild
machen konnten: das macht ApcPt zu einem so interessanten Dokument.
 Doch sollte beachtet werden, daß wir in gnostischen Texten nicht viele
polemische Äußerungen dieser Art finden, und daß in ApcPt die Polemik
gegen die kirchlichen Amtsträger nicht zu trennen ist von der Kritik, die
ihnen als den Wortführern der orthodoxen Gegenseite gilt (S. 80-90). Man
kann aufs Ganze gesehen nicht sagen, daß sich die Gnostiker zu den kirchlichen Ämtern, wie sie nun einmal in den christlichen Gemeinden ausgebildet waren, als solchen in Gegensatz gestellt haben. Das ergibt sich schon
daraus, daß wir sie in eben diesen Positionen antreffen können. Der Valentinianer Florinos zB, der eine überaus wirksame und bis nach Gallien hin-
einreichende literarische Propaganda in Gang setzte, war Presbyter der
römischen Gemeinde zur Zeit des Bischofs Viktor; erst auf die Interven-
tion des Iren. hin wurde er aus diesem Amt eliminiert (Iren.frgm.syr. 28
[HARVEY II 457]; Eus.h.e. V,20 V,15; s. HARNACK Litteratur II/1 321;
BARDENHEWER Geschichte I 415). Petrus, der Begründer der archontischen
Häresie und ein Zeitgenosse des Epiphanius, hing bereits in seiner Jugend
der Sekte der Gnostiker an; er war bis zu seiner Absetzung Presbyter der
katholischen Gemeinde (Epiph.pan. 40,1,5). Historisch wertlos hingegen ist
die Nachricht des Tert. (adv.Val. 4), daß Valentin römischer Bischof habe

---

[50] Dies Wort wendet auch Orig. (HARNACK Ertrag II 138 Anm. 1) auf
katholische Kleriker an. Cf. weiter: EvTh §§ 39.102 (dazu: MONTEFIORE-
TURNER Thomas 115); Clem.Al.str. VII,106,1f (hier in antithetischer Verknüpfung mit Mt 16,19); Tert.adv.Marc. IV,27,9 28,2.

werden wollen; sie entspringt einem geprägten, auch auf Markion, Mani, Bardesan, Paulus usw. angewandten Ketzerklischee (gekränkter Ehrgeiz als Motiv der Häresie). Vor häretischen Amtsträgern warnt weiter Iren. IV,26,3f (dazu: Bousset Schulbetrieb 274; Poschmann Paenitentia 227 Anm. 2; cf. auch Orig.c.C. VI,40). Die in Asc.Jes. 3,23 attackierten häretischen Gemeindehirten sind laut Hornschuh (Anfänge 334) Gnostiker; auch das Schweigen von EpAp über das kirchliche Amt erklärt Hornschuh daraus, daß sich dieses in den Händen der gnostischen Mehrheit befinde (ibid.; zu weiteren Beispielen dieser Art — die Gemeindeämter in der Hand einer gnostischen Mehrheit — cf. Bauer Rechtgläubigkeit 77.97.106.). Tert.praescr. 3 macht die Mitteilung, daß die gnostische Propaganda gerade auch bei kirchlichen Amtsträgern Beifall und Verbreitung findet; er nennt Bischöfe, Diakone, Lehrer, ,,ja sogar Märtyrer'' unter denen, die von der gnostischen Irrlehre gefährdet sind (cf. auch den kleinasiatischen Diakon, den Iren. I,13,5 erwähnt). Beachtung verdient weiter die Klage des Ignatius über die gnostischen Häretiker, die den Bischof zwar anerkennen, doch seinen Anweisungen zuwiderhandeln oder seinen Herrn ,,lästern'' (Magn. 4; Sm. 5,2; cf. 6,1).

Man kann also nicht von einem Gegensatz der Gnostiker gegen das kirchliche Amt als solches reden. Ihre Einstellung zu der Verfassung der Gemeinschaft, in der sie leben, ist eher als *Desinteresse* zu kennzeichnen. Dies gilt sowohl dort, wo sie noch der christlichen Gesamtgemeinde angehören, wie auch dort, wo sie sich in eigenen Gemeinschaften organisieren. Sie leugnen zwar keineswegs die Bedeutung äußerer Mittlerschaft bei der Aneignung des Heils — das also, was positiv als der Zweck der verschiedenen Gemeinschaftsfunktionen anzugeben wäre —, können ihr aber keine Bedeutung in sich zumessen: ,,Die Menschen glauben dem Soter *zunächst* (τὸ μὲν πρῶτον), weil sie von Menschen dazu geführt werden. Wenn sie aber seinen Worten begegnen, so glauben sie nicht mehr nur wegen des menschlichen Zeugnisses, sondern wegen der Wahrheit selbst'' (Heracl.frgm. 39) [51]. — So ist es zwar sehr zu bedauern, daß wir den gnostischen Texten so wenig direkte Mitteilung über die Formen und Einzelheiten ihres Gemeinschaftslebens entnehmen können. Andererseits aber ist gerade dies Schweigen ausgesprochen aufschlußreich, sofern es erkennen läßt, wie gering die Gnostiker die Bedeutung dieser Dinge einstuften. Und wo wir, wie in dem so außerordentlich wichtigen 41. Kapitel von Tert.praescr., Genaueres über das Gemeinschaftsleben der Gnostiker (nicht: der Markioniten; cf. Kraft Gemeinschaftsleben 179) erfahren, da wird — bei aller Gleichart der Gemeinschaftsfunktionen — zugleich der Unterschied zum kirchlichen Amtsverständnis deutlich: ,,Nusquam facilius proficitur, quam in castris rebellium, ubi ipsum esse illic promereri est. Itaque alius hodie episcopus, cras alius; hodie diaconus, qui cras lector; hodie presbyter, qui cras laicus; nam et laicis socerdotalia munera iniungunt'' (41,7f).

---

[51] Diese — hier als Abfolge unterschiedenen — Weisen vermittelter und direkter Aneignung der Wahrheit machen für die Valentinianer zugleich den Unterschied von Psychiker und Pneumatiker aus. So zB TracTrip (NHC I,5) 118,27-119,8: ,,Das pneumatische Geschlecht ist wie Licht von Licht ... Als sich sein Haupt offenbarte, eilte es *sofort* zu ihm ... und nahm *sofort* das Wissen der Offenbarung an. Aber das psychische Geschlecht ist wie Licht von Feuer. Es *zögerte*, Kenntnis über den zu empfangen, der sich ihm geoffenbart hatte, anstatt zu ihm im Glauben zu eilen. Vielmehr läßt es sich durch (äußere) Stimme *belehren* ...''.

2. *Der Gegenstand der Kritik: das zugrundeliegende Autoritätsverständnis.*
Gegenstand der Kritik der Gnostiker ist also nicht das kirchliche Amt als
solches, sondern das dahinterstehende Amts- bzw. Autoritätsverständnis.
In dem Anspruch des Episkopats etwa, Mittler zwischen Gott und Mensch
zu sein (cf. Ignatius, Syr.Didasc. etc), konnte ein Gnostiker im Grunde nur
den Versuch sehen, das Heil an eine dem Menschen wesenhaft äußere In-
stanz zu binden; und das war für ihn von den Archonten gewirkte Verblendung. So steht für *2LogSeth* (NHC VII,2) in der von den Archonten einge-
richteten „Nachahme"-„Kirche" der Katholiken das „Wort des *Hörens*" in
Geltung. Als äußerliches und darum wirkungsloses Wort ist es dem „*vollkommenen* (da selbst wirkungskräftigen) Wort" entgegengesetzt, das die Vollkommenheit des Gnostikers ausmacht (62,3-5; ähnlich 61,12f/65,17f). —
Das ist auch der Punkt, den *EvPh* (NHC II,3) immer wieder gegenüber den
Gemeindechristen herausstellt: die Schätze der Offenbarung und die Gaben
des gemeinchristlichen Sakramentes nützen überhaupt nichts, wenn sie
nicht innerlich durch Gnosis angeeignet werden (v.a. §§ 105.67.59; cf. auch
§94: das nur ge- oder verbietende „Gesetz", das nicht selbst die Kraft zum
Tun des Gebotenen in sich hat, wirkt nur „Tod"). — *EvMar* (BG) 8,15ff
warnt mit den Worten von Lk 17,20f vor der „Irreführung", den Menschensohn anderswo als im „Innern" des Menschen zu suchen, und kritisiert im
gleichen Zusammenhang die „Gebote" und „Gesetze", die im Widerspruch
zur Offenbarung Christi stehen (9,2f: „ich habe kein Gesetz gegeben wie der
Gesetzgeber"). Für sie wird offensichtlich der auf seinen Vorrechten behar-
rende „Petrus" verantwortlich gemacht (17,15ff 18,5ff.18ff). — Die Ablehnung äußerer Mittlerschaft bei der Erlangung des Heils findet ihren kras-
sesten Ausdruck in *EpJac* (NHC I,2). Hier fordert der Auferstandene die
Zwölf auf: „ ,Wenn ihr mit mir kommen wollt, so kommt!'. Da antworteten
sie alle und sagten: ,Wenn du es uns befiehlst, werden wir kommen'. Er
sagte: ,Wahrlich ich sage euch: niemand kann jemals in das Himmelsreich
eingehen, bloß weil ich es ihm befehle; sondern <ihr könnt nur ins Himmelreich eingehen> unter der Voraussetzung, daß ihr selbst (von ihm schon)
erfüllt seid" (2,25ff; Übers. SCHENKE). Denn: „Wenn ihr dieses (das Himmelsreich) nicht durch γνῶσις erlangt, werdet ihr es nicht finden können.
Deswegen sage ich euch: ,Seid nüchtern, laßt euch nicht täuschen' " (8,26-
29). Deshalb der häufige Aufruf zu eigenen Anstrengungen in EpJac, deshalb die Worte: „Wehe euch, die ihr einen Tröster *braucht*. Wehe euch, die
ihr Gnade *braucht*. Es werden selig sein die, die ... für sich selbst die Gnade
erworben haben" (11,11-17).

3. *Inter (NHC XI,1) — eine gnostische Gemeindeordnung.* Das aufregendste
Dokument zum Studium des gnostischen Gemeinschaftsverständnisses jedoch ist der noch nicht edierte Traktat „Interpretation der Gnosis" (NHC
XI,1) [52]. Diese der valentinianischen Gnosis zuzurechnende Schrift ist als
die erste bekanntgewordene gnostische Gemeindeordnung einzustufen; darin liegt ihre grundlegende Bedeutung für die künftige Forschung. „Gemeindeordnung" soll besagen, daß der Verfasser Mahnungen und konkrete Rat-
schläge zur Wiederherstellung der gestörten Gemeinschaftsbeziehungen ausspricht und sich dabei grundsätzlich über das Wesen dieser Gemeinschaft
und das Verhältnis der verschiedenen Gemeinschaftsfunktionen äußert.

---

[52] Der Text von Inter ist bislang nur in der Faksimile-Ausgabe der Codices
XI-XIII greifbar. Für die Claremont-Ausgabe bereiten J. TURNER und
E. PAGELS diesen Traktat vor. Ich hoffe, in absehbarer Zeit eine Unter-
suchung über Inter vorlegen zu können.

„Gemeindeordnung" ist Inter nicht im Sinn der Gemeindeordnungen des katholischen Bereichs, sondern im Sinn der paulinischen Konzeption einer Gemeindeordnung vom Charisma aus. Denn Inter handelt nicht von Ämtern, sondern von den vielfältigen „Geistesgaben", die die christliche Gemeinde als einen Geistesorganismus konstituieren. Dabei steht Inter bewußt und eindeutig in der — weiterentwickelten — paulinischen Tradition. Wichtig aus dem Corpus Paulinum sind folgende Textzusammenhänge: 1. 1 Kor 12 Rm 12: die vielfältigen Charismen im Bild des „Leibes" mit seinen verschiedenen „Gliedern"; 2. Kol + Eph.: die „Ekklesia" als dieser „Leib" mit Christus als seinem „Haupt"; vielleicht auch (je nach Ergänzung von 15,30f) 1 Kor 8 Rm 14: der „Anstoß" der Schwachen an den Starken.

Der in Inter sprechende Gnostiker sieht die von ihm angeredete *Gemeinschaft zerrissen* durch gegenseitigen „Haß" (18,38 17,27), durch Dünkel (gegenüber den als „unwissend" geltenden Mitchristen: 17,25f) und Verachtung (16,24f: „Sieh [ihn] nicht an, als ob er dir ein Fremder sei") sowie v.a. *durch „Neid* (φθόνος)" (15,26ff). Und zwar durch „Neid" in beide Richtungen: als mißgünstiges Vorenthalten der eigenen Geistesgaben auf der einen (17,28ff 15,38; cf. 15,21 17,35f.38) und als Neid der Besitzlosen auf der andern Seite (18,30ff). Unter den vielfältigen Charismen, um die sich die Auseinandersetzung dreht, sind angesichts des Textzustandes leider nur noch die folgenden erkennbar: 1. Die Gabe der *Prophetie* (15,35f: „Einer hat eine prophetische Gabe [ογ2ΜΑΤ ΝΠΡΟΦΗΤΙΚΟΝ]"). Was man sich hier unter der Prophetie, die in der entsprechenden Reihung bei Paulus nicht fehlt (1 Kor 12,10.29; Rm 12,6), konkret vorzustellen hat, bleibt offen. Laut ExcTh 24,1 sind die „Zeichen des Geistes", nämlich ἰάσεις καὶ προφητεῖαι, von den Propheten auf „alle" in der Ekklesia übergegangen, und EpPt (NHC VIII,2) interpretiert das Pfingstereignis als die Verleihung des „Geistes des Verstehens". — 2. Der *Logos* (16,31ff: „Aber einer macht Fortschritte (προκόπτειν) im λόγος. Nimm nicht Anstoß daran. Sage nicht: ‚Warum redet dieser, ich jedoch rede nicht?'"). An sich ist „Logos" in Inter ein umfassender Begriff („Streiter des Logos" als Selbstbezeichnung, Christus als „Logos" etc); an unserer Stelle ist er auf die Bedeutung: Befähigung zur (geistgewirkten) „Rede" festgelegt. — 3. „*Verstehen*" (16,36-38: „Was dieser redet, es gehört (auch) dir. Der, der den Logos versteht (νοεῖν), und der, der redet — einunddieselbe Kraft ist es"). Als Gegeneinwand macht Inter also geltend, daß auch das „Verstehen" einer solchen geistgewirkten „Rede" eine Wirkung des Geistes und also seinerseits ein Charisma sei. — 4. „*Predigen*". Der zerstörte Abschnitt 19,16ff handelt von verschiedenen Gruppierungen („Einige . . . Andere . . . die übrigen . . ." etc) bzw. Betätigungen „in der Ekklesia". Identifizierbar sind in dieser Aufreihung nur noch die, die „[die Erkenntnis] des Pleroma predigen", sowie die „Freunde von mehr Leben (2ΜΜΑΕΙ2ΟΥΕϢϢΝ2)". Das Verhältnis zu den anderen Charismen ist dabei undeutlich.

Was setzt Inter nun dieser Zerstrittenheit entgegen, die aus Mißgunst und aus „Neid" auf die Geistesgabe des Anderen entstanden ist? Sie erinnert daran, daß es „*dieselbe Kraft*" ist, die in diesen so unterschiedlichen Betätigungen wirksam ist (16,38), und derselbe Ursprung, von dem die vielfältigen Gaben stammen: „Sei vielmehr dankbar, daß du nicht außerhalb des Leibes bist, sondern *dasselbe Haupt* hast, dessentwegen das Auge ist und die Hand und der Fuß und die übrigen Teile" (18,33-38). Als „*Gabe*" aber bleiben sie an den Geber gebunden, an das „Haupt", . . . von dem der Strom der Gnadengeschenke unter deinen Brüdern in Erscheinung trat" (16,28ff). Folglich: „Was dein ist, ist das, was *ein jeder* deiner Mit-Glieder (im Leib) empfangen hat" (16,25-27). Deshalb auch: ,,Klage nicht das Haupt an, daß es dich nicht zum Auge gemacht hat, sondern zum Finger, und sei nicht neidisch gegen den, der etwa zum Auge oder zur Hand oder zum Fuß gemacht worden ist" (18,28-32). Das ist zu dem gesagt, der minder beschenkt wurde. Doch auch der reichlich Beschenkte, der seine Gnadengaben dem andern mißgünstig vorenthält, ist von seinem ,,Haupt" getrennt: ,,Denn der Logos ist reich und ohne Mißgunst und voller Güte. Er gibt seinen Menschen Gaben an diesem Ort, ohne mißgünstig zu sein" (17,35-38). Deshalb gilt: ,,Wir sollen nicht mißgünstig sein, da wir wissen, daß der, der mißgünstig ist, ... *unwissend ist über Gott*" (15,29-33). Denn dieser beweist eben durch sein praktisches Verhalten, daß er den aus ,,Liebe" mitteilenden Gott nicht kennt und statt dessen dem neidischen, mißgünstigen Demiurgen gleichgestaltet ist. V.a. aber macht ein solches Verhalten die empfangene *Gabe zunichte*. Denn ,,der, der mißgünstig ist, ... richtet sich selbst mit dem Gnadengeschenk zugrunde" (15,30-32). Denn die verschiedenen ,,Glieder" haben ,,Leben" nur gemeinschaftlich in dem ,,einen Leib", außerhalb desselben sind sie ,,tot" (17,14-25). Deshalb ziemt es sich, einander Anteil zu geben (15,33ff). Dabei ist auch der gnostische Pneumatiker empfangender Teil: ,,Übe Fürbitte für je[nen, da]mit du (deinerseits) teilhast an der χάρις, [die] in ihm ist" (16,22-24; ebenso 17,32-34).

So zeichnet Inter die christliche Gemeinschaft als einen geistigen Organismus und sieht dessen ,,Glieder" bei aller Betonung ihres unterschiedlichen Ranges — der ,,Finger" hat eben nicht darüber zu rechten, daß er nicht zum ,,Auge" gemacht worden ist — dennoch in einem wechselseitigen Verhältnis des Gebens und Nehmens. Ist dabei nun an Unterschiede zwischen mehr oder minder weit ,,fortgeschrittenen" (cf. 16,32) Gnostikern oder an das Verhältnis von gnostischen und gemeinen Christen innerhalb einer Gesamtgemeinde zu denken? Trotz der scheinbaren Stütze in 9,22f (die beiden ,,Schulen"; dagegen cf. 9,15 und ExcTh 58,1 [dazu s. S. 220-221]) ist gegen die erste Deutung zu votieren. Denn zum einen werfen die angesprochenen gnostischen Pneumatiker laut 17,25f ihren Brüdern ,,Unwissenheit" vor; das aber ist in gnostischen Texten typisches Prädikat der Kirchenchristen. Auch der wechselseitige ,,Haß (**MACTE**)" (18,38 17,27f) verweist auf einen ausgeprägten Gegensatz, nicht aber auf innergnostische Schattierungen. Des weiteren heißt es in 14,28-31, daß der Soter als der ,,große Sohn" des Vaters zu ,,seinen kleinen Brüdern" auf die Erde herabgesandt wurde, um ihnen das ,,Edikt des Vaters" zu verkündigen, ,,wobei er es *einigen* ganz gibt". Diese Differenzierung innerhalb der ,,Brüder" — die einen haben Offenbarung ,,ganz", die andern nicht — paßt gut auf die Unterscheidung von Gnostikern und Psychikern, kaum aber auf innergnostische Schichtungen. V.a. aber weist Inter betont auf das begründende Vorbild der Selbsterniedrigung des Soter hin, der aus ,,Liebe" zu ,,seinen Gliedern" ,,aller" himmlischen Herrlichkeit entsagte und in die irdische Niedrigkeit herabstieg und ,,klein" wurde (15,17-26; 10,27ff). An solcher Humilitas des Soter (10,28: **ΘΒΕΙΟ** = ταπεινοφροσύνη; cf. Ph 2,7) soll der gnostische Pneumatiker sein Verhalten gegenüber seinen ,,Brüdern" ausrichten (15,26ff 17,33f). Die Forderung solcher Humilitas kann sich nur auf das Verhalten der Gnostiker gegenüber den gemeinen Christen beziehen (cf. auch Heracl.frgm. 27).

3. *Die hinter der Häresie stehende Mächte*

Für die Gnostiker von ApcPt ist das Ringen zwischen gnostischem und rechtgläubigen Christentum, das die vorliegende Schrift ja in seinen vielfältigen Aspekten dokumentiert, nur der Ausdruck eines tiefer liegenden Gegensatzes, der alles vordergründige Geschehen erst bedingt: des Gegensatzes zwischen den „unsterblichen", „aus dem unsterblichen Sein erwählten" Seelen und den „toten" Seelen. Und wie die „toten" Seelen der orthodoxen Opponenten ihren Ursprung in „diesen Äonen" haben, so sind es weiter die „Gewalten, Mächte und Kräfte dieser Äonen", die inspirierend in der kirchlichen Verkündigung wirksam sind, um so die Seelen zum Zweck ihrer eigenen „Verehrung" in der „geschaffenen Welt" festzuhalten. Dieser Gegensatz zwischen den im *„unsterblichen Sein"* beheimateten „unsterblichen" Wesen und den Schöpfern und Geschöpfen *„dieser Äonen"* steht hinter allen Einzelaussagen von ApcPt. Thematisch entfaltet wird er insbesondere in den vielleicht als ‚Exkursen' anzusprechenden Abschnitten 75,12-76,23 und 77,4-22 (weiter ist heranzuziehen v.a.: 83,15ff 70,20ff).

a. *Der fundierende Gegensatz der „toten" und der „unsterblichen" Seele (75,12-76,23)*. In 74,34ff schildert ApcPt die Verleumdung der gnostischen Offenbarung als dämonische Inspiration durch die Gegner (s. S. 49-52) und wertet dies Verhalten anschließend als eine „Frucht", die sich zwangsläufig aus der „Natur" (cf. 75,33) der orthodoxen Opponenten ergibt: „Denn das Schlechte kann nicht gute Frucht hervorbringen. Denn jeder einzelne — von welchem Ort er auch immer stammt — bringt das hervor, was ihm gleicht. Denn weder stammt jede Seele aus der Wahrheit, noch aus der Unsterblichkeit" (75,7-14). Das ist der Anlaß zu der folgenden Gegenüberstellung der beiden Seelen: „Denn jeder Seele [53] dieser Äonen ist in unseren Augen (der) Tod bestimmt. Denn sie ist allezeit versklavt, da sie geschaffen ist für ihre Begierden und (das) von jenen (gewirkte) ewige Verderben ..., da sie (diese Seelen) die Geschöpfe der Hyle lieben, welche zusammen mit ihnen hervorgekommen (= entstanden) ist" (75,15-26). Diese *„toten" Seelen* (75,31f), die so denselben Ursprung wie die Hyle haben, entstammen „diesen Äonen" (75,15 73,17f), „diesem Ort" (83,30f) bzw. der „geschaffenen Welt" (77,7f), sind wie diese „nicht (wahrhaft) existierend" (76,18f) und werden darum auch wie diese ihre „Auflösung" erfahren (76,19f). Ganz anders geartet ist die *„unsterbliche Seele"* der Gnostiker [54]:

---

[53] In 75,16 lies: ⲉⲣⲟϥ <ⲉⲣⲟⲥ>.
[54] „Unsterbliche" und „Lebende" sind geläufige gnostische Selbstbezeichnungen, zB Clem.Al.str. IV,89,2f; OrigMund (NHC II,5) 125,11f. In antikirchlichem Kontext: zB Tert.resurr. 19; EvPh (NHC II,3) § 90;

„sie allein ist es, die unsterblich ist, die ihr Denken auf Unsterbliches richtet, die glaubt und die begehrt, diese (Welt) zu verlassen"
(75,33ff). Diese hat ihren Ursprung in der „Unsterblichkeit", dem
„Leben", der „Wahrheit", der „Höhe", dem „Ewigen", dem
„Licht", dem „unsterblichen Sein" (75,12-14 76,14ff 70,24 71,1ff
78,25f 83,22f 84,1-3) und nicht in dieser Welt, wo sie vielmehr
„fremd (ἀλλογενής)" (83,17) ist. Diese ist es, die wahrhaft „existiert"
(77,10), die das „Leben" hat, die ins Lichtreich heimkehren wird.

So haben die Gnostiker und ihre orthodoxen Opponenten *nichts
miteinander gemein* (76,20-23), da sie einander entgegengesetzt sind
hinsichtlich ihrer „Natur (φύσις)" (75,33), hinsichtlich des „Ortes",
aus dem sie stammen, des Endes, das ihnen „bestimmt" ist, der
„Frucht", die sie hervorbringen, hinsichtlich dessen, was sie zu
erkennen vermögen. Denn nur denen, „die aus dem Leben stammen", kann das „Leben" „geoffenbart" werden — für sie ist solches
Offenbaren ein bloßes „Erinnern" (70,23-25) —, während „der
Mensch dieses Ortes, der gänzlich tot ist" (83,31f), hinsichtlich der
höheren Dinge „taub und blind" ist (76,21f). Und wenn der Haupt-
unterschied der Kontrahenten darin besteht, daß sich die einen an
den „toten" (74,14), die andern hingegen an den geistigen, vom
Leiden unberührten Soter halten, so ist damit zugleich — da Gleiches nur von Gleichem erkannt werden kann — ihr unterschiedlicher „Ort" ausgewiesen. Denn die Seele des Gnostikers, die „aus
der Unsterblichkeit" stammt (75,13f), „ist unsterblich, richtet ihr
Denken auf Unsterbliches" (75,34ff) und vermag so den „geistigen"
(83,8f), dem Leiden entnommenen Soter zu erkennen, mit dem sie
selbst „wesenseins" (71,14f) ist. Die „tote" Seele des Orthodoxen
hingegen, die ihrem Ursprung gemäß nur „die Geschöpfe der Hyle
lieben" kann (75,24f), hält die sarkische, dem Kreuzes-„Tod" er-
legene (74,14) Gestalt des Soter, das Geschöpf der Archonten (85,25)
und den „Sohn ihrer ‚Herrlichkeit' " (82,1f), für den Soter selbst.
Deshalb kann diese tote Seele auch keine andere „Frucht" hervorbringen als die Verleumdung der gnostischen Offenbarung (74,34ff);
deshalb ist es geboten, „in diesen Äonen" die Gnosis des Soter nicht
der Lästerung preiszugeben (83,15ff 73,14ff). Deshalb gilt: „Wer
hat, dem wird gegeben, so daß er Überfluß hat; wer aber nicht hat
…, dem wird es weggenommen werden" (83,26-84,8: Mt 13,12).

EpPt (NHC VIII,2) 137,6-9; 2LogSeth (NHC VII,2) 60,25f; LibTh (NHC
II,7) 141,20ff. Cf. weiter: ExcTh 22,1; Orig.Comm.Jo. II,16; PAGELS JBL
93 (1974) 278 Anm. 29.

Diese Aussagen über die entgegengesetzte „Natur" der beiden
„Seelen", die dazu noch in den Kategorien der „Erwählungs"-Vor-
stellung vorgetragen werden (83,22 70,22 71,20f), scheinen eine deterministische Prädestinationslehre zu belegen: die eine Menschen-
gruppe ist von vornherein zur „Gnosis" und zum „Leben" bestimmt, die andere zum Gegenteil. Doch trügt dieser Eindruck.
Vielmehr muß ApcPt auch die Feststellung treffen, daß „das Geschlecht der unsterblichen Seelen" bis zum Ende dieses Äons in
die Irre gehen wird (78,3-6). Zu der kirchenpolitischen Konstellation, die in diesen Kategorien interpretiert wird, ist Teil D zu vergleichen. Zum Vorstellungshintergrund dieser Aussagen ist darauf
zu verweisen, daß die „unsterbliche Seele" zwar aus dem Lichtreich stammt, daß sie aber in dieser Welt zum „Pfand" geworden
ist (77,3). „Pfand" dürfte wie in EvPh (NHC II,3) § 9 besagen: sie
ist in der Welt „gefangen" gesetzt und festgehalten. Sie bedarf nur
der „Erinnerung" (70,25), um frei zu werden. Sie kann aber auch
ihren himmlischen Ursprung unter der Einwirkung der kirchlichen
Irrlehre „vergessen" (77,10f).

b. *Die in der kirchlichen Verkündigung wirksamen archontischen
Mächte* (77,4-22). In 76,27-77,3 referiert ApcPt die Behauptung der
Kirchenleute, „allein" das „Mysterion der Wahrheit" zu besitzen
— ein vermessener Anspruch, da sie die „Mysterien" gar nicht
„verstehen", von denen sie „reden" —, und sieht darin den „Hochmut" wirksam, „neidisch zu sein auf die unsterblichen Seele, die
zum Pfand geworden ist". Das begründet die Fortsetzung 77,4-22:

> „Denn (γάρ) alle Gewalten (ἐξουσία), Mächte (ἀρχή) und Kräfte dieser
> Äonen (αἰων) wollen mit diesen (den unsterblichen Seelen) zusammen
> in der geschaffenen Welt (κόσμος) sein, damit (ἵνα) ihnen (= den
> Mächten) nicht (wahrhaftig) sind, durch sie (= die unsterb-
> lichen Seelen), die sind, — nachdem sie sich selbst vergessen haben —
> Verehrung erwiesen wird, obwohl sie (die Seelen) von ihnen (den Mäch-
> ten) weder gerettet noch (οὔτε) auf den Weg (aus dieser Welt) gebracht
> worden sind, da sie (die Mächte) allezeit das Verlangen haben, (+ ἵνα)
> selber unauflösbar zu sein. Denn (γάρ) wenn die unsterbliche Seele
> (ψυχή) von einem verständigen Geist (πνεῦμα νοερόν) Kraft erhält,
> so machen aber (δέ) sofort sie (die Mächte) <sie> (die unsterbliche
> Seele) dem (Menschen) gleich (ὁρμάζω), der zu den (bereits) Verführten
> gehört."

Wir erfahren hier Folgendes. 1. Hinter der kirchlichen Verkündigung stehen die *archontischen Mächte*, die auf diese Weise („denn")
die „unsterbliche Seele" „in der geschaffenen Welt" festhalten wollen. Denn die gnostische Verkündigung, die die unsterblichen Seelen

an ihren himmlischen Ursprung erinnert, weist den Weg aus dieser Welt heraus. Durch den Anspruch der Kirchenleute aber, ,,allein'' das ,,Mysterion der Wahrheit'' zu besitzen, werden die Seelen davon abgehalten, der gnostischen Predigt Gehör zu schenken; nun ,,vergessen'' sie sich. So sind die kirchlichen ,,Sendboten des Irrtums'' (77,24f) nur das Sprachrohr des ,,Vaters ihres Irrtums'' (73, 24f), die orthodoxen Prediger also die Agenten der archontischen Mächte. Es sei betont darauf verwiesen, daß es die archontischen — und nicht, wie in der kirchlichen Ketzerpolemik, die satanischen — Mächte sind, die ApcPt im kirchlichen Gegner wirksam sieht. — 2. Festgehalten werden die unsterblichen Seelen, damit sie die archontischen Mächte ,,verehren''. Damit findet ein geläufiger Vorwurf der apologetischen Tradition Anwendung auf den Gottesdienst der katholischen Kirche. Denn unter der ,,*Verehrung*'' ist konkret der gottesdienstliche Lobpreis des Schöpfergottes zu verstehen, wie etwa die ,Antilitanei' von 2LogSeth (NHC VII,2) oder in Ephr.hymn. 39,1 der ,,Spott'' der ,,Irrenden'' über die Psalmen der Kirche zeigt: ,, ,Er versenkte den Pharao ins Meer', und sie (die Spötter) lachen, ,denn ewig währt seine Barmherzigkeit' (Ps. 136,15). ,Wo ist sie (denn)?', fragen sie (die Spötter)'' (zum Ganzen cf. EXKURS III.2). Solche ,,Verehrung'' bzw. solcher ,,Lobpreis (ⲉⲟⲟⲩ)'' des Demiurgen durch die Katholiken ist dem ,,Lobpreis'' des geistigen Soter entgegengesetzt, in den die Gnostiker mit allen Wesen des Lichtreiches einstimmen (83,19ff 73,9f 82,9ff 74,8f). Daß die archontischen Mächte die Menschen zu ihrer Verehrung zu bewegen suchen, erfahren wir bereits in 71,31ff: die ,,Wesen der Mitte'' wollen den Ptr in ihren ,,Dienst'' nehmen. — 3. Wie aber verleiten nun die Archonten die Seelen zu solcher ,,Verehrung''? Gerade durch den *Anspruch* ,,*zu retten* und auf den Weg (aus dieser Welt) zu bringen''. Das sich dies so verhält, zeigt das ausdrückliche Dementi dieses Anspruches durch ApcPt (77,12f). Das ist ja gerade das Gefährliche am orthodoxen Christentum, daß es zwar die Offenbarung des Soter für sich reklamiert (zB 80,6f), daß es aber de facto nur eine ,,Nachahmung'' derselben aufzuweisen hat, die das genaue Gegenteil bewirkt. Die Gegner behaupten etwa, eine ,,Sündenvergebung'' zu haben, doch in Wirklichkeit verstricken sie nur in die Sünde (78,1ff: s. S. 54-60); sie behaupten, allein durch ihre Gemeinschaft gebe es Heil, de facto aber haben sie anstelle der geistigen Bruderschaft nur eine ,,Schwesterschaft'' (78,31ff: s. S. 60-64); sie behaupten, allein das Mysterion der Wahrheit zu besitzen, aber in Wirklichkeit verstehen sie nicht die Mysterien, von denen sie reden (76,27ff). — 4. Treibendes Motiv dieser Machenschaften der Archonten ist ihr „*Neid*" auf die „unsterbliche Seele" (77,2f). Grund zum Neid haben sie, da sie selbst „nicht (wahrhaft) existieren" (77,8f), die aus dem Lichtreich stammende Seele jedoch „(wahrhaft) existiert" (77,9f); da sie selbst der „Auflösung" anheimfallen (77,15f), die „unsterbliche" Seele jedoch nicht; da weiter die unsterbliche Seele den Soter erkannt hat, „den die Mächte suchten und nicht fanden und der auch nicht durch irgendein Prophetengeschlecht angekündigt worden ist" (71,3ff; cf. 1Jeu 259,25ff: die Mächte und Gewalten „beneiden euch, daß ihr mich erkannt habt, daß ich nicht von dieser Welt stamme"). Nun gilt „Neid" in gnostischen Texten allgemein als ein typisches Indiz des demiurgischen Herrschaftsbereiches[55]. Insbesondere ist „Neid" deshalb ein Merkmal eben der kirchlichen Gemeinschaft, die ja unter jene Herrschaft der Archonten steht, von der freizumachen Christus doch gekommen ist. So nennt etwa 2LogSeth (NHC VII,2) „Sklaverei, Neid, Furcht und Liebe zur weltlichen Hyle" als die Kennzeichen der archontischen „Nachahme"-„Kirche" (61,4ff 60, 15ff), und TestVer (NHC IX,3) und Inter (NHC XI,1) kontrastieren die mitteilende „Liebe" der Gnostiker dem mißgünstigen „Neid" des Demiurgen und der diesem folgenden Christen resp. „Häresien" (s. S. 172f sowie EXKURS II.3). — 5. Bereits oben (S. 53f) bei der Besprechung von 76,27ff verwiesen wir auf die enge Entsprechung zwischen dem „brüstenden" Anspruch der Kirchenleute, „allein" das Mysterion der Wahrheit zu besitzen, und dem „brüstenden" Anspruch des Demiurgen, „allein" Gott zu sein; letzterer präfiguriert und begründet den ersteren. Nun erhebt im gnostischen Mythos der Demiurg diesen Anspruch häufig gerade zu dem Zweck, der durch die Offenbarung des Lichtreiches drohenden Auflösung seines Herrschaftsbereiches entgegenzuwirken. So zB 2ApcJac (NHC V,4) 54,5-7: „Deshalb überhebt er sich, damit er nicht durchschaut werde", oder 2LogSeth (NHC VII,2) 51,23ff 52,10ff 53,20ff: „Eine furchtsame Bewegung entstand in ihrem (der Archonten) ganzen Haus, ob etwa die Engel, die sie umgeben, rebellieren möchten ... Doch dann ertönte der Ausspruch des Weltherrschers zu den Engeln: ‚Ich bin Gott, keinen gibt es außer mir' " (cf. auch OrigMund [NHC II,5] 103,3ff.8ff.15ff). In analoger Weise wirkt der katholische *Exklusivitätsanspruch* der gnostischen Verkündigung entgegen. Hier

---

[55] Detaillierter Nachweis bei BEYSCHLAG Clemens 48ff.299ff; ders. Simon 146ff. „Neid" in kirchlicher Ketzerpolemik: zB Ephr.hymn. 1,9ff.

haben wir ein besonders schönes Beispiel dafür, wie in der gnostischen Polemik *mythische Motive transparent auf bestimmte historische Gegebenheiten* (den katholischen Exklusivitätsanspruch) werden.

EXKURS III: GNOSTISCHE KRITIK DES KIRCHENVERSTÄNDNISSES DER KATHOLIKEN

Das gnostische Kirchenverständnis und die korrespondierende Abweisung der entsprechenden katholischen Anschauungen wird in der vorliegenden Arbeit an verschiedenen Stellen zur Sprache gebracht. Verwiesen sei v.a. auf Teil IV.D (die praktischen Implikationen der ekklesiologischen Anschauungen der Gnostiker) sowie die Exkurse II und VI (die Stellung der Gnostiker zu den kirchlichen Ämtern sowie zu den Sakramenten der Kirche). Weiter haben die schärfsten Äußerungen eines gnostischen Textes über die katholische Gemeinschaft, nämlich die Aussagen von 2LogSeth (NHC VII,2), ihren Ort in der Polemik gegen die kirchliche Passionschristologie (und sind darum in EXKURS I.3 diskutiert): die katholische Kirche ist — so 2LogSeth — eine Einrichtung der Archonten, konstituiert durch die ,,Lehre von einem Toten", durch die die Archonten die Menschen ,,versklaven", und ist als solche der himmlischen, durch das ,,lebenspendende Wort" Christi begründeten Ekklesia gänzlich entgegengesetzt. — So seien im Folgenden nur zwei Differenzpunkte des gnostischen gegenüber dem katholischen Kirchenverständnis gesondert dargestellt; diese sind auch Gegenstand der Polemik.

1. *Verwechslung von himmlischer und irdischer Kirche.* Die ,,Kirche", der sich die Gnostiker zugehörig wissen, ist eine unweltliche Gemeinschaft, nämlich die Gemeinschaft der geistigen Wesen des Pleroma [56]. Dort wissen sie ihren Ursprung (und den ihres Erlösers), dort ist für sie — protologisch und eschatologisch — die Einheit der Pneumateile realisiert, die gegenwärtig in der Welt zerstreut und festgehalten sind. Es ist diese *rein jenseitig zu definierende Ekklesia* — ,,das ist die Kirche . . ., die vor den Äonen existiert, die gültigerweise den Namen ,die Äonen der Äonen' trägt, d.h. die φύσις der unzerstörbaren heiligen Geister, auf der der Sohn ruht"; die ,,Kirche" ist die ,,Gemeinschaft des Leibes und des Wesens (ΟΥϢΒΗΡ ΝΝΟΥϹΙΑ = ὁμοουσία) mit dem Soter, sie ist wie ein Brautgemach wegen ihrer Einheit und ihrer Übereinstimmung mit ihm" (TracTrip [NHC I,5] 58,29ff 122,12ff) —, der das ganze Interesse der Gnostiker gilt. Deshalb erfahren wir in gnostischen Texten so wenig über die irdische Repräsentanz dieser jenseitigen Geisteskirche. Denn sofern die Gnostiker in gleicher Weise ,,wie die (himmlische) Ekklesia und die (Wesen), die in ihr sind, belehrt werden über den Einen (d.h. den Urvater)" (2LogSeth 68,13-16), gehören sie dieser Ekklesia bereits hier auf Erden an. ,,Wenn in valentinianischen Texten von der ἐκκλησία der Pneumatiker die Rede ist, so ist diese nicht hinsichtlich ihrer

---

[56] Für das Kirchenverständnis der Gnostiker und insbesondere ihre Anschauungen über die Ekklesia der Äonenhimmel haben die Nag-Hammadi-Texte umfangreiches und vielfältiges neues Material gebracht; verwiesen sei v.a. auf die Traktate 2LogSeth (NHC VII,2) und TracTrip (NHC I,5). Allgemein cf. MÜLLER Beiträge 200-204 (,,Die Kirche bei den Valentinianern"); UNNIK Kirche 223-238; GAFFRON Studien 91-94 (,,Der Einzelne und die Gemeinschaft"); PUECH/QUISPEL VigChr 9 (1955) 94-100; KOSCHORKE ZNW 64 (1973) 314f; KRAFT Gemeinschaftsleben 170-188.

welthaften Vorfindlichkeit oder gar Organisation gemeint, sondern lediglich als ἀντίτυπος τῆς ἄνω ᾽εκκλησίας. Sie bedarf keiner Verwirklichung in einer Gemeinschaft, sondern ist in den Pneumatikern gegenwärtig" (GAFFRON Studien 91f). Das gilt auch für einen Text wie 2LogSeth, wo sich die hier zu Wort kommenden Gnostiker als Gemeinschaft von der Gemeinschaft der Katholiken gänzlich geschieden (61,21-23) und durch diese verfolgt (59,21ff) wissen. Wo jedoch vom irdischen Abbild der pleromatischen Ekklesia die Rede ist, ist damit nicht „the earthly union among Gnostics" gemeint (so GIBBONS Commentary 286ff zu dem hier relevanten Abschnitt 67,19-68,16), sondern die „hier unten" in Antizipation kraft des „lebenden Wortes" des Soter vollzogene „Vereinigung" der Gnostiker („die, die mich aus ganzem und ungeteilten Herzen erkannt haben") mit ihren himmlischen Engeln („die, die zur Ehre des Vaters existieren").

Der *Fehler der Katholiken* in gnostischer Sicht ist nun der, daß sie ihre menschliche Versammlung für die „Kirche" selbst halten. Das ist der Vorwurf, den — in anderer Terminologie („wahrhaft existierende Bruderschaft") — *ApcPt* erhebt (78,31-79,21; s. S. 60-64). Das spricht in besonders eindeutiger Weise auch *EvPh* (NHC II,3) § 11 aus. Hier ist die Rede von den „Namen", die den „weltlichen (Dingen)" gegeben werden und die so die Menschen „irreführen" und „ihren Sinn abwenden von den feststehenden zu den nicht-feststehenden (Dingen)". Zu diesen irreführenden, da auf „weltliche" Dinge bezogenen Namen zählt nun „Kirche". Wir haben hier also eine Polemik gegen die Anschauung vor uns, daß die kirchliche Gemeinschaft als solche für das Heil der Christen konstitutiv sei (dazu cf. HARNACK Dogmengeschichte I 409.444f). Nun nennt unsere Stelle „Kirche" in einer Reihung von „Namen", die aus dem christlichen Bekenntnis stammen: „Gott", „Vater", „Sohn", „Hlg. Geist", „Leben", „Auferstehung". Vorausgesetzt ist hier also ein Bekenntnis in der Art von EpAp 5 (16) (cf. Tert. bapt. 6,2; cor. 3,3), das die „Kirche" einschloß. Dieses Bekenntnis — so urteilt also EvPh — pervertieren die Kirchenchristen dadurch, daß sie es auf „weltliche" Größen beziehen (cf. S. 187-189 und KOSCHORKE ZNW 64 [1973] 314-320). Von Interesse ist in diesem Zusammenhang, daß wir in dem (wie EvPh) valentinianischen Traktat ExpVal (NHC XI,2) in einem Salbungsformular die „heilige Kirche" des Pleroma neben „Vater" und „Sohn" in einer trinitarischen Formel finden. — Verwiesen sei weiter auf *Iren. I,30,2,* wo es (im Referat über die sog. Ophiten) über einen unvergänglichen Äon heißt: „Esse autem hanc et veram et sanctam ecclesiam". UNNIK (Kirche 227) kommentiert: „Unverkennbar ist eine polemische Nuance im Wort ‚vera'. Zweifellos sollte dadurch einem Kirchenbegriff entgegengetreten werden, demzufolge man die Zusammenfassung aller, die auf Erden an Christus glauben, ἐκκλησία nennen könnte". — Schließlich sei auf die Schrift *AuthLog* (NHC VI,3) aufmerksam gemacht, die ihren — kirchlichchristlichen (s. S.198-202) — Widersachern mangelndes „Suchen" und „Forschen" vorhält. Es geht dabei um „Gott", „Heil", „Hoffnung", „Anapausis", „Heimat" etc., Grundbegriffe der christlichen Verkündigung also, die die Opponenten irrigerweise in der Sphäre des Sinnlich-Gegebenen ansiedeln, anstatt sie in der Welt des Unsichtbaren-Beständigen zu „suchen". So „fragen" die Gegner auch nicht, wo der „Ort" ihrer „Anbetung" sei (nämlich allein im Himmel!); statt dessen werden sie dabei an die empirische Kirche denken (34,6ff). — Man könnte also sagen, daß das, worin SOHM den „Sündenfall" des Katholizismus gesehen hat — daß dieser nämlich die sichtbare an die Stelle der unsichtbaren Kirche gesetzt habe —, auch der Vorwurf der gnostischen Polemik ist.

2. *Die katholische Gemeinschaft: Ort der Verehrung des Demiurgen.* Wie wir sahen, stellt ApcPt dem geistigen „Lobpreis" des geistigen Soter, in den die Gnostiker mit allen Wesen des Lichtreiches einstimmen (83,19ff 73,9f 82,9ff 74,8f), in Gegensatz zum „Lobpreis" bzw. „Verehrung" (ⲉⲟⲟⲩ), die der Demiurg und seine „Kräfte" durch die Gemeinschaft der orthodoxen Christen erfahren (77,4-22; s. S. 74-77). Diese Verehrung bewirken die archontischen Mächte durch das Instrument der kirchlichen „Lügenpredigt" (cf. 74,11), und dieser Lobpreis wird vollzogen im Gottesdienst der katholischen Gemeinschaft. — Dieser *Gegensatz von Lobpreis des Demiurgen und Lobpreis Christi* bzw. seines himmlischen Vaters kennzeichnet ganz allgemein das Selbstverständnis des Gnostikers; macht doch die Abkehr vom „Lobpreis" des Demiurgen zum „Lobpreis" der himmlischen Mächte seine „μετάνοια" aus (so OrigMund [NHC II,5] 103,5ff.34ff; ähnlich Epiph.pan. 40,7,3: „er diente nicht mehr dem Schöpfer und Demiurgen, sondern erkannte die unaussprechliche Kraft und den guten Vater"). Im Besonderen aber kennzeichnet er gerade auch die gnostischen Anschauungen über die „Kirche". Denn Merkmal der pneumatischen „Ekklesia" in der Ogdoas ist es, daß „sie dem Vater Ruhm spendet" (so zB TracTrip [NHC I,5] 97,8f). Zu eben diesem dem gleichen Zweck aber schafft sich aber auch der Demiurg in seinem Herrschaftsbereich, unterhalb der Odoas, einen himmlischen Hofstaat: „Und es freuten sich alle Kräfte der Welt, daß sie (sc. vom Demiurgen) hervorgebracht worden waren. Sie kannten aber nicht den präexistenten (Urvater) ... vielmehr dienten sie ihm (dem Demiurgen) und priesen ihn. Er aber, Authades (der Demiurg), wurde stolz aufgrund des Lobpreises der Kräfte" (EpPt [NHC VIII,2] 135,26ff). „Es erhob sich der Archigenetor und wurde vom ganzen Heer der Engel gepriesen. ... Er aber freute sich in seinem Herzen und brüstete sich immerfort ... und sprach: ‚Ich bin Gott, keinen gibt es außer mir' " (Orig Mund [NHC II,5] 103,4ff). — *Diese unterschiedlichen Kirchen nun,* die Kirche des Lichtreiches, die den Urvater lobpreist, und die Kirche des Ortes der Mitte, die dem Demiurgen huldigt, *bilden sich entsprechend auf Erden ab* (als außergnostische Parallele cf. Orig. orat. 31,5f über den doppelten Gottesdienst auf Erden und in der Geisterwelt). Das eine ist die „*Ekklesia" der Pneumatiker,* „die sich an diesem Ort befindet: sie hat die Gestalt der Ekklesia, die in den Äonen ist, die dem Vater Ruhm spendet" (TracTrip 97,6ff; ähnlich 2LogSeth 68,10-16). Daß unter dieser Ekklesia an sich nicht eine äußerlich verfaßte Gemeinschaft verstanden ist, wurde bereits oben festgestellt. Das andere ist die *Versammlung der Katholiken,* die in ihrem Gottesdienst den Schöpfergott besingt. Diese Feststellung trifft *ApcPt* (s.o.), und darin sieht ausdrücklich auch *2LogSeth* den Zweck der katholischen „Nachahme"-„Kirche": denn durch diese führen die Archonten die Menschen in „Furcht, Sklaverei, irdische Satzungen und *nichtige Verehrung*" (60,15ff.25ff). Gnostischen Spott über die gottesdienstliche Verehrung des Demiurgen in der Kirche veranschaulicht weiter die bereits zitierte Stelle *Ephr.hymn. 39,1.* Hiernach mokieren sich die häretischen Spötter über den Psalmengesang der Katholiken: „ ‚Er versenkte den Pharao ins Meer', und sie (die Spötter) lachen, ‚denn ewig währt seine Barmherzigkeit' (Ps 136,15). ‚Wo ist sie (denn)?', fragen sie (die Spötter)". Zum Spott über die liturgischen Prädikate des Demiurgen sei allgemein auf Teil IV.B.3 (S. 203) verwiesen.

Die Gnostiker haben die gottesdienstliche Verehrung des Demiurgen in der Kirche durchaus ganz unpolemisch sehen können; den Valentinianern galt sie sogar als unerläßliche Durchgangsstufe für heidnische Konvertiten (Orig.Comm.Prv. II,16; s. S. 224). Sie haben sich über Gottesdienst und

Liturgie der Kirchenchristen aber auch mit beißendem Hohn geäußert. Das führt ein von GIBBONS als „Anti-Litanei" klassifizierter Abschnitt aus 2Log-Seth (NHC VII,2) besonders anschaulich vor Augen (62,27-64,1; hinzuzunehmen ist noch 64,1-29 sowie als aktualisierender Anhang 64,29-65,18. Zu diesem Abschnitt s. GIBBONS Commentary 255-263; cf. SCHENKE Relevanz 211-215). Dieser in sechs gleichgestaltige Strophen gegliederte Abschnitt stellt im Durchgang durch die atl.e ‚Heils'-Geschichte die nichtigen Anstrengungen des Judengottes dar, über die gnostischen Menschen „Herr zu werden". Doch sind diese Anstrengungen „zum Lachen", wie stereotyp wiederholt wird. Jede Strophe schließt ab mit dem Refrain: „Wir sind ihm gegenüber schuldlos, wir haben nicht gesündigt" (cf. als Gegenstück die Zitation von Ex 20,5b in 64,22ff: „der ich die Sünden der Väter über die Kinder ... bringe"). GIBBONS sieht in diesen Strophen ein polemisches Gegengebilde gegen die Litaneien im Gottesdienst der Kirche; dem Flehen um Sündenvergebung wird die Betonung der eigenen Sündlosigkeit gegenübergestellt, anstelle einer Berufung auf die früheren Heilstaten des Judengottes die „Lächerlichkeit" seiner Heilstaten angeprangert. Diese Anti-Litanei mit ihrer Verspottung des Schöpfergottes „seems to be styled on liturgical practice. Perhaps the gnostic reader was expected to remember the servile litaneis of the orthodox when reading this" (S. 257).

D. DER STAND DER AUSEINANDERSETZUNG

In den vorangegangenen Abschnitten ging es um die Frage, was der Gegenstand der Auseinandersetzung ist, wie der kirchliche Gegner gewertet wird, in welcher Weise er dargestellt wird. Im Folgenden soll nun die konkrete Situation der Auseinandersetzung erörtert werden: welche kirchenpolitische Konstellation spiegelt sich in der Polemik von ApcPt wider? Welches sind die am Streit beteiligten Gruppierungen? Was sind die praktischen Konsequenzen dieser Polemik?

a. *Alleiniges Angriffsziel: die orthodoxen Amtsträger.* Die Bestimmung des kirchenpolitischen Ortes von ApcPt hat einzusetzen bei der Feststellung, daß ApcPt nicht gegen die Kirchenchristen als eine Einheit polemisiert und so etwa allgemein den Unverstand *der* „Toren", „Psychiker", „Irrenden" o.ä. anprangert, sondern sich ausschließlich [1] gegen die orthodoxen Amtsträger wendet, die die unter ihrem Einfluß stehenden Christen nicht zum Heil „lassen" (78,26-31) und sie am „Glauben an das (wahrhaft) existierende Licht" hindern (78,20-22). Deutlichster Beleg der Polemik gegen die

---

[1] Auch 79,16-21 bildet hier keine Ausnahme: s. S. 61 Anm. 42. Vielmehr wird hier das Drohwort gegen die Bedrücker der Kleinen (Mt 18,6ff) hypothetisch nach der Figur a minore ad maius verschärft: wenn sogar bereits bloße Sympathisanten der Bedrückung mit Strafe zu rechnen haben, wieviel mehr dann die eigentlichen Bedrücker selbst. Sonst wären ja andere angeklagt (79,11ff), andere dafür bestraft (79,16ff).

Hierarchie ist 79,21-31 („Bischof", „Diakone"; zur Bedeutung der letzteren in der Auseinandersetzung von Orthodoxie und Häresie cf. S. 65-66). Wichtig ist weiter, daß mit den „Männern der Lügenverkündigung", gegen die ApcPt ankämpft, nicht einfach die Vertreter eines beschränkten Gemeindeglaubens gemeint sind, sondern Prediger in exponierter Stellung: denn in der Kirche werden sie „geehrt" (74,10f). Auch die polemische Exegese von Joh 21,15ff — der „Nachahmer der Gerechtigkeit" sucht den Ptr um des „Lohnes einer Ehre(nstellung)" willen (72,1f) in seinen „Dienst" zu nehmen (s. S. 29-32) — und die betont gnostische Exegese von Mt 16,16ff (71,15ff 70,21ff) dürfte auf den Gegensatz gegen die kirchlichen Führer und ihre Ansprüche verweisen (s. S. 32ff.27ff). Weiter ist die Polemik gegen die kirchliche Sündenvergebung — das ist die wahrscheinliche, wenngleich nicht gesicherte Deutung von 78,1ff (s. S. 54-60) — zugleich eine Polemik gegen die Binde- und Lösegewalt des Bischofs. Schließlich erweist der häufige Rückgriff auf Mt 23, daß ApcPt innerhalb der Kirche auf die modernen Pharisäer abzielt. — Von diesen Kirchenführern scharf unterschieden werden die von ihnen „beherrschten" (74,20f 80,11) Gemeindechristen, die „*Kleinen*" (78,22 79,19 80,11; vielleicht auch 80,1). Diese sind es, die von jenen „verführt" (80,3.10) und so „gefangengenommen" (79,20f 74,2), „bedrückt" (79,11f: ⲗⲱⲭϩ = ἐκθλίβειν, θλᾶν, τρίβειν) und „zugrundegerichtet" (80,5: ⲟⲩⲱϭⲡ = θλᾶν, καθαίρειν) sind.

b. *Die bedrückten „Kleinen" als „unsterbliche Seelen".* Nun findet sich in der Ketzerpolemik häufig die Unterscheidung von Verführern und Verführten, die meist jedoch nichts an der Überzeugung ändert, daß beide in gleicher Weise das traurige Geschick der Falschgläubigen erwartet. In ApcPt ist das Gegenteil der Fall: denn hier fällt der Gegensatz zwischen den orthodoxen Amtsträgern und den „Kleinen" zusammen mit dem zwischen den „toten" und den „unsterblichen" Seelen. Das orthodoxe Lager ist also alles andere als eine homogene Einheit bzw. eine einzige massa perditionis; vielmehr ist das Los der Verführer der „Tod", das der Verführten hingegen das „Leben". An diesem Sachverhalt ist kein Zweifel möglich. In den Abschnitten 77,22-78,31 78,31-79,21 kündigt der Soter die Bedrückung der „*Kleinen*" an (78,22 79,19), was Ptr resümiert als die angekündigte Verführung der „*Lebenden*" (79,31-80,6), woraufhin der Soter tröstend auf die begrenzte Zeit der Verführung der „*Kleinen*" hinweist (80,8ff). Diese Gleichsetzung ist auch innerhalb

des Abschnittes 77,22-78,31 ausgesprochen, wo es zuerst heißt, daß
durch die in der Kirche aufgerichtete Heimarmene „das Geschlecht
der *unsterblichen Seelen*" in die Irre geht, dann, daß die „*Kleinen*"
vom „Glauben an das (wahrhaft) existierende Licht" ferngehalten
werden. Den „Kleinen", die als „Verführte" innerhalb des orthodoxen Lagers stehen, wird also dasselbe Prädikat „unsterbliche
Seele" zugesprochen, das die zentrale Selbstbezeichnung der Gnostiker darstellt (cf. v.a. 75,12-76,23 sowie S. 72-74). — Zum Vorstellungshintergrund dieser Aussage sei daran erinnert, daß die
„unsterbliche Seele" zwar „aus der Unsterblichkeit" (75,13f)
stammt, daß sie aber hier unten „in der geschaffenen Welt" als
„Pfand" festgehalten wird (77,2ff). Ihres Ursprungs wird sie sich
bewußt, wenn sie, die „aus dem Leben" stammt, durch die Offenbarung des Soter an das „Leben" „*erinnert*" wird (70,23-25). Das
ist der Fall bei den Gnostikern. Sie kann aber auch ihren Ursprung
und damit „sich (selbst) *vergessen*" (77,10f); solches „Vergessen"
wird, wie 76,27-77,22 zeigt (s. S. 74-77), gewirkt durch die kirchliche Irrlehre und die dahinterstehenden archontischen Mächte. Das
ist der Fall bei den „unsterblichen Seelen" der „Kleinen", die „verführt" sind und unter der „Herrschaft" (80,11 74,20f) der orthodoxen Amtsinhaber stehen. So sind die Gnostiker, die in ApcPt
sprechen, und die „Kleinen", deren Verführung ApcPt beklagt,
zwar beide „unsterbliche Seelen", andererseits aber auch deutlich
zu unterscheiden — eine Unterscheidung, etwa die in 77,16-19 klar
ausgesprochen ist (s.u.) —; denn die einen „erinnern" sich an das
„Leben", die andern hingegen haben es „vergessen". Die „toten"
Seelen der Verführer, der orthodoxen Kirchenführer hingegen, die
aus „diesem Ort" stammen, haben gar nichts, das sie vergessen
könnten.

c. *Gnostiker und Orthodoxe im Streit um die „Kleinen".* Wie aber
ist nun konkret der vorliegende Sachverhalt zu erklären, daß die
„Vielen" (80,3f), die als „Verführte" ja dem gegnerischen Lager
zuzurechnen sind, dennoch wie die Gnostiker als „Lebende" und
„unsterbliche Seelen" bezeichnet werden können? Handelt es sich
hier um ehemalige Gnostiker, die selbst dann noch als „unsterbliche Seelen" gelten, wenn sie inzwischen *abgefallen* sind? Diese
Deutung hat alle Wahrscheinlichkeit gegen sich, da in diesem Fall
ja der ständigen Warnung von ApcPt vor der kirchlichen Irreführung bzw. der Aufforderung, diese als solche zu erkennen (zB

70,29-32), gänzlich — da für das künftige Heil doch nicht relevant
— der Boden entzogen wäre. Über Apostaten haben sich Gnostiker
sonst auch anders geäußert [2]. V.a. aber scheitert diese Deutung
daran, daß in ApcPt nirgends von einem Kirchenvolk die Rede ist,
das zu unterscheiden wäre von eben jenen „Kleinen", jenen „vielen
Lebenden", die gegenwärtig „irregeführt" und „gefangengenommen" sind [3]. Im Gegenteil sind die „häretisch beherrschten" Gemeindechristen, von denen eingangs bei der Ankündigung der kommenden Häresie gesprochen wird (74,20-22), identisch mit den in
der „Zeit" der „Täuschung" „beherrschten" „Kleinen", von denen
abschließend die Rede ist (80,8-11); und auch die Gleichsetzung der
„Kleinen" mit „ihren (d.h.: der Kirchenführer) Brüdern" (79,12/19)
zeigt an, daß unter den „Kleinen" einfach die im Machtbereich der
orthodoxen Kirchenführer lebenden Gemeindechristen verstanden
sind [4]. — „Lebende" können die „Kleinen" vielmehr deshalb genannt werden, da sie als *potentielle* Gnostiker gelten: gegenwärtig
haben sie zwar, unter der Einwirkung der kirchlichen Irrlehre,

---

[2] Cf. zB EvPh (NHC II,3) § 114: „Wer frei geworden ist durch die Gnade
seines Herrn und sich selbst verkauft hat in eine Sklaverei, wird nicht
mehr frei werden können" (weiter: §§ 4.73) oder AJ (BG) 70,8-71,2: die,
die „erkannten (und) sich abwandten", „werden gepeinigt werden in ewiger
Strafe". Ebenso PS (lib. III) 167,21ff über die, „die die wahre Lehre des
ersten Mysteriums aufgeben werden". Der Abfall, von dem in 73,23ff die
Rede ist, hat ganz anderen Sinn: er beweist — im Sinn des Grundsatzes
der principalitas veritatis et posteritas mendacitatis —, daß die ursprüngliche Wahrheit allein bei den Gnostikern, die Verfälschung hingegen bei
den Gegnern zu finden ist.

[3] Zu 79,16-21 s. S. 80 Anm. 1.

[4] Die Identifizierung der „Kleinen" hat allein aus ApcPt heraus zu erfolgen. Die sonstige gnostische Verwendung dieser Bezeichnung ist unein-
heitlich; sie kann dort — ähnlich wie bei Orig. (Comm.Mt. XV,8 [GCS 10
370,12-30]) — die christlichen simpliciores auf ihre beschränkte Fassungskraft hin ansprechen (Clem.Al.paid. I,6; cf. EvPh [NHC II,3] §§ 118.26:
Christus erschien „den Großen als Großer, den Kleinen als Kleiner"), aber
auch die potentiellen Gnostiker bezeichnen (2 ApcJac [NHC V,4] 54,26-55,2;
dazu: FUNK Jakobus 170; EvVer [NHC I,3] 19,27ff: „die kleinen Kinder,
deren die Gnosis des Vaters ist", bedürfen noch der „Festigung"); insbesondere bezeichnet „Kleinheit" die Fesselung der Seelen an die Körperlichkeit (EpPt [NHC VIII,2] 138,17-20; 2LogSeth [NHC VII,2] 53,34ff 54,4ff;
LibTh [NHC II,7] 139,11f; OrigMund [NHC II,5] 124,11 [= Mt 18,10]).
Wichtig ist, daß ApcPt in seinen Drohworten die ntl.n Worte über die
„Kleinen" (Mt 18,6.10.14 25,40.45 10,42) voraussetzt (zu ihnen cf. MICHEL
ThStKr NF 3 [1937/38] 401-415; SCHWEIZER Matthäus 114-117; KÄSEMANN
Versuche II 90). Die engste Parallele zur Bezeichnung der Verführten als
„Kleine" stellt Ephr.hymn. 51,15 dar: „, ,Wehe' sprach er auch über jene
aus, die die Schlüssel verbargen und die Kleinen hinderten, in das Reich
des Lebens einzutreten".

ihren himmlischen Ursprung „vergessen"; doch können sie durch die gnostische Verkündigung wieder daran „erinnert" werden. *Um den Einfluß bei diesen „Kleinen", der Masse des Kirchenvolkes also, streiten die Gnostiker mit den Orthodoxen*, die „Diener des Wortes" (73,31f) [5] mit den „Männern der Lügenverkündigung" (74,10f) und den „Sendboten des Irrtums" (77,24f). Und aus dieser Konstellation heraus ist es auch plausibel, daß für ApcPt entschuldbar wohl die Verführten sind (diese sind trotz allem „Lebende"), nicht hingegen die Verführer, die orthodoxen Amtsträger, die die Kleinen nicht zum Heil „lassen" (ihr Los ist der „Tod"). — Sucht man nach äußeren Zeugnissen für die hier vorausgesetzte Situation des Streites zwischen den gnostischen und den orthodoxen Wortführern, so darf man vielleicht verweisen auf Tert.praescr. 18f: vor dem Forum der Menge disputieren der katholische und der gnostische Lehrer miteinander; diese jedoch „geht nach Hause und weiß nicht, welche Partei für die Häresie zu halten sei"; oder v.a. auf Iren. III, 15,2: bei der multitudo der simpliciores haben die Valentinianer mit ihren sermones Erfolg; umso mehr beklagen sie sich darüber, daß sie der Kirchenmann Iren. „Häretiker" nennt und ihnen die Gemeinschaft entzieht. Als Niederschlag solcher Disputationen ist in ApcPt vielleicht 74,34-75,7 zu verstehen: hiernach verleumden ja die Gegner die Offenbarung, auf die sich die Gnostiker berufen, als dämonische Inspiration (s. S. 49-52). Insbesondere aber ist, was externe Korrelate zu der von ApcPt vorausgesetzten Situation angeht, an die ständige Mahnung der Ketzerbekämpfer zu erinnern, jeglichen Umgang mit den Häretikern (innerhalb und außerhalb der Gemeinde) zu meiden, da man sie doch nicht bekehren oder das Falsche in ihren Worten erkennen könne. So etwas dürfte ApcPt bei dem Vorwurf mit im Auge haben, daß die modernen Pharisäer die Willigen nicht zum wahren Heil „lassen".

Es gibt eine Stelle in ApcPt, die solches Ringen um die Geister mit anschaulicher Deutlichkeit vor Augen führt: 77,16-22. Der Kontext ist bereits ausführlich diskutiert worden (s. S. 74-77): er handelt von der in der Welt als „Pfand" festgehaltenen „unsterblichen Seele", die sich unter dem Einfluß der kirchlichen Lehre bzw. der darin wirksamen archontischen Mächte zu „vergessen" und so diese

---

[5] Da das kirchliche „Wort" in ApcPt stets durch Zusatz als schlechtes, falsches, ungerechtes Wort gekennzeichnet ist, können mit den „Dienern des Wortes" (cf. Lk 1,2) nur Gnostiker gemeint sein. Daß diese im „Gericht" des Demiurgen „offenbar" werden, ist wohl von 75,28ff her zu verstehen.

zu „verehren" droht. Diese Beschreibung paßt auf die „unsterbliche Seele" der „Kleinen". Das Wirksamwerden solchen „Vergessens" zeigt nun 77,16-22: „Denn wenn die unsterbliche Seele von einem πνεῦμα νοερόν Kraft erhält, dann machen aber sofort sie (die Mächte) <sie> (die unsterbliche Seele) dem (Menschen) gleich [6], der zu den (bereits) Verführten zählt". πνεῦμα νοερόν bezeichnet in 83,8f in determinierter Form den geistigen Soter; hier aber wird der Ausdruck indeterminiert gebraucht. Da nun aber der Soter und die Gnostiker „wesenseins" sind (71,14f; cf. S. 60-64), dürfte hier einfach eine Bezeichnung für die Gnostiker vorliegen, die gleich ihrem Soter πνεῦμα νοερόν sind [7]. Die Gnostiker erwecken also die bislang als „Pfand" festgehaltene „unsterbliche Seele" zum Bewußtsein ihrer selbst („Kraft" verleihen). Doch „sofort" wirken dem die Mächte entgegen und bringen die Seele zum Vergessen. Die Gnostiker klären die Gemeindechristen über das wahre Heil, über ihren himmlischen Ursprung auf. Doch gelingt es den Wortführern der Gegenseite, die so geweckte Erkenntnis wieder abzutöten. — Bleiben nach dieser Stelle die gnostischen Missionsbemühungen erfolglos, so werden doch andererseits „andere ablassen von schlechten Worten und irreführenden Mysterien" (76,23-27; s. S. 52-53). Es gibt also genau so gut Abwanderungsbewegungen ins gnostische Lager.

d. *Das äußere Verhältnis der Kontrahenten.* Somit steht folgende Konstellation hinter der Polemik von ApcPt. „Tot", unrettbar verloren sind die Verführer, die Exponenten der Rechtgläubigkeit, die sich der Machtmittel des kirchlichen Amtes bedienen können. „Lebende" hingegen sind die Gnostiker, die sich kraft der Offenbarung des Soter an das „Leben" „erinnern" und die ihrerseits als die „Diener des Wortes" anderen durch ihre Verkündigung zu solchem „Erinnern" verhelfen und ihnen so „Kraft" verleihen. Als „Lebende" gelten aber auch die „Kleinen", die Masse der Gemeindechristen, die sich freilich gegenwärtig nicht an ihren himmlischen Ursprung „erinnern" bzw. diesen unter der Einwirkung der kirchlichen Irrlehre „vergessen" haben. Doch kommt es vor, daß sie sich von den „schlechten Worten" der kirchlichen Lügenpredigt

---

[6] ὁρμαζειν: verbinden, anpassen, gleichmachen.
[7] Zu dieser Selbstbezeichnung cf. den „Valent. Lehrbrief" Epiph.pan. 31,5,1 („Unzerstörbarer Nus grüßt die Unzerstörbaren"); AJ (BG) 75,18 (Gnostiker als ὁμοπνεύματα); oder Iren. I,13,3: der Pneumatiker spricht als Gott: „Mitteilen will ich dir von meiner Gnade …".

„abwenden". Als feste Pole der Auseinandersetzung haben wir so die Wortführer von Orthodoxie und Gnosis. Das Gemeindechristentum hingegen ist eher als fluktuierendes Mittelfeld zu charakterisieren.

So setzt die Polemik von ApcPt eine Situation voraus, in der das Gemeindechristentum noch dem Einfluß *beider* Kontrahenten offensteht. Das ist das entscheidende Ergebnis. Dem untergeordnet ist die Frage, *wie* man sich nun die Einflußnahme der Gnostiker vorzustellen hat, ob hier an gnostische Wanderprediger zu denken ist, an die Situation relativ ungehinderten Kontaktes zwischen einer gnostischen und einer katholischen Gemeinde oder an rivalisierende Fraktionen innerhalb einer Gesamtgemeinde. Daß die letztgenannte Möglichkeit nicht von vornherein auszuschließen ist, wollen die im Folgenden zur Diskussion gestellten Bemerkungen zeigen. V.a. aber machen diese deutlich, daß gnostische Polemik auf ganz andere praktische Konsequenzen hintendiert, als es die Polemik der kirchlichen Ketzerbekämpfer tut.

aa. *Äußere Ununterscheidbarkeit.* Wie wir sahen (S. 72-74), fungieren in ApcPt die „toten" und die „unsterblichen Seelen" ihrer ganzen Verwendung nach nicht allgemein als anthropologische, sondern spezifisch als ekklesiologische Kategorien. Umso gewichtiger ist die Feststellung, mit der in 75,26ff innerhalb des ,Exkurses' über die beiden Seelen die Beschreibung der unsterblichen Seele eröffnet wird: „Diesen (sc. toten Seelen) aber gleichen die unsterblichen Seelen nicht, Ptr. Zwar: solange die (Todes-) Stunde (noch) nicht gekommen (wörtlich: im Kommen) ist, *wird sie der toten (Seele) gleichen.* Nicht jedoch wird sie ihre (wahre) Natur (φύσις) offenbaren" (75,26-33). Diese Worte besagen zunächst dies, daß das, was den Unterschied der unsterblichen Seele gegenüber der toten ausmacht, nicht der sichtbaren Welt angehört und dort also auch nicht sichtbar ist. Ekklesiologisch relevant aber werden diese Aussagen durch die aktivische Feststellung, daß die unsterbliche Seele ihre wahre Beschaffenheit „*nicht offenbaren*" wird. Diese ihre Beschaffenheit wird im unmittelbaren Anschluß dahingehend charakterisiert, daß sie „allein es ist, die unsterblich ist (und) die ihr Denken auf Unsterbliches richtet", daß sie also das Lichtreich — in 75,13f „Unsterblichkeit" genannt — zu erfassen und insbesondere den unsterblichen, nicht dem Kreuzestod unterworfenen Soter zu erkennen vermag. Damit aber ist derjenige Differenzpunkt gegenüber dem kirchlichen Glauben angesprochen, der — wenn einer überhaupt — gemeinschaftsaufhebend wirken muß und den ApcPt auch mit aller polemischen Schärfe herausstellt. Nach außen hin jedoch macht ihn die unsterbliche Seele „nicht offenbar".

bb. *Gnosis als Unterscheidung, nicht als Verwerfung des Gemeindeglaubens.* In diesem Zusammenhang nun ist die Darstellung des ‚Passions'-Geschehens durch ApcPt, die oben in Teil B ausführlich diskutiert ist, von erheblicher Bedeutung. Hiernach sind es *zwei* Realitäten, die Ptr *neben*einander zu sehen und so zu unterscheiden lernt (81,24f: „Sieh ihn und mich doch an!"). Was die Kirchenchristen glauben — der Soter ist gekreuzigt worden —, ist als solches nicht falsch, denn es ist ja eine Realität, wenngleich allein die Realität des leiblichen Auges. Was jedoch der Gnostiker Ptr in geistiger Schau zu erkennen vermag, ist dies, daß es nicht der Soter *selbst* ist, der gelitten hat, sondern allein seine vom Selbst des Soter zu unterscheidende „*sarkische*" (81,20f) Wirklichkeit. Gnosis realisiert sich also nicht als Verwerfung — das Kreuzigungsgeschehen ist real —, sondern als unterscheidende Schichtung des Gemeindeglaubens, der nur die vordergründige Wirklichkeit zu erfassen vermag. Polemik gilt allein der Behauptung, diese vordergründige Wirklichkeit sei die *einzige* Wirklichkeit, wie es die kirchlichen Lügenprediger tun. Denn das hieße ja, die Seele nicht über die Welt des Vergänglichen hinausgelangen zu lassen, und dagegen polemisiert ApcPt mit unüberbietbarer Schärfe. Vielmehr sind es zwei — neben- bzw. hintereinanderstehende — Wirklichkeiten, denen zwei unterschiedliche Weisen der Erkenntnis entsprechen. Das eine ist die Sichtweise des leiblichen, das andere die des geistigen Auges; das eine ist die Sichtweise aller — auch Ptr meint zunächst, der Soter selbst sei getroffen —, das andere die weniger; die eine Weise des Erkennens geschieht im Offenkundigen, die andere nicht im Offenkundigen (und kann entsprechend auch nur im Geheimen weitergegeben werden: 83,15ff). Da sich also das, was der Gnostiker dem Orthodoxen voraushat — das gnostische Verstehen des Passions-„Mysterion" (82,19) wie überhaupt aller „Mysterien" der christlichen Überlieferung (76,27-30) — entsprechend dem geistigen Charakter des geistig Erkannten nicht im Offenbaren vollziehen und ausgesprochen werden kann, ist verständlich, wieso die „unsterbliche" Seele zwar zutiefst von der „toten" geschieden ist, ihr nach außen hin jedoch „gleicht". (Cf. insgesamt Teil II.B.1-3 [S. 18-23] sowie S. 53f).

cc. *Annahme getrennter Gemeinschaften nicht notwendig*. Diese Hinweise auf die äußere Ununterscheidbarkeit von Gnostiker und orthodoxem Christen werden ergänzt durch den Umstand, daß nichts in ApcPt zur Annahme getrennter Gemeinschaften nötigt. Gehen wir die Reihe der dieser Behauptung entgegenstehender Gesichtspunkte durch.

— In 74,3-9 ist von (physischer) *Todesgefahr* die Rede, der der Gnostiker ausgesetzt ist. Diese Stelle dürfte so zu verstehen sein: die Erfahrung gewaltsamer Abweisung wird im Licht der alten Prophezeiungen (Mt 24,9) verstanden und dargestellt (s. S. 42f). Fortbestand einer Kirchengemeinschaft dürfte damit ausgeschlossen sein. Dagegen: auch die Gruppe hinter der Epistula Apostolorum behauptet, ebenfalls in Anlehnung an frühere Weissagungen, durch die Häretiker dem „Martyrium" (c. 50), der „Verfolgung" und „Quälung" (c. 37f), der „Bedrängung" (c. 19) ausgesetzt zu sein — und das bei bestehender Kirchengemeinschaft (HORNSCHUH Studien 93: „sämtliche Richtungen noch immer in einer einzigen Gesamtgemeinde")! Überhaupt eignet sich EpAp in verschiedener Hinsicht gut zum Vergleich mit ApcPt.

— In 78,31ff wird die kirchliche Gemeinschaft als nichtige „Nachahmung" der „wahrhaft existierenden *Bruderschaft*" bezeichnet. Diese Stelle scheint die Existenz einer gnostischen Bruderschaft vorauszusetzen, zumindest aber die gesonderte Existenz der kirchlichen Gemeinschaft zu beweisen. Dagegen: die wahre Bruderschaft wird rein transzendental definiert (79,2-8): gleicher Geistbesitz, gleiche Wurzel, Homoousie — über die Weise einer irdischen Repräsentanz kein Wort. Der Vorwurf an die Adresse der Katholiken ist ja gerade der, daß sie sich an die irdische anstelle der himmlischen Realität halten.

— 79,21ff bezeichnet die Bischöfe und Diakone als „*außerhalb unserer Zahl*" stehend. Doch besagt dieser Satz nur: die Gegner gehören nicht zur Zahl der Erlösten (cf. 75,15f: „Jeder Seele dieser Äonen ist in *unseren* Augen der Tod bestimmt"). Auch hier bezeichnet das „Wir", in dem sich der Soter mit den im Lichtreich beheimateten Pneumatikern, den in diesen Äonen „Fremden" zusammenschließt (ebenso 73,25f 75,16f; cf. 83,12), eine rein jenseitige Größe.

— Der *Abfall* von „unserer Verkündigung", von dem 73,23-28 spricht, scheint sich auf den Abfall von einer gnostischen Gemeinschaft zu beziehen. Dagegen: diese Stelle besagt nur, daß der Gegner

— im Sinn des Grundsatzes der principalitas veritatis und posteritas mendacitatis — keinerlei Anspruch auf die ursprüngliche Wahrheit erheben kann.

— 79,11ff interpretierten wir als eine gnostische Kritik des katholischen Grundsatzes: Non est salus *extra ecclesiam*. Das aber setzt die Existenz einer geschlossenen kirchlichen Gemeinschaft voraus. Dagegen: Von Ignatius bis zur Syrischen Didaskalia finden wir die Mahnung: ,,ohne den Bischof unternehmt nichts!'', und jeweils ist die betreffende Mahnung zugleich Anzeichen dafür, daß in der jeweiligen Gemeinde auch ohne den Bischof gehandelt wird (die häretischen Sakramentsfeiern bei Ignatius, die charismatischen Witwen in SyrDidasc).

— Ein *Literaturwerk*, wie es ApcPt darstellt, scheint zur Entstehung und Tradierung eine eigene Gemeinschaft vorauszusetzen. Dagegen: der Gnostiker Florinos hat seine bis nach Gallien hinein Unruhe stiftenden Traktate als Presbyter der römischen Gemeinde, unbeanstandet vom Bischof Viktor, verfaßt (s. HARNACK Litteratur II/1 321)! Auch der gnostische Traktat Inter (NHC XI,1) entstammt mit größter Wahrscheinlichkeit einer gnostischen Gruppe, die mit den Psychikern Kirchengemeinschaft hielt (s. EXKURS II.3). Insbesondere bietet EpAp das Beispiel einer Kampfschrift einer Minderheit, die gleichwohl mit den bekämpften Gegnern noch Kirchengemeinschaft unterhält (s.o.).

e. *Ergebnis*. ApcPt ist das Dokument der Auseinandersetzung zwischen gnostischem und orthodoxen Christentum und spiegelt das Ringen der Wortführer beider Seiten um den Einfluß auf die Masse der Gemeindechristen wider. Dabei können sich die Orthodoxen der Machtmittel des kirchlichen Amtes — genannt werden: ,,Bischof'', ,,Diakone'' — bedienen; der Grundvorwurf an ihre Adresse ist, daß sie die Willigen nicht zum wahren Heil ,,lassen''; de facto steht die Masse der Gemeindechristen im gegnerischen Lager; ,,in diesen Äonen'', wo der Gnostiker Ptr ,,gelästert'', die Männer der kirchlichen Lügenverkündigung hingegen ,,geehrt'' werden, haben offensichtlich die letzteren das Sagen. Die gnostischen ,,Diener des Wortes'' hingegen haben über Verleumdung (74,34-75,7) und sogar gewaltsame Abweisung (74,3-9) zu klagen; insgesamt erfüllt die Vorschau auf die kommende Zeit den Ptr mit ,,Furcht'' (79,32f).

— Wichtiger aber als die zahlenmäßige Unterlegenheit der Gnostiker gegenüber den Orthodoxen ist die Tatsache, daß noch keine defi-

nitiven Grenzen zwischen Rechtgläubigkeit und Gnosis bestehen,
daß das Gemeindechristentum vielmehr dem Einfluß *beider* Seiten
offensteht, daß die ,,vielen" verführten ,,Kleinen" noch als potentielle Gnostiker gelten können, als ,,Lebende", die zwar gegenwärtig ihren himmlischen Ursprung ,,vergessen" haben, die aber
daran ,,erinnert" werden können. Tatsächlich kann die gnostische
Propaganda Erfolge verzeichnen (76,23-27). Die genaue Form der
gnostischen Einflußnahme zu bestimmen, ist nicht möglich. Da jedoch die ,,unsterbliche Seele" der Gnostiker, so sehr sie auch grundsätzlich von der ,,toten Seele" ihrer Gegner geschieden ist, dieser
nach außen hin ,,gleicht" und ,,ihre Natur nicht offenbaren wird",
ist nicht auszuschließen, daß die Kontrahenten noch in einer Gesamtgemeinde vereinigt sind.

TEIL III

DIE POLEMIK VON TESTIMONIUM VERITATIS (NHC IX,3) GEGEN DIE „HÄRESIEN" DER KATHOLIKEN UND GNOSTIKER

A. Einleitender Überblick

Der andere Haupttext zum Studium gnostischer Polemik ist der noch unedierte Traktat Testimonium Veritatis (NHC IX,3) [1]. Er ist in umfassender Weise paradigmatisch für die verschiedenen Aspekte gnostischer Polemik und dürfte als deren wichtigstes Dokument anzusprechen sein. Seine antikatholische Polemik greift fast alle Fragen auf, die überhaupt zwischen Gnosis und Kirche

---

[1] *Text*: Birger Pearson bereitet die Edition und englische Übersetzung von TestVer für die Claremont-Ausgabe vor. Meine eigene Textbearbeitung, die im Folgenden zitiert wird, ist erschienen in ZNW 69 (1978). Sie beruht auf einer vorläufigen Bearbeitung des Textes, die B. Pearson mir freundlicherweise zur Verfügung gestellt hat, dem Studium der Fotos von Nag-Hammadi-Codex IX sowie der Arbeit an den Originalen im Koptischen Museum in Alt-Kairo mittels eines Infra-Rot-Lesegeräts (Herbst 1974). Von F. Wisse habe ich zahlreiche Vorschläge zur Textrekonstruktion übernommen, auch ihm gilt mein herzlicher Dank. — Die Zerstörung des Textes ist tiefgreifend, von pg. 51-54 ist praktisch nichts, von pg. 63-64 und 75-76 ist überhaupt nichts erhalten. Trotzdem ist eine verhältnismäßig sichere Auswertung des Textes angesichts seiner Gliederung in einzelne Sinneinheiten möglich. Die zahlreichen biblischen Zitate und Anspielungen sowie das problemlose Koptisch (Sahidisch mit einzelnen subachmimischen Einschlägen) erleichtern die Rekonstruktion erheblich. — Der *Titel* ist nicht erhalten, sondern erschlossen („Zeugnis der Wahrheit" 45,1 44,23; „Logos der Wahrheit" 31,8; cf. 69,22f). — Wie in den anderen Nag-Hammadi-Texten (zu möglichen Ausnahmen s. Nagel Das Wesen der Archonten ... S. 15 Anm. 1) geht der koptische Text auf eine griechische *Vorlage* zurück (cf. zB 47,17f); Griechisch ist sicher auch die Ursprache. Daß der koptische Übersetzer in den Text einzelne Glossen eingefügt hat, zeigt vielleicht 47,21-23 und 55,1f. — *Literatur*: Eine knappe Kodex-Beschreibung findet sich bei Krause-Labib Schriften 7f. Die Inhaltsangaben bei Doresse Books 143.219f und dem Berliner Arbeitskreis (Tröger Gnosis 70-72) beruhen z.T. auf ungenügender textlicher Grundlage. Giversen Solomon 16-21 kommentiert 70,7f. Pearson Traditions 458-470 übersetzt mit ausführlichem Kommentar den Genesis-Midrasch (45,23-48,28) und erörtert seinen religionsgeschichtlichen Hintergrund; ders. Warnings 145-154 stellt in knapper Form die wichtigsten polemischen Passagen zusammen. Wisse VigChr 25 (1971) 208 diskutiert pg. 56-59; in seiner monographischen Untersuchung der gnostischen Ethik (s. S. 114 Anm. 2) findet sich ein größerer Abschnitt über TestVer (kurze Erwähnung auch in Sextus 81-83). Eine knappe Zusammenfassung meiner Ergebnisse findet sich in Koschorke Polemik 43-49.

zur Debatte standen (wichtigste Ausnahme: Passionschristologie
und Kirchenbegriff); die Verbindung von antikatholischer und antignostischer Polemik erlaubt eine besonders präzise Frage nach
dem sachlichen Maßstab des „Häresie"-Vorwurfes; thematisch entfaltet er die Humilitas des Gnostikers als die praktische Seite solcher polemischen Abgrenzung. TestVer ist im Gegensatz zu ApcPt
(NHC VII,3) weitgehend zerstört und unterscheidet sich von ApcPt
auch darin, daß es stärker als diese das Ideal des Gnostikers positiv
zur Darstellung bringt. Beide Momente lassen es geboten erscheinen,
zunächst in einem einleitenden Teil die eigenen Anschauungen dieser
Schrift nachzuzeichnen.

1. *Zum literarischen Charakter*

TestVer läßt sich nicht *einer* bestimmten Gattung zuordnen. Es
zeigt Merkmale sowohl einer *homiletischen*, die Angehörigen der
eigenen Gruppe ansprechenden, wie einer *polemischen* Schrift, die
sich an ihre Opponenten wendet. Das zeigt schon eine Untersuchung
der Redeformen. Das „Ich" des pneumatischen Lehrers, mit dem
TestVer beginnt (29,6: allein an dieser Stelle), wendet sich an das
„Ihr" der Vollkommenen (31,7), mit denen sich dieser zu einem
„Wir" zusammenschließt (31,6 39,29 40,2.4.6.23 41,3 45,22). Diese
„Wir" stellen sich in Gegensatz zu den „Sie" der Falsch-Gläubigen
(58,1f/10f; 31,4ff/10ff), die auch direkt in der 2.prs.pl. angesprochen
werden können (45,19f 50,1-3).

Beim ersten Hinsehen macht TestVer einen verwirrenden Eindruck, eine klare Linie scheint völlig zu fehlen. Abgesehen vom
schlechten Erhaltungszustand beruht dieser Eindruck darauf, daß
TestVer eine Reihe unterschiedlicher Bausteine unterschiedlicher
Herkunft verwertet; diese sind teils direkt den neutestamentlichen
Schriften (Beispiel: die Maria-Elisabeth-Perikope), teils volkstüm-
lichen Überlieferungen (Beispiel: Jerusalem und die Dämonen), teils
der Tradition gnostischer Exegese (Beispiel: der Genesis-Midrasch)
entnommen. Auf der Ebene ihres gegenständlichen Aussagegehaltes
widersprechen sich diese Einzelelemente nun häufig, auf der Ebene
ihres pneumatischen Sinnes jedoch stimmen sie überein. Beispiel:
laut 30,18-30 kam Jesus direkt vom Himmel auf die Erde, laut
45,6ff jedoch wurde er geboren (von einer Jungfrau). Für TestVer
ist der Sinn beider Traditionen derselbe: Jesus blieb der Sphäre
„fleischlicher Zeugung" (30,30) fern. Es ist allein dieser — einheits-
stiftende — „pneumatische" (50,1f) Sinn, der für TestVer zählt;

deshalb wirft es auch wiederholt den Kirchenchristen vor, daß sie nicht „nach diesen Mysterien forschen", die in den „Schriften" bzw. der Offenbarung des Menschensohnes enthalten sind (zB 37,5ff 45,19-22 50,1-3; cf. 47,30-48,15). Gewisse interpretatorische Schierigkeiten liegen nun darin, daß nur selten — wie in 30,18-30/30,30-31,5 oder 40,20ff/30ff — der tiefere Sinn des zuvor Berichteten explizit mitgeteilt wird. Häufiger macht TestVer auf diesen allein durch Fragen aufmerksam, die dem Pneumatiker zu eigener Beantwortung aufgegeben sind (zB 70,1-24/24ff 45,6-18/19-22 41,22-42,19 35,35ff). An der Tatsache als solcher aber kann kein Zweifel bestehen, daß TestVer eine Schrift von eindrücklicher Geschlossenheit in der Darstellung der eigenen und der korrespondierenden Abweisung abweichender Positionen ist.

2. Aufbau und Gedankengang

a. *Der kirchliche Sauerteig und der Logos der Wahrheit* (*29,6-31,22*). (1) Den *beiden Menschengruppen*, mit deren Gegenüberstellung TestVer beginnt (29,6-15: Ohren des Leibes, Ohren des Herzens), entsprechen die *beiden Herren*, deren Unvereinbarkeit mit den Worten von Mt 6,24 festgestellt wird (29,24-26). Sachlich geht es dabei um den Gegensatz von „Gesetz" und „Wahrheit", von „Befleckung" und „Unbeflecktheit": „keiner, der unter dem Gesetz ist, wird seine Augen zur Wahrheit erheben können". Denn (2) „die *Befleckung des Gesetzes* ist offenbar": es befiehlt Zeugung, wirkt so πάθος, verhindert damit ein Herauskommen aus der Welt nach dem Tod und erweist sich damit als „Hilfe für die Welt" (29, 26-30,18). Anders (3) der *Menschensohn, der „der Befleckung fremd blieb"*: vom Himmel direkt kam er, der zurückgestaute Jordan — Typos der „Epithymia des Geschlechtsverkehrs" — berührte ihn nicht (30,18-31,5). (4) Dieses *Menschensohnes „Logos der Wahrheit"* gilt es also anzunehmen, „in Vollkommenheit", nicht aber — wie bei den andern — in „Unwissenheit" (31,5-22).

b. *Nichtige Heilserwartung statt reiner Aufnahme des Logos* (*31, 22-40,20*). (1) Ein Beispiel solcher Unwissenheit wird sogleich vorgeführt — von „Toren", die darin zugleich erweisen, daß sie „nicht wissen, wer Christus ist". Der Glaube der katholischen *Märtyrer*, daß sie bei rein verbalem (31,25f 32,9f) „Christen"-Bekenntnis Leben erlangen werden (31,22-32,22), bzw. daß sie allein schon durch einen Tod „um des Namens willen" gerettet werden (34,1ff), ist ein schauerlicher Irrtum. Denn sie sind ja noch voll von πάθος (34,1f) und jenen „Krankheiten" der Seele (33,28), die zu heilen Christus gekommen war. Letzteres demonstriert (2) ein Exkurs über die *Heilungswunder Christi* (32,22-33,24), der durch die „Heilung" der Krankheiten die „Werke" der Finsternismächte zerstört hat. (3) Jene „*nichtigen Zeugen*" jedoch sind immer noch von der Lust beherrscht — und glauben dann, durch einen einmaligen Akt für sich das Heil erwerben zu können (33,24-34,19)!

Solcher Irrglaube, der durch ein rein äußerliches Verständnis des Heils bestimmt ist, wird im Folgenden in seinen verschiedenen Aspekten beleuchtet. Die (4) *Erwartung einer künftigen Auferstehung* — das also, worauf die Märtyrer ihre Hoffnung setzen — ist nichtig, weil der „Jüngste Tag" seit Christus eine gegenwärtige Realität ist und es bereits jetzt auf das „lebenspendende Wort" im Herzen ankommt (34,20-35,10). Das zeigt auch (5) das Beispiel des wahren Gnostikers, der sich erkannt und damit bereits das „*vollkommene Leben*" erlangt hat (35,20-36,28). Dem entgegengesetzt ist (6) die Erwartung einer „*fleischlichen Auferstehung*" bei den Kirchenchristen: sie richten ihre Hoffnung auf das Fleisch und damit auf etwas, das „zerstört" werden wird (36,29-37,19). So stehen sich (7) der *Makarismos des Gnostikers*, der den „lebenspendenden Logos im Herzen" hat, und das Geschick der Märtyrer gegenüber, die sich „einem Tod nach Menschen[art]" ausliefern (37,20-38,21). Es kommt (8) also alles darauf an, in Reinheit und Gnosis und nicht *in Unwissenheit den Logos aufzunehmen*, wie es jene tun, die — befleckt von ihren Lüsten — sagen: „Gott hat uns (die) [Glieder] zum Gebrauch erschaffen" (38,22-39,20). Die richtige Konsequenz aus dem Faktum seiner geschöpflichen Existenz zieht (9) dagegen der Gnostiker (39,21-40,20): wenn er schon nicht wie der Herr von einer Jungfrau geboren ist (39,29ff), so kann er doch durch einen *jungfräulichen Wandel* seinen Leib rein zur Aufnahme des Logos halten: das ist seine Wiedergeburt durch den Logos.

c. *Die völlige Trennung von der Welt* (40,20 - 45,22). Wurde bislang das gnostische Ideal jeweils in Antithese zu kirchlichen Anschauungen entfaltet, so erfährt es nun eine zusammenhängende Darstellung. (1) Die Zersägung des Jesaja ist Bild für das Wirken des „Logos des Menschensohnes, der uns *von der* πλάνη *der Engel scheidet*" (40,20-41,4); denn es kann (2) *ohne Apotage keine Gnosis* geben (41,4-14). Solche Gnosis realisiert sich (3) als „prüfendes"

(41,15) *Unterscheidungsvermögen*, wie es der folgende Reflexionskatalog an einer langen Reihe von Gegensatzpaaren vorführt: „Was aber ist das Licht, oder was die Finsternis? Wer aber ist es, der geschaffen hat [...], oder wer ist Gott?" etc (41,15-42,19). Solche Erkenntnis ermöglicht (4) den *Kampf gegen die archontischen Gedanken* bzw. die Reinigung der Seele (42,23-43,5), da (5) der Mensch *Entscheidungsfreiheit* besitzt (43,5-22): „er hat Tod und Leben in sich selbst". Solchermaßen gereinigt vermag er nun (6) „*mit seinem Nus zu reden*" über die himmlischen Dinge (43,22-44,3), den (7) Menschen gegenüber aber schweigt er jetzt. In dieser doppelten Ausrichtung auf den Nus und auf den Bereich der menschlichen Nichtigkeit hin vollzieht sich das demütige *Ausharren des Gnostikers in der Welt* (44,3-23), das auf die dialektische Formel gebracht wird: „er macht sich jedermann gleich, und doch trennt er sich von ihnen". In solcher eschatologischen Existenz des Gnostikers besteht (8) „das *Zeugnis der Wahrheit*", und solch ein Zeuge wird mit der unvergänglichen Krone gekrönt werden (44,23-45,6). Von diesem Ziel lenkt (9) der Blick noch einmal zurück zu den Voraussetzungen: Zeugung in der Art des *Johannes*, des Archon des Mutterleibes, oder Zeugung in der Art *Christi*, der ohne Berührung mit dem jungfräulichen Mutterleib blieb — vor dieser Wahl steht der Gnostiker wie der Kirchenchrist (45,6-22).

d. *Der Paradiesesgott und die Blindheit seiner Diener* (*45, 23 - 50 fin.*). In einem etwas abrupten Neueinsatz wird nun (1) die *Paradieseserzählung* wiedergegeben (45,23-47,14), um daraus (2) die *Inferiorität des Judengottes* abzuleiten (47,14-30). Ihm steht (4) *Christus, die Schlange* gegenüber, von dem das Schlangenflorilegium handelt (48,15-49,8). Dieser Abschnitt ist im Einzelnen in Teil III.B.4 (S. 148-151) analysiert. Er zielt ab auf den Gegensatz zwischen den Gnostikern und den Kirchenchristen, zwischen denen, die (5) an Christus „glauben" (49,8ff), und (3) denen, die an den Judengott „glauben" (47,30-48,15), zwischen „Wir" und „Ihr" (50, 1ff), und weist in dieser Antithese auf den Abschluß des vorangegangenen Abschnittes zurück.

e. *Die gnostischen Häresien* (*pg. 54-61*). Nach einer Lücke von vier Seiten folgt die leider in vielem unklare Diskussion der gnostischen Häresien, die — ähnlich wie die antikatholische Polemik zuvor — nach dem Schema „Wir" — „Sie" (58,10f/1f) gestaltet zu sein scheint. Diese antignostische Polemik ist im Einzeln in Teil

III.C (S. 152-160) untersucht. Genannt werden Valentin, ein Ge-
folgsmann Valentins, Isidor, Basilides, spätere Anhänger dieser
Häresiarchen, Simonianer und andere, es fallen die Stichworte
,,Taufe'', Ehe, ,,Lust'', Vielrednerei, ,,viele [Bücher]'', ,,Häretiker'',
,,Schisma''. Der fehlenden ,,Übereinstimmung'' der Opponenten
wird die eigene ,,Übereinstimmung'', den ,,Häretikern'' die wahren
Gnostiker als die ,,Schüler'' des ,,Soter'' gegenübergestellt.

f. *Das Geschlecht des Menschensohns und das Geschlecht Adams (pg.
67-71).* Es scheint ab pg. 67 ein größerer Zusammenhang zu folgen,
der bestimmt ist durch den Kontrast zwischen (1) dem *Geschlecht
des Menschensohns* (67,1-9; Kennzeichen: Freiheit von ἐπιθυμία und
ἡδονή) und (2) dem *Adamsgeschlecht* (67,9-14; Merkmal: ,,sie haben
nicht von der ἐπιθυμία abgelassen''). Die Zugehörigkeit zu diesem
Adamsgeschlecht scheint im Folgenden durch verschiedene Beispiele (,,einige'' ,,einige'' ,,andere'') veranschaulicht zu werden. (3)
Einige üben *exzessiven Geschlechtsverkehr* (67,14-31). (4) ,,Andere''
sind dem Vater des ,,*ungerechten Mammon*'' und damit zugleich
dem ,,Vater der Synousia'' verfallen (68,1ff). (5) ,,Einige'' setzen
auf die *Wassertaufe* ihre Hoffnung, obwohl ,,sie schlecht sind in
ihren Taten''; sie werden zum Ort der ,,Furcht'' gelangen (69,7-32).
(6) ,,Einige aber unter ihnen kommen [durch die] *Götzen* zu Fall''
(69,32-70,1). (7) Andere ,,haben *Dämonen* bei sich wohnen''. Zur
Erläuterung wird dabei die Geschichte von Jerusalem und den
Dämonen angeführt, die Salomo beim Tempelbau halfen, von ihm
in Wasserkrüge eingesperrt wurden, von den Römern bei der Zerstörung Jerusalems freigelassen wurden und die nun bei den ,,un-
wissenden'' Menschen wohnen (70,1-71,1ff).

g. *Keine andere Predigt (pg. 71-74).* (1) 71,25ff (der Feuerlöscher
Salamander stürzt sich ins Feuer) und (2) 72,23ff (,,die sprudelnde
unsterbliche *Quelle*'') haben sicher die gleiche Aussage: Löschung
des Feuers der Epithymia. Es folgt (3) die Gegenüberstellung von
Neid und Freiheit (73,1ff): ,,Ein Freier [aber ist ohne] Neid ...''.
Sie leitet eine abschließende Auseinandersetzung mit ,,den Häre-
sien'' ein, die offenkundig von solchem Neid gekennzeichnet sind.
Ihrer Predigt gilt (4) das Anathema von *Gal 1,8*, da sich das von
den Engeln vermittelte ,,Gesetz ... als wirksam erweist durch die
Häresien'' (73,18ff). Dem Gnostiker hingegen können diese archon-
tischen Mächte nichts anhaben: ,,Gott'' geworden steigt er zum
Lichtreich auf (74,18ff). Dem Wesen der häretischen Neides-Lehre

entspricht (5) die Erwähnung jener, „die *in Winkeln lehren,* durch hohle und betrügerische Tricks" (74,27-31).

Mit diesen Worten bricht der erhaltene Text ab. Aus kodikologischen Erwägungen sind für den ursprünglichen Text noch maximal vier, wahrscheinlich aber nur ein bis zwei weitere Seiten anzunehmen.

3. *Die Anschauungen von TestVer*

a. *Der dualistische Charakter des Denkens von TestVer.* Ein eister, ebenso allgemeiner wie bezeichnender Eindruck ergibt sich bei der Beobachtung einer spezifischen Sprachform dieser Schrift. TestVer liebt das Reden in *Antithesen,* in denen sein Denken direkten Ausdruck findet. Licht und Finsternis, Tag und Nacht, Leben und Tod, rechts und links, Wissen und Unwissenheit, Vergänglichkeit und Unvergänglichkeit, Befleckung und Unbeflecktheit, männlich und weiblich, rein und unrein sind die alles umfassenden Gegensätze der Wirklichkeit, wie TestVer sie sieht. Ein Drittes zwischen diesen gibt es nicht.

Nun treten diese Gegensätze für TestVer v.a. in einem bestimmten *Wirklichkeitsbereich* zutage: in der Welt derer, die sich zu Recht, und derer, die sich zu Unrecht auf Christus berufen. Und Gnosis als das Unterscheidungsvermögen von Leben und Tod hat insbesondere *ein* vorgegebenes Betätigungsfeld: die verstehende Aneignung der „Schriften" und der „Offenbarung" des Menschensohnes (37,8.9ff), die man entweder „pneumatisch" oder „somatisch" (50,1f), entweder in „Vollkommenheit" oder in „Unwissenheit" (31,7ff) erfassen kann. Diese scharfe Trennungslinie zwischen dem vom Fleisch und dem vom Geist geleiteten Erfassen der Schriften findet ihren deutlichen Niederschlag in der äußeren Gestaltung von TestVer: jeweils kommt zuerst ein Traditionsstück, dann die Deutung des darin beschlossenen „Mysterion" oder — häufiger — die zum „Forschen" anleitenden Fragen nach diesem „Mysterion" [2].

Mit den Worten von Gal 1,8 ist also das Anathema über die „andere Predigt" der Pseudochristen auszusprechen (73,3ff). Aber so scharf der gnostische Christ als Pneumatiker diese „*Trennung*" auch zu vollziehen hat, als Mensch der empirischen Wirklichkeit

---

[2] 30,18-30/30,30-31,5; 40,20-22/40,22-41,4; 45,6-18/19-22; 45,23-47,14/47,14-48,15; 70,1-24/24ff; 33,2-8/42,8ff.

verhält er sich anders, da „macht er sich jedermann gleich" (44,14f).
Denn die Gabe der Unterscheidung von Licht und Finsternis ist
durch den Geist gewirkt, und deshalb vollzieht auch der Gnostiker
im Geist — allein im Geist — solche „Trennung von allen".

b. *„Der Menschensohn"*.

aa. *Die Bedeutung Christi*. Somit ist bereits kurz die Ausschließ-
lichkeit angesprochen, mit der die Gestalt und die Offenbarung
Christi im Zentrum des Denkens von TestVer steht. Dies unterscheidet — in unseren Augen — TestVer von der mythologischen
Gnosis. Dies unterscheidet — in seinem eigenen Verständnis —
TestVer von seinen katholischen Opponenten, die am Maßstab
Christi gemessen und verworfen werden (32,1f: „sie wissen nicht,
wer Christus ist"; 45,19-22: sie fragen nicht nach dem in der Jungfrauengeburt Christi beschlossenen Mysterion; 50,1f: sie erkennen
Christus nicht pneumatisch, sondern somatisch; 37,7ff: sie verstehen nicht das vom Menschensohn geoffenbarte Mysterion).

bb. *Die Titel*. Die Bezeichnungen Christi sind: Jesus (mindestens
2mal), Soter (mind. 2mal), Christus (mind. 2mal), Menschensohn
(mind. 12mal). In 30,18-28 wird neben „Jesus" und „Menschensohn" auch die Bezeichnung „Kraft" verwendet. Die einzelnen
Namen sind austauschbar, wie etwa 30,18f/25/26f oder 45,14/17 zeigen; sie bezeichnen nicht, wie in der valentinianischen Gnosis, die
unterschiedlichen Wesensstufen in dem einen Himmelswesen. Nur
in 39,20ff wird — im Anschluß an die Taufgeschichte (Lk 3,21f)
und im Gegensatz zu 30,18-30 — vom Soter der auf ihn herabsteigende „Hlg. Geist" bzw. „Logos" unterschieden.

Der am häufigsten gebrauchte und für TestVer zugleich der aus-
sagekräftigste Titel ist „*Menschensohn*". Er hat, was die neutestamentlichen Voraussetzungen angeht, am ehesten johanneischen
Klang (cf. etwa 30,18-22 mit Joh 3,13b), ist aber v.a. von der Bedeutung her zu verstehen, die er in gnostischer Exegese gewonnen
hat. Dabei ist natürlich nicht an seine Funktion zur Bezeichnung
der menschlichen Seite des Erlösers — als Gegenbegriff zu „Gottes-
sohn" — zu denken, wie wir sie in kirchlichen, aber auch in gnostischen Texten vorfinden [3]. Vielmehr steht der Menschensohn als
Zeugung oder Abbild des uranfänglichen Anthropos *in striktem
Gegensatz zum Bereich weiblicher Zeugung*, wie es etwa in Polemik

---

[3] Z.B. Ign.Eph. 20,2; Barn. 12,10; Iren. IV,33,2; Tert.resurr. 2; carn.
Chr. 5.15.18; andererseits Rheg (NHC I,3) 44,21-36; Baruch (Hipp. V,26,29f).

gegen die kirchliche Christologie „Monoimos" erklärt [4]; genau dies
ist auch sein Verständnis in TestVer (30,28-30). Damit steht der
„Menschensohn" dem von Johannes dem Täufer repräsentierten
Menschheitsteil gegenüber, wie es die Antitypik von „Menschensohn" — dessen Herabkunft vom Himmel bedeutet, „daß die Herrschaft der fleischlichen Zeugung ein Ende gefunden hat" (30,28-
30; cf. Joh 1,34.13) — und dem Täufer — der, da Größter unter
den Weibgeborenen (Lk 7,28), als „Archon des Mutterleibes" bezeichnet wird (31,3-5) — besagt. Genau den gleichen Gegensatz
finden wir in den Pseudoklementinen, wo der Täufer Anlaß zu der
Antithese gibt: filii mulierum — filius hominis (PsClem.Rec. I,60,3;
Hom. II,17,2; u.ö.). Darin ist aber bereits der Gedanke der beiden
Geschlechter impliziert, des „Adamsgeschlechtes" und des *Ge-
schlechtes des Menschensohnes*", der uns auch aus anderen gnostischen Texten vertraut ist (zB EvPh [NHC II,3] §§ 28.102; cf.
Iren I,15,3) und der der repräsentative Ausdruck für das Selbstverständnis dieser Gnostiker sowie für ihre Beurteilung des nicht-
gnostischen Menschheitsteils sein dürfte („Adamsgeschlecht": 50,
6[.7 67,10]; „Geschlecht des Menschensohns": 68,10f 67,7f [60,5f].
Dieser Gedanke ergibt sich zwangsläufig aus den unterschiedlichen
Zeugungsweisen in 30,28ff und liegt auf einer Ebene mit den sonstigen Antithesen von TestVer: der Mensch hat den Nus zum Vater
(43,25) oder die Synousia (68,7f); er ist bestimmt durch die Dynamis
des Leibes (30,31f) oder des Himmels (zB 43,10); er ist fleischlich
geboren oder er ist durch den Logos wiedergeboren (40,1ff).

cc. *Die Mitteilungen über Christus*. Dem NT sowie der gemeinchristlichen und der gnostischen Tradition entnimmt TestVer unterschiedliche Mitteilungen über den Soter: Jungfrauengeburt 45,
6-22 39,29ff; dagegen 30,18-31,5: direkte Herabkunft vom Himmel), Johannestaufe (39,20ff; anders in 30,18-31,5), Heilungswunder (33,2-8), Seewandel (33,8-10.22-24), keine Taufe seiner
Jünger (69,15ff), Hadesfahrt (32,22-33,2). Von großer Bedeutung
sind das Zeugnis, das der Soter abgelegt (67,8f), die Worte, die er
gesprochen (31,17-22), das Mysterion, das er geoffenbart hat (37,
8ff; cf. 45,19-22). Diese verschiedenen Nachrichten beweisen für
TestVer alle dasselbe: daß Christus die „Werke der Weltherrscher"

---

[4] Hipp. VIII,13,3f: „Es entstand aus dem vollkommenen Menschen der
Sohn des Menschen; aus Unwissenheit sieht die gesamte Schöpfung den
Sohn als Zeugungsprodukt eines Weibes an ...""; ebenso: Iren. I,12,4.4
30,13 15,3; AJ (BG) 47,15f; SJC (BG) 98,9ff.

zerstört (33,2ff) und der „Herrschaft der fleischlichen Zeugung"
ein Ende bereitet hat (30,28-30). Die Gleichsetzung mit der (Para-
dieses-)Schlange (45,31ff 48,15-49,10) erweist Christus als Gegenspieler des Judengottes von allem Anfang an. — Das eigentliche
Problem des Doketismus liegt TestVer fern (einzige mögliche Erwähnung des leiblichen „Todes" des Soter in 33,10f). Christus hat
nichts mit der Sphäre fleischlicher Zeugung zu tun — das ist das
einzige, was interessiert. Wie man sich das vorzustellen hat — das
ist für die Nachfolge Christi nicht so wichtig. Das „Kreuz" findet
Erwähnung allein als die Kraft, die den Gnostiker von der Welt
scheidet (40,25ff). — Präsent ist der Soter in seinem „Logos der
Wahrheit" (31,5-8 41,1-4). So wie er einst als die „Kraft" zur Welt
herabstieg (30,26f.18ff), zieht er stets als die himmlische „Kraft"
in der Seele des Gnostikers ein (43,10ff).

   c. *Die himmlische Welt*. Der beherrschenden Stellung, die der
„Menschensohn" im Denken von TestVer einnimmt, entspricht
das vollständige Zurücktreten der Gestalten und Räumlichkeiten
der himmlischen Welt. Der Gnostiker strebt zum „Ort der Unvergänglichkeit" und zum „Gott der Wahrheit" — das ist alles, was
gesagt wird. Die vereinzelte Erwähnung des „Hlg. Geistes" (39,26)
und der „Ogdoas" (55,1 56,3) folgt jeweils vorgegebenem Sprachgebrauch. Der „Gott der Wahrheit" (41,5) wird auch „Gott, der
über der Wahrheit ist (45,3), „Vater der Wahrheit" (45,26) oder —
im Gegensatz zu „*diesem* Gott" der Kirchenchristen (47,15) — einfach „Gott" (41,31) genannt. Er ist allein dem der Welt entsagen-
den Gnostiker faßbar (41,4ff).

   Nur eine Stelle läßt eine reichere Kenntnis der himmlischen Welt
anklingen: der Gnostiker, der „sich zu sich selbst gewandt" hat,
vermag „zu reden mit seinem Nu[s (νοῦς), welcher] der Vater der
Wahrheit ist, *über* die ungezeugten Äonen (αἰων) und über die
Jungfrau (παρθένος), die das Licht gebiert; und er richtet sein
Denken auf die Kraft (δύναμις), die ausgeströmt [ist] auf den
[ganzen] Ort und von ihm Besitz ergreift" (43,22-44,1). Nun ist
hier zunächst zu berücksichtigen, daß diese Gnosis dem kreatür-
lichen Menschen gänzlich abgeht und daß die himmlische Welt
auch nicht — wie so häufig in der mythologischen Gnosis — trotz
solcher Einschränkung zum Gegenstand ausführlicher Beschreibung gemacht wird; vermag doch der Gnostiker erst dann über sie
„mit seinem Nus zu reden", nachdem er von den „vielen Wörtern"

der Menschen abgelassen hat (44,1ff.7ff). Zweitens scheint es hier nicht so sehr um *himmlische Gegebenheiten* als vielmehr um die *geistigen Potenzen* zu gehen, die der Mensch *„in seinem Innern"* (43,22) entdeckt; denn erst nachdem er sich „zu sich selbst ge-wandt" und „sich selbst zu erkennen beg[onnen] hat" (43,22ff), erschließen sich ihm diese himmlischen Wesenheiten. (Die gnostische Vorstellung vom Pleroma schloß ja immer beide Seiten ein [Iren. II,5,2, 8,2]; die Betonung konnte jeweils stärker auf die eine oder andere Seite fallen.) So ist denn die „*Dynamis*", auf die der Gnos-tiker nun sein Denken richtet, sicher keine andere als die, die er in sich aufnimmt (43,10) und die sein Inneres erfüllt (43,17 61,5.1ff). Und wie der „*Vater der Wahrheit*" als „*sein* Nus" (43,25f 44,2) in der bislang blinden Seele die Wahrheit zeugt (cf. auch 40,1ff), so ist auch bei der ihm zugeordneten „*Jungfrau*, die das Licht ge-biert" [5], weniger an eine personifizierte Himmelsjungfrau als viel-mehr an den Vorgang zu denken, daß es „licht" in der dunklen Seele wird, nachdem diese „Jungfräulichkeit" erlangt hat. Was schließlich die *Äonen* angeht, so ist darauf hinzuweisen, daß gleich dem Erlöser (Hipp. VIII,10,8; Iren. I,15,3) so auch der Pneumatiker diese himmlischen Wesenheiten in sich trägt — sofern er nur durch Gnosis dies himmlische Erbe zu realisieren vermag.

So redet der Pneumatiker allein in seinem Nus, nicht aber mit seiner Zunge über die Lichtwelt (43,22-44,9). Auch sonst geht TestVer auf diese allenfalls in Form von Fragen ein, die dem Pneumatiker zu *eigener* Beantwortung aufgegeben sind (so in dem großen Reflexionskatalog 41,15-42,19), und macht sie nirgends zum Gegenstand expliziter Mitteilung.

d. *Die archontische Welt.* Manchmal nur spricht TestVer die *eine* demiurgische Gegeninstanz direkt an (45,23-pg. 50: der Juden-„Gott"; 41,30: der „Schöpfer"; 73,30: „Sabaoth"; 29,25f: die „zwei Herren"; cf. 31,4 39,1ff). Meist aber hat TestVer die viel-fältigen archontischen Mächte (73,29f: „die Kräfte des Sabaoth") vor Augen. Diese können hinsichtlich ihres Herrschaftsgebietes spezifiziert werden (31,4: „Archon des Mutterleibes"; 68,6f: „Vater des Mammon"; 68,8: „Vater der Synousia"; 69,20f: „Väter der Taufe"; 69,12: „Väter der Welt"). Ansonsten sind die verschie-denen Bezeichnungen austauschbar, wie Reihungen in der Art von

---

[5] Zu einer solchen Syzygie cf. etwa EvPh (NHC II,3) § 82 oder HA (NHC II,4) 97,13-16.

29,16-18 („die πλάνη der Engel und Dämonen und Sterne") und
42,24f („die Gedanken der Archonten und Mächte und Dämonen")
zeigen. Bemerkenswerterweise wird in 29,15ff das Gesetz auf die
Epithymia der Engel zurückgeführt. Hier liegt vielleicht eine Verknüpfung der ansonsten unverbundenen Traditionen von ihrer Ge-
setzesmittlung (zB Gal 3,19 Hebr 2,2; cf. Epiph.pan. 28,1,3) mit
der von ihrem sexuellen Begehren (Gn 6,1-4; cf. Jud 6; AJ [BG]
74,1ff; ExpVal [NHC XI,2] 38,34ff) vor, so daß das Gesetz allein
schon durch diesen seinen Ursprung diskreditiert ist.

   Wo begegnet nun der Gnostiker diesen archontischen Kräften?
Zunächst trifft er sie in seinem *Innern* an, in der Gestalt der „Gedanken der Archonten und Mächte und Dämonen" (42,24f), als
„ihre (der Archonten) πλάνη" (42,29f), in der Erfahrung von ἐπιθυμία
und πάθος. Dann aber, außerhalb seiner, stehen sie ihm fordernd im
Gesetz des Judengottes gegenüber, das solche Werke der Epithymia
gebietet (29,26ff) und diesem als Instrument der Unterdrückung
dient. Schließlich — und damit ist die Stelle genannt, der TestVer
seine größte Aufmerksamkeit widmet — in den *menschlichen Hand-
langern* dieses Judengottes und seines Gesetzes, „den Häresien", in
denen dies Gesetz zum Ziel kommt (73,27f), den neuerlichen „Pha-
risäern und Gesetzeslehrern" der Kirche (29,13-15), die „auf der
Seite der Archonten stehen" (29,18-21).

   Eine spekulative Ableitung des Ursprungs der Finsternis fehlt
in TestVer. Dies hängt schon mit dem primär *‚ethischen' Charakter
des Dualismus* in TestVer zusammen: „*in sich*" trifft der Gnostiker
Tod und Leben, Licht und Finsternis an (43,6-9) — Wirklichkeit
werden sie für ihn dadurch, daß er sich für eine der beiden Möglichkeiten entscheidet. Und es ist sicher bezeichnend, daß der Gegenbegriff zur Heils-,,Ökonomie" nicht „*Welt*"-Schöpfung, sondern
„Hervorbringung des verderbenbringenden *Fleisches*" ist (42,5-7)
— womit konkret jene Verderbenssphäre benannt ist, deren Über-
windung die tägliche Aufgabe des Einzelnen darstellt. — Natürlich
ist für TestVer die Finsternis, die der Einzelne in seinem Innern
antrifft, nur der Exponent jener Unheilsmacht, die den ganzen Kosmos in Gang gesetzt hat. Aber entscheidend ist nicht das, was die
kosmologische oder metaphysische Spekulation zu leisten vermag:
Einsicht in das Wesen der Finsternismächte (obwohl bereits diese
elementare und unverzichtbare Voraussetzung den Kirchenchristen
völlig abgeht: 47,30-48,15), sondern die kämpferische *Bewährung*
dieser Gnosis (worin wahrscheinlich der spezifische Differenzpunkt
zu den gnostischen „Häresien" zu sehen ist).

e. *Der Mensch, sein Unheil.* Der ausgeprägte Dualismus, der für das Denken von TestVer insgesamt kennzeichnend ist, bestimmt insbesondere die Anschauung vom Menschen. Sein deutlichster Ausdruck ist vielleicht in 43,1-3 zu sehen: der Gnostiker „reinigte seine Seele von den Vergehen, die er *mit fremder Hand* begangen hat". Die Leiblichkeit ist dem Menschen also etwas völlig Äußeres, Fremdes, Gegenüberstehendes; sie kann zwar „befleckend" auf sein Inneres einwirken; mit dem Selbst des Menschen aber hat sie nichts zu tun.

Der „Mensch" besteht im wesentlichen aus zwei Teilen: dem „Leib" bzw. dem „verderbenbringenden Fleisch" auf der einen, νοῦς / νόησις / „Herz" auf der andern Seite. Der „Seele" kommt eigentlich nicht — wie etwa in der valentinianischen Gnosis, wo sie als das metanoia-fähige Prinzip in Mikro- wie Makrokosmos von erheblicher Bedeutung ist — ein eigenes Wollen zu; sie stellt vielmehr nur den Wohnort dar entweder für die Dynamis des Lichtes oder die der Finsternis.

f. *Die Erlösung*

aa. *Das Innere des Menschen als Ort der Entscheidung.* Den Ausgangspunkt zu bilden hat die Erkenntnis, daß der Mensch „in sich selbst" die Möglichkeit zu Heil oder Unheil vorfindet. „In seinem Herzen" hat er das „lebenspendende Wort" (37,23-27); „in sich" hält er „jegliche Begierde" nieder (41,13f); „in sich" findet er die „Gedanken der Archonten" vor (42,23ff). In seinem Innern trifft er den „Nus, den Vater der Wahrheit", an (43,22-26 44,1f). „In sich selbst" vermag er sich aufzurichten, „weil er in allem ist, (d.h.) weil er *in sich Tod und Leben hat.* Er aber steht in der Mitte zwischen ihnen beiden" (43,4ff).

Damit ist bereits die erste entscheidende Differenz gegenüber dem kirchlichen Glauben mit seinem *äußerlichen Heilsverständnis* angegeben. Denn daß die katholischen Märtyrer, die ihr „πάθος vollenden" (34,1f), „leben" und das „Heil" erlangen können (31,22ff 33,24ff), ist natürlich ausgeschlossen. Denn *in ihnen* ist ja das πάθος, das sie in dieser Welt „festhält" und damit den Aufstieg zum Lichtreich verhindert (30,6ff.15ff). Das Gleiche gilt von den Basilidianern, die — voll des „Betrugs der Welt" — auch nicht zur Lichtwelt werden aufsteigen können (57,1-6). Anders die wahren Gnostiker: „Keinerlei Lust noch Begierde gibt es bei ihnen, nicht wird man sie festhalten können" (67,1-3).

bb. *Die Konsequenz: Apotage.* Die Konsequenz dieser Einsicht liegt auf der Hand: die völlige Lösung von der Welt, die „Absage" an „*alle* Dinge der Welt" (41,6-8), „den *ganzen* Ort" (41,8f), „*alle* Dinge der linken Seite" (43,13f).

Damit ist der nächste Differenzpunkt gegeben: die resultierende Polemik gegen alle *sakramentalen Surrogate.* Nichtig ist die Heils-erwartung jener, die die Wassertaufe als „Siegel" künftiger Er-lösung ansehen, obwohl sie „nur mit der Zunge" der Welt „ab-sagen" und „schlecht sind in ihrem Handeln" (69,7-32). Nichtig ist ebenso der Glaube der Kirchenchristen, sich durch den einmaligen Akt des Märtyrertodes das „Leben" sichern zu können, obwohl „sie ein (Leben voller) Leidenschaft vollenden" (33,24-34,11).

Dabei ist diese Absage umso notwendiger, als es ohne *Apotage keine Gnosis* geben kann. „Niemand kennt aber den Gott der Wahrheit *außer allein* jenem Menschen, der allen Dingen der Welt absagen wird" (41,4-8). „Er ist zur Wahrheit gelangt, *nachdem* er allen Dingen der linken Seite abgesagt hat" (43,12-14). Dies ergibt sich zwingend aus der Tatsache, daß in dem Gefäß der menschlichen Seele nur eine von beiden Platz hat, entweder die Kraft von oben oder die Kraft von unten; damit aber der Mensch die Kraft von oben „aufnehmen" kann, muß er für sie ein reines Gefäß bereit-stellen. — Nun ist allerdings die Apotage nicht nur *Voraussetzung,* sondern genau so auch *Folge* der Gnosis. Denn — um überhaupt die Absage leisten zu können — muß ja Einsicht vorangegangen sein: „Wer aber in Unwissenheit ist, für den ist es schwer, seine [schlechten] Taten abzutragen, die er begangen hat" (31,10-13; cf. 41,12 43,1-2). Und dies ist auch ganz folgerichtig: denn wer — wie die Kirchenchristen — noch nicht den erkannt hat, der ihn „gefes-selt" hat, wie soll er da von jenem „befreit" werden können (41,27f 35,22f)? Wer noch an den Judengott „glaubt" (47,30-48,15), wie wird er zum „Vater der Wahrheit" streben können?

cc. *Die Mittel des Heilsgewinns.* Wie aber gelangt der Gnostiker zum Heil, der als natürlicher Mensch nicht der Schöpfung des Judengottes zu entkommen vermag? Durch den Menschensohn, des-sen „Logos", dessen „Kreuz", dessen „Dynamis" ihn von dieser Welt befreit. Der „*Absage*" an die Welt, die der Gnostiker für sich vollzieht, entspricht so die „*Trennung*" von ihr, die die von außen kommende himmlische Kraft in ihm wirkt.

„Die Säge aber ist der Logos des Menschensohns, der uns von der πλάνη der Engel trennt" (41,1-4). Mit diesem Satz deutet Test-

Ver die zuvor wiedergegebene Erzählung von der „Zersägung" des Jesaja (40,21ff) [6], die so zum erschöpfenden Sinnbild für das Wirken des Menschensohns wird: er „trennt" mit seinem „*Logos*" von der Macht der Leiblichkeit und aller Bindung an die Welt. Bei diesem Logos mag durchaus auch an solche Worte wie den enkratitisch gedeuteten Spruch von den ‚Schätzen im Himmel' (Mt 6,29) gedacht sein, in denen TestVer den Kern der Verkündigung Jesu sieht (31,5-22). Entscheidend aber ist dies, daß der Logos des Menschensohns als das „lebenspendende Wort" (34,25f 37,24f) selbst das Leben wirkt und so dem Tod der Welt entreißt. Zugleich eröffnet er dem Menschen ein neues Gegenüber: nun vermag dieser „mit seinem Nus zu reden" (43,24ff) — der zuvor für ihn stumm war — und zieht sich dafür zurück von dem „vielen Gerede" der Menschen, denen gegenüber er nun „schweigt" (44,3ff.7ff 68,27ff). — Der gleiche Vorgang der Trennung kann — ebenfalls in Deutung der Zersägung des Jesaja — als die Wirkung des „*Kreuzes*" verstanden sein. „[In dieser Weise handelt an] uns [der] Menschen-[sohn] durch [das Wort(?)] des Kreuzes (σταυρός): es tre[nnt den Tag von] der Nacht, [das Licht von der] Finsternis, das Vergäng-[liche vom] Unvergänglichen" (40,21ff). *Wo* dies stattfindet, zeigt der Reflexionskatalog, der dem Pneumatiker gleichgeartete Gegensatzpaare zur „prüfenden" (41,15) Unterscheidung vorlegt. „Wer ist es, der ihn gebunden hat, oder wer, der ihn erlösen wird? Was aber ist das Licht, oder was ist die Finsternis? Wer aber ist es, der geschaffen hat, oder wer ist Gott?" etc (41,27ff). Im Inneren des Menschen, in der Befähigung zur geistigen Scheidung, in der Verleihung solcher γνῶσις διαφορᾶς erweist sich also die trennende Kraft des Kreuzes [7] am Werk. Dem Kirchenchristen dagegen geht dies Unterscheidungsvermögen gänzlich ab. — „Er aber hat Tod und Leben in sich ... Nachdem er die Kraft empfangen hat, wandte er sich zu den Teilen der rechten Seite" (43,6-11). Die prinzipielle Offen-

---

[6] Das hat B. PEARSON gesehen. Cf. AscJes 5.

[7] Cf. in ActJoh 98 (LIPSIUS-BONNET II/1 200,5ff) die Gleichung σταυρός — λόγος — διορισμὸς πάντων; ähnlich in ActPt 37f (8f). Für die Valentinianer ist das Kreuz Jesu nur Sinnbild für das geistige, pleromatische Kreuz (zB Iren. I,7,2), dessen zwischen „Pleroma" und „Hysterema" „scheidende" Kraft (zB ExcTh 42,1 Hipp. VI,31,5-7) sich gerade auch in der Seele des Gnostikers wirksam erweist (cf. Iren. II,5,2). Für die „Basilidianer" ist der Kreuzestod Jesu der „Uranfang der Scheidung" (Hipp. VII,27,12). Die „Kreuzigung des Kosmos" (cf. Gal 6,14) ist für 1Jeu 257,17ff Hauptmerkmal des Gnostikers etc. Zu 40,21-41,4 cf. auch Hebr. 4,12; EvPh (NHC II,3) § 123 (pg. 83,11ff.16ff); Iren. V,17,4.

heit der menschlichen Seele für das „Leben" realisiert sich also erst dann, wenn der Mensch von außerhalb die „*Kraft*" erhält. Dabei findet — was zum Verständnis der „Trennung" vom Kosmos von zentraler Bedeutung ist — offensichtlich ein *Austausch* statt: anstelle der „Kraft des Leibes" (30,31), die wie jedem Menschen (30, 5-8) so auch dem Gnostiker (40,1ff) durch den Vorgang der Zeugung und Geburt innewohnt, tritt nun die Kraft von oben (30,18-28), die „ewige Kraft" (43,17), die „Kraft Gottes" (37,6), die nun des Gnostikers Inneres „füllt" (43,14ff 61,5.1ff) und ihn der Sphäre des Todes dieser Welt entnimmt.

Beides hat also miteinander zu gehen: die von außen kommende himmlische Kraft und die Bereitstellung eines reinen Gefäßes für diese durch den Menschen. Auch dies haben die Kirchenchristen nicht verstanden, da sie *den Logos „in Unwissenheit aufnehmen"* (38,27ff 31,10ff) und nicht wie die Gnostiker in „Vollkommenheit" (31,7ff) und in „Gnosis" (38,22ff). Wie nutzlos das ist, zeigt TestVer am Beispiel von Christus und dem Täufer (45,6-22). Beide sind sie „vom Wort gezeugt". Aber der eine Logos ging unversehrt durch ein reines Gefäß (den Jungfrauenleib) hindurch, der andere aber durch ein unreines (einen durch häufigen Verkehr befleckten Mutterleib). Das hierin „für uns" vorgebildete „Mysterion" — offensichtlich die Aufforderung, sich in gleicher Weise wie Maria rein zum Empfang des Logos zu machen — aber haben die Kirchenchristen nicht erfaßt (45,19-22).

dd. *Gnosis und eschatologische Existenz.* Kraft des Logos, des Stauros, der Dynamis ist der Gnostiker in der Welt von der Welt „geschieden". Er „hat gefunden" (69,4), er ist „zu sich selbst" gekommen (43,22f), er hat „sich selbst durch das All erkannt" (36, 25ff 35,25f 44,30ff 69,1f), „ist zur Wahrheit gelangt" (43,12f) und besitzt damit bereits — obgleich noch im Leib — „das vollkommene Leben" (36,26 38,27) und die „ewige Kraft" (43,16f). Der Gnostiker schaut nun zum Licht und nicht mehr zur Finsternis, er redet nun mit dem „Vater der Wahrheit" (43,25f 44,1-3 45,3 41,5) und nicht mehr mit den Menschen (44,7-9 68,29ff). Diesen gegenüber „beginnt er bei sich zu schweigen bis zu dem Tag, da er als würdig erachtet wird, oben aufgenommen zu werden" (44,3-7).

Bereits zu Lebzeiten erlangt der Mensch also das ewige Heil — oder er erlangt es nicht. Nichtig ist darum das Rechnen der Kirchenchristen mit einer *künftigen Auferstehung*: „Einige sagen: ‚Am Jüngsten Tag werden wir, wie es der Ordnung entspricht, in der

Auferstehung auferstehen' " (34,27f). Doch darin täuschen sie nur sich selbst; „nicht haben sie" ja „den lebenspendenden Logos" in ihrem Herzen (34,24ff).

ee. *Die Heimkehr in die himmlische Heimat.* Rein, befreit von allen Begierden (67,1f) und aller Unwissenheit (36,1ff) kehrt der Gnostiker heim nach oben, zum Ort seiner Ruhe (35,28ff) und der Unvergänglichkeit (44,24f) — zum „Ort, von dem er ausgegangen ist" (44,25f). Nichts wird ihn hier festhalten können (67,2f), Christus selbst wird ihn zur Höhe führen (35,3-5 38,22-27). „Gott geworden flog er hinauf" (74,22).

Anders der dem Judengott hörige Teil der Christenheit. Von den Leidenschaften beschwert, vermögen sie nicht den „Archon der Finsternis" zu passieren, sowohl Katholiken (30,15ff) wie selbsternannte Gnostiker (57,1-6); sie haben ihren Standort ja auch auf „der Erde" gewählt (39,10f). Aber in ihrer maßlosen Verblendung halten sie den Tod für das Leben (31,22-32,4), übergeben sich selbst dem Tod (38,7ff 31,26-29), ja sie „rasen" geradezu in die Hände der Todesmächte (32,4-8).

4. *Der traditionsgeschichtliche und historische Ort von TestVer*

TestVer greift sehr vielfältige *Überlieferungen* auf, um sein Verständnis der christlichen Wahrheit zu artikulieren. Von allen neutestamentlichen Schriften haben zweifellos Paulus (Rm/Gal) und Johannes (Evgl) die stärkste Wirkung auf TestVer ausgeübt. Paulus ist wichtig für den Antinomismus von TestVer ($\nu\acute{o}\mu o\varsigma$ als Quelle von $\pi\acute{\alpha}\theta\eta$ und „Tod" [cf. Rm 7], vermittelt von „Engeln" [Gal 3,19 1,8], wirksam in den „Häresien" [cf. Gal 5,18.20], aufgehoben von Christus), von Joh wird der Begriff des „Zeugnisses", der „Menschensohn"-Titel sowie v.a. die Vorstellung der Präsenz des „Lebens" im „Logos" aufgenommen. Synoptisches Gut wird abwechselnd in der Fassung des Matthäus oder Lukas wiedergegeben; eine textgeschichtliche Einordnung der neutestamentlichen Zitate und Anspielungen ist nicht möglich [8]. Biblische Schlagworte der enkra-

---

[8] Die wichtigsten Zitate und Anspielungen sind: Paulus: Rm 7; Gal 1,8 (3,19) 5,(1.13.)18-24; 1Kor (1,18) 5,7 9,22 13,4ff; Eph 6,12.-Joh: 1,10-12.17. 32.34 3,5.13.14f 4,2(.14) 5,24 6,17.19(.63.68 8,13.44) 11,24-26 (12,32.48 14,2 15,8.19b) 18,37. — Mat: 5,26.48 6,19f.24 7,17+20.21.26f 9,20-22 (11,29f) 22,29. — Luk: 1,5-2,20 3,21f 7,21f.28 16,11-13.16 (20,34f). — Aus dem AT wird zitiert: Gen 1,28 + 22,17; Gen 3,2-23; Gen 3,14f (?) + Ex 20,5 + Num 21,9 + Jes 6,10; Gen 5,1. — Die Vorliebe für Paulus, den „haereticorum apostolus" (Tert.adv.Marc. III,5), und Johannes ist charakteristisch für die Gnosis insgesamt. Cf. BAUER Rechtgläubigkeit 207ff.215ff; LANGER-

titischen Tradition, die unter dem Namen Tatians umherlief, werden an exponierter Stelle entfaltet (Mt 6,24 6,19 22,29) [9]. Apokryphe (die Ascensio Jesajae) und jüdisch-haggadische Überlieferungen finden Eingang [10]. In seiner Christologie greift TestVer punktuell Vorstellungen der Markioniten (Christus kam direkt vom Himmel), der Valentinianer (per virginem transiens) und der „Ophiten" (Christus = Schlange) auf. Die Erwähnung des Jordanrückstaus (30,22ff) hat enge Parallelen bei den Naassenern einerseits, den Mandäern andererseits. Der Exkurs über den Paradiesesgott, ein Kompendium gnostischer Polemik gegen den Gott des AT, findet seine engste Entsprechung in einem von Julian Apostata übernommenen Traditionsstück [11]. Angesichts dieses breiten Spektrums erscheint die Zuordnung von TestVer zu einer bestimmten, uns bekannten gnostischen „Sekte" unmöglich; im Gegenteil zeigt TestVer die Fragwürdigkeit der häresiologischen Rubrizierungen an.

Zwei verblüffende Parallelen scheinen allerdings doch eine genauere Zuweisung zu erlauben. B. PEARSON (mündlich) verweist auf *Julius Cassianus*, dessen entschiedener Enkratismus in verschiedenen Motiven mit TestVer übereinstimmt und der angesichts seiner Trennung von der valentinianischen Gemeinschaft gerade die doppelte Frontstellung von TestVer (antikatholisch/antignostisch) plausibel machen könnte. Gegen ihn als möglichen Autor spricht aber, daß wir bei ihm nichts von einer Tauf- und Martyriumspolemik wissen; Clem.Al., der ihn bekämpft hat (str. III,91-95), hätte sich diese Beweise seiner Heterodoxie kaum entgehen lassen. — Frappanter noch ist die Parallele der „*Archontiker*" bei Epiph.pan. 40. Wie in TestVer finden wir hier eine aggressive Askese (1,4 2,4.7f), eine asketisch motivierte Taufpolemik (2,6.8.9), „Saba-

---

BECK Aufsätze 38-82; WEISS Paulus; SCHNEEMELCHER ZKG 75 (1964) 1-20; HARNACK Marcion; PAGELS VigChr 26 (1972) 241-258; dies. JBL 93 (1973) 276-288; dies. Gospel; LOEWENICH Johannes 60-115.

[9] Einzelnachweis S. 112 Anm. 1.

[10] 40,22ff handelt von der Zersägung Jesajas (B. PEARSON): AscJes 5. Dies Motiv war verbreitet (HARNACK Ertrag II 49f). In 70,1-30(ff) (Tempelbau durch den in Ehebruch gezeugten Salomo, Tempelzerstörung durch die Römer) dürfte eine jüdische Überlieferung aufgegriffen sein (cf. Testamentum Salomonis: SALZBERGER Tempelbau 12-15); die Einzelmomente finden sich auch sonst in der Gnosis (cf.: Iren. IV,27,1; Chrys.hom. XXVI,6 in Mt [PG 57,341]; GR 329f; Julian.Ap. adv.Gal. 224D; — Iren. IV,4,1; 1ApcJac (NHC V,3) 25,15ff 36,16-19; 2ApcJac (NHC V,4) 60,13-23; Joh-Buch 35; — Heracl.frgm. 27 — GIVERSEN Solomon 16-21; HARNACK Marcion 96.93; STRECKER Pseudoklementinen 185f.183).

[11] S. die Diskussion S. 148-151.

oth" als den Gott der Kirche (2,8), den Vorwurf des Judaismus an die Kirche (5,1), asketischen Antinomismus (2,8 7,7), Verwerfung der „Fleischesauferstehung" (2,5 8,1.6), Gebrauch der Ascensio Jesajae (2,2), Zitierung von Joh 8,44 (5,5) sowie die Erwähnung der „Ogdoas" (2,3), von „links" und rechts (5,2), des Paradieses (5,3). — Gegen diese Zeitgenossen des Epiph. aber spricht neben ihrer Kosmologie und Satanologie entscheidend ihre Zeit, in der mit den Christenverfolgungen auch der Streit um das Martyrium ein Ende gefunden hatte. Diese Feststellung gilt auch dann, wenn man das Zwischenspiel des Julian Apostata sowie das Fortleben des Märtyrerglaubens im Westen berücksichtigt [12].

Als *Abfassungszeit* kommt der Zeitraum zwischen 180 und 312/313 in Frage. Die obere Grenze ergibt sich mit dem Ende der Christenverfolgungen, die die Martyriumspolemik von TestVer voraussetzt. Die untere Grenze ist mit der Ketzerreihe in pg. 54-60 gegeben, die Basilides, Isidor, Valentin, einen Valentinschüler, spätere Anhänger dieser Häresiarchen sowie die Simonianer aufzählt. Das späteste Lebensdatum liefert dabei vielleicht Isidor, der nach HARNACK (Litteratur II/1 291) nicht vor 160 geschrieben hat. Celsus belegt, daß vergleichbare Riehungen schon 178 auch der außerkirchlichen Öffentlichkeit geläufig sein konnten. Innerhalb der Spanne von 180-313 kommen v.a. die Zeiten lokaler oder reichsweiter Verfolgungen in Betracht. Verschiedene Anzeichen sprechen für eine Entstehung um die *Mitte des 3. Jh. s.*

Über den *Abfassungsort* dieser ursprünglich in griechischer Sprache verfaßten Schrift läßt sich im Grunde nur spekulieren. Für Ägypten kann v.a. die Erwähnung von Isidor angeführt werden, der nicht außerhalb von Alexandria gewirkt hat, dort aber zeitweilig sicher einer der Hauptsprecher des Christentums insgesamt gewesen ist (cf. Clem.Al.str. VI,53,4f).

Die Frage nach dem *kirchenpolitischen Ort* von TestVer — die Frage also, welcher Art die Beziehungen dieser Gnostiker zu der Großkirche waren — läßt sich erst in Teil III.D.2 (S. 173f) stellen.

B. Die antikirchliche Polemik

Beim Nachzeichnen der Anschauungen von TestVer sind jeweils ganz von selbst die Differenzpunkte gegenüber den Kirchenchristen deutlich geworden, die TestVer dann zum Gegenstand seiner Pole-

---

[12] Dazu FREND Martyrdom 536-568.

mik macht. Diese sollen nun im Zusammenhang erörtert werden, wobei insbesondere nach dem konkreten Hintergrund der Vorwürfe gefragt und die Kritik von TestVer stärker in den Zusammenhang gleichgerichteter gnostischer Vorstellungen gestellt werden soll. Wie wir bereits sahen, kritisiert TestVer sehr vielfältige Aspekte des kirchlichen Lebens und Glaubens. Die Gemeindechristen „wissen nicht, wer Christus ist" (32,1f); die Beschaffenheit des Judengottes haben sie nicht erkannt (47,14-48,15); sie „versteh[en nicht die Bedeutung] der Schriften" (37,7f); sinnlos ist ihre Erwartung einer „Fleischesauferstehung" (36,29ff), unsinnig ihr Rechnen mit einer Auferstehung „am Jüngsten Tag" (34,26ff), nutzlos ihre „Taufe" (69,7ff), „nichtig" ihr Martyrium (33,24ff) etc. All diese Vorwürfe leiten sich aus einem Grundmangel ab: sie sagen nicht ernstlich der Welt ab, nichtig sind darum ihre sakramentalen Surrogate. An diesem Sachverhalt orientiert sich die Gliederung des folgenden Abschnittes.

1. *Der Grundvorwurf: die fehlende Absage an die Welt*

a. *Der kirchliche Nomos als Stütze der Schöpfung.* Mit der Gegenüberstellung der wahren und falschen Christen beginnt TestVer. Bereits die eröffnenden Worte (29,6-30,18) ziehen die entscheidende Trennungslinie gegenüber den Kirchenchristen: sie sind — wie ihre fehlende Askese beweist — ganz und gar der Welt verhaftet. Deshalb können sie auch nicht die Wahrheit erkennen.

„(pg. 29 Z.6) Ich aber (δέ) will reden zu denen, die zu hören verstehen nicht mit den Ohren des Leibes (σῶμα), sondern (ἀλλά) mit den Ohren des Herzens. Denn (γάρ) viele haben nach (10) der Wahrheit (ἀλήθεια) gesucht, haben sie aber nicht finden können, weil von ihnen der alte Sauerteig der Pharisäer (Φαρισαῖος) und der Gesetzeslehrer (γραμματεύς + νόμος) Besitz ergriffen hat. (15). Der Sauerteig aber (δέ) ist [die] Begierde (ἐπιθυμία), (die gewirkt ist durch die) Irreführung (πλάνη) der Engel (ἄγγελος), Dämonen (δαίμων) und Sterne. Die Pharisäer (Φαρισαῖος) aber (δέ) und die Schriftgelehrten (γραμματεύς) (20) gehören zu den Archonten (ἄρχων), die darin (durch das Gesetz) Macht (ἐξουσία) ausüben (oder: die [über sie] Gewalt haben). Denn (γάρ) keiner, der unter dem Gesetz (νόμος) ist, wird seine Augen zur Wahrheit erheben können; denn (γάρ) sie werden (25) nicht zwei Herren (zugleich) dienen können.
Denn (γάρ) die Befleckung des Gesetzes (νόμος) ist offenbar; zum Licht aber (δέ) (pg. 30) gehört die Unbeflecktheit. Das Gesetz (νόμος) nun (μέν) befiehlt (κελεύειν), sich einen Mann zu nehmen, sich ein Weib zu nehmen und sich wie der Sand des Meeres (θάλασσα) zu vermehren. (5) Die Leidenschaft (πάθος) aber (δέ), die süß für sie (die so Handelnden) ist (oder: die süß in ihnen (diesen Handlungen) ist), hält die Seelen (ψυχή) der (so) Gezeugten an diesem Ort fest (κατέχειν), sie, die beflecken

und die befleckt werden, (10) damit das Gesetz (νόμος) durch sie (diese befohlenen Handlungen) zur Erfüllung gelange. Und so ist offenbar, daß sie der Welt (κόσμος) helfen (βοηθεῖν), und sie [halten] sie (die Seelen) vom Licht [fern], (15) so daß es ihnen nicht möglich ist, den Archon (ἄρχων) der Finsternis zu passieren (παράγειν), bis daß sie den letzten Kodranten (κοδράντης) bezahlt haben".

Das „Gesetz" und die vom Menschensohn geoffenbarte (31,5-22) „Wahrheit" sind einander ausschließende Gegensätze (cf. Joh 1,17). Das Gesetz befiehlt die Fortpflanzung (30,2-4: Gen 1,28 9,1; 22,17 32,13). Mit Christus aber „hat die Herrschaft der fleischlichen Zeugung ein Ende gefunden" (30,29f; cf. Joh 1,34.13). Deshalb ist das Gesetz abgetan, es ist „der alte (1Kor 5,7) Sauerteig der Pharisäer (Mt 16,6) und Gesetzeslehrer" (cf. den Zusammenhang von Gal 5,9). Unter diesem Gesetz aber stehen die „Vielen". Doch „keiner, der unter dem Gesetz ist, wird seine Augen zur Wahrheit erheben können". In alledem klingen paulinische Theologumena an (Christus Ende des Gesetzes, Gesetz als Schrittmacher von Sünde, Begierde und Tod), doch in charakteristischer Vergröberung: es ist nicht das die ἐπιθυμία untersagende (Rm 7,7: οὐκ ἐπιθυμήσεις), sondern fordernde („Vermehret euch") Gesetz, das die Herrschaft des πάθος (30,5 29,26f) aufrichtet.

Im Hintergrund steht die Vorstellung von der *Welt als Käfig*, der die Seelen gefangenhält. Alles kommt darauf an, aus diesem Gefängnis herauszukommen. Das Gesetz aber befiehlt die Zeugung und weckt so die Leidenschaft; diese wiederum „hält die Seelen der (so) Gezeugten an diesem Ort fest" (30,6ff). So bleiben die „Vielen" in der Kirche, die „unter dem Gesetz" stehen, ohne Ausweg in dieser Welt eingesperrt. Anders die Gnostiker: „Keinerlei Lust und Begierde gibt es (unter ihnen); nicht [wird man] sie festhalten können" (67,1-3 68,8-15). Daran erkennt jeder, daß "sie zum Geschlecht des Menschensohnes gehören" (67,5-8) und nicht zum Adamsgeschlecht, das dem Gesetz gehorcht (50,7-9), daß sie auf der Seite Christi stehen und nicht dem durch den Täufer repräsentierten Menschheitsteil zuzurechnen sind, der — da „Größter unter den Weibgeborenen" (Lk 7,28) und letzter Repräsentant des Gesetzes (Lk 16,16) — als „Archon des Mutterleibes" tituliert wird (31,3-5). Das Gesetz aber, das bei den Kirchenchristen gültig ist, verhindert einen solchen Auszug aus der Welt. So stehen sich gnostische Absage „an *alle* Dinge dieser Welt" (41,6ff 43,13f) und kirchlicher Nomos gegenüber, der sich durch dieses sein Zeugungsgebot als *Stabilisator dieser von innerer Auszehrung bedrohten Schöp-*

fung erweist. Seine Vertreter — das wird ausdrücklich betont —
„stehen auf der Seite der Archonten" (29,18-21), seine Gebote
„*helfen offensichtlich der Welt* und [halten] sie (die Seelen) vom
Licht [fern]" (30,11ff) [1].

Diese Wertung von Ehe und Zeugung als aktiver Stützung dieser
Schöpfung („der Welt helfen") und die resultierende Forderung
strikter Askese aus Protest gegen den Schöpfergott finden sich in
vielen gnostischen Zeugnissen, wofür Markioniten und Manichäer
nur die bekanntesten Beispiele liefern. Markion verdammt die Ehe
„*in destructionem creatoris*, qui ... coniugium ... benedixit in cre-
mentum generis humani" (Tert.adv.Marc. I,29,2); „weil sie die vom
Schöpfergott geschaffene *Welt nicht füllen wollen*" (cf. Gen 1,28),
enthalten sich seine Anhänger der Ehe und sind „aus Haß gegen
den Schöpfer enthaltsam, da sie nicht das von ihm Geschaffene
gebrauchen wollen" (Clem.Al.str. III,12,2 25,1f); „ἵνα μὴ συνεργῶσιν
τῷ τοῦ κόσμου θεοῦ", befleißigen sie sich der Ehelosigkeit (Orig.Cat.
in 1Cor [Cramer V p. 138]). Ausdrücklich sei daran erinnert, daß
sich diese Askese nicht gegen die Werke eines Satan richtet, der die
Ordnung der Welt stört, sondern gegen den Schöpfer, der diese erhält. „Man dürfe" — so die in Clem.Al.str. III,45,1 bekämpften
Gnostiker — „Ehe und Kinderzeugung nicht zulassen und nicht
zum Ersatz für sich selbst andere zu ihrem Unglück in diese Welt
hineinbringen und *dem Tod keine neue Nahrung* zuführen": man
muß die Welt also aushungern. Auch die Enthaltsamkeit der
„Archontiker" zielt darauf ab, den Archonten ihre „Speise" zu
entziehen; denn „sie sagen, die Seele sei die Speise (βρῶμα) der

---

[1] Das Wort von den zwei Herren (29,24-26), Leitzitat auch der Polemik
von 2LogSeth (NHC VII,2: 60,2f) gegen das kirchliche Christentum, bezieht sich nicht (wie sonst meistens) auf die Liebe zum Besitz oder auch die
Anerkennung des Caesars, sondern — wie bei *Tatian* (Clem.Al.str. III,81,2;
cf. auch str. III,26,2) — auf den Geschlechtsverkehr (bzw. dessen demiurgischen Urheber, den „Vater der Synousia" [68,8]). Weitere gnostische Belege
für Mt 6,24/Lk 16,13: EvTh (NHC II,2) § 47; Tert.adv.Marc. IV,33,2
Megeth.dial. I,28 (HARNACK Marcion 260*f); Iren. III,8. — Die Berührun-
gen von TestVer mit der unter dem Namen des *Tatian* laufenden enkratitischen Tradition sind bemerkenswert: wie TestVer sieht letzterer die Ehe
als „Einrichtung des Gesetzes" eines anderen Gottes an (Clem.Al.str. III,
82,2f 83,3 84,2 108,2), beruft sich auf Paulus (Clem.Al.str. III,81), und
interpretiert das Wort von den beiden Herren, von den zu meidenden Schätzen auf der Erde (TestVer 31,17-22 / Clem.Al.str. III,86,3; cf. HILGENFELD
Ketzergeschichte 390f) sowie die Sadduzäerperikope (TestVer 37,2ff — Clem.
Al.str. III,87,1; VÖÖBUS History I 43ff; NAGEL Motivierung 37ff) im ehe-
feindlichen Sinn und bestreitet menschliche Abstammung des Erlösers
(Diatessaron).

Mächte und Gewalten, die ohne sie nicht leben könnten" (Epiph. pan. 40,2,7). Daß die Askese Tatians, Markions, von Jovis und anderen Gnostikern „ad *destruenda* et contemnenda et abominanda *opera creatoris*" gerichtet ist, behaupten zumindest Hier.adv.Jovin. II,16 und Tert.ieiun. 15. Die „Nützlichkeit" des Geschlechtsverkehrs für die Archonten (AJ [BG] 58,5-7) erklärt ein gemeingnostischer Topos: nur so können diese den Lichtfunken im Menschen festhalten und ihr Gebilde vor der Auflösung bewahren. Nur wer „dem Archon" nicht „Kinder gezeugt" hat, kann zum Lichtreich aufsteigen (das Philippusevangelium Epiph.pan. 26,13,2); daß Gebären nur die Herrschaft des Todes verlängert, lesen wir im Ägypterevangelium (Clem.Al.str. III,63f.45.92). Die Manichäer „enthalten sich der Ehe, der Liebesfreuden und der Kinderzeugung, damit nicht die (Licht-)Kraft durch die Erbfolge der Geschlechter länger in der Hyle weile" (Alex.Lycop.contr.Manich. 7, 19ff); ist alle Lichtkraft herausgeläutert, geht das Weltgebäude in Flammen auf. — Auch Lukian „verwirft die Ehe . . . um die Werke des Demiurgen aufzuheben. Man dürfte die Ehe nicht vollziehen . . . um sich so dem Reichtum zu widersetzen, der dem Demiurgen und Schöpfer durch das Kinderzeugen in der Welt entsteht" (Epiph.pan. 43,1,5). Man stelle ein rechtgläubiges Zeugnis wie das — stoische Motive aufnehmende — von Clem.Al.paid. II,83,2 daneben (der Kinderzeugende „wirkt an der Erhaltung des Weltalls [τῆς τοῦ παντὸς διαμονῆς] mit . . . im Gehorsam gegen Gott; denn Gott hat befohlen: ‚Vermehret euch' "): bei gleicher Sicht der Funktion der Ehe ergibt sich folgerichtig die entgegengesetzte Einstellung zu ihr aus der konträren Wertung der Schöpfungswirklichkeit [2].

---

[2] In dieser Askese findet die Weltfeindschaft der Gnosis ihren unmittelbarsten Ausdruck und ist deshalb auch ihr hervorstechendes Merkmal (s. Exkurs IV). Die ironische Aufforderung kirchlicher Kritiker, konsequenterweise die Welt sofort zu verlassen und nicht nur auf die Ehe, sondern auch auf Essen und Trinken überhaupt zu verzichten (etwa Clem.Al.str. III,48,1 12,3), ist so abwegig nicht; man denke nur an die Gnostiker, die sich „aus Haß gegen den Weltschöpfer" in den Martyriumstod stürzen (Clem.Al.str. IV,17,1), oder an jenen markionitischen Greis, der sich allmorgentlich mit seinem eigenen Speichel wusch, um von dem Demiurgen nicht auch noch das Waschwasser in Anspruch nehmen zu müssen (s. Harnack Marcion 175). — Wichtig in diesem Zusammenhang ist die Erinnerung daran, daß Aufhebung der natürlichen Fortpflanzung der Endzweck vieler der bei Epiph.pan. 21.25.26 berichteten *obzönen Sexualpraktiken* ist, die geheimhin als libertinistisch deklariert werden. Über die tatsächliche Ausübung solcher Praktiken ist damit noch nichts gesagt; wie wenig ein solcher Mythos (wie der von der ‚séduction des Archontes') von

In diesem *aggressiv-antikosmischen Charakter gnostischer Askese* — die nicht nur darauf angelegt ist, die Weltbeziehungen des Einzelnen zu minimalisieren, sondern mehr oder minder deutlich auch darauf, die durch die Zeugungskette in Gang gehaltene Schöpfung zum Einsturz zu bringen — liegt ihr spezifisches Unterscheidungsmerkmal gegenüber analogen kirchlichen Erscheinungen. An sich ist die von TestVer vertretene Auffassung, daß allein der Ehelose Christ sei, in rechtgläubigen Kreisen nicht unbekannt. Im 2.Jh. sucht etwa Bischof Pinytos von Knossos diesem Grundsatz Geltung zu verschaffen (Eus.h.e. IV,23,7f), und noch im Jahr 336/337 kann Aphraat in seiner 7. Homilie eine Taufliturgie zitieren, die die Ehelosigkeit aller Getauften voraussetzt [3]. Aber auch wo in asketischem Rigorismus und faktischer Weltverachtung kaum ein Unterschied besteht — die bewußte Zielsetzung der destructio operum creatoris kontne sich ein orthodox gesonnener Asket nie zu eigen machen. Der Zweifrontenkrieg etwa des montanistischen Tertullian gegen die sittliche Laxheit der rechtgläubigen Katholiken und die falsch motivierte Askese der häretischen Gnostiker (etwa ieuin. 15; monog. 1) ist in diesem Zusammenhang aufschlußreich.

Die Frage bedarf noch der Erörterung, wieso TestVer gerade *im Zeugungsgebot den Kern des kirchlichen Nomos* sehen konnte. Angesichts der Bedeutung von Gen 1,28 in der kirchlichen Ehediskussion sowie etwa der Einstufung der Ehe als bloßer — durch das Evangelium aufgehobener — „Einrichtung des Gesetzes" bei Tatian (Clem.Al.str. III,82,2 83,3 84,2 108,2) lag eine solche Identifizierung nicht fern. Voll verständlich aber erscheint der scharfe Ton der Polemik nur dann, wenn kirchlicherseits die Ehe wirklich als unumgänglich hingestellt wurde, was eigentlich nur im Zusam-

---

einem korrespondierenden Spermakult begleitet zu sein braucht, zeigt das Beispiel der Manichäer (zur Frage gnostischen Libertinismus s. EXKURS IV). — Wichtige Literatur: HARNACK Marcion 148ff; JONAS Gnosis I 313ff.233ff; WISSE: The Ethical Stance of the Nag Hammadi Tractates (erscheint in den Nag Hammadi Studies, Brill/Leiden); ders.: Early Christian Heterodoxy according to the Nag Hammadi Writings (erscheint in: Aufstieg und Niedergang der Römischen Welt, Teil II [ed. W. HAASE]); BOUSSET PW VII/2 1523f; VÖÖBUS History I 31-61. 109-137; KRAFT Gemeinschaftsleben 156ff; CHADWICK RAC V 343-365.

[3] Zu diesem außerordentlich wichtigen Dokument — Text in der Patrologia Syriaca I/1 S. 315-360, Übersetzung von G. BERT S. 114-129 — cf. MÜLLER Ehelosigkeit 20ff; VÖÖBUS Celibacy 35ff; ders. History I 97ff; BURKITT Christianity 49ff; KOCH ZNW 12 (1911) 37ff; FICKER ThL 32 (1907) 432ff; ADAM ZKG 65 (1953/54) 224ff; NAGEL Motivierung 30 Anm. 7 41 Anm. 8.

menhang der häufig überscharfen Äußerungen der antignostischen Reaktion vorstellbar ist [4]. So finden etwa die Pastoralbriefe, deren Bedeutung für die häresiologische Literatur kaum überschätzt werden kann (cf. ZAHN Geschichte I 271 Anm.2 266 Anm.2), aus antihäretischer Einstellung zu dem für gnostische Ohren schlechthin blasphemischen Satz: „σωθήσεται δὲ (γυνὴ) διὰ τῆς τεκνογονίας" (1Tim 2,15); so ordnet Syr.Didask. im Zusammenhang der Bekämpfung enkratitischer Häresien an, daß „ihr euch aller seiner Schöpfungen mit Dank bedienen und heiraten sollt" (ACHELIS-FLEMMING 122,21f); so hören wir von Orig. (Comm.Rom. 10,1 [7,373 Lomm.]), daß sektiererische Enkratiten bei der Aufnahme in die Kirche zur Aufgabe ihrer asketischen Praxis gezwungen wurden. Gerade Gen 1,28 hat ja bei der Abwehr häretischer Eheverwerfung eine wichtige Rolle gespielt [5]. So ist die Polemik von TestVer vielleicht weniger als Kritik der vorfindlichen kirchlichen Moral — die allgemein eher als eine Zwei-Stufen-Ethik zu kennzeichnen ist — zu werten als vielmehr als *Antikritik polemischer Eheaufwertung* im rechtgläubigen Lager.

TestVer stellt ein authentisches Beispiel für *gnostischen Antinomismus* dar. Das Gesetz des Weltschöpfers erfährt kompromißlose Ablehnung — nicht willkürlich, nur aus Protest gegen seinen Urheber, sondern weil es in seinem Kern auf den Erhalt dieser verhaßten Welt abzielt. Die libertinistische Konsequenz solcher Gesetzesverachtung, die antiken wie modernen Referenten so zwingend erscheint — „Freiheit vom Gesetz bedeutet für den Gnostiker Libertinismus" (SCHMITHALS Korinth 306 Anm. 4) — ist gerade nicht die dieses gnostischen Originalzeugnisses. Bemerkenswert in diesem Zusammenhang ist der Umstand, daß gerade jenes Zitat

---

[4] Obwohl Zwang natürlich auch in der Mahnung zur Einhaltung ehelicher Pflichten (HARNACK Ertrag II 120 Anm. 2) liegen konnte und, v.a. im judenchristlichen Bereich vorstellbar ist: der Presbyter „νέων δὲ μὴ μόνον κατεπειγέτωσαν τοὺς γάμους, ἀλλὰ καὶ τῶν προβεβηκότων, μήπως ζέουσα ἡ ὄρεξις προφάσει πορνείας . . ." (PsClem.Hom.III,68,1).

[5] Zutreffend bemerkt Clem.Al., daß die Verteidiger der Ehe „das ,Seid fruchtbar und mehret euch' ständig im Mund führen (συνεχῶς ἐπιβοῶνται)" (str. II,139,3); als Einzelbeispiel diene Epiph.pan. 45,3. — In der internen Diskussion jedoch wird Gen. 1,28 gegenüber 1Kor 7 und dem sich darauf berufenden Virginitätsideal relativiert — „Prima sententia crescere et multiplicare praecepit, secunda et continentiam suasit" (Cypr.hab.virg. 23); „Die Ehe erfüllt die Erde, die Jungfrauschaft das Paradies" (Hieron. adv.Jovin. I,16.25 zu Gen 1,28); Tert.monog. 7,3f; exhort.cast. 6; Meth. Olymp.symp. I,2; Chrys.virg. 15.17; Aphr.hom. 18,1.8 —, ja aufgehoben (Ps.Clem.virg. I,3,6 4,2).

Mt 5,26f, das der häresiologischen Tradition (Iren. I,25,4; Tert. anim. 35,3) als biblische Stütze des karpokratianischen Libertinismus gilt, an unserer Stelle (30,17f) zur Begründung des Gegenteils herangezogen wird [6].

    b. *Sexuelle Zügellosigkeit und Mammonsdienst.* Strikte Geschlechtsaskese erweist sich so als der Kernpunkt der von TestVer geforderten Weltabsage und zugleich als „Erkennungs"-Merkmal (67,5f.10 37,27) der Gnostiker gegenüber den Kirchenchristen, des „Geschlechtes des Menschensohnes" gegenüber dem „Adamsgeschlecht" [7]. Wo die Geschlechtlichkeit als solche verworfen und für den Fortbestand dieser Welt verantwortlich gemacht wird, kann der Kritik einzelner sexueller Verirrungen und sonstiger Bindung an diese Welt nur eine nachgeordnete Rolle zukommen. So scheint es nicht zufällig zu sein, daß die im Folgenden diskutierten Vorwürfe mehr den Charakter von Beispielen („Einige" — „andere") [8] innerhalb der vorgeordneten Gegenüberstellung des Menschensohns-mit dem Adamsgeschlecht (67,1-13) haben.

    Nach einer Lücke lesen wir in *67,29-31*: „. . . an dem Tag, an welchem sie [Kinder] zeugen werden; (doch) *nicht nur* (οὐ μόνον) dies, sondern (ἀλλά) sie haben Verkehr (-κοινωνεῖν) (sogar) während sie stillen". Sichtlich geht es hier um den Vorwurf exzessiven Geschlechtsverkehrs. Der dabei angelegte Maßstab scheint außergewöhnlich streng zu sein; innereheliche Abstinenz galt wohl etwa während der Schwangerschaft (zB Athen.suppl. 33) und natürlich während der Menstruation als geboten, m.W. jedoch nicht während der z.T. ausgedehnten Stillensphase; der einzige mir bekannte Beleg in dieser Richtung ist Clem.Al.str. III,72,1-4 [9]. Eher hätte man

---

    [6] Cf. auch ExcTh 52,1; Tert.adv.Marc. IV,29,16; ActTh 148; Clem.Al.str. IV,95,2.

    [7] Geschlecht des Menschensohnes: 68,10f 67,7f; cf. 60,5f; Adamsgeschlecht: 50,6.7; cf. 67,10. Eine solche am Gegensatz zur natürlichen Zeugung orientierte Scheidung der Menschen finden wir häufig in der Gnosis, zB EvPh („Kinder des Brautgemachs" — „Kinder der Ehe": § 87; „Kinder des Himmelsmenschen" — „Kinder des Erdenmenschen": § 28); ExcTh 68.79; Julius Cassianus (Clem.Al.str. III,95,2); Markion (Söhne des Höchsten — leibliche Sohnschaft: HARNACK Marcion 278*); DialSot (NHC III,5: 140,11-14: „Wer der Wahrheit entsprossen ist, stirbt nicht; wer aber der Frau entsprossen ist, stirbt") etc.

    [8] 68,1; cf. 69,7.32 70,1.

    [9] Cf. dazu: BROUDÉHOUX Mariage 133f; ferner Clem.paid. II,92,2. Vielleicht steht im Hintergrund auch einfach das asketisch gedeutete Wehe über den Stillenden (Lk 21,23 23,29; EvTh § 79; dazu SCHRAGE Verhältnis 166f).

Hurerei oder Vergleichbares erwartet (cf. 70,7); vielleicht verbirgt die vorangegangene Lücke (67,14-27) manch delikates Detail, wie die erhaltenen Überreste („Trieb (ϩ ο Ρ[Μ Η])", „Engel" [cf. 29,15ff: „Begierde ... der Engel" [Gen 6]], „zeugen") andeuten könnten.

In direktem Anschluß wird das nächste Beispiel vorgestellt (68,1-12). „Andere aber (δέ) werden im Tod des [....] gefangen. Sie lassen sich hierhin und dorthin tr[eiben], erfreuen sich (ἡδάνειν) am un[gerechten (ἄδικος)] Mammon (ἀμμωνᾶς), verleihen Geld auf Wuch[erzinsen], ver[schwenden ihre Zeit (διατρίβειν)] (und) tun nichts. [Wer] aber (δέ) [dem Va]ter des Ma[mmon (ἀμμωνᾶς)] verfallen ist, der [ist] (zugleich) dem Vater des Geschlechtsver[kehrs (συνουσία)] verfallen. Wer diesen hingegen (δέ) [ab]sagen (ἀποτάσσειν) kann, von dem ist offenbar, [daß] er aus dem Geschlecht (γενεά) des [Men]schensohnes stammt, da er [Macht] hat, diese zu verklagen (κατηγορεῖν)". Verschiedene Bibelstellen haben hier eingewirkt: der „ungerechte Mammon" (Lk 16,11-13), der „Vater" des Teufels (Joh 8,44; cf. 69,20f: „die Väter der Taufe"); vielleicht klingt in dem „verklagen" das „verachten" aus dem Zwei-Herren-Wort nach. Sichtlich ist das Bemühen, den Mammonsdienst auf die synousia (als Wurzel aller Übel) zurückzuführen. Es wäre reizvoll, einen konkreten Hintergrund für den Vorwurf des Müßiggangs bei Ausbeutung anderer aufzuspüren; muß doch etwa auch Orig. hartherzige Gewinnsucht und schlimmen Wucher als unter Christen sehr verbreitetes Übel registrieren [10]. Die paränetische Verallgemeinerung („Wer diesen aber entsagen kann") legt es indessen nahe, daß TestVer ad hoc zum Stichwort „Mammon" geläufige Laster zusammengestellt hat [11].

---

[10] HARNACK Ertrag II 115f.

[11] φιλαργυρία ist stereotypes Motiv der Ketzerpolemik; Zinsnahme als Element der Ketzerschablone begegnet etwa Eus.h.e. V,18,11 (oder FICKER Amphilochiana 32,12ff); „die, welche Geld ausgeliehen und Zinseszins gefordert haben", erscheinen als eigene Sünderklasse in Apc.Ptr.akhm. 31. Zu den diesbezüglichen christlichen Anschauungen cf.: HAUCK Stellung; HOLZAPFEL Wertung; SEIPEL Lehren 123-133.162-189; SCHILLING Eigentum. Im gnostischen Bereich findet sich ausdrückliche Verwerfung des Zinsnehmens etwa EvTh (NHC II,3) § 95 (Lk 6,34); Augustin hält den Manichäern vor, daß sie „expedire dicunt homini feneratorem esse quam agricolam" (Enarr. in Ps. 140,12 [PL 37,1823]). Bemerkenswert ist die Antwort des Iren. auf die markionitische Kritik am Raub der ägyptischen Silbergefäße: „Omnes enim nos aut modica aut grandis sequitur possessio, quam ex mammona iniquitatis acquisiuimus" (IV,30,1). — Zur Wertung des Reichtums in TestVer ist neben der zerstörten Stelle 65,1ff, wo der Sinn der Worte „Silber" „reich" und „Gold" nicht zu erkennen ist (cf. AJ [BG]

c. *Entlarvende Berufung auf die Zwecke der Schöpfung.* Wie sehr die Kirchenchristen in dieser Schöpfung aufgehen, beweisen ihre eigenen Worte, die die Ehe rechtfertigen sollen.

> „Die [ihn (den Logos) aber (δέ)] bei sich in [Unwis]senheit aufnehmen, beherrscht von unreinen Lüsten (ἡδονή) — jene haben stets gesagt: ‚Gott [hat] uns [Glieder (μέλος)] zum Gebrauch (χρεία) geschaffen, damit wir [in] Befleckung [leben]‘, damit [sie sich] vergnügen (ἀπολαύειν). (So) machen sie sich G[ott] zum Komplizen (μέτοχος) [in] Dingen dieser [Art, und] sie haben ihren Standort [auf] der Erde. Ni[cht (οὐδέ) werden sie] zum Himmel [gelangen]" (38,27-39,12).

Im Zusammenhang geht es um richtige und falsche Aufnahme des Logos (38,22-39,20; cf. 31,5ff und Joh 1,11-13). Die Gnostiker nehmen ihn „aufgerichtet" und in „jeglicher Gnosis" auf und werden so zur „Höhe" gelangen, die andern aber in „Unwissenheit" und bleiben deshalb der „Erde" verhaftet [12]. Beweis dieser Unwissenheit ist ihre ständig geäußerte Meinung, daß „Gott" ihre Handlungsweise gewollt habe. Damit machen sie „Gott" — der doch zum „Schöpfer" in demselben Gegensatz steht wie das Licht zur Finsternis (41,28ff) — zu ihrem Komplizen bei ihren Werken der „Befleckung". Der erste Teil des Zitates gibt die kirchliche Anschauung korrekt wieder, der zweite („damit wir [in] Befleckung [leben]") referiert den gegnerischen Standpunkt natürlich mit eigenen Worten; denn was die Kirchenchristen tun wollen — Ehe und Kinderzeugung —, erfüllt ja für TestVer objektiv den Tatbestand der „Befleckung" (29,26ff). Es besteht somit keine Notwendigkeit, dies Zitat Libertinisten zuzuschreiben [13]. Für TestVer beweist eine solche fatale *Berufung* auf die Zwecke der Schöpfung eine *Identifizierung* mit eben dieser Schöpfung, die mit „Gott" in ursächlichen Zusammenhang bringen zu wollen blasphemisch ist.

Mit einer derartigen Berufung auf die Schöpfungszwecke hatten die Gnostiker sich häufiger auseinanderzusetzen. „Niemand sage, der geschlechtliche Verkehr sei von Gott gestattet, weil wir solche Körperteile haben, daß das Weib so und der Mann anders gestaltet ist, das Weib zum Empfangen, der Mann zum Befruchten. Denn

---

75,15ff), der Reflexionskatalog heranzuziehen: „Und weshalb sind einige lahm, einige [bl]ind? ... Und einige reich, andere [aber] arm?" (48,8-14): dies alles sind — ähnlich wie für Markion — Zeichen der Erbärmlichkeit dieser Schöpfung.

[12] Cf. Lk 20,34f. Julius Cassianus (Clem.Al.str. III,95,2): οἱ ὑπὸ τῶν γηίνων βασιλευόμενοι καὶ γεννῶσι καὶ γεννῶνται, „ἡμῶν δὲ τὸ πολίτευμα ἐν οὐρανῷ ..."Cf. DialSot (NHC III,5) 120,8f.

[13] Etwa im Sinn von Clem.Al.str. III,8,3 (Epiphanes).

wenn die derartige Einrichtung von Gott wäre, dem wir zustreben, so hätte er die Eheuntüchtigen nicht selig gepriesen", sagt Julius Cassianus [14], und die von LibTh (NHC II,7) attackierten Pseudo-christen bringen vor: ,,Wären wir nicht im Fleisch geboren, hätten wir nicht [(das) Feu]er (der Begierde) erkannt" (141,24f). Für die in Tert.resurr.carn. 6of referierten Gnostiker ist der unauflösliche Zusammenhang von Fleischesleib und seinem Schöpfungszweck Grund seiner Verwerfung: ,,Quo renes, conscii seminum, et reliqua genitalium utriusque sexus et conceptuum stabula et uberum fontes, discessuro concubito et fetu et educato? postremo quo totum corpus, totum scilicet necaturum?" [15]. Die hier abgewiesene Anschauung von der Bestimmung des gottgeschaffenen Leibes zum ,,Gebrauch" hat die Kirche ihrerseits gerade den Häretikern gegenüber besonders betont. Epiph. etwa hält den Severianern gegenüber daran fest, daß ,,ὅλον γὰρ τὸ σῶμα συγκεκραμένον τοῖς καλῶς ἐν αὐτῷ γεγονόσι ἐκ θεοῦ, φημὶ δὲ ὀρέξεσιν, ... διὰ χρῆσιν ἀγαθὴν καὶ ἀναγκαίας χρείας τάξιν ... ἔστι γὰρ (sc. ἡ ὄρεξις τῆς κατὰ τὸ σῶμα ἐπιθυμίας) πρὸς παιδοποιίαν ἐν σεμνότητι δοθεῖσα, καὶ εἰς δόξαν τοῦ ποιήσαντος τὰ πάντα" (pan. 45,3). V.a. sind es die ihrerseits im gnostischen Lager verworfenen [16] Pastoralbriefe (1Tim 4,3-5: κωλυόντων γαμεῖν, ἀπέχεσ-θαι βρωμάτων, ἃ ὁ θεὸς ἔκτισεν εἰς μετὰ λημψιν ... ὅτι πᾶν κτίσμα θεοῦ καλόν ...) gewesen, die auf Jahrhunderte hinaus im Kampf gegen häretische Weltentsagung als Waffe gedient haben.

d. *Schöpfungsimmanente Heilserwartung (Fleischesauferstehung).* Im Zusammenhang mit der Ehediskussion steht auch die Verwer-fung kirchlichen Auferstehungsglaubens. Im Anschluß an die Be-schreibung wahrer Gnosis (35,20ff) heißt es in 36,26-37,1f zunächst: ,,[Dies] ist das vollkommene Leben, [wenn] der Mensch [sich selb]st durch das All erkennt; [nicht wird er die] fleischliche (σαρκική) [Auf]erstehung (ἀνάστασις) erwarten, welche durch die Zerstörung [des Fleisches (σάρξ)] (doch nur) von [ihm (dem Fleisch)] entblößt [werden wird]". Das ist ein eindrucksvoller Kontrast: im Gegensatz zum Gnostiker, der kraft seiner Selbsterkenntnis — nämlich der Erkenntnis seines wahren Ursprungs, wie es zuvor hieß (35,25ff) — bereits in der Welt von der Welt erlöst ist und das

---

[14] Clem.Al.str. III,91,1f; Übers. STÄHLIN (BKV).
[15] In anderem Zusammenhang, so der Frage des Theaterbesuchs (Tert. spec. 2), mußten die Vertreter der Rechtgläubigkeit genau so gegen eine Berufung auf die Schöpfungswirklichkeit Stellung beziehen.
[16] Cf. ZAHN Geschichte I 266 Anm. 2.

,,vollkommene Leben" hat, erwartet der kirchliche Glaube auch für die Zukunft nichts anderes als die Fortdauer (bzw. Wiederherstellung) der jetzigen sarkischen Existenz: er hofft auf das Fleisch, das doch zum Untergang bestimmt ist. — Den Zusammenhang mit der Ehefrage stellt nun die Fortsetzung her: ,,[Diese aber] irren (πλανᾶσθαι), wenn sie ihre nichtige Auf[erstehung erwarten], da [sie] nicht die Kraft (δύναμις) [Gottes kennen] noch (οὐδέ) [die Bedeutung] der Schriften (γραφή) verstehen (νοεῖν), [denn vi]eldeutig [ist das Myste]rium (μυστήριον), das [der Men]schenso[hn geoffenbart] hat" (37,2-11). Im NT weisen die hier zitierten Worte (Mt 22,29[ff]) die Erwartung fortdauernden ,,Freiens" im kommenden Äon ab; für TestVer werden sie zur Kritik den Hoffnung auf Wiederherstellung des Fleischesleibes überhaupt [17]. Das ist vom Standpunkt von TestVer aus gesehen zwingend — ist doch das sexuelle Begehren die dem Fleisch eigentümliche Betätigung und gehören Ehe wie Leiblichkeit in gleicher Weise zu der Schöpfung, der es abzusagen gilt —, steht aber in charakteristischem Gegensatz zur kirchlichen Anschauung, wo der Zweck der Askese ja gerade darin gesehen werden konnte, das Fleisch *für* die Auferstehung rein zu halten. — Wichtig ist die präzisierende Hinzufügung des ,,Mysteriums des Menschensohnes"; dazu cf. den nächsten Punkt.

e. *Die fehlende praktische Konsequenz aus der Jungfrauengeburt.* *39,21-40,20* stellt der natürlichen Zeugung der Christen (40,1ff) die jungfräuliche Geburt des Christus gegenüber: ,,[Er] wurde von einer Jungfr[au (παρθένος)] geboren, er nahm Fleisch (σάρξ) an, er hat [........ ohne dabei] ihre (der Archonten) Kraft anzunehmen (oder: [... er hat] eine (himmlische) Kraft empfangen [18])" (39,29-40,1). Zuvor ist von der Taufe Christi die Rede, bei der der ,,Hlg. Geist" bzw. der ,,[Lo]gos" auf ihn in Gestalt einer Taube herabstieg, offensichtlich deshalb — der Text weist Lücken auf —, weil er in Christus ein kraft seiner jungfräulichen Geburt reines und

---

[17] Mt 22,29f bzw. das eine präsentische Deutung zulassende Lk 20,34 haben ja der häretischen Askese (Markion, Tatian u.a.) als wichtige Stütze gedient (cf. NAGEL Motivierung 34ff; VÖÖBUS History I 43f; ZAHN Geschichte I 700f).

[18] 40,1: [.....] ⲬⲒ ⲚⲚⲞⲨϬⲞⲘ. ⲚⲞⲨ ist entweder pron.poss. 3.prs.pl. (dann ist ϬⲞⲘ, sachliches Äquivalent zu der ⲆⲨⲚⲀⲘⲒⲤ ⲘⲠⲤⲰⲘⲀ 30,31f, etwa die bei der Zeugung eingeflößte Kraft der Archonten [cf. PS 8,4ff]) oder — wie in 42,16 (cf. 45,25) — art.indef. mit verdoppeltem Ⲛ (ϬⲞⲘ ist dann die die bei der Taufe herabsteigende himmlische ,,Kraft" [30,26f]).

deshalb zur Aufnahme befähigtes Gefäß vorfand. Dieser Vorzug jungfräulicher Reinheit qua Geburt geht den fleischlich gezeugten Menschen ab, doch können auch sie rein zum Empfang des Logos werden: „Sind etwa (μήτι) (auch) wir sel[bst im] jungfräu[lichen] Stande (παρθενική + σύστασις) geboren worden [und] durch den Logos (λόγος) gezeugt [worden? Vielmehr sind] wir durch [den Logos (λόγος)] wieder[geboren worden]. Laßt uns also uns als stark erweisen [durch] jungfräulichen (παρθένος) [Wandel] in männlichen [Gedanken (o.ä.; cf. 44,3)]" (40,1-8). Die jungfräuliche *Geburt* des Christus setzt den Maßstab für den *Wandel* des Christen, der gleich seinem Erlöser mit dem Logos getauft werden will — das scheint der Sinn dieses leider zerstörten Abschnittes zu sein [19].

In analoger Weise werden in *45,6-22* Johannes (laut 31,3-5 „Archon des Mutterleibes" [cf. Lk 7,28] und Christus (der die „Herrschaft der fleischlichen Zeugung" beendet hat: 30,29f) einander gegenübergestellt. Beide sind „vom Wort gezeugt"; doch ist der eine von Elisabeth, „einem alten, verbrauchten Mutterleib geboren", der andere aber „ging durch den Mutterleib einer Jungfrau hindurch", die „weiterhin als Jungfrau erfunden wurde". Bei Maria also kam der Logos in ein reines, bei Elisabeth jedoch in ein (infolge ständigen Geschlechtsverkehrs) unreines Gefäß: wir erinnern uns an die Diskussion rechter und falscher „Aufnahme" des „Logos" (31,5ff.10ff 38,22ff.27ff). Daß hier ein „um unseretwillen" vorgebildetes „Mysterion" beschlossen liegt, betont TestVer ausdrücklich (45,19-22); es kann nur in der Aufforderung liegen, sich in gleicher Weise wie Maria rein zur Aufnahme des Logos zu halten.

Diese *asketische Wertung* der Jungfrauengeburt ist in mehrfacher Hinsicht von ganz *erheblicher Bedeutung*.

1. TestVer stellt verschiedene christologische Vorstellungen nebeneinander, die uns unausgleichbar erscheinen und gemeinhin als

---

[19] Der früheste Beleg einer solchen Anschauung ist Ps. Just. resurr.: „Unser Herr Jesus Christus wurde nur aus folgendem Grunde aus einer Jungfrau geboren: er sollte die Erzeugung, die aus gesetzloser Begierde hervorgeht, zunichte machen . . ." (zitiert nach CAMPENHAUSEN Jungfrauengeburt 43f.66); ausgeprägt liegt sie in den pseudoklementinischen Briefen Ad virgines vor: „Der Schoß der heiligen Jungfrau hat unsern Herrn Jesus Christus, den Sohn Gottes, getragen, und den Körper, den unser Herr trug und in dem er den Kampf in dieser Welt führte, hat er von der heiligen Jungfrau angezogen. Daraus erkenne also die Größe und Herrlichkeit der Jungfräulichkeit! Willst du ein Christ sein? So werde Christus in jeder Hinsicht ähnlich!" (PsClem.virg. I,6: DUENSING ZKG 63 [1950/51] 172; cf. KOCH Virgo Eva 74ff).

Abgrenzungsmerkmal der verschiedenen Häresien dienen. Christus ist ungeboren, er kam direkt vom Himmel (30,18-31,5) — das markionitische Modell [20]; er ist geboren, ging aber ohne Berührung durch den jungfräulichen Leib hindurch (45,14ff) — ein typisches Moment innerhalb der valentinianischen Christologie [21]. Er hat einen „Fleisches"-Leib, rein durch jungfräuliche Geburt, auf den so bei der Taufe der „Logos" herabsteigen kann (39,20ff); einer Taufe unterzog er sich nicht (30,18ff). TestVer kann diese *widersprüchlichen Traditionen* deshalb nebeneinander stellen, weil sie alle für es dasselbe ausdrücken — nämlich daß Christus „der Befleckung fern blieb" (30,20) und so frei von der der Zeugung anhaftenden „Sünde" ist (33,1f) — und darin den Weg des Christen vorzeichnet (seit Christus „hat die Herrschaft der fleischlichen Zeugung ein Ende gefunden" [30,29f]).

2. *Diesen Sinn* jedoch *haben die Kirchenchristen überhaupt nicht erfaßt*. Dem der jungfräulichen Geburt des Erlösers gemäßen Lebenswandel, den 39,21-40,20 entfaltet, ist ihre Berufung auf den Schöpfungszweck des Leibes direkt entgegengesetzt, von dem unmittelbar zuvor die Rede ist (38,27ff). Als Abschluß der Maria-Elisabeth-Typologie wendet sich TestVer direkt an seine Gegner: „Weswegen [irrt] ihr und forscht nicht nach diesen Geheimnissen (μυστήριον), die um unseretwillen vorgebildet (— τυποῦν) sind" (45, 19-22). Da sie beharrlich, trotz des nicht-fleischlichen Ursprungs des Erlösers, an den Werken der Befleckung festhalten, gilt für sie das Urteil: „sie wissen nicht, wer Christus ist" (32,1f).

3. CAMPENHAUSEN urteilt im Hinblick auf die kirchliche Literatur bis hin zu Cyprian und Novatian: „Im Kampf gegen die Gnosis war die Jungfrauengeburt grundsätzlich ‚dogmatisch' gewertet worden. Sie begründet als Geburt die wahre Menschheit Christi ... Eine moralische Deutung des Geschehens kam daneben praktisch nicht in Betracht. Sie hätte ja nur asketisch sein können, und die asketischen Neigungen der Gnosis ... schlossen jede Auslegung in diese Richtung von vorherein aus" [22]. In dieses Bild fügt sich — in

---

[20] Tert.adv.Marc. I,15.19 III,11 IV,7.21; Hipp. VII,31,5; cf. Apelles (Tert.carn.Chr. 6,1), „Kerdo" (Epiph.pan. 41,1,7), Satornil (Iren. I,24,2), 3Kor 1,14.

[21] Iren. I,7,2 („per Mariam transierit quemadmodum aqua per tubam"); III,11,3 16,1 22,1; Tert.adv.Val. 27,1; carn.Chr. 20,1.6; Orig.Comm.Gal. (5,270 Lomm.; s. HARNACK Ertrag II 74). HARNACK Dogmengeschichte I 282 Anm. 1 zählt ein solches „per Mariam" zur „regula" der Valentinianer.

[22] CAMPENHAUSEN Jungfrauengeburt 40, cf. 43.

spiegelbildlicher Umkehrung — TestVer genau ein: es vertritt jene asketische Deutung, die die kirchliche Theologie im wesentlichen aus antignostischen Motiven unterlassen hat — außerhalb der polemischen Relation zur Gnosis hat sie später Verbreitung gefunden — und deren Unterlassung diese gnostische Schrift ihren kirchlichen Opponenten vorwirft.

EXKURS IV: ASKETISCH AUSGERICHTETE KRITIK DER GNOSTIKER AN DER KIRCHE

1. *Die asketische Grundeinstellung der Gnosis.* Die Position schroffster Askese, von der aus TestVer das kirchliche Christentum attackiert, ist in weit höherem Maße repräsentativ für die gesamte Gnosis, als gemeinhin angenommen wird. Die gängige Darstellung besagt, daß sich der gnostische Akosmismus in zwei entgegengesetzten Verhaltensweisen artikulieren kann, entweder als „Verachtung des Stoffes in Libertinismus oder (als) Ertötung desselben in Askese" (so JONAS Gnosis I 236; ebenso etwa HARNACK Dogmengeschichte I 290; LOHSE Askese 141; patristische Hauptstütze ist Clem.Al. str. III,40,1f). Dieser Sichtweise als solcher sei nicht unbedingt widersprochen, doch läßt sich von diesen beiden theoretisch gleichrangigen Möglichkeiten faktisch nur die Verwirklichung der asketischen wirklich nachweisen. Denn erstens sind — was allein schon aussagekräftig genug ist — die erhaltenen gnostischen *Original*texte, v.a. die der Nag-Hammadi-Bibliothek, ohne Ausnahme asketisch geprägt [23] (die in Clem.Al.str. III,6 zitierte Schrift des angeblichen Karpokrates-Sohnes Epiphanes fällt als Gegenbeispiel aus, da in ihr nichts Gnostisches steht; zur Problematik der Karpokrates-Überlieferung insgesamt s. KRAFT ThZ 8 [1952] 434-443).[24] — Die anderslautenden Berichte der *Kirchenväter* hingegen unterliegen zunächst einmal dem Verdacht tendenziöser Verzerrung. Wie sehr hier Ketzerklischees produktiv sein konnten, zeigt schon das Beispiel des Tertullian: als Montanist sucht er denselben kirchlichen Agapen unzüchtige Praktiken zu unterstellen (ieiun. 17), deren Heiligkeit zu preisen er als Kirchenmann nicht müde geworden war (apol. 39). Wie sehr solche Ketzerklischees tatsächlich wirksam waren, demonstriert als Einzelfall etwa die Überlieferung über die Karpokratianer: Iren. (I,25,5) bezweifelt noch ihr frevelhaftes Treiben, über das 200 Jahre später Epiph. (pan. 27,4,5ff) — „von der Wahrheit gezwungen" — detailliert zu berichten weiß. Das klassische, da angeblich durch das Augenzeugnis des Epiph. verbürgte und deshalb etwa von LOHSE Askese 140f angeführte Beispiel gnostischer Zügellosigkeit — der Bericht über die „Stratiotiker" bei Epiph. pan. 26,4f — fällt angesichts seiner inneren Widersprüche als Beweismittel restlos aus und ist allenfalls ein bestürzendes Dokument für die Leichtfertigkeit des Epiph. im Umgang mit der Wahrheit und diejenige moderner Kritiker im Umgang mit Epiph. (s. die glänzende Analyse bei

---

[23] Dies ist im Einzelnen belegt und diskutiert in der Monographie von F. WISSE: The Ethical Stance of the Nag Hammadi Tractates (erscheint in den Nag Hammadi Studies).

[24] Cf. die analoge Kritik der Gnostiker des Plotin-Kreises: „Vielleicht aber führen sie an, daß ihre Lehre die Menschen dazu bringe, den Leib zu fliehen, wenn sie ihn schon von weitem hassen, die unsrige dagegen *die Seele am Leibe festhalte*" (Plot.enn. II,9,18; Übers. R. HARDER).

KRAFT Gemeinschaftsleben 78-85). — Schließlich — und das ist der wichtigste Gesichtspunkt — ist Libertinismus meistens diejenige *Konsequenz* aus
gnostischen Anschauungen (wie v.a. der vom φύσει σῳζόμενος), die nicht den
Gnostikern selbst, wohl aber ihren Gegnern zwingend erschien (cf. allgemein die Klage des Clem.A.: „Sie mißachten die aus ihren eigenen Lehren
zu ziehenden Folgerungen [ἀκολουθία]" [str. VII,97,2]). Wenn etwa Tert.
feststellt: „Negant deum timendum" und dann fortfährt: „*itaque* libera sunt
illis omnia et soluta" (praescr. 43,3), so ist das *seine* — des Tert. — Interpretation, die den Gnostikern gegenüber genauso ungerechtfertigt ist, wie
sie es gegenüber Orig. (und seiner Ablehnung von Furcht als Motiv ethischen
Handelns) wäre. Diesen Fragekomplex hat WISSE eingehend diskutiert
(Sextus 55-86; s. v.a. seine Ethik-Monografie [s. S. 123 Anm. 23]). Zur Kritik
der deterministischen Deutung des φύσει σῳζόμενος s. unten S. 224-227.

Diese kritischen Bemerkungen wollen nicht die bestehende Vielfalt in den
ethischen Anschauungen der Gnostiker nivellieren. Daß es im gnostischen
Lager Ansichten gegeben hat, die vom rigoristischen Standpunkt von Test-
Ver abweichen, zeigt allein schon die antignostische Polemik von TestVer:
sie werden an diesem Ort auch angesprochen werden (s. S.152-160). Gleichwohl kann die Forderung nach strikter Enthaltsamkeit als ein dominieren-
des Merkmal der gnostischen Bewegung gelten. HARNACK (Dogmengeschichte
I 454 Anm. 2) zeigt, wie im Lauf der Entwicklung der Alten Kirche sowohl
aufseiten der Katholiken wie aufseiten der rigoristischen Reformbewegungen
die sittlichen Anforderungen immer geringer werden. Bezogen auf dieses
Bild sukzessiver „Verweltlichung" im kirchlichen wie im außerkirchlichen
Raum zeigt die gnostische Bewegung, mit und ohne Einschluß von Mar-
kionismus und Manichäismus, in ihrer Askese durch die Jahrhunderte hindurch — von den Häretikern der Pastoralbriefe bis hin zu den Archontikern
des Epiphanius — konstant dieselbe aktive Schöpfungsfeindschaft und ist
zumindest in dieser Hinsicht das genaue Gegenteil jener „akuten Verweltlichung" des Christentums, als die HARNACK sie verstanden hat.

2. *Asketisch ausgerichtete Polemik.* Wieweit schlägt sich nun diese asketische Grundeinstellung in der antikirchlichen Polemik nieder?

ApcPt (NHC VII,3) 75,15-26 stellt fest, daß die Kirchenchristen, da dieser
Welt verhaftet, mit dieser Welt zugrunde gehen werden: „Jeder Seele dieser
Äonen ist in unseren Augen der Tod bestimmt. Denn sie sind allezeit versklavt, da sie geschaffen ist für ihre Begierden und das ewige Verderben
(, das) jene (Begierden bewirken) . . . Sie (die Seelen) *lieben die hylischen
Geschöpfe,* die mit ihnen zusammen hervorgekommen sind". In diesem Zusammenhang ist auch die Polemik gegen die auf den Namen des „Hermas"
geschaffene „Nachahmung" der wahren „Sündenvergebung" zu sehen, die
bei den Kirchenchristen in Geltung steht (s. S. 54-60). — Auch die in
AuthLog (NHC VI,3) redende Gruppe sagt von ihren Gegnern und Ver-
folgern, die im kirchlichen Christentum zu suchen sind (s. S.198-202): „*Jene*
betreiben ihr (weltliches: cf. 26,26ff) Geschäft. Wir aber sind unter Hunger
und Durst unterwegs und halten Ausschau nach unserem (himmlischen)
Wohnort" (27,12-16). — In *ExAn* (NHC II,6) 134,29-32 lesen wir, daß
Rettung „nicht durch Worte der Askese (ἄσκησις) kommt, noch durch
Künste (τέχνη), noch durch geschriebene Lehren". Nach der Fortsetzung
scheint dies auf den Gegensatz menschlicher Anstrengungen und göttlicher
Gnade abzuzielen. Doch betont 137,22-26 nachdrücklich, daß „wahrhaftige"
Reue die Voraussetzung der göttlichen Gnade ist, und angesichts der häufig
ausgesprochenen Abwertung rein äußerlicher Handlungen (zB 135,6f.23ff
136,20ff) werden wir hier den Gegensatz von „(bloßen) Worten" anstelle

der notwendigen *Werke* der Askese zu sehen haben. Ähnlich warnt ja 136,21-27: ,,Die (nur) heuchlerisch beten, betrügen sich selbst. Denn Gott ... prüft das Herz ..., damit er den der Rettung Würdigen erkenne. Denn keiner ist der Rettung würdig, der noch den Ort des Betruges liebt''. — Den Kampf gegen jegliche Berufung auf den Schöpfungszweck des Leibes bei *Julius Cassian* (Clem.Al.str. III,91,1f) haben wir bereits diskutiert. — Nicht als gnostisches Dokument, wohl aber als Nag-Hammadi-Text verdienen die *ActPt* (NHC VI,1) Erwähnung, nach denen die wahren Christen mit den ,,Reichen'', die in den ,,Ekklesien'' bei der ,,sündigen'' Masse Einfluß besitzen, keine Gemeinschaft halten sollen (11,26-12,13). — In *2LogSeth* (NHC VII,2) wird die für die Kirchenchristen charakteristische ,,Liebe zur irdischen Materie'' an exponierter Stelle — bei der Erörterung der katholischen ,,Nachahme''-Kirche — thematisiert (60,21-61,23). Die Kirchenchristen suchen die ,,Freiheit und Reinheit der vollkommenen Ekklesia'' nachzuahmen, bringen aber nur das genaue Gegenteil zustande. ,,Sie haben nämlich nicht die Erkenntnis der Größe vollzogen, daß diese von oben stammt ... und *nicht* aus Sklaverei, Neid, Furcht und *Liebe zur irdischen Materie*''. Ihr Grundfehler ist der, daß sie Unvereinbares (69,14-20) zu vereinen suchen: sie dienen eben ,,zwei Herren'' (60,2f). Sie sind von ,,Begierde'' getrieben, während die Gnostiker in distanzierter Souveränität ,,das Fremde und das Eigene gebrauchen'' (61,7-17).

Derjenige Nag-Hammadi-Traktat, dessen Polemik am massivsten von seiner asketischen Einstellung bestimmt ist, ist — neben TestVer — zweifellos *LibTh* (NHC II,7) [25]. Diese Schrift stammt aus Syrien (Judas-Thomas-Tradition) und ist in der vorliegenden Form sicher späteren Datums (3. Jh.); auffällig sind einzelne protomanichäische Elemente (Sonne als Sammelort der Lichtfunken und als ,,guter Diener'' der Erlösung: 139,22-31). Für LibTh ist der Körper — ekligen Ursprungs, Stätte der Leidenschaften, bestimmt zum Untergang — die Quelle allen Übels. Wer nicht das ,,Feuer'' der Leidenschaft löscht, wird im ,,Feuer'' der Hölle umkommen; allein strikte Enthaltung vermag vom ,,Fleisch, der Fessel der Bitterkeit'' zu befreien. Solche Askese, die zunächst nur als Ausdruck einer allgemein-dualistischen Anthropologie verstanden zu werden braucht, ist nun aber als Wirkung der richtigen ,,Erkenntnis'' dargestellt. Das zeigt sich positiv in der Vorordnung des Prologs (138,4-36) über die Selbsterkenntnis (,,Erkenne, wer du bist, wie du bist, wie du werden wirst'') vor die Belehrung über die Beschaffenheit des Leibes (138,36ff); das zeigt sich negativ am Beispiel jener ,,Unglückseligen'', die aus Unkenntnis des wahren Wesens der Welt und der Leiblichkeit der Lust fröhnen. ,,Ihr erkennt nicht euer Verderben, ihr erkennt nicht, worin ihr seid, ihr habt nicht erkannt, daß ihr in der Finsternis und im Tode seid'' (143,24-26; ebenso 141,22f 143,29ff 140,15f). Deshalb ,,lieben sie ihren Körper'' (141,41f) und ,,vollenden'' — anstatt die unglückselige Zeugungskette abzubrechen — ,,die Begierde ihrer Väter'' (141, 32), ja sie sind ,,Knechte des Todes'' (140,30-32). ,,Wehe euch, die ihr den Verkehr mit der Weiblichkeit und das schmutzige Zusammensein mit ihr liebt'' (144,8-10). — Dieser Angriff zielt nicht allgemein auf ,Weltmenschen', sondern speziell auf christliche Gegner ab. Dies ergibt sich deutlich daraus, daß sie deutlich als Abgefallene charakterisiert werden. Sie haben nicht mehr ,,die Liebe (ἀγάπη) des Glaubens (πίστις), die sie zuvor hatten'' (141,

---

[25] Text und Übersetzung bei KRAUSE-LABIB Schriften 88-106 (dazu SCHENKE OLZ 70 [1975] 9ff) sowie TURNER Thomas 6-63 (dort auch Kommentar). Cf. auch TURNER Tradition.

1of; cf. 142,11 139,33 145,3ff); „[sie werden] von dir ablassen" (141,38);
„eure Freiheit habt ihr mit Knechtschaft eingetauscht" (143,31f). Sie suchen
zwar das Verborgene zu erkennen, aber erfolglos, da sie es „ohne die erste
Liebe (des Glaubens)" unternehmen (141,12ff: Apc 2,4; cf. Mt 24,12; Asc-
Jes 3,21; Const.Ap. VI,13). Sie haben zwar die Flügel, die von der Welt des
Offenbaren wegführen, aber sie gebrauchen sie nicht (140,18-20). Die asketische Predigt der Thomasleute weisen sie ab (144,37ff) und verspotten sie
(142,21ff.27ff). Die Prediger selbst werden von ihnen „bedrängt" und „geschmäht" (145,3ff). — An dieser Polemik gegen die mangelnde Enthaltsamkeit der Gemeindechristen verdienen folgende Momente noch besondere Beachtung. 1. Sie schließt — wie in TestVer — die Verwerfung der Hoffnung
auf Fleischesauferstehung ein, da sich diese auf Vergängliches richtet (143,
1off: „Wehe euch, die ihr auf das Fleisch hofft, d.h. das Gefängnis, das zugrunde gehen wird") und für die Zeit nach dem Tod das Heil erwartet, das
zu Lebzeiten erworben werden muß (143,5-7). 2. Sie läßt — wie TestVer —
die Geschöpflichkeit des Leibes als Rechtfertigungsgrund nicht gelten (141,
23ff: „Sie werden sagen: ‚Wären wir nicht im Fleisch geboren, so hätten wir
nicht [(das) Feu]er (der Leidenschaft) erkannt'). 3. Sie wendet die Motive
der antiheidnischen Polemik auf die innerchristlichen Gegner an: diese sind
die „Gottlosen" (143,9: cf. Eph 2,12), „die keine Hoffnung haben" (145,7
143,9: cf. 1Thess 4,13; Eph 2,12), „da eure Hoffnung auf der Welt ruht und
euer Gott dieses Leben ist" (143,13f). Für LibTh ist das nicht-asketische
Christentum ganz und gar „Welt" (142,22f).

Zu erinnern ist schließlich an die *Manichäer*, deren Propaganda auf die
minderwertige Sittlichkeit der Katholiken abzielt (cf. BRUCKNER Faustus
70.72ff), sowie an jenes breite Spektrum *asketischer und monastischer Strömungen* des 4. und 5. Jh.s, die die Askese den kirchlichen Sakramenten vor-
ordnen (s. S.141-142), an der verweltlichten Kirche Kritik üben („Sie tadeln
unsere Bischöfe und nennen sie ‚Reiche' ": [Ps.] Epiph.anac. 70 über die
Audianer) oder zumindest auf Distanz zu ihr gehen. Dem gnostischen Ausstrahlungsbereich sind diese Gruppen insofern zuzurechnen, als diese asketische Einstellung zumindest sekundär Ausdruck in gnostischen Mytho-
logumena finden konnte (cf. die Verbreitung des AJ bei den Audianern:
HENNECKE-SCHNEEMELCHER I 232f), bei ihnen darüber hinaus aber gnostische Motive zweifellos ursprünglich treibend waren. Dies hat REITZEN-
STEIN in seiner „Historia Monachorum und Historia Lausiaca" bereits
1916 gezeigt (cf. v.a. S. 186 sowie 185-241; s. ferner VOÖBUS History I 109-
169), und neuere Erkenntnisse, wie etwa die von der Herstellung der Nag-
Hammadi-Bibliothek in einem pachomianischen Kloster (cf. BARNS Covers
9-18), fügen sich diesem Bild bestens ein.

3. *Der Stellenwert dieser Polemik.* Trotz der diskutierten Beispiele ist die
mangelnde Enthaltsamkeit der Kirchenchristen kein vorherrschendes
Thema gnostischer Polemik. Das hat verschiedene Gründe. Einmal ist
die in der Askese zum Ausdruck kommende Verwerfung der Leiblichkeit
meist nicht Gegenstand, sondern *Voraussetzung* der Polemik. So in der
Frage der Fleischesauferstehung (s. TestVer, LibTh; der Unterschied kirchlicher gegenüber gnostischer Askese konnte ja gerade darin liegen, das
Fleisch für die Auferstehung rein zu erhalten zu suchen, wie es etwa die
antignostischen Acta Pauli fordern) oder der Christologie: wer den Gekreuzigten bekennt, also den leiblichen Christus als den eigentlichen an-
sieht, „adhuc hic servus est et sub potestate eorum qui *corpora* fecerunt"
(Iren. I,24,4. Cf. auch den Zusammenhang der oben zitierten Stelle ApcPt
[NHC VII,3] 75,15-26 sowie von Cl.Al.str. III,102 als Abschluß der Ehedis-

kussion des 3. Buches der stromata). Zum andern scheinen gnostische Attacken auf die kirchliche Moral kennzeichnend eher für die spätere Zeit
zu sein, in der die Diskrepanz zwischen gnostisch-asketischem Ideal und
kirchlicher Wirklichkeit weit krasser als im 2. Jahrhundert war, in dem
Rechtgläubige (etwa Pinytos von Knossos: Eus.h.e. IV,23,7f; cf. MÜLLER
Ehelosigkeit 18) und Gnostiker noch in denselben rigoristischen Grund-
sätzen übereinstimmen konnten. Was an der Einstellung der Gemeindechristen in erster Linie Kritik verdiente, war für einen Valentinianer des
2. Jh.s wohl eher deren äußerlicher Moralismus und die Beschränkung des
Christentums auf eine Religion der ,,Werke", der gegenüber die Gnostiker
den Vorrang der göttlichen Gnadenwahl geltend machten (cf. Iren. I,6,4
und PAGELS VigChr 26 [1972] 254f).

2. Das nichtige Zeugnis der kirchlichen Märtyrer

Aus der Unumgänglichkeit striktester Enthaltungsaskese ergibt
sich notwendigerweise die Kritik eines Sakramentalismus, der auf
die heilssichernde Wirkung von *Blut- und Wassertaufe* setzt. Beide
sind in der Polemik von TestVer deutlich aufeinanderbezogen. Weit
stärker aber als auf die Wassertaufe richtet TestVer dabei seine
kritische Aufmerksamkeit auf das Martyrium und die fatalen Folgen des Glaubens an seine sündentilgende Kraft. Das entspricht
durchaus der besonderen Wertschätzung des Martyriums im kirchlichen Lager: ,,Der Grundsatz, daß die Bluttaufe der Wassertaufe
gegenüber der schnellere und kürzere Weg zum ewigen Heil sei,
war kaum angezweifelt" [26].

a. *Die wichtigsten Stellen.* Der entscheidende Abschnitt (*31,22-
34,11*) lautet — unter Ausklammerung des Einschubs über die
Wundertaten Christi (32,22-33,24; s.u.) — folgendermaßen:

,,(pg. 31 Z.22) Die Toren [hingegen] denken [in] ihrem Herzen, wenn
sie (nur) dem Worte nach, nicht aber in Kraft bekennen (ὁμολογεῖν):
,Wir (25) sind Christen (χρηστιανός)', wobei sie sich der Unwissenheit,
(d.h.) einem Tod nach Menschenart ausliefern, da sie weder (30) wissen,
wohin sie gehen, (p. 32) noch (οὐδέ) wissen, wer Christus ist — so denken
sie, daß sie leben werden! Infolge (ὅποτε) ihrer Verblendung (πλανᾶσθαι)
jagen (διώκειν) sie hin zu den Mächten (ἀρχή) (5) und Gewalten (ἐξουσία)
und (δέ) fallen wegen der Unwissenheit, die in ihnen ist, in die Hände
von diesen. Denn (γάρ) wären (bereits) bloße Worte des Zeugnisses
(10) heilskräftig, so würde die ganze Welt (κόσμος) darauf warten
(ὑπομένειν) und würde gerettet werden. Aber (ἀλλά) solche Verblendung
(πλάνη) haben sie sich selbst [zugezogen] (15) [Z. 15-17 zerstört] [sie

---

[26] DÖLGER Antike II 137. Wichtige patristische Belege zur Parallelisie-
rung von Blut- und Wassertaufe: Tert.bapt. 16; scorp. 6; Pass.Perpet. 21,2.3
18,3; Cypr.AdFort.praef. 4; PsCypr.rebapt. 14; Orig.mart. 30,1; Cyr.cat.
3,10; Chrys.pan.Lucn. 2; dazu DÖLGER Antike II 117ff; HELLMANNS Wertschätzung 9-37.

wis]sen nicht, [daß] sie sich selbst [verderben] werden. [Denn (γάρ)] würde [dieser (= Gott)] (20) ein Menschenopfer (+ θυσία) wollen, so wäre sein (so erlangter) Ruhm hohl (κενόδοξος).
(. . .)
(pg. 33 Z.24) [Das] (25) sind die [nich]tigen Zeugen (μάρτυρος), die (nur) [für sich] selbst Zeugnis ablegen. Fürwahr (καίτοι) sie [sind] krank, und nicht vermögen sie sich zu erheben. (pg. 34) Wenn (ὅταν) sie aber (δέ) ihr (Leben voller) Leidenschaft (πάθος) vollenden, so ist dies der Gedanke, den sie bei sich haben: ‚Wenn wir (5) uns um des Namens willen dem Tod ausliefern (παραδιδόναι), so werden wir gerettet werden'. Aber (δέ) so verhält es sich nicht. Vielmehr (ἀλλά) sagen sie unter Einwirkung der Irrsterne (ἀστήρ + πλανᾶν), (10) daß sie ihren — nichtigen! — Lauf vollendet haben."

Auf das Thema ‚Martyrium' ist auch der weitere Zusammenhang bezogen. So zunächst der Einschub über die *Wundertaten Christi* (*32,22-33,24*), der seine ,,Höllen"-Fahrt mit den Totenerweckungen, die Heilungswunder (Lk 7,21f) sowie den Seewandel Christi (Joh 6,15ff) schildert [27]: er scheint zur Belegung des Vorwurfs bestimmt zu sein, daß die Märtyrer, die sich als ,,Christen" ausgeben, in Wirklichkeit ,,nicht wissen, wer Christus ist" (31,24f 32,1f). Denn diese Märtyrer sind ja voll von ,,Leidenschaften" und deshalb

---

[27] Die einzelnen *Elemente* dieses Abschnittes sind verbreitet. Cf. zum Motiv der Hadesfahrt — die hier wohl wie in Iren. V,31,2 auf den Herabstieg in diese Welt zu beziehen ist — in gnostischen Zeugnissen die Zusammenstellung bei WEIGANDT Doketismus 13 Anm. 40 sowie Noema (NHC VI,4) 41,7ff (cf. auch WERNER Entstehung 253-271); zu Wundersummarien im Stil von Lk 7,21f/Mt 11,5 die Liste bei BAUER Leben 363f; zum Seewandel Jesu im gnostischen Bereich ActJoh 47. — Zum Verständnis des *Wunders in der Gnosis* liefert TestVer einen wichtigen Baustein, der allein schon die Unhaltbarkeit der These von SCHOTTROFF (Glaubende 267f: ,,Die Wunder Jesu werden in der christlichen Gnosis ... mit Stillschweigen übergangen") belegt. Gnostiker haben die gegenständliche Realität der ntl.n Wundererzählungen, die Antignostiker polemisch gegen sie geltend machten (zB Iren. V,13,1; Clem.Al.str. III,104,4; Ephr.hymn. 43,16 37,7; EpAp 5 [16]), bestritten (Tert.carn.Chr. 10: ,,non carnis, sed animae nostrae solius liberandae causae procecisse Christum"; Iren. II,32,4) und allegorisierend verflüchtigt (Iren. I,3,3 8,2; Heracl.frgm. 40; Orig.Comm.Jo. XX,20), aber auch — zumindest teilweise — bewußt gelten lassen können (Tert.resurr. 38; Marcion.ap.Adam.dial. 1,20; EpPt [NHC VIII,2] 140,4ff; die gnostisierenden Apostelakten; cf. das ,,virtutes perficisse" in Iren. I,24,4 26,1 30,13; PS 115,15 116,4.21.34). Auch TestVer scheint neben der Allegorese, die den entscheidenden — enkratitischen — Sinn der Wunderberichte dartut, das gegenständliche Moment anerkannt zu haben; Krankheiten sind ebenso wie der Gegensatz von arm und reich Beweis der Erbärmlichkeit dieser Schöpfung (42,8ff). — Zu dem Vorwurf der *Nichtbeachtung* dieser Wundertaten cf. die Exegese von Lk 7,21f/Mt 11,5 durch Markion (Tert. adv.Marc. IV,18; Adam.dial. I,26) und Faustus (Aug.c.Faust. V,1); vielleicht ist das ,,Zeugnis" des Täufers in TestVer 30,24f, wo ebenfalls auf Lk 7 (v. 28) Bezug genommen wird (31,4f), ähnlich zu deuten.

„krank" (33,27f); Christus aber hat die Kranken „geheilt" und
solche „Werke" der „Weltherrscher der Finsternis" [28] zerstört.
Die Märtyrer glauben ein Menschenopfer erbringen zu müssen (32,
19ff); doch ist die Macht der Archonten gebrochen, seit sie an Christus — und durch ihn auch an den Gnostikern, deren „Erstlinge
(ἀπαρχή)" Christus „anzog" [29] — „keine Sünde fanden" (32,22-
33,1) [30]. Christus wandelt über das Wasser (im Sinn der Wasser-
typologie von 31,1-3 sicher Ausdruck des Sieges über die „Epithymia des Geschlechtsverkehrs"); die kirchlichen Märtyrer aber
— im Bild der Jünger, die Christus nur von ferne sehen (Joh 6,19)
— sind „nichtige Zeugen" dieses Geschehens (33,8f.22-27). — Der
Darstellung der kirchlichen Märtyrer in 33,24ff ist die Kritik ihrer
Erwartung einer *künftigen Auferstehung* (*34,26ff*) angeschlossen:
„Einige sagen: ‚Am Jüngsten Tag werden wir, wie es der Ordnung
entspricht (καλῶς), [in der] Auferstehung (ἀνάστασις) auferstehen' ".
Das aber ist ein Irrtum, da „sie nicht den leben[spendenden]
Logos (λόγος) haben" (34,24-26). V.a. aber wissen sie nicht, was
der Jüngste Tag ist (35,1f): er ist — das scheint der zerstörte Text
in 35,4f zu besagen — seit dem Kommen Christi eine gegenwärtige
Realität (cf. Joh 11,24ff). „Als die Zeit (χρόνος) erfüllt war (cf. Gal
4,4), *hat* er (bereits) ein Ende bereitet ihrem [.......] der
[.............] Seele (ψυχή)" (35,6-9; cf. 33,2ff). Auch die folgende Diskussion wahren und falschen „Lebens"-Verständnisses
(pg. 35-38) scheint noch mitbedingt zu sein durch die nichtige Heils-
erwartung der katholischen Märtyrer. — Ausdrücklich spricht noch
38,7ff von den kirchlichen Bekennern und ihren *Opfer*vorstellungen:
„[... O]pfer (θυσία). Sie sterben [nach] Menschen[art] und [liefern]
sich selbst [den Mächten (?) aus (παραδιδόναι)] ... Ein Tod
[...]" [31].

b. *Das Profil der Gegner.* Diese Polemik läßt recht genau erkennen, was für Gegner TestVer vor Augen hat. Zu konstatieren ist
zunächst ihr *Martyriumsenthusiasmus*: „Infolge ihrer Verblendung
jagen sie hin zu den Mächten und Gewalten und fallen in ihre Hän-

---

[28] Eph. 6,12, asketisches Leitzitat in Gnosis (zB HA [NHC II,4] 87,21-
25; ExAn [NHC II,6] 131,9ff) und Mönchtum (zB Theod.hist.rel.praef.;
vit.Pachom.altera 3), bezogen auf das Martyrium bei Clem.Al.str. IV,47,1.
[29] Cf. 1Kor 15,20; Iren. I,6,1 8,3.
[30] Auch für Orig. ist der Dämonen „Macht ... prinzipiell gebrochen,
weil sie ‚in Christus nichts fanden' ": Koch Pronoia 77.
[31] Cf. noch 72,19f: ⲟ]ⲩⲥⲓⲁ· ⲛⲁϣⲉ ⲟⲩ[ⲥⲓⲁ...

de" (32,3-6), d.h.: sie stürzen sich in den Martyriumstod, aber statt des erhofften Lebens geraten sie in die Gefangenschaft der feindlichen Mächte. Seit der inständigen Bitte des Ignatios, ihn nicht am θεοῦ ἐπιτυχεῖν zu hindern, finden wir regelmäßig zusammen mit den Verfolgungen der Heiden Martyriumssucht aufseiten der Christen; Beispiele bewußt provozierten Märtyrertodes liefern die Märtyrerakten zur Genüge (zB Mart.Polyc. 4). — Begründet ist diese Einstellung in dem Glauben an die *sündentilgende Kraft* des Martyriums. „Wenn sie aber ihr (Leben voller) Leidenschaft vollenden, so ist dies der Gedanke, den sie bei sich haben: ‚Wenn wir uns um des Namens willen dem Tod ausliefern, so werden wir gerettet werden' " (34,1-6). Dieser Vorwurf gibt die kirchliche [32] Wertschätzung des Martyriums präzise wieder — es „beseitigt mit einem Schlag alle Leidenschaften, die durch die körperlichen Begierden erzeugt wurden" (Clem.Al.str. IV,73,2); „durch die Leiden einer Stunde erkauften sie sich ewige Leben" (Mart.Polyc. 2,3); man denke hier nur an die Verehrung, die die frühere Hure Afra durch ihren Bekennertod fand —, die ja gerade auch darin begründet war, daß nach der Reinigung durch die Bluttaufe erneute Befleckung ausgeschlossen war [33]. Wie leicht dabei einem kritischen Beobachter allein die ‚Sinnenlust der Märtyrer' auffallen konnte, zeigt die Darstellung des Heiden Lukian (De morte Peregrini), des Montanisten Tertullian (ieiun. 12; pudic. 22), des Kirchenmannes Apollonius (Eus.h.e. 5,18,6ff) [34]. — Motiviert ist das freiwillige Drängen zum Martyrium durch die Gewißheit der Auferstehung. „Sie glauben, daß sie leben werden" (32,2f); sie rechnen fest mit ihrer „Auferstehung", die καλῶς — der Ordnung entsprechend (cf. NHC I, 2:10, 14f) — eintreten wird (34,26ff). Ein anschauliches Bild von der Stärke dieser Überzeugung vermitteln die Visionen der Märtyrerakten: in ihrer Todesstunde sehen die Bekenner mit dem geistigen Auge bereits die himmlischen Güter, die für sie als Lohn bereitgestellt sind. — Das Verständnis des eigenen Martyriums als eines —

---

[32] Gegenüber der häretischen Gnosis sind die verschiedenen Stimmen des kirchlichen Lagers einheitlicher, als sie es außerhalb der polemischen Relation sind. Clem.Al. etwa sieht das traditionelle Martyriumsverständnis, insbesondere den Lohngedanken, recht kritisch (zB str. IV,111,5-112,3) und kann es nur als vorbereitende Stufe anerkennen (zB str. VII,67,1f); gegenüber der Kritik Herakleons aber hält er daran fest (IV,73,2).

[33] Cf. HOLL Aufsätze II 90 Anm. 3; HELLMANNS Wertschätzung 9-37; DÖLGER Antike II 134ff; auch POSCHMANN Paenitentia 270-283 (Bußprivileg des Märtyrers).

[34] Cf. ferner Hipp.Ref. IX,11,4-12,14 und HARNACK Ertrag II 114f.

gottgewollten und zugleich der Verherrlichung Gottes dienenden — „*Opfers* (θυσία)" (32, 19-22; 38,7ff) findet sich schon bei Ignatius (Rm 2,2 4,2) und dem Polykarpmartyrium (14,1); konsequent ausgebildet liegt diese Vorstellung bei Origenes vor [35]. Sie bezieht sich meist im Sinne der imitatio Christi auf ein analoges Verständnis des Todes Christi [36]; es ist nicht auszuschließen, daß TestVer in 33,10f gegen eine solche Deutung des Leidens Christi polemisiert [37]. Gnostische Polemik gegen die Begründung des Martyriums als eines Opfers ist auch sonst bezeugt: „an deus hominum sanguinem flagitat, maxime si taurorum et hircorum recusat?" [38]. In polemischer Umkehr scheint die *martyrologische Terminologie* des Gegners an zwei Stellen aufgenommen zu sein [39]. — Man kann eigentlich nur unter Einschränkung sagen, daß das von TestVer attackierte Martyriumsverständnis das der Amtskirche ist; dort war man ja im Gefolge der antimontanistischen Reaktion recht zurückhaltend gegenüber dem freiwilligen Martyrium [40]. Es sind eher die *vulgären Vorstellungen*, die TestVer vor Augen hat und die es im übrigen nicht ausgeschlossen erscheinen lassen — wenngleich dies unwahrscheinlich ist —, daß die Polemik von TestVer auf eine montanistische oder protomeletianische Umwelt zielt.

c. *Die Kritik von TestVer.* 1. Das entscheidende Urteil spricht die Feststellung aus, daß die kirchlichen Märtyrer „*nur im Wort, nicht* (*aber*) *in Kraft*" Bekenntnis ablegen (31,25f). Ein gleichartiges Urteil trifft die Taufabsage der Kirchenchristen, die ebenfalls „nur mit der Zunge", nicht aber durch die Tat realisiert wird (69,25). Die Nichtigkeit des bloßen Wortes ist so ein Charakteristikum der Falschchristen, während der Gnostiker sich von „den vielen Wörtern" zurückzieht (44,7ff 68,27ff) und nur noch mit dem „Nus, dem Vater der Wahrheit" spricht (43,25f) — das ist die gnoseologische

[35] Cf. Campenhausen Idee 95ff.

[36] Iren. III,18,5: conantur vestigia assequi passionis Domini, *passibilis* (sc. Christi) martyres facti; Eus.h.e. V,2,3.

[37] 33,10f: **ⲉⲧⲃⲉ ⲡⲁⲓ ⲁϥ[ⲧⲁ]ⲕⲟ ⲛ̣[ⲧⲉ]ϥⲥ̣ⲁ̣[ⲣ]ⲁ̣ⲝ.** Diese Stelle erscheint als Abschluß des Berichtes über die Zerstörung der archontischen Werke und wäre wie die andern Wundertaten enkratitisch zu deuten (ähnlich das Symbol des „Kreuzes" in 40,23ff).

[38] So laut Tert.scorp. 1.15.6.7 die Anhänger des Valentin und Prodikos; wahrscheinlich auch in EvPh § 50 (Koschorke ZNW 64 [1973] 318 Anm. 57); cf. weiter Orig.Comm.Jo. VI,54.

[39] Cf. zu 34,10f 1Clem 6,2, zu 34,1f („die Leidenschaften (πάθος) vollenden") das martyrologische „das Leiden vollenden".

[40] Campenhausen Idee 137 Anm. 1; 82f; Frend Martyrdom 288f.

Seite der wahren Erkenntnis — und „in Kraft" Bekenntnis ablegt — das ist der praktisch-asketische Aspekt. 2. Angesichts dieses
Gegensatzes von Anspruch und Wirklichkeit geht das kirchliche
Zeugnis nicht über das hinaus, was auch die „Welt" auf der Suche
nach Heil zu vollbringen imstande wäre (Beschränkung auf die
innerweltlichen Möglichkeiten). „Denn wären (bereits) bloße Worte
des Zeugnisses heilskräftig, so würde die ganze Welt darauf warten
und würde gerettet werden" (32,8-12). Wieder ist die analoge Kritik
der kirchlichen Taufpraxis zu beachten: „Würden aber die, die sich
taufen lassen, zum Leben gelangen, so hätte die Welt Grund zu
einer eitlen Hoffnung" (69,17-20). So wie die Gebote des kirchlichen
Nomos „der Welt helfen" (30,12f), vermögen auch kirchliches Zeugnis und kirchliche Taufe nicht aus dieser Welt herauszuführen. 3.
In alledem beweisen die Kirchenchristen ihre *Unkenntnis Christi*,
der ja den Werken der „Weltherrscher" ein Ende bereitet hat (32,
27ff); erfüllt von ihren Leidenschaften „legen sie Zeugnis (nur) für
sich selbst ab" (39,26f), nicht aber für Christus, den sie in Wahrheit gar nicht kennen (32,1f). 4. So vermag allein Verblendung die
Handlungsweise der kirchlichen Märtyrer zu erklären. Sie wollen
zum „Leben" (31,22-32,3), übergeben sich aber de facto dem „Tod"
(38,7ff): *„sie wissen nicht, wohin sie gehen"* (31,29f) [41].

d. *Das „Zeugnis der Wahrheit"*. Ganz anders geartet ist das
Zeugnis, das der der Welt entsagende Gnostiker ablegt. „[Er] hat
Zeugnis für die Wahrheit abgelegt ... und ist — nachdem er die
Welt (κόσμος), die die Gestalt der Na[cht] hat ... , hinter sich gelassen hat — [zur] Unvergänglichkeit gelangt, (zum) Ort, von dem
er aus[gegangen] ist. Dies also ist das Zeugnis (μαρτυρία) der Wahrheit, wenn (ὅταν) der Mensch sich selbst erkennt sowie Gott, der
über der Wahrheit ist: *dieser* (+ δέ) wird gerettet werden, und wird
sich mit dem nimmer welkenden Kranz bekränzen (στεφανοῦν)" (44,
23-45,6). Auch wenn diese Stelle nicht direkt im Kontext der
Schilderung der kirchlichen Märtyrer steht, ist die antithetische
Ausrichtung doch unübersehbar: hier das „Zeugnis der Wahrheit",

---

[41] Die gnostische Kritik der kirchlichen *Auferstehung*shoffnung allgemein
ist hier nicht zu diskutieren. Durch die Nag-Hammadi-Texte, v.a. Rheg
(NHC I,4) und EvPh (NHC II,3), ist wichtiges neues Material hinzuge-
kommen. Cf. die Diskussion unten S. 187-189; aus der neueren Literatur ist
wichtig: Schenke ZNW 59 (1968) 123-126; Kretschmar Auferstehung;
Gaffron Apologie; Pagels JBL 93 (1974) 276-288; Unnik JEH 15 (1964)
141-167; cf. auch Peel NovTest 12 (1970) 141-165.

dort ein „nichtiges Bekenntnis"; hier das Zeugnis, das zur „Unvergänglichkeit" führt, dort dasjenige, das „Tod" mit sich bringt;
hier das Zeugnis derer, „für die der Erlöser (selbst) Zeugnis abgelegt hat" (67,8f), auf der anderen Seite das Bekenntnis jener, die
„nicht wissen, wer Christus ist". Auch die Verheißung des „nimmer
welkenden Kranzes" (45,5f) — der technisch den Kampfpreis des
Märtyrers bezeichnet [42] — und die Betonung des öffentlichen Charakters des wahren Zeugnisses — an der Weltentsagung (nicht aber
am bloßen „Christen"-Bekenntnis) „wird jedermann erkennen, daß
sie zum G[eschlecht] des Menschensohnes ge[hören]" (67,5ff) —
lassen die antithetische Entsprechung erkennen.

Dem Martyrium der Kirchenchristen setzt TestVer so die Forderung strikter Enthaltsamkeit entgegen — einer Enthaltsamkeit,
die Ausdruck der wahren Selbst- und Gotteserkenntnis ist. Dabei
steht TestVer deutlich im Zusammenhang des Prozesses der *Kritik
und der Ablösung des Martyriums durch das asketische Ideal*, der mit
Clem.Al. zum ersten Mal deutlich faßbar ist, und zwar in einer doppelten Hinsicht. Zum einen hat Clem.Al. das Martyrium der Kirchenchristen gegen gnostische Kritiker zu verteidigen, die dieselben
Einwände wie TestVer vorbringen: „das wahre Zeugnis sei die Erkenntnis des wahrhaft seienden Gottes" (Ungenannte in str. IV,16,
3), „ein vollständiges Bekenntnis . . . sei das in Werken und Taten,
die dem Glauben an den Herrn entsprechen" (Herakleon in str.
IV,71,4). Auf der anderen Seite stellt aber Clemens selber Martyrium und Askese auf eine Stufe und läßt bereits den Gedanken des
martyrium cotidianum anklingen [43], der — systematisch bei Orig.
entwickelt und klar bei Methodius (symp. VII,3) ausgesprochen —
deutlich zum Mönchtum überleitet (zB Athan.vit.Ant. 47) [44]. Daß
das Mönchtum sich selbst als Erben der Märtyrer verstanden hat,
deren Zeit abgelaufen war, ist bekannt; daß es kritisch zum Mär-

---

[42] Z.B. Mart.Polyc. 17,1 19,2; Ep.Lugd. ap.Eus.h.e. V, 1,36.42.
[43] Cf. Clem.Al.str. II,81,4 IV,15,3 43,4; VÖLKER Gnostiker 575ff.559ff;
NAGEL Motivierung 73; CAMPENHAUSEN Idee 110f („einseitige Ethisierung").
FREND Martyrdom 356: „He is the first Christian writer who placed the
ascetic ideal on the same level as that of the martyr".
[44] Zu dieser Entwicklung cf.: MALONE Monk; RANKE-HEINEMANN
Mönchtum 95-100; CAMPENHAUSEN Idee 141ff; DÖRRIES Wort 174f; VILLER-
RAHNER Aszese 38-40; LAMPE Lexicon 830a.833b; FREND Martyrdom 548:
„With the end of the persecution the substitution of ascetic for martyr as
the highest of the Christian's goals became complete". FREND sieht in
dieser Entwicklung das spezifische Merkmal des östlichen im Unterschied
zum westlichen Christentum (S. 394ff.537ff.550ff).

tyrertum Stellung bezogen hat, zeigt das Beispiel des Eustathius, auf das K. HOLL verweist [45]. In dieser Entwicklung nimmt Test-Ver sachlich eine extreme, historisch eine nicht genau fixierbare Position ein.

EXKURS V: GNOSIS UND MARTYRIUM

Die Gnostiker haben das Martyrium an sich verwerfen können; sie haben weiter seine Notwendigkeit anerkennen können, es aber in seiner kirchlichen Begründung und Praxis abgelehnt; sie haben sich schließlich zum Märtyrertod, der sie von dieser verhaßten Welt erlöste, drängen können. Angesichts dieser *vielgestaltigen Einstellung zum Martyrium* ist die gängige Rede von der „Martyriumsscheu der Gnostiker" unzutreffend [46]. Aufs Ganze gesehen ist es weniger die stärkere Zurückhaltung der Gnostiker gegenüber dem Martyrium als vielmehr dessen unterschiedliches Verständnis, das die Trennungslinie zwischen gnostischem und kirchlichem Christentum bildet.

1. *Kritik vulgärer Vorstellungen.* Die Stellungnahme von *Herakleon*, dem „angesehensten Vertreter der Schule Valentins", ist zum Glück in seinen eigenen Worten erhalten. „Das Bekenntnis mit der Stimme geschieht auch vor der Obrigkeit, und dieses *allein* hält die Menge für ein wirkliches Bekenntnis; das aber ist *nicht* richtig; denn ein solches Bekenntnis können auch die Heuchler ablegen ... Und in der Tat ist das Bekenntnis mit der Stimme kein vollständiges Bekenntnis, sondern nur ein Stück davon. Ein vollständiges Bekenntnis aber ... ist das in Werken und Taten, die dem Glauben an den Herrn entsprechen. Diesem allgemeinen Bekenntnis folgt dann *auch* das vor der Obrigkeit, das nur ein *Teil* davon ist" (Clem.Al.str. IV,71,1.3; Übers. O. STÄHLIN BKV). Das Blutzeugnis wird also keineswegs abgelehnt, vielmehr wird es — als Teil eines umfassenderen Ganzen — ausdrücklich anerkannt. Der Fehler der gemeinen Christen liegt nur darin, diesen Teil als das Ganze anzusehen. — Ähnlich äußert sich *Basilides*. „Denn ich behaupte freilich, daß alle, die in die sogenannten Drangsale geraten, sich in anderen Stücken ... versündigt hatten und deshalb in die für sie glückliche Lage kommen, indem sie durch die Güte Gottes ... nicht wie der Ehebrecher und der Mörder, sondern nur weil sie Christen sind, geschmäht werden ... Denn alles will ich eher sagen, als daß ich zugebe, die Vorsehung sei ungerecht zu nennen" (Clem.Al.str. IV,81,2 82,2; Übers. O. STÄHLIN). Auch hier steht überhaupt nicht das Martyrium als solches zur Debatte, sondern die Frage, wie sich dieses — in seinem faktischen Gegebensein — mit der Gerechtigkeit Gottes in Einklang bringen lasse. Bei der Beantwortung *dieser* Frage setzt sich Basilides dann freilich von vulgärchristlichen Vorstellungen ab: „die Verheißung eines Lohnes für das Martyrium und die sich daraus ergebende Glorifizierung des Märtyrers ist

---

[45] HOLL Aufsätze 89: „Von Eustathius, der auch im übrigen die letzten Folgerungen aus den mönchischen Anschauungen zog, ist bekannt, daß er die gottesdienstliche Ehrung der Märtyrer verwarf".

[46] Justin hat diese Martyriumsscheu sogar zu einem allgemeinen Wesensmerkmal der Häresie hochstilisiert (apol. I 26,1.2-8). Gerade aber für die von ihm mitgenannten Markioniten etwa ist ein Märtyrertod häufig bezeugt (zB Eus.h.e. IV,15,46 V,16,21 VII,12; Eus.mart.Palaest. 10,3; Mart. Pionii 21,5; s. HARNACK Marcion 150 Anm. 4; 315*f. 340*. 348*; ANDRESEN Kirchen 271).

Basilides anstößig" (LANGERBECK Aufsätze 47). — Auch *TestVer* äußert sich direkt nur über ein Blutzeugnis, das im Widerspruch zum „Zeugnis der Wahrheit" steht; weitergehende Aussagen sind allenfalls als Interpretation des Exegeten möglich. — Daß Kritik am Martyriumsverständnis der Kirchenchristen nicht Ablehnung des Martyriums als solches zu besagen braucht, zeigen auch die Beispiele des Märtyrertodes von Gnostikern. Verständlicherweise sind die kirchlichen Berichterstatter darüber freilich nicht allzu gesprächig — doch muß Orig. gegen den großen Eindruck ankämpfen, den das Martyrium der Häretiker macht (HARNACK Ertrag II 64), und der antimontanistische Anonymus konstatiert, daß „auch einige andere Häresien sehr zahlreiche Märtyrer haben" (Eus.h.e. V,16,21) [47] —; ergiebiger sind hier die koptischen Originaltexte (DialSot [NHC III,5] 140,9f: „Warum sterben sie für die Wahrheit?"; PS 179,26ff: „Zahlreich sind die, welche uns um deines Namens willen verfolgen" u.ö. [dazu: HARNACK Pistis-Sophia 95.73]; cf. EpPt [NHC VIII,2] 138,22-28). Besonders wichtig ist hier 2Log-Seth (NHC VII,2) 59,22-26, wo die Verfolgung der Gnostiker *durch Heiden und Katholiken* auf eine Stufe gestellt wird: „Es haßten und verfolgten uns nicht nur die, die unwissend sind, sondern auch die, die sich für reich halten, im Namen Christi".

    2. *Verwerfung des Martyriums überhaupt.* Anders steht es mit der martyriumsfeindlichen Propaganda jener Gnostiker (Valentinianer, Prodikianer und anderer), über deren Erfolg v.a. Tert. (scorpiace), aber auch Iren. und Clem.Al. zu klagen haben. Diese Stimmen verstehen das vom Herrn gebotene *Zeugnis ausschließlich im geistigen Sinn*: das wahre Martyrium sei die Gnosis (Clem.Al. str. IV, 16,3: μαρτυρίαν λέγοντες ἀληθῆ εἶναι τὴν τοῦ ὄντως ὄντος γνῶσιν θεοῦ; Iren. IV,33,9: „neque quidem necessarium esse . . . tale martyrium: esse enim martyrium verum sententiam eorum"); das Wort vom Kreuztragen beziehe sich auf „die Erkenntnis des oberen Kreuzes" (Iren. III,18,5); das „Christen"-Bekenntnis sei nicht vor den völlig belanglosen menschlichen, sondern vor himmlischen Autoritäten abzulegen („non hic, id est . . . apud homines huius communis naturae confessionem putant constitutam": Tert.scorp. 10.15.1; Iren. V,24,1; cf. EvPh [NHC II,3] §§ 49f). Die Forderung eines Blutzeugnisses dagegen sei *unvereinbar mit dem Heilswillen Gottes* („vanitas, immo dementia pro deo mori ut qui me salvum faciat. sic is occidet, qui salvum facere debebit?": Tert.scorp. 1) bzw. erweise den Gott, der es tatsächlich fordert, als „grausam" und als „Menschenmörder" („homicida" Tert.scorp. 7,1; ΟΥΑΜΡѠΜΕ EvPh § 50). Der Tod der Märtyrer sei also *sinnlos* („perire homines sine causa": Tert.scorp. 1; Iren. III,18,5; cf. Tert.adv.Val. 30), Beweis von *Unwissenheit* („nesciunt simplices animae, . . . ubi et quando et coram quibus confitendum": Tert. scorp. 1) und unterscheide sich in nichts von „*Selbstmord*" (Clem.Al.str. IV,16,3). — Soweit ist die Aussage der Quellen eindeutig: diese Gnostiker *ersetzen* das Bekenntnis mit der Stimme durch das vom Geist vollzogene Zeugnis. Dies entspricht der allgemeinen Tendenz der christlichen Gnosis, den vorfindlichen Gemeindeglauben auf eine geistige Verstehensebene zu transponieren (s. Teil IV.B [S.185-203]. — In die Bewertung dieses Befundes sollte aber auch der Gesichtspunkt eingehen, daß in Lyon und Karthago die martyriumsfreundliche Gegenseite ein besonders „conservative and even Judaistic" Christentum vertritt — so FREND Martyrdom 18

---

[47] LANGERBECK Aufsätze 174 begründet einleuchtend die Vermutung, daß der in Just.apol. II,2 erwähnte Konfessor und christliche Lehrer Ptolemäus mit dem gleichnamigen Valentinianer identisch ist.

zu Recht über die gleichzeitige Epistula ecclesiarum Lugdunensium et
Viennensium (ap. Eus.h.e. V,1,1-2,8) — und — wie die vielleicht von Tert.
selbst redigierte (s. QUASTEN Patrology I 181) Passio Perpetuae et Felici-
tatis zeigt — andernorts auch in kirchlichen Kreisen anstößige Jenseits-
vorstellungen vertritt. Wichtig ist weiter der Hinweis des Iren., daß die
Gnostiker jene Märtyrer tadeln, die sich als „Zeugen des leidensfähigen
Christus (passibilis martyres)" verstehen (III,18,3); das erinnert an die
Rolle, die das Martyrium bei Ignatius als „antidoketischer Beweis" (BROX
Zeuge 211ff.222ff) im Kampf gegen die Gnostiker gespielt hat. So mag die
Martyriumsfeindschaft auch der Gnostiker, von denen Iren. und Tert.
berichten, mitbedingt sein durch die spezifische Ausprägung und das
besondere — ‚judaistische' — Verständnis seiner rechtgläubigen Fürspre-
cher, in der es ihnen begegnete.

3. *Martyriumssucht von Gnostikern.* Clem.Al. berichtet von „Einigen",
„die sich aus *Haß gegen den Demiurgen* auszuliefern beeilen, Unselige, die
den Tod nicht erwarten können" (*Clem.Al.str. IV,17,1*). Wie die Askese
der unmittelbarste Ausdruck der Weltfeindschaft der Gnosis ist, so der ge-
suchte Märtyrertod die konsequenteste Form solcher Askese (zu analogen
Phänomenen des syrischen Asketentums cf. VÖÖBUS History II 30-33). —
Daß solche Vorstellungen auch sonst im gnostischen Christentum verbreitet
waren, führt die *Epistula Jacobi* (*NHC I,2*) vor Augen, die nachdrücklich
zum Martyrium auffordert und fehlende Martyriumsbereitschaft als „Liebe
zum Fleisch" brandmarkt (Text in der Zürcher Ausgabe; die beste Übersetzung ist die von SCHENKE OLZ 66 [1971] 119-130). Als nicht-katholisch
ist EpJac zu werten, da sie ausdrücklich die Autorität der Zwölf verwirft;
als gnostisch — wenngleich einer Gnosis besonderer Art zugehörig—, da
„Gnosis" der einzige Weg zum Heil ist (zB 8,26f). — Für EpJac ist der
Glaube an „Kreuz" und „Tod" des Erlösers grundlegend (5,33-6,9). In der
„Nachfolge" (8,34) dieses Kreuzes sind die prototypischen Gnostiker Jakobus
und Petrus dazu berufen, gleich dem Soter (5,19: „wie ich selbst") „Verfolgung", „Bedrängung", „Beleidigung", ungerechte Verurteilung und „Kreuzigung" (4,22-5,23) bzw. Verhör „vor den Behörden" und den mit der
himmlischen „Krone" belohnten Märtyrertod (8,30-9,1) auf sich zu nehmen.
— Dieser geforderten Martyriumsbereitschaft entspricht die negative Wertung von Welt und irdischer Existenz des Menschen in EpJac: „Das Gute
wird nicht Eingang finden in die(se) Welt. Verachtet *also* den Tod und tragt
Sorge um das (wahre) Leben" (5,29-32). Diese Welt ist „der Ort, an dem
es sich zu weinen und zu trauern ziemt" (cf. 10,11f 14,4-8), hier sind die
Jünger „außerhalb des Erbes des Vaters" (10,9-11), hier sind sie „Fremde"
(11,17f). — So ist das Heil nur außerhalb dieser Welt zu finden, und das
Martyrium ist der gebotene Weg zur Befreiung aus dieser Welt [48]. Die Aufforderung: „Rettet euch" (8,33) bedeutet so dasselbe wie die Mahnung,
„mir (in den Tod) nachzufolgen" (8,33f: ähnlich 7,10-15); und die ersten
Worte des Auferstandenen an die Jünger enthalten die Aufforderung, *mit
ihm* zusammen in die himmlische Heimat zu gehen (2,23-26). So auch 10,22-
27: „Siehe, ich werde mich von euch entfernen und gehen und will nicht
noch länger unter euch (hier auf der Erde) bleiben ... Nun aber folget mir
eilends nach". So wie der Soter nur noch unwillig auf der Erde weilt und
„eilends" zum Himmel zurückkehren will (7,37f 9,15f 14,22f), sollen sich
auch die Jünger dazu drängen (7,10-15 10,25f), den stellvertretenden Tod
des Erlösers selbst für sich realisieren (13,20-25: Gal 3,13), ja sogar — wahr-

---

[48] Doch cf. auch die Möglichkeit visionärer Entrückung: 15,5-27.

scheinlich in Anspielung an die Gethsemaneszene (Mt 26,37f.42 Hbr 4,15
5,7; cf. Porph.ap.Mac.Magn. III,2 [TU 37/4 32,16ff]) — den Soter zu übertreffen suchen: ,,Niemand wird erlöst werden, der sich vor dem Tod fürch-
tet ... Werdet vorzüglicher als ich ..." (6,14-20; ebenso 7,10-15). — Scheu
vor dem Martyrium ist also Beweis der ,,Liebe zum Fleisch" (5,7f; 5,21:
,,das Fleisch schonen"; cf. 12,12f) und Verhaftung an diese Welt: ,,Ferner
tadle ich euch, ihr, die ihr (noch) (an diesem Ort: s. 13,11) seid. Macht euch
denen gleich, die nicht (an diesem Ort) sind ..." (13,13ff; cf. 11,3f.20-29).
Der Pneumatiker hingegen macht in seiner Martyriumsbereitschaft Ernst
mit der Erkenntnis, daß er ,,an diesem Ort" ein ,,Fremder" ist. Dies Gefühl
des Fremdseins teilt EpJac mit allen gnostischen Texten. Die tatsächliche
Konsequenz des Martyriums aber entspricht besonders dem in EpJac in
extremer Weise betonten Ideal der *Selbsterlösung* (13,9ff 11,10ff.29ff 2,30-
33; cf. EXKURS II) und dem daraus resultierenden Aktivismus. So gibt es
in EpJac auch kein Martyrium ,,um des Namens willen": der Gnostiker,
der sich von der Welt trennt, ist Zeuge für niemand anderen als sich selbst.

Auch andere gnostische Schriften entfalten am Motiv des Martyriums die
Weltfremdheit des Gnostikers (ActPt cap. 37-39; 1ApcJac [NHC V,3],
die den Tod Jesu und das Martyrium des Jakobus in gleicher Weise als
befreiende Vernichtung des ,,Gebildes der Archonten" deutet [31,24 32,17ff];
2ApcJac [NHC V,4] 62,21ff: ,,Laß mir nicht zu lang werden die Tage dieser
Welt ... Erlöse mich aus dieser Fremde" [cf. die Analyse des ,,gnostischen
Aufstiegsgebetes" bei FUNK Jakobus 258-266]).

4. *Martyrium und Stellung zum Heidentum.* Die angebliche Martyriumsscheu der Gnostiker wird oft mit Hinweis auf ihren harmonisierenden Synkretismus plausibel zu machen gesucht (zB FREND JEH 5 [1954] 30f).
Daran ist ein Teilaspekt richtig: wer — wie die Simonianer (Iren. I,23,2)
— überzeugt ist, daß sich der Vater ,,unter jedem beliebigen Namen" an-
rufen läßt, wird kaum — wie die Simonianer (Orig.c.C. VI,11) — zum Tod
,,um des Namens willen" bereit sein. Nur bestehen hier zwischen den verschiedenen gnostischen Gruppen grundlegende Unterschiede, und gerade für
die Vertreter der christlichen — im Unterschied zur bloß christianisierten
(Beispiel: Naassener) — Gnosis gilt eine solche Beschreibung nicht. ,,Ein
heidnischer Mensch stirbt nicht, denn er hat nie gelebt, daß er sterben
(könnte)" (EvPh [NHC II,3] §§ 4.85). ,,Man darf nicht wie die Griechen
anbeten, die an die Dinge der Materie glauben und Holz und Stein dienen"
(Heracl.frgm. 21). TracTrip (NHC I,5) setzt die ,,Weisheit der Hellenen",
die ,,nur bis zu den sichtbaren Elementen gedrungen sind", scharf ab bereits von den ,,Häresien der Hebräer" (d.h. der Kirchenchristen), erst
recht aber von der wahren Offenbarung Christi, die zu gnostischer Einsicht
befähigt (pg. 108ff). Von Orig. erfahren wir, daß die Gnostiker heidnische
Konvertiten erst einmal den normalen kirchlichen Unterricht verordnen,
bevor sie zur vollen Gnosis führen können (sie führen sie ,,weg von den
Götzen" ,,hin zum Demiurgen": Comm.Prov. II,16; s.u. S. 224). — Diese
leicht vermehrbaren Beispiele zeigen dreierlei. 1. Sie stammen aus dem Bereich der valentinianischen, d.h. aber (im Unterschied etwa zu den Naassenern) dem Bereich der kirchengeschichtlich relevanten Gnosis (,,frequentis-
simum collegium inter haereticos": Tert.adv.Val. 1). 2. Sie beweisen, daß
man *dort* strikt die christliche Wahrheit von heidnischer Religion geschieden
hat. 3. Wenn nun aber Valentinianer das Blutzeugnis verwerfen konnten
(s.o. Abschnitt 2), so geschah dies also keineswegs aus synkretistischer Ver-
einerleiung, sondern aus dem Bemühen, das geforderte Zeugnis in einer
dem Erlöser angemessenen, ,,geistigen" Weise zu realisieren.

3. Falsches Vertrauen auf die Taufe

a. *Die Taufe der „Väter der Welt"*. In 69,7-32 lesen wir:

„(pg. 69 Z.7) Einige, <die> zum Glauben (πίστις) gekommen sind, [empfangen ein]e Taufe (βάπτισμα), als ob (ὡς) sie sie als (Garant der) Hoffnung (ἐλπίς) (10) auf Heil hätten, welche sie das [Siegel (σφραγίς)] nennen, da sie nicht [wissen], daß die Vä[ter der] Welt (κόσμος) [sich] dort (in der Taufe) offenbaren. A[ber ἀλλά)] er selbst (der Gnostiker) [weiß, da]ß er (in Wahrheit) versiegelt (σφραγίζειν) (15) wird. Denn (γάρ) [der Men]schenso[hn] taufte (βαπτίζειν) keinen unter seinen Jüngern (μαθητής). [Würden] aber (δέ) [die, die] sich taufen (βαπτίζειν) lassen, zum Leben gelangen, so hätte die Welt (κόσμος) (20) Grund zu einer eitlen Hoffnung (oder: würde die Welt (bald) leer werden), und die Väter der Taufe (βάπτισμα) könnten (weiterhin) beflec[ken]. Etwas anderes aber (δέ) ist die Taufe (βάπτισμα) der Wahrheit: (allein) durch die Absage (ἀποταγή) [an die We]lt (κόσμος) wird sie gefunden. [Diese aber (δέ)] (25) be[haupten n]ur mit der Zunge, [daß] sie [ihr] absagen (ἀποτάσσειν) [. . . . . . .] und sie gelangen [zum Ort] der Furcht. Wiederum (πάλιν) nun [. . . . . . .] sie in ihm. (Ganz) in Entsprechung (κατά) zur Beschaffenheit derer (sc. der Väter der Taufe), die ihnen gegeben haben (30) — wobei sie Verdammung (καταγινώσκειν) empfingen —, [wer]den sie (auch) empfangen. Sie sind (eben) schlecht in ihrem Handeln (πρᾶξις).

Trotz einiger unsicherer Lesungen des koptischen Textes, auf denen die gebotene Übersetzung beruht, ist der Sinn des Abschnittes deutlich. 1. Wie das Zeugnis der kirchlichen Märtyrer, die voll von „Leidenschaft" sind (34,1f), so ist auch die Taufe der Kirchenchristen nichtig, da „sie *schlecht in ihrem Handeln* sind" (69,31f). Sie „sagen" zwar der Welt „ab", doch eben „nur mit der Zunge" (69,25): das bezieht sich natürlich auf die ἀποταγή im Taufritus [49]. Die eigenen Worte der Gegner sind so der Maßstab, der die Verwerfung ihrer Taufe durch TestVer rechtfertigt. 2. Nichtig ist folglich die Wertschätzung der Taufe als eines „*Siegels*" der Hoffnung und Garanten des künftigen Heils; denn statt zum „Leben" gelangen diese Täuflinge zum „Ort der Furcht" [50]. Daß die „Taufe das Siegel des ewigen Lebens" sei (Iren.epid. 3), war gemeinchrist-

---

[49] Cf. KIRSTEN Taufabsage; ROTHENHÄUSLER-OPPENHEIM RAC I 559ff.

[50] Merkwürdig das „Einige" in 69,7: „zum Glauben kommen", Übertritt zur christlichen Religion also, und Taufe lassen sich ja nicht voneinander trennen. Entweder liegt hier Formzwang der Beispielreihe vor, in der unser Abschnitt steht (cf. 68,1 69,7.32 70,2), oder es sind diejenigen unter den getauften Christen gemeint, die das abgewiesene sakramentalistische Taufverständnis vertreten; das würde bedeuten, daß TestVer die Wassertaufe nicht als solche verwirft. Oder sollte — was unwahrscheinlich ist — „Glaube" den richtigen, also gnostischen bezeichnen (cf. 50,3 49,8.9; dagegen 48,14), so daß hier wie in pg. 50 gegen gnostische Taufpraxis polemisiert wäre?

liche Überzeugung [51]; daß sich diese Anschauung leicht in Richtung auf einen quasi-magischen Sakramentalismus bewegen konnte, zeigt gerade das Beispiel der ansonsten ja strikt enkratitischen Paulusakten (,,Gib mir nur das Siegel in Christus, und keine Versuchung wird mich ergreifen": cap. 25). Anders der Gnostiker, der bereits jetzt das Siegel erlangt (69,14f), da er — wie zuvor festgestellt wurde (69,1ff) — bereits zu Lebzeiten ,,gefunden", ,,erkannt" und die ,,Ruhe" erlangt hat. Daß solche Teilhabe am Leben eine reine — zur Aufnahme des lebenspendenden Logos befähigte — Seele erfordert, ist dabei wie auch sonst vorausgesetzt. 3. So entspricht die von den Kirchenchristen praktizierte Wassertaufe *nicht dem Willen Christi, sondern dem der Archonten.* Zum Beweis zitiert TestVer Joh 4,2, das schon die bei Tert.bapt. 11,1 bekämpften Häretiker gegen die Wassertaufe angeführt haben: ,,Sed ecce, inquiunt, venit dominus et non tinxit. legimus enim: et tamen is non tinguebat, verum discipuli eius" [52]. In der Wassertaufe hingegen, die den Bestand der ,,Welt" nicht gefährdet (69,17-22) und der wirklichen ,,Absage an die Welt" entgegengesetzt ist (69,22-24), sind die ,,Väter der Welt" am Werk (69,12), die darum auch ,,Väter der Taufe" genannt werden (69,20f).

b. *Der Menschensohn und die Johannestaufe.* Leider ist nur ein kurzer Seitenblick auf die beiden sehr unterschiedlichen Berichte über die ,,Taufe" Jesu möglich, auf die jedoch schon verschiedentlich eingegangen worden ist. Laut *30,18-31,5* stieg der Menschensohn vom Himmel zur Erde auf den Jordan herab; der Jordan floß ,,sofort" zurück; mit seinem Wasser — und somit mit der Johannestaufe — kam der Erlöser *nicht* in Berührung. Die anschließende Deutung enthüllt den Sinn dieses Geschehens: der Jordan ist die ,,Kraft des Leibes", das Wasser ist die ,,Epithymia des Geschlechtsverkehrs", Johannes ist der ,,Archon des Mutterleibes" (cf. Lk 7,28). Verknüpft erscheinen hier in gnostischer Interpretation die Überlieferungen vom Herabstieg des Geistes bei der Taufe (Joh

---

[51] Cf. DÖLGER Sphragis (v.a. S. 141ff). Vom ,,Siegel" des Gnostikers spricht TestVer nur in 69,14f, also in antithetischer Formulierung und nicht in Rückgriff auf die im gnostischen Bereich ausgeprägte ,,Siegel"-Vorstellung.

[52] Joh 4,2 hat der orthodoxen Exegese stets Schwierigkeiten bereitet; cf. die Textgeschichte. Auch Orig.Comm.Jo. VI,23 (GCS 10 133,33f) entnahm aus Joh 4,2, daß Jesus mit dem Geist, nicht mit Wasser taufte. Clem. Al. löst das Problem so: ,,Christus soll allein Petrus getauft haben, Petrus den Andreas, Andreas den Jakobus und Johannes, jener die übrigen" (hypot.frgm.; s. GCS 3 S. 196).

1,32ff) und die vom Rückstau des Jordans [53] durch Ἰησοῦς (Jos
3,13.16 4,7[.18]). Dies Motiv hat bei den Naassenern eine Interpretation erfahren, die der von TestVer entspricht [54]. Für TestVer
veranschaulicht das Zurückweichen des Jordans vor Jesus wie auch
sein Wandel über dem Meer (33,8ff) seinen Sieg über das Element
des „Archon des Mutterleibes" oder — um es mit den Worten der
Naassener und Baruchgnostiker in vergleichbarem Zusammenhang
zu sagen — über das „feuchte Zeugungselement" (Hipp. V,8,16)
und das „Wasser der schlechten Schöpfung, in dem sich die choi-
schen und psychischen Menschen waschen" (Hipp. V,27,3) [55]. Mit
dem himmlischen Ursprung des Menschensohns hat die „Herrschaft
der fleischlichen Zeugung" (30,29f) und zugleich auch — dieser Zusammenhang scheint durchaus intendiert zu sein — die Taufe des
„Archon des Mutterleibes" ein Ende gefunden. — Der Abschnitt
39,21 - 40,20 dagegen geht von dem *Faktum* der Taufe Jesu durch
Johannes aus (s. die Diskussion in Teil S. 120-123). Das Interesse
gilt hier aber allein dem Logos, der bei der Taufe auf Jesus herab-

---

[53] Ps 114,3.5; cf. Ps 77,17 74,13 Ex 15.
[54] Da der „große Jordan" Israel am Auszug aus „Ägypten", d.h. dem
„Leib", hinderte, „staute ihn Ἰησοῦς zurück und machte ihn aufwärts-
fließen": Hipp. V,7,41(.38ff 8,4; cf. die Peraten in V,16,2.4f); daß „die
feuchten Ströme" Israel „nicht überfluten" werden (Jes 41,8), bezieht sich
auf „das feuchte Zeugungselement" (V,8,16). An Exodus und Jordan als
Sinnbilder der christlichen Taufe sei hier nur erinnert (cf. zB DÖLGER Antike
II 63ff. 317f), zur Josua-Jesus-Typologie cf. Tert.adv.Marc. III,16 IV,20.
— Das Motiv des Jordanstaus (belegt etwa auch in VitAd 7f) in Verbindung
mit der Johannestaufe findet sich auch bei den *Mandäern*: GR 190-192
(Lidzb. 192,16ff.21ff.30f.35ff); Joh.-Buch cap. 30 (Lidzb. I 108); cf. die
„Große Offenbarung" Z. 41 (FOERSTER Gnosis II 399). — Die Figur des
Täufers in der außermandäischen Gnosis würde eine eigene Untersuchung
erfordern. Wichtige neue Texte: ExpVal (NHC XI,2) 41,21-38; ParSem
(NHC VII,1) 31,17ff (?); 2LogSeth (NHC VII,2) 63,26ff; EpJac (NHC I,2)
6,28ff; EvTh (NHC II,2) § 46; ExAn (NHC II,6) 135,22ff; EvAeg (NHC
III,2) 65,23ff. Aus dem sonstigen Material cf.: Heracl.frgm. 3-5.7f.10; Iren.
I,21,2 30,11f; Epiph.pan. 26,6,3; PS (zB 7,34ff); PsClem.Hom. II,16f.23.
Einzelnes diskutieren: PAGELS Gospel 51-65; BAUER Leben 101ff; KECK
Baptist; HARNACK Ertrag II 69. — In bemerkenswerter Weise stimmt das
Verständnis des Täufers in den Pseudoklementinen (filius hominis — filii
mulierum: PsClem.Rec. I,60,3 Hom. II,17,2 u.ö.; cf. STRECKER Pseudoklementinen 189) mit dem von TestVer (31,3-5) überein (s. S. 98f).
[55] Zu „Wasser" und „Meer" als Symbolen der Welt der Finsternis cf.:
JONAS Gnosis I 332 Anm. 4; RUDOLPH Mandäer II 61ff; HENRICHS-KOENEN
ZPE 5 (1970) 156 Anm. 148; RAHNER ZKTh 66 (1942) 89-118 („Das Meer
der Welt"). Diese Vorstellung spielte bei Gegnern der Wassertaufe eine
große Rolle (s. EXKURS VI). Kirchliche Taufpraxis trug dieser Vorstellung
durch die Taufwasserweihe Rechnung; zu analogen gnostischen Lösungen
cf. EvPh (NHC II,3) §§ 108f und GAFFRON Studien 120ff.

steigt. Ihn aufzunehmen ist Jesus angesichts der jungfräulichen Reinheit seines Leibes befähigt; darin ist er Vorbild für den Wandel der Christen. Es kommt also alles auf den Besitz des Logos an, ob man nun die Johannestaufe empfangen hat (39,21ff) oder nicht (30,18ff 31,7ff). Es ist zu fragen, ob dies nicht auch für das Verhältnis des Gnostikers zur kirchlichen Taufe gilt (eine vergleichbare Inkonsequenz läge bei den Archontikern vor: Exkurs VI.2).

c. *Die „Taufe der Wahrheit"*. „Etwas anderes aber ist die Taufe der Wahrheit: (allein) durch die Absage (ἀποταγή) an die Welt (κόσμος) wird sie gefunden" (69,22-24). Der Taufe der Kirchenchristen wird also die asketische Weltentsagung des Gnostikers entgegengestellt. Es muß, wie oben angedeutet, offenbleiben, ob TestVer die Wassertaufe wirklich als solche verwirft. *Falls* es sich so verhält, wäre dies eine Forderung von unerhörter Schärfe, da in der alten Kirche die Forderung der „Ehelosigkeit aller Getauften", wenn überhaupt erhoben, meist nur den Rang eines Ideals hatte [56]. TestVer aber würde die Ehe- *und* Tauflosigkeit aller Christen fordern.

Mit der Forderung der „*Absage*" wählt TestVer einen Leitbegriff für seine enkratitischen Anschauungen [57], der sich — ausgehend von Lk 14,33 — zur technischen Bezeichnung asketischen Weltverzichts entwickelt hat. So etwa in den Makarismen der Paulusakten aus dem 2. Jh.: μακάριοι οἱ ἀποταξάμενοι τῷ κόσμῳ τούτῳ, ὅτι εὐαρεστήσουσιν τῷ θεῷ. Nun erscheint er aber in TestVer in strikter — antithetischer — Beziehung auf die mangelhafte, da nur „mit der Zunge" realisierte Tauf-Apotaxis der Kirchenchristen (69,26). Das erinnert in gewisser Weise an das Mönchtum, das mit dem Begriff ἀποταγή das Ganze seiner Anstrengung bezeichnen [58] und v.a. diese „Absage an die Welt" — nachweisbar bereits in den Pachomiuserzählungen [59] und der Vita Antonii (cap. 65), klar ausgesprochen etwa bei Hieronymus (ep. 39,3 130,7) — als „zweite Taufe" mit der Taufe auf eine Stufe stellen konnte [60]. Das zeigt sich etwa deutlich auch in der engen formalen Entsprechung der Abrenuntiatio im Taufritus und in der Mönchsprofeß [61]. Gerade

---

[56] MÜLLER Ehelosigkeit 18.
[57] 41,7f 69,23(.26) (ἀποταγή / ἀποτάσσειν); 41,7 43,13 44,26 (ⲕⲱ ⲛⲥⲱⲉ).
[58] ROTHENHÄUSLER-OPPENHEIM RAC I 562ff; LAMPE Lexicon 216a.b.
[59] ROTHENHÄUSLER Benediktinische Monatszeitschrift 4 (1922) 28.
[60] Cf. LOHSE Askese 216f.203; NAGEL Motivierung 33; RANKE-HEINEMANN Mönchtum 99 Anm. 95 (Lit.); cf. HEUSSI Ursprung 195ff.
[61] HANTSCH Österr. Arch. f. Kirchenrecht 11 (1960) 161-189.

sofern man aber nun „die Profeß als Ausdruck zur Wahl jenes
Lebens auffassen (kann), das schon die Taufe eigentlich begründen
sollte und ursprünglich begründet hat" [62], lag in der asketisch-
monastischen Weltentsagung — v.a. dort, wo diese als die einzige
mögliche Form christlichen Lebens verstanden wurde — ein kri-
tisches Moment gegenüber jener „ersten" Taufe, das auch deutlich
ausgesprochen worden ist. So heißt es von den — mit TestVer möglicherweise gleichzeitigen — Hierakiten, daß sie den nach der Taufe
gestorbenen Kindern, die ja noch nicht in der rechten Weise haben
„kämpfen" können, die Seligkeit absprachen (Epiph.pan. 67,2); so
verwarfen die von Amphilochius von Ikonium bekämpften Enkratiten, die ihre Losung „ἐγκράτεια καὶ ἀπόταξις" allgemeinver-
bindlich zu machen suchten, zwar nicht die Taufe, wohl aber die
Eucharistie [63]. Solche *Relativierung des Sakraments durch die Askese* [64] ist der eine wichtige Vergleichspunkt zu TestVer. Der andere
ist die Tradition der gnostischen Sakramentskritik (s. dazu EXKURS
VI). Wie in TestVer so sind beide Momente auch in der Sakramentspolemik der Archontiker verbunden (s. EXKURS VI.2).

EXKURS VI: DIE SAKRAMENTSPOLEMIK DER GNOSTIKER

1. *Die vielgestaltige Einstellung zum Kultus.* „Die gnostische Religion ist
eine durch und durch vom Sakrament beherrschte Religion" (BOUSSET
PW VII/2 1521). „Fundamental ist die Erkenntnis, daß dem echten Gnostiker jede sakramentale Frömmigkeit fremd ist" (SCHMITHALS Korinth 233).
Solche einander ausschließende Urteile zeigen nicht nur das unterschiedliche Verständnis ihrer Autoren vom Proprium der Gnosis sowie die korrespondierende Schwerpunktsetzung in der Quellenwahl an, sondern zugleich die Gefährlichkeit eines jeden Versuchs, so etwas wie ein gnostisches
‚Normalverhalten' herausdestillieren zu wollen. Im Gegenteil zeigt die

---

[62] HANTSCH aaO 183 Anm. 64.
[63] FICKER Amphilochiana 226ff.228.243.256. Im Hinblick auf TestVer
ist FICKERS Feststellung von Interesse, daß diese „Häretiker keineswegs
außerhalb der Kirche stehen" (S. 228).
[64] Ob die *Messalianer* wirklich die Ansicht vertraten, daß „die Taufe
nichts nütze", da sie nicht die „Wurzel" der Sünde tilge (so die Akten der
Synode zu Side), ist fraglich: s. DÖRRIES Wort 336ff.341f.40of. — Für die
Eustathianer sind nach dem Brief der Synode zu Gangra Verheiratete vom
Heil ausgeschlossen; sie verachten verheiratete Priester und halten die von
ihnen gespendeten Sakramente für ungültig: LOHSE Askese 206. — Der Ersatz der Sakramente im pneumatischen *Mönchtum* bezieht sich weniger auf
die Taufe (doch s. BOUSSET Apophthegmata 239; REITZENSTEIN Historia
188 Anm. 2) als auf die Eucharistie. Wichtige Texte: Apophth.Patr. 533;
Hist.Laus. 18.25.26.53. Cf. HARNACK Mönchthum 23; REITZENSTEIN Historia 188ff; HEUSSI Ursprung 184ff; BLAND Science relig. 32 (1943) 173; die
Kritik von RANKE-HEINEMANN Mönchtum 101-112 ist nicht überzeugend.

Einstellung der Gnostiker zum Kultus und speziell zum Kultus der Kirche, daß sich das gnostische Grundprinzip der ,,Entweltlichung" in einer *Vielzahl möglicher Verhaltensweisen* niederschlägt. Dieses Urteil wird gerade auch durch die — seit Nag Hammadi zahlreichen — Belege gnostischer Sakramentspolemik [65] bestätigt. Diese Behauptung sei am *Beispiel der valentinianischen Gnosis* exemplifiziert.

Daß es bei den Valentinianern *sakramentale Praxis* gegeben hat, steht außer Frage. *Die Bedeutung*, die etwa der Taufe zugemessen werden konnte, ist bereits daraus ersichtlich, daß gerade jene spezifisch häretische Anschauung von der Gegenwärtigkeit der Auferstehung im Taufverständnis begründet sein kann: ,,Exinde ergo resurrectionem fide consecutos cum domino esse, quem in baptismate induerint" (so die — sicher dem valentinianischen Bereich zuzurechnenden — Gnostiker von Tert.resurr. 19,5; ebenso Rheg [NHC I,4] 45,23ff, wo Eph 2,5f zitiert wird. Wie sehr die Valentinianer und andere Gnostiker gerade in der Auferstehungsfrage abhängig sind von der [wenngleich einseitig interpretierten] Tauflehre des Paulus, des ἀναστάσεως ἀπόστολος [ExcTh 23,2], zeigt WEISS Paulus 119ff). — Doch nicht als solches, sondern nur in *Bindung an die Gnosis* vermag das Sakrament Heil zu wirken. Freilich schwankt auch hier die Art der Zuordnung beider Größen. Sie können gleichberechtigt nebeneinander stehen (so an der klassischen Stelle ExcTh 78,2: ,,Nicht allein das Bad macht frei, sondern *auch* die Gnosis: ,wer wir waren ...' "); das Sakrament kann weiter verstanden sein als begleitende Handlung und bloß abbildliche Darstellung jener geistigen Realität, die allein durch Gnosis zu erlangen ist (so meistens); es kann schließlich — wie im Fall der in Iren. I,21,5 mitgeteilten Aufstiegsformel, die den Kern des valentinianischen Sterbesakramentes ausmacht — an der einen Stelle durch das Sakrament vermittelt erscheinen, was wir andernorts frei von jeglicher kultischer Bindung wiederfinden (so die gleiche Formel in 1ApJac [NHC V,3] 33,11-35,23). *Nie* jedoch treffen wir den Glauben an ein ex opere operato wirksames Sakrament an, den BOUSSET (Hauptprobleme 277) für typisch gnostisch hält [66]. — Einen solchen Irrglauben diagnostizierten die Valentinianer im Gegenteil gerade bei den Kirchenchristen. Das zeigt die *Polemik von EvPh* (NHC II,3), die sich auf den Nenner bringen läßt: den Gemeindechristen nützt das Sakrament überhaupt nichts, weil sie — im Gegensatz zu den Gnostikern — die Gabe des Sakraments nicht durch Erkenntnis realisieren. ,,Diejenigen, die sagen, man wird zuerst sterben und (dann) auferstehen, irren. Wenn man die Auf-

---

[65] AUNE Anti-Sacramentalism stellt in seiner Übersicht (unvollständig) aus der patristischen Literatur sieben mögliche Beispiele zusammen; allein in den Nag-Hammadi-Texten haben wir die doppelte Anzahl. Cf. auch GRANT Testament 173-182 (,,Gnostic and Christian Worship") und WERNER Entstehung 431ff. — In meisterhafter Weise ist das Problem ,,Gnosis und Kultus" diskutiert bei GAFFRON Studien 71-99, und das patristische Material bei KUNZE Glaubensregel 345-360 und die koptischen Texte (soweit ihm zugänglich) bei GAFFRON Studien 71ff erörtert. Wichtig PAGELS Gospel 57ff.75ff; dies. HThR 65 (1972) 153-169. — Den Untersuchungen von BOUSSET (Hauptprobleme 276-319), FENDT (Mysterien passim), ANRICH (Mysterienwesen 74-105) u.a. ist dies gemeinsam, daß sie sich in erster Linie auf Material stützen, das für die *christliche* Gnosis untypisch ist.

[66] Das findet sich erst in der späten Pistis Sophia, die darin als nicht mehr gnostisch anzusprechen ist (,,ohne Mysterien wird *niemand* in das Lichtreich eingehen, sei es ein Gerechter, sei es ein Sünder": 226,36-38).

erstehung nicht bereits zu Lebzeiten erhält, wird man, wenn man stirbt, nichts erhalten. So behaupten sie auch von der Taufe: ,Groß ist die Taufe, denn wenn man sie empfängt, wird man leben' ", stellt § 90 (pg. 73,1-8) fest, und prinzipiell formuliert § 105 (pg. 76,17-22): ,,Nicht alle, die das All haben" — Herrschaft über das All erlangt man im Sakrament, so §§ 95.97 —, ,,pflegen es auch zu erkennen. Einige nun, die es nicht erkennen, werden nicht genießen, was sie haben. Die es aber erkannt haben, werden es genießen". Die Kirchenchristen versäumen es, durch Gnosis bereits zu Lebzeiten die Auferstehung zu erlangen (§§ 105.65.127); sie annulieren die Taufe, wenn sie sie als ,,Sterben" mißverstehen (§ 109; cf. Rm 6,4 und GAFFRON Studien 122 Anm. 29); sie erhalten die Gabe der Taufe nicht als dauernden (,,Geschenk"), sondern nur als vorübergehenden (,,auf Zinsen"), letztlich also nutzlosen Besitz (§ 59). — Während EvPh also die in der Kirche geübten Sakramente als solche voll anerkennt, ihre lebenspendende Wirkung jedoch gerade den Kirchenchristen abspricht, erkennt die in *Iren.* I,21,2 referierte Gruppe den Kirchenchristen die Wirkung des gemeinchristlichen Sakramentes zu, sieht darin aber eine mindere Stufe des Heils, von der aus man weiterschreiten muß. Τὸ μὲν γὰρ βάπτισμα τοῦ φαινομένου Ἰησοῦ, ἀφέσεως ἁμαρτιῶν, τὴν δὲ ἀπολύτρωσιν τοῦ ἐν αὐτῷ Χριστοῦ κατελθόντος, εἰς τελείωσιν· καὶ τὸ μὲν ψυχικὸν, τὴν δὲ πνευματικὴν εἶναι ὑφίστανται. Entsprechend ihrem ,,psychischen" Charakter vermag die gemeinchristliche Taufe auch nur eine psychische Wirkung (,,Sündenvergebung") zu zeitigen; pneumatische Gaben (,,Vollendung") wirkt allein das ,,pneumatische" Sakrament dieser Valentinianer, die Apolytrosis. Dabei ist die strikte Analogie zur valentinianischen Christologie und Seinsschichtung zu beachten: steht die psychische Taufe auf der Stufe des ,,sichtbaren Jesus", so die Apolytrosis auf der des ,,*auf* Jesus herabgestiegenen" Christus (Iren. I,21,3); geschieht die erste unter Anrufung des ,,Vaters (= Demiurgen)" etc, so die zweite ,,im Namen des *unbekannten* Vaters des Weltalls" etc (Iren. I,21,3). Von der Überbietung jener ,,ersten Taufe", die ,,Vergebung der Sünden" bewirkt, redet auch *ExpVal* (NHC XI,2) pg. 40-44: hier scheint die Eucharistie als das höhere Sakrament verstanden zu sein. — Auf die Apolytrosis bezieht sich *Iren. I,21,4*: ,,Andere aber verwerfen dies alles. Sie sagen, man dürfe das Geheimnis der unsagbaren und unsichtbaren Macht nicht durch sichtbare und vergängliche Geschöpfe, noch das der unausdenkbaren und unkörperlichen Wesen durch sinnliche und körperliche Dinge darstellen wollen. Die bloße Erkenntnis der unsagbaren Größe sei die vollkommene Erlösung". Diese Stelle ist häufig als Hauptbeleg für die Kultfeindlichkeit der Gnosis in Anspruch genommen worden; doch ist eine solche Deutung von Iren. I,21,4 falsch. Einmal ist sie ausdrücklich als Meinung nur *einer* valentinianischen Gruppe (,,Andere") gekennzeichnet. V.a. aber bezieht sie sich eben nur auf das ,,geistige" Sakrament der Apolytrosis, für das sie eine entsprechende geistige Realisierung fordert, während damit über die vorbereitende — bei Ekklesiastikern wie bei Gnostikern vollzogene ! — ,,psychische" Taufe keinerlei Urteil gesprochen ist. Wohl aber läßt sich dieses Beispiel innervalentinianischer Polemik als kritischer Reflex jener Entwicklung deuten, die auch bei der Apolytrosis immer stärker auf sakramentale Darstellung der ursprünglich rein geistig konzipierten Realitäten drängt. — In gleicher Weise wie Iren. I,21,4 ist *TracTrip* (NHC I,5) 127,25-34 zu verstehen: ,,Denn die Taufe, welche *im eigentlichen Sinn* (ϨΝΝΟΥΜΝΤΧΑΕΙϹ = κυρίως) diejenige ist, zu der das All streben und darin sein wird — es gibt keine andere Taufe außer allein jener, welche die <Rückkehr> ist zu Gott dem Vater und dem Sohn und dem Hlg. Geist, nachdem die Homologie durch ihren Glauben an diese Namen erfolgt ist''. Dies Urteil gilt wiederum allein für die ,,Pneumatiker'', die sich über die ,,Psychiker'' nicht nur in ihrer ,,Homologie'' (sie bekennen nämlich nicht mehr den Demiurgen, sondern die transmundane Trinität), sondern auch durch die andere Art ihrer Gottesverehrung (pneumatische Direktheit anstelle äußerer Vermittlung: 118,28-119,8 124,12-25) erheben, ohne daß dadurch dieses niedere Stufe aufgehoben wäre. Im Gegenteil scheint 125,5-9 als ,,erste Erlösung'' eine äußere Taufe auch für die Pneumatiker zu kennen. — Im Unterschied zu solcher *Überbietung* des psychischen Gottesdienstes durch einen geistigen ohne äußere Riten lehnen die in *Orig.orat.* V,1 dargestellten Häretiker jeglichen Kultus — ,,Taufe'', ,,Eucharistie'', ,,Gebet'' — ab, da sie ,,das sinnlich Wahrnehmbare gänzlich verneinen''. Bei ihnen läßt sich allerdings Zugehörigkeit zum valentinianischen Bereich nur vermuten, keineswegs aber beweisen.

So läßt sich als *Ergebnis* dieses Überblickes zweierlei festhalten. 1. Man kann die Einstellung der Valentinianer zum Kultus nicht auf einen einheitlichen Nenner bringen. Sie haben die in der Kirche gebräuchlichen Sakramente ablehnen, anerkennen und überbieten können; eine Ablehnung kann die Sakramente an sich wie auch — mehrheitlich — nur in ihrem kirchlichen Verständnis betreffen. 2. Trotzdem ist *in diesen vielfältigen Verhaltensweisen eine einheitliche Grundtendenz* wirksam: die gnostische Grundeinsicht von der Unweltlichkeit des Heils und die resultierende Ablehnung weltlicher Elemente zur Erlangung desselben.

2. *Sonstige gnostische Sakramentspolemik.* Gehen wir nun die außervalentinianischen Beispiele gnostischer *Taufpolemik* durch. Auch hier variiert deren Begründung und faktische Auswirkung von Mal zu Mal.

a. *Die Häretiker von Tertullian's De Baptismo.* Eines der markantesten Beispiele stellen die in Tert.bapt. bekämpften Häretiker dar. Bemerkenswert ist der große Erfolg der Propaganda dieser Gruppe in Karthago: ,,doctrina sua plerosque rapuit, inprimis baptismum destruens'' (1,2). Neben biblischen Argumenten (Joh 4,2; 1Kor 1,17 Act 9,18; Rm 4,3), auf die Tert. in c. 11-14 eingeht, ist es v.a. der Gesichtspunkt der Minderwertigkeit des Wassers als materialer Substanz, den sie gegen die Taufe anführen (c. 1-10): ,,quam stultum et impossibile sit aqua reformari'' (3,1). Die Identifizierung dieser Gruppe bereitet angesichts der Textüberlieferung Schwierigkeiten: wahrscheinlicher als die Lesung ,,Caiana haeresis'' scheint mir mit der Editio Mesnartii ,,Gaiana haeresis'', die vielleicht mit dem Tert. adv.Val. 32 erwähnten Gaius in Zusammenhang zu bringen ist.

b. *Die ,,Archontiker''* (Epiph.pan. 40). Die Verwerfung der ,,Taufe der Kirche'' (40,2,8) durch diese palästinensische Gruppe — Epiph. stellt sie noch in Zusammenhang mit der von einem Eutaktus in Armenien verbreiteten Häresie — ergibt sich aus ihrer asketischen Weltverachtung, wie sie in der Kosmologie ihren Ausdruck findet. Die sieben archontischen Mächte mit Sabaoth, dem ,,Gott der Juden'' (5,1), an ihrer Spitze sind den ,,Seelen'' feindlich, suchen sie — als ,,Nahrung'' für sich selbst — in dieser Welt festzuhalten und ihren Aufstieg zum Lichtreich zu verhindern. Im Namen eben dieses Sabaoth aber werden die Sakramente der Kirche zelebriert (2,6), weshalb die Archontiker die Taufe ,,anathematisieren'' und ,,der Taufe der Kirche und dem Namen Sabaoths'' zu entkommen suchen (2,6-9). Trotzdem haben einige von ihnen die Taufe *empfangen*, wie ausdrücklich festgestellt wird (2,6). Das asketische Motiv dieser Sakramentsverwerfung ist auch in der Bezeichnung Sabaoths als des πονηρίας εὑρέτης (7,7) greifbar. Die von AUNE (Anti-Sacramentalism 211) gegen den Bericht des Epiph. angeführten Stellen sind irrelevant, da sie alle von Epiph. abhängen.

c. *ParSem* (*NHC VII,1*). Für diese vulgärgnostische Schrift, die durch die Parallelversion bei Hipp. V,19-22 im Grundbestand ins 2. Jh. datierbar ist, ist eine dezidierte Tauffeindschaft kennzeichnend. ParSem polemisiert gegen eine „Trugtaufe" (31,16) bzw. eine „unvollkommene" (30,25) oder „unreine Taufe" (38,5f) und gegen die Verblendung der „vielen" (36,25), die „wähnen, daß im Bad des Unreinigkeitswassers ... (das Wasser) die Sünden wegnehmen wird" (37,17-38,6), die „(die Wirkkraft des) Wasser(s) preisen" (38,12) und den über dem „schwachen" Taufwasser (37,24) stehenden Dämonen „nutzlose Verehrung" (36,30f) erweisen. Im Hintergrund all dieser Aussagen steht zweifellos die Vorstellung vom lebensfeindlichen Charakter des Elementes *Wasser als Finsternismacht* („Furchtwasser", „Finsterniswasser", „Fessel des Wassers"), das von Urbeginn an — vor der Entstehung der Welt, bei ihrer Zeugung, in der Sintflut, als Taufwasser, als Materialisierung sexueller Begierde und Ursprung aller Laster — das Licht in der Finsterniswelt zu fesseln sucht. Bemerkenswert dabei ist die betonte Analogie zwischen protologischem und anthropologischem Geschehen (37,15-19: „Und die Menschen werden nicht freikommen, weil sie an das Wasser gebunden sind, so wie von Anfang an das Licht des Geistens gebunden ist"). — Zielt diese Polemik auf *christliche* Taufpraxis ab? Dafür könnte sprechen, daß der Taufdämon — in Konkurrenz zur wahren „Pistis" (31,19ff.4ff) — eine „nichtige" Nachahme-„Pistis" einzuführen scheint (30,11f 25,7 40,3); daß sich μαρτυρία καθολική (29,22 34,20 42,29; cf. 29,14) als Bezeichnung der eigenen Gnosis und der „Same der universellen (καθολική) Finsternis" (35,13 40,27f) als Bezeichnung der der Taufe verfallenen Menschen gegenüberzustehen scheinen; daß 31,17ff auf Jesus und Johannes den Täufer deutbar ist. Mit allen notwendigen Vorbehalten scheint mir (ebenso SCHENKE ZÄS 102 [1975] 127) eine antichristliche Spitze dieser Schrift — Dokument einer allenfalls peripher mit dem Christentum in Berührung gekommenen Gnosis — wahrscheinlicher zu sein als die Beziehung auf „a Jewish baptismal sect" (WISSE NovTest 12 [1970] 137) oder „Frühmandäertum oder Elkesaitismus" (COLPE JAC 16 [1973] 113). Bemerkenswert ist das *Fehlen der Taufpolemik* in der christianisierten Ausgabe von ParSem, die Hipp. V,19-22 zugrunde liegt.

d. In den Texten der *sethianischen Gnosis* (im engeren Sinn) scheint Taufpolemik ein feststehender Topos zu sein, und zwar in christianisierten Texten gleichermaßen. So finden wir in der Bekehrungspredigt des heidnischen Traktates *Zostr* (NHC VIII,1) die Warnung vor der „Taufe mit (dem) Tod" (131,2), was angesichts der großen Bedeutung der *Himmels*taufen in Zostr (pg. 5-7.13-15.22-25.55) eher sakramental als metaphorisch zu verstehen ist. In *EvAeg* (NHC IV,2:80,9ff; III,2:67,22ff) hat die Erwähnung des „Taufwassers aller Archonten" wahrscheinlich auch einen polemischen Klang. *ApcAd* (NHC V,5) schließt ab mit der Gegenüberstellung von wahrer Taufe (nämlich der Gnosis als der „heiligen Taufe derer, die die ewige Gnosis kennen": 85,22ff.1ff) und falscher Taufe („Befleckung des Lebenswassers" zwecks Unterjochung der Sethmenschen: 84,17f; 84,4ff). Nun steht die letztere in einer Reihe mit den anderen archontischen Anschlägen, v.a. aber mit der Sintflut, wo die Archonten ebenfalls mit Wasser die Unterjochung der Menschheit zu erreichen suchen (69,1ff 72,19ff 74,17ff), so daß deutlich ist: es ist einunddieselbe Kraft, die einst in der Sintflut, jetzt in der Wassertaufe wirksam ist. Entsprechend der unterschiedlichen Bestimmung des historischen und religionsgeschichtlichen Ortes von ApcAd werden auch die Gegner unterschiedlich bestimmt (BÖHLIG Mysterion 152: syrisch-palästinensische Täufersekten; SCHOTTROF Animae 70 Anm. 11:

,,gnostische Taufpraxis''; BELTZ Adam-Apokalypse 222: ,,antikirchliche''
Polemik einer späten Gnosis). Falls BELTZ recht haben sollte, könnte diese
Korrelation von Sintflut und Taufe polemische Umkehr der typologischen
Deutung der Sintflut auf die Taufe sein, die in der Kirche seit 1Pt 3,20f
üblich ist.

   e. *Dial* (NHC III,5) 134,5-8: ,,Wenn einer nicht zuerst (Wesen oder Ursprung des) Wasser(s) versteht, weiß er nichts. Für ihn hat es keinen Nutzen,
sich damit taufen zu lassen'' ist wohl als Polemik gegen eine Taufpraxis
zu werten, die nicht durch Gnosis eingelöst wird (cf. 142,14f). — Ob *LibTh*
(NHC II,7) 144,1 (,,Eure Seelen habt ihr mit Finsterniswasser getauft'')
sakramental zu deuten ist, ist fraglich; wenn ja, wäre diese Polemik auf dem
Hintergrund der radikalen Askese von LibTh zu sehen. — *ExAn* (NHC II,6)
betont den Unwert äußerlicher Handlungen (135,5ff.22ff 136,16ff 134,29ff);
so ist 131,27-132,2 (Reinigung der Seele — ,,*das* ist ihre Taufe'') vielleicht
als Absage an kultische Handlungen zu verstehen. — Zu Hipp. V,27,3 (im
,,*Baruch*''-Bericht) bemerkt HAENCHEN (ZThK 50 [1953] 155): ,,dagegen
hat es den Anschein, als werde hier gegen die christliche Taufe ... polemisiert''. — *2LogSeth* (NHC VII,2) 49,25-28 (,,Sklaverei ist es (zu behaupten),
daß wir mit Christus (d.h.) einem unvergänglichen und unbefleckten Denken sterben werden'') bezieht sich wahrscheinlich ebenso wie EvPh (NHC
II,3) § 109 (s.o.) auf eine Taufinterpretation im Sinn von Rm 6,4. *ApcPt*
(NHC VII,3) 74,13-15 hingegen dürfte kaum in diesem Sinn zu deuten sein
(cf. S.37-39). — Denkbar, aber unwahrscheinlich ist die Beziehung des schmut-
zigen ,,Wassers des vergangenen Äons'' in *Noema* (NHC VI,4) 43,5-7 auf
Taufpraxis. Dafür sprechen könnte der Gegensatz zur ,,Zurüstung ... zur
Auferstehung'' (43,9ff) und zum ,,Lebenswasser''. — Außerordentlich strikt,
aber unser Thema überschreitend ist die Sakramentsverwerfung der *Manichäer* (Keph. 33,29ff 44,24ff; Aug.contra Epist.Pelag. IV,5,1: ,,Baptismum
... quod Manichaei dicunt in omne aetate superfluum''); der neugefundene
griechische Mani-Codex wirft neues Licht auf die Genese dieser Kultfeind-
schaft (Elkesaitismus; s. HENRICHS-KOENEN ZPE 5 [1970] 150.137.144;
HENRICHS Harv.Stud.Class.Phil. 43 Anm. 74). — Zur Polemik der *Mandäer*
gegen die christliche Taufe s. RUDOLPH Mandäer II 64f.

   Was die gnostische Polemik gegen die *Eucharistie* angeht, so deckt sich
diese meistens mit der gegen die Taufe (Epiph.pan. 40,2,6; Orig.orat. V,1;
Ign.Smyrn. 8,1). Auch hier gilt es den Eindruck zu korrigieren, daß sich
die Gnostiker von diesem — auf Fleisch und Blut Jesu zentrierten — Sakrament in besonderer Weise distanziert hätten (so: BOUSSET Hauptprobleme 305; SCHMITHALS Korinth 233). Bei den Valentinianern etwa läßt
sich dieses Sakrament nachweisen in EvPh (NHC II,3; §§ 23.100.108; 15.
26.53), ExpVal (NHC XI,2 pg. 43,19-44,37), ExcTh 82,1 sowie Iren. I,13,2
(Markosianer; cf. noch TracTrip [NHC I,5] 126,19; Heracl.frgm. 10; sowie
Iren. IV,18,5), ohne daß dabei die spezifische Differenz gegenüber dem kirchlichen Glauben (dem Verwechslung von Abbild und Sache vorgeworfen wird)
aufgegeben wäre (cf. PAGELS Gospel 75-78; dies. HThR 65 [1972] 162-169).
Auch aus der häufig angeführten Stelle Ign.Smyrn. 7,1 geht nicht Verwerfung der Eucharistie als solcher, sondern nur in dem von Ignatius vertretenen Verständnis hervor (cf. 8,1.2 9,1 und AUNE Anti-Sacramentalism 204-
207). Anders als im pneumatischen Mönchtum, das sich mit der Bischofs-
kirche eher an der Eucharistie in ihrer ständigen Wiederholung (und kirchlicher Kontrolle) als an der Taufe rieb (REITZENSTEIN Historia 188ff;
BOUSSET Apophtegmata 236-244; FICKER Amphilochiana 228f), finden wir
bei den Gnostikern auffälligerweise mehr kritische Bemerkungen zur Taufe.

Zur gnostischen Kritik des *Gebets* liefern die Nag-Hammadi-Texte zwei markante Beispiele. *EpJac* (NHC I,2) ist extrem vom Gedanken der Selbsterlösung bestimmt (11,10ff 9,13ff); deshalb: ,,Oder denkt ihr etwa vom Vater, daß er menschenfreundlich sei oder daß er umgestimmt werde von Bitten ... ?'' (11,29ff). *1ApcJac* (NHC V,3) zeigt am Beispiel des ,,Bruders'' Jesu die Inferiorität des Gebets gegenüber pneumatischer Direktheit (30,28-31,6): ,,Du siehst, wie du nüchtern werden wirst, nachdem du mich *gesehen* hast und dies Gebet gelassen hast'' (32,3-8). Auch die Verwerfung des Gebets durch die *Prodikos*-Leute (Clem.Al.str. VII,41,1) steht im Zusammenhang mit ihrem Bewußtsein, υἱοὶ μὲν φύσει τοῦ πρώτου θεοῦ zu sein (Clem.Al. str. III,30,1). Zu nennen sind ferner die Häretiker von Orig.orat. V,1 sowie EvTh (NHC II,2) § 14.

4. *Dem Judengott verfallen*

Hinter der Auseinandersetzung mit dem kirchlichen Christentum, so wie sie TestVer selbst sieht, steht der *Gegensatz zwischem dem Judengott*, dem die Katholiken ,,dienen'' (48,14f), *und Christus*, dem die Gnostiker folgen. Jener bringt ,,Sünde'' über die Menschengeschlechter (48,4-8: Ex 20,5), an Christus aber ,,ward keine Sünde gefunden'' (33,1f); jener befiehlt in seinem Gesetz die Fortpflanzung (30,2-5), seit Christus aber ,,hat die Herrschaft der fleischlichen Zeugung ein Ende gefunden'' (30,29f). Der Judengott macht ,,blind'' (48,10: Jes 6,10), Christus aber hat die ,,Blinden'' geheilt (33,2-8); jener verstockt die ,,Herzen'' (48,8f), die Christus nachfolgenden Gnostiker hingegen verstehen mit den ,,Ohren des Herzens'' zu hören (29,8f) und den ,,Augen des Herzens'' zu sehen (46,7f). Überhaupt hat Christus den ,,Werken'' der ,,Weltherrscher'' ein Ende bereitet (33,2ff). ,,Sabaoth'' wird dieser von den Kirchenchristen verehrte Judengott an einer Stelle genannt (73,30); auch die Archontiker sehen in ,,Sabaoth'' den ,,Gott der Juden'' und des ,,Gesetzes'', v.a. aber den Gott, der die ,,Kirche'' regiert (Epiph.pan. 40,5,1 2,8.6) [67].

---

[67] Der Vorwurf des *Judaismus* spielt — ebenso wie bei Markion — in der Auseinandersetzung der Gnosis mit der Kirche eine grundlegende Rolle; in aggressiver Form erhebt ihn etwa 2LogSeth (NHC VII,2). Satornil spricht die Überzeugung vieler Gnostiker aus: ,,Christus ist erschienen, um den Judengott zu stürzen'' (Iren. I,24,2). ,,Jude'' ist in gnostischem Sprachgebrauch keine historische, sondern eine theologische Kategorie. So warnt Herakleon vor der Gottesverehrung der ,,Juden'', die ,,dem Demiurgen dienen'' (frgm. 20-22), und EvPh (NHC II,3) §§ 46.6 stellt die Gleichung auf: ,,Wer nicht den Herrn empfangen hat, ist noch Hebräer''. Die Basilidianer sind stolz darauf, ,,nicht mehr Juden zu sein'' (Iren. I,24,6), und den kirchlichen Glauben an den Demiurgen führen die Valentinianer darauf zurück, daß anfangs die Apostel den Juden ,,keinen anderen Gott verkündigen konnten als den, an den sie früher geglaubt hatten'' (Iren. III,12,6 5,1). Sehr aufschlußreich ist die valentinianische Exegese des Römerbriefes: diejenigen

Am prägnantesten herausgestellt ist der hier ins Auge gefaßte Gegensatz in dem großen *Exkurs über den Paradiesesgott und die Schlange* (45,23- pg. 50), dem in der Tat die meisten der oben angeführten Belege entnommen sind. Hier wird (*A*) zunächst — in recht genauem Anschluß an den biblischen Text (Gen 2,16f/3,2f 3,1.5-10.11b/a.12.13b.14.22a.23a.22b), doch mit einer Reihe charakteristischer Abweichungen [68] — der Bericht über das Verbot des Paradiesesgottes und die Konsequenzen seiner Übertretung wiedergegeben (45,23-47,14), um daraus (*B*) drei Wesensmerkmale dieses Gottes abzuleiten: Neid, Unwissenheit, Mißgunst. „Von welcher Art ist (also) dieser Gott? Erstens nun hat [er] Neid (φθονεῖν) gegen Adam bewiesen, daß (dies)er vom Baum der Erkenntnis essen könnte. Und zweitens ... hat er gesagt: ‚Adam, wo bist du?'. (Folglich) ist Gott aber ohne πρόγνωσις ... Und schließlich hat er gesagt: ‚Laßt uns ihn von diesem Ort vertreiben, damit er nicht von dem Baum des Lebens esse und ewig lebe!'. Führwahr, (damit) hat er aber sich selbst als neidischen (+ φθονεῖν) βάσκανος bloßgestellt" (47,14-30). Mit der wiederholenden Frage: „Also: was für ein Gott ist dieser?!" zielt TestVer dann (*C*) direkt auf seine kirchlichen Opponenten: „Groß ist also die Blindheit derer, die (zu ihm) rufen: nicht haben sie ihn erkannt" und fügt — nach Zitierung von zwei weiteren entlarvenden Aussprüchen dieses Gottes (Ex 20,5 + Jes 6,10) — hinzu: „Aber das gilt (nur) für die, die an *ihn* glauben und die *ihm* dienen!" (47,30-48,15). — Diesen kirchlichen Dienern des Judengottes werden die Gnostiker gegenübergestellt, die sich an Christus, die Schlange, halten. Von diesem handelt (*D*) das nun folgende Schlangen-Florilegium (Gen 3,14f (?) + Ex 7,11f + Num 21,9), das unter deutlicher Anspielung auf Joh 3,14 mit der ausdrücklichen Identifizierung von Christus und der (ehernen) Schlange abschließt (48,15-49,8). Durch die Zusammenstellung des eigentlichen Genesis-Midraschs (v.a. A+B) und des

---

Bestimmungen, die Paulus in Rm 1-4 als Merkmal der „Juden" herausstellt — Gesetz, Sünde, Werke, Furcht, Gericht —, gelten als Charakteristika der psychischen Christen (PAGELS VigChr 25 [1972] 241-258).

[68] Die Schlange ist nicht θηρίον (Gen 3,1) — was in Orig Mund (NHC II,5) 113,35ff ausdrücklich als archontische Verleumdung zurückgewiesen wird —, sondern ζῷον; ihr Bereich ist nicht die „Erde" (Gen 3,1), sondern das „Paradies"; sie „betrügt" nicht (Gen 3,13b), sondern „belehrt"; die Belehrung beschränkt sich nicht auf die Nacktheit (Gen 3,11a), sondern ist allgemein. Nicht allgemein die „Augen", sondern die „Augen eures Herzens" werden geöffnet; von Adams „Furcht" vor Gott (Gen 3,10) ist keine Rede etc.

Schlangen-Florilegiums (D) — zwei vorgegebenen Traditionsele-
menten (s.u.), die sicher erst durch TestVer verknüpft worden
sind — ist auch für die Paradieseserzählung die dort selbst nicht
ausgesprochene Gleichung Christus = Schlange gesichert. Von Anfang an ist Christus also der Gegenspieler des Judengottes. — Entsprechend stehen sich (E) zum Abschluß (49,8- pg. 50) Gnostiker
und Kirchenchristen gegenüber als „Wir" und „Ihr" (50,3.1), als
diejenigen, die „[gei]stig (πνευματικῶς)", und die, die „leib[lich
(σωματικῶς)]" erkennen (50,1f.2), als diejenigen, die an Christus
„glauben" (49,8), und die, die „nicht" an ihn „geglaubt haben"
(49,9) und die statt dessen dem „Gesetz folgen und ihm gehorchen"
(50,8f).

In diesem Abschnitt greift TestVer auf geprägte exegetische
Traditionen zurück; B. PEARSON hat sorgfältig jüdisches, gnostisches und christliches Vergleichsmaterial zu diesem Passus zusammengestellt [69]. Die wichtigste, unter formalem Aspekt sogar einzige präzise Parallele zu 45,23-47,30 (A+B), die auch in ihrer ausgesprochenen antikatholischen Funktion genau TestVer entspricht,
hat er jedoch übersehen, nämlich das bei *Julian Apostata*, Κατὰ
Γαλιλαίων 75A-94A, erhaltene Traditionsstück (ed. K. J. NEU-
MANN S. 167-169; in NEUMANNS Übersetzung S. 5-7). Auch hier

---

[69] PEARSON Traditions. — Zum *Schlangen*-Florilegium cf. v.a. die
Peraten (Hipp. V,16,8.6ff.11.8 = Ex 7,11f + Num 21,6-9 + Joh 3,14 +
Gen 3,1-7) sowie die gemeinchristliche typologische Deutung von Num
21,8f (zB Just.apol. I 60; dial. 91.94.112; Barn. 12,5-7; s. BULTMANN Johan-
nes 109 Anm. 1 [Lit.]; gnostisch zB Epiph.pan. 37,7,1) und die gnostische
Identifizierung der Schlange (im Paradies und sonst) mit Christus (AJ
[BG] 57,20f; Aug.haer. 46,1,5 [Manich.]; Hipp. V,19,20f [Seth.]; Hipp.
V,16,10 17,8 [Perat.]; Epiph.pan. 37,2,6 8,1 [Oph.]. Cf. noch Orig.c.C.
VI,28]. — Beispiele eines ausgeführten gnostischen Midraschs über die
Paradieses-Erzählung sind: HA (NHC II,4) 87,23-91,11; OrigMund (NHC
II,5) 110,2-121,13; AJ (BG) 55,18-62,1; ApcAd (NHC V,5) 64,4-65,13;
Iren. I,30,6ff; Hipp. V,26. — Auch die *Einzelmotive* bzw. Belegstellen der
Kritik am Gott des AT's sind verbreitet: *Neid* als Motiv des Essensverbotes
findet sich zB in: HA (NHC II,4) 90,7f; OrigMund (NHC II,5) 119,4f;
Theoph.Autol. II,25; Iren. III,23,6; Novat.trin. 3; Ambros.parad. VI,30;
PsClem.Hom. III,39,3f (zu φθόνος und βασκανία des Demiurgen allgemein
cf. BEYSCHLAG Simon 147 Anm. 35). — Die *Unwissenheit* der Frage „Adam
ubi es" machen geltend: HA (NHC II,4) 90,19ff; OrigMund (NHC II,5)
119,26f; Markion (Tert.adv.Marc. II,25 IV,20; Orig.princ. 4,2,1; Adam.dial.
I,17), cf. Just.dial. 99; Orig.orat. 23,3. Cf. HIRSCHBERG Simplices 189. —
Zu Ex 20,5, in Verbindung mit Jes 45,5f parr. eine der in gnostischen Texten
am häufigsten zitierten Stellen, cf. v.a. 2LogSeth (NHC VII,2) 64,19ff;
Julian.adv.Gal. 106DE; ExcTh 28. — Zu Jes 6,10 cf.: AJ (BG) 59,1ff;
2ApcJac (NHC V,4) 60,5ff; Iren. IV,29,1; HARNACK Marcion 103.

wird die Paradiesesgeschichte mit dem Ziel angeführt, um aus ihr in lehrhafter Verallgemeinerung ἄγνοια, φθόνος und βασκανία als die Merkmale des von den Katholiken verehrten Gottes abzuleiten (94 A). Beweis für seinen „Neid und übergroße Mißgunst" ist — wie in TestVer — die „eifersüchtige Sorge, daß der Mensch nicht vom Baum des Lebens kosten und ... zur Unsterblichkeit eingehen möge" (94A 95E), Beleg seiner „Unwissenheit" ist — abweichend von TestVer — v.a. der Umstand, „daß die zur Gehilfin erschaffene Frau bestimmt ist, die Ursache des Falls zu werden" (94A 75A). Auch Ex 20,5 wird an anderer Stelle (106DE 152C) zum Erweis der niederen Gesinnung des Demiurgen angeführt. Spannung zum Kontext und die andersgeartete polemische Auswertung durch Julian zeigen, daß es sich hier um ein von Julian übernommenes Traditionsstück handelt. Dabei ist der Deutung von Brox zuzustimmen: „Offenbar sind diese Argumente Julian aus der gnostischen Polemik bekannt geworden, und zwar wohl kaum unmittelbar, sondern eher auf Umwegen, indem sie Eingang in ein allgemeineres Arsenal antichristlicher Polemik fanden" [70]. TestVer wie Julian schöpfen also beide aus einem Fundus antikatholischer Argumente gnostischer Provenienz, die natürlich in ursprünglicherer Form in TestVer vorliegen, die aber dennoch — wie das Beispiel Julians zeigt — in gewisser Weise *antikatholischer Allgemeinbesitz* geworden sind. Auch für die antichristliche Polemik des Porphyrius lässt sich das Einwirken der markionitischen Kritik vermuten (HARNACK Marcion 336*f). Ganz analog ist dieser Tatbestand auch — zwei Jahrhunderte vor Julian — bei Celsus zu beobachten, der für seine antichristliche Polemik die Argumente der innerchristlichen Auseinandersetzung sowohl der Gnostiker (s. ANDRESEN Logos 391) wie der Katholiken (s. HARNACK Marcion 326f) auswertet. Der Fluktuationsgrad solcher polemischen Topoi war also beträchtlich.

So begründet der Exkurs über den Paradiesesgott und die Blindheit seiner Diener den Vorwurf des Judaismus gegen die Kirche. Er führt weiter die Aufnahme geprägter und verbreiteter polemischer Traditionen in einer Schrift vor Augen, deren antikatholische Polemik insgesamt der unmittelbare Niederschlag einer sehr lebendigen Auseinandersetzung ist.

---

[70] BROX JAC 10 (1967) 184f. Zur starken Traditionsgebundenheit der Polemik Julians und der anderen heidnischen Kritiker cf. GEFFCKEN Apologeten 304ff.297ff., v.a. 308; zur „alttestamentliche(n) Bibelkritik in der späthellenistischen Literatur" cf. STEIN Collectanea Theologica 16 (1935) 38-83.

C. Die antignostische Polemik

Nun sind es nicht allein die Kirchenchristen, sondern auch gnostische Gruppen, die die Kritik von TestVer trifft. Diese Kritik — in ihrem Verhältnis zur antikatholischen Polemik — ermöglicht eine besonders präzise Frage nach dem sachlichen Maßstab des „Häresie"-Vorwurfes und macht TestVer zu einem einzigartigen Dokument der Gnosis. Leider ist der Abschnitt über die Gnostiker besonders stark zerstört; er reicht mindestens von pg. 54 — von pg. 51-54 ist praktisch nichts erhalten — bis pg. 60.

1. *Die Aussagen über die Gegner*

a. *Ungenannte Gnostiker.* In 55,1-19 lesen wir: „(1) ['....] Ogdoas (ὀγδοάς), d.h. die ach[te]; und wir werden an jenem [Ort] das Heil empfangen', [da sie] nicht wissen, was Heil (5) [überhaupt] ist (oder: was ‹das› Heil ist). Vielmehr (ἀλλά) kommen sie zum [Verderb]en und zu einem [.........] im Tod in den [Wassern]. Das [ist] die Taufe (βάπτισμα) [..................] (Lacuna Z. 10-16) [..............] gehen zum To[d (oder: Wasser) ....] un]d diese ist [..............] gemäß (κατά) (Lacuna Rest der Seite)". Textlich gesichert ist hier nur der Gegensatz zwischen dem künftigen „Heil", auf das die Gegner hoffen (ⲉⲛⲁⲝⲓ), und dem „Tod", auf den sie faktisch zusteuern (ϣⲁⲩⲃⲱⲕ) (ein ähnlicher Kontrast in 31,22-32,12 oder 69,7-32). Dieser „Tod" steht in Zusammenhang mit der „Taufe"; ob dabei die Taufe an sich als ein „Zum-Tod-Kommen" verstanden ist (zum Ausdruck cf. EvPh [NHC II,3] § 109), oder ob es hier um die Kritik falschen Vertrauens auf die Taufe geht, läßt sich nicht sagen. Die Nennung der Ogdoas als Ort des Heils — an sich gemeingnostische und auch gemeinchristliche [1] Vorstellung — dürfte wegen 56,2f auf Valentinianer verweisen. Daß Ogdoas in der Auseinandersetzung zwischen Valentinianer und der Kirche eine große Rolle spielte, zeigen Iren. II,16,4 und Eus.h.e. V,20,1.

b. *Valentinianische Gruppierungen.* In 56,1-20 heißt es: „(1) Er [hat] den Lauf [des Val]entinos vollendet. Er selbst redet [zwar (μέν)] über die Ogdoas (ὀγδοάς). Seine Schüler (μαθητής) aber (δέ) gleichen[den (5) Schü]lern (μαθητής) des Valentin[os]. Sie ihrerseits nun [.....] lassen ab vom Guten (ἀγαθόν), (statt dessen) haben sie

---

[1] Zu Ogdoas als Symbol der Auferstehung cf. Staats VigChr 26 (1972) 29-52.

ab[er (ἀλλά)] einen [........] als εἴδωλον (oder: einen Götzen-
[dienst]) [.........] (10) (LACUNA Z. 10-17) Er hat geredet v[ie-
le Wörter und hat] geschrieben vie[le Bücher ......] (20) Wort
[.............]". — 1. Es stehen sich hier gegenüber Valentin
und ein Gefolgsmann — etwa ein Ptolemäus, Herakleon oder Axio-
nikus — auf der einen und die Schüler des Valentin und die seines
Gefolgsmannes auf der anderen Seite. 2. Dabei scheint eine inner-
valentinianische Abwärtsentwicklung („vom Guten ablassen") ins
Auge gefaßt zu sein (cf. Tert.adv.Val. 4; Iren. I,11f; Hipp. VI,29.
35). Da sich in den beiden parallel stehenden Sätzen 56,2f.6f. die
„Ogdoas" und das „Gute" entsprechen — ⲛⲧⲟϥ ⲍⲱⲱϥ [ⲙⲉⲛ]
ⲉϥϣⲁϫⲉ ⲉⲑⲟⲣⲁⲟⲁⲥ ... ⲛⲧⲟⲟⲩ ⲍⲱⲟⲩ ⲟⲛ ⲥⲉ[.....]ⲗⲟ
ⲉⲡⲓⲁⲣⲁⲑⲟⲛ —, scheint mit dem „Abfall vom Guten" nicht ein mo-
ralischer Niedergang gemeint zu sein (also der Vorwurf des Libertinismus) [2], sondern eher ein Ablassen vom (Streben nach der Gnosis
des) Lichtreich(es). Dafür spricht auch das folgende εἴδωλον. Damit
ist entweder — wie in 70,1 — der heidnische Götzendienst gemeint [3]. Wahrscheinlicher aber bezieht es sich auf den Abfall zum
kirchlichen Glauben, entweder im Sinn des ziemlich verbreiteten
übertragenen Gebrauchs von „Idolatrie" zur Bezeichnung von
„Häresie" [4] oder im Sinn der gnostischen Vorstellung vom Demiur-

---

[2] Das wäre ein bemerkenswerter Vorwurf. Nach unserer sonstigen Kenntnis haben die Valentinianer die Ehe entweder als „Hochzeit der Befleckung"
verworfen (EvPh [NHC II,3] 82,4ff; Chrys.virg. 3 [dazu VÖÖBUS History
I 58ff]; Theod.Mops. In.ep.ad.Tim. I [ed. H. B. SWETE II 139f]) oder — als
Abbild der oberen Syzygie — gebilligt (Clem.Al.str. III,1,1), aber konse-
quenterweise nur als geistliche Ehe (Clem.Al.str. III,29,3; Iren. I,6,3f
[HARVEY I 56,10f 57,5f]; Tert.adv.Val. 30: „quid facient spadones, quos
videmus apud illos?"; Orig.Hom. VII,3 in Ezech. [„castitas" der V.]).
Daß Iren. I,6,4 nicht als Beleg für valentinianischen Libertinismus, sondern
für dessen genaues Gegenteil zu gelten hat, zeigt die wichtige Analyse von
MÜLLER Beiträge 236f. — Die Reibungsflächen mit einem entschiedenen
Enkratitentum lagen eher an anderer Stelle. Für EvPh etwa kann auch
eine falsch verstandene Askese in Abhängigkeit von „Fleisch" führen:
„Fürchte dich nicht vor dem Fleisch noch auch liebe es. Wenn du dich davor fürchtest, wird es Herr werden über dich. Wenn du es liebst, wird es
dich verschlingen" (§ 62). In ExcTh 67 sehen wir, daß Valentinianer das
radikalenkratitische Ägypterevangelium genauso allegorisch entschärfen,
wie es der Kirchenmann Clem.Al. tut (str. III,63,1-64,1). Daß das im valentinianischen Bereich nicht unwidersprochen blieb, zeigt vielleicht die Auslegung des ehemaligen Valentin-Schülers Julius Cassianus (Clem.Al.str.
III,92).
[3] Davor warnen auch Heracl.frgm. 21; EvPh (NHC II,3) § 85; Valentin
ap.Clem.Al.str. II,36,3; die „Ophiten" (Iren. I,30,9).
[4] Jeder Häretiker verehrt anstelle des wahren Gottes „idola sua, i.e.
figmenta, quae ipse composuit" (Orig.Hom. VII,3 in Ezech. [GCS 33 392,

gen als eines bloßen „Abbildes" (Clem.Al.str. IV,90,2), dem die
Kirchenchristen anstelle des wahren Vaters dienen (Heracl.frgm.
23). 3. Nun heißt es aber von dem Gefolgsmann Valentins, daß er
„über die Ogdoas redet". „Reden" hat in TestVer eine negative
Notion: „redet" er also nur über die Ogdoas, so, wie die Kirchenchristen „nur im Wort, nicht aber in Kraft" das Christenbekenntnis
(31,22ff) und die Taufabsage (69,25) realisieren? Das ist wahrscheinlich, da im selben Zusammenhang noch von den „vielen" —
also nichtigen — Wörtern (und Büchern) die Rede ist (56,18-20) [5].

c. *Basilidianische Gruppierungen.* 57,1-5 lautet: „(1) [... sie]
sind offenbar durch [die Ver]wirrung, in der sie sind, [durch den]
Betrug (ἀπάτη) der Welt (κόσμος). Denn (γάρ) [sie werden] zu
jenem Ort (5) mit ihrem nichtigen Wissen gehen. Der andere [ist]
Isido[ros]. Dieser glich [dem Basilid]es. Er selbst [hat ....] viel
und hat (10) [.......] nicht ist er [gekommen] aber (δέ)
[..............] diese [...........] andere(r) [Sch]üler (μαθητής) [Z. 13 zerstört] [.............] macht sie (15) [...........
L]ust (ἡδονή)". — Von den drei Gruppen, die hier vorgeführt werden, dürften die erste (57,1-6) und die letzte (57,12ff) identisch
sein, da sie beide von der „Lust" bzw. — was dasselbe ist (29,15ff
41,4 42,28ff) — von dem „Betrug der Welt" bestimmt sind. Daran
sind *sie* „offenbar", während das Geschlecht des Menschensohns
daran „offenbar" ist, daß es bei ihm „keinerlei Lust noch Begierde
gibt" (67,1ff). — Diesen lustbeherrschten Basilidianern wird Isidor
entgegengestellt, der — offensichtlich anders als jene — dem Basilides „glich". Diese Feststellung erinnert lebhaft an Clem.Al.str.
III,3,3f, wo ebenfalls „zur Beschämung der (gegenwärtigen) Basilidianer, die nicht recht leben", auf Basilides und Isidor verwiesen
wird; „denn die Begründer ihrer Lehren gestatteten nicht einmal
das nämliche wie sie zu tun". Da Clem.Al. unsere einzige Quelle

---

24ff]; orat. 29,10; Tert.praescr. 40,8.10; Iren. I,15,6; wahrscheinlich schon
1Joh 5,21. Cf. HARNACK Ertrag II 56 Anm. 2; 64 Anm. 3). — Zum Verständnis von 56,9 nichts austragen dürften die diversen Nachrichten über Kult-
bilder bei Gnostikern (Iren. I,23,4; 25,6; Just.apol. I,26,2).
[5] Gegen die „vielen Wörter" polemisiert TestVer auch in 44,8 68,28f.
Die „vielen Bücher" der Valentinianer entsprechen einerseits der historischen Wirklichkeit (Iren. I,20,1 III,11,9; Orig.Comm.Jo. V,8), andererseits
einer polemischen Schablone (Const.Ap. VI,11). Die Kritik an der „Vielrednerei" und den „vielen Büchern" ist verbreitetes Motiv innerhalb und
außerhalb der Gnosis (ActPt.graec. 39 [10]; Orig.Comm.Jo. V,4-8; Trac-
Trip [NHC I,5] 118,37ff; Iren. IV,35,4; Kölner Mani-Codex 62,9-64,3
[HENRICHS-KOENEN ZPE 5 [1970] 108f]).

für die Eheanschauungen beider Häresiarchen ist und Isidor —
allein wie in Verbindung mit seinem Vater Basilides — überhaupt
nur selten erwähnt wird (cf. noch str. II,113,2 VI,53,2 Hipp. VII,
20,1; sowie die wirre Nachricht bei Epiph.pan. 33,3,2 4,1), ist die
Übereinstimmung mit TestVer umso bemerkenswerter.

d. *Simonianer und andere Häretiker*. Der besonders stark zerstörte Abschnitt 58,1-12 sei zunächst im Koptischen wiedergegeben.

(1) ncepçymϕⲱni [ⲁn e]ne[y]ҽpⲏoy· nci[mⲱ]niⲁnoc ⲅⲁp
cⲉⲭi ϩ[iome] ceⲭⲡe ϣⲏpe· n[. . . . . i](5)ⲁnoc ⲁe cepⲅⲕ[pⲁ-
ⲧeye] ⲭin ⲧoyϕyci[c. . . . . .] eϩpⲁï eyⲡⲁ[. . . . .] ncⲧⲁⲅⲱn
[. . . . .] ⲧⲱϩ[.]mmⲁ[. . . . . . .] (10) [.]y. . . [. . . . . . ⲁnon] ⲁe
[n]ⲧⲁn[. . . .pçymϕⲱ]ni eneⲅe[pⲏoy . . . . .].

Zur Erläuterung (γάρ) des Gegensatzes zwischen der Übereinstimmung der eigenen Gruppe (58,10-12) und der fehlenden Übereinstimmung auf der Gegenseite (58,1f) werden zunächst „die
Si[mo]nianer" vorgeführt, die „sich W[eiber] nehmen (und) Kinder zeugen" (58,3f; ähnlich vielleicht 58,14). Ihnen stehen "die
[. . . . . .i]aner" gegenüber, die „sich enth[alten]". Es ist nicht
völlig auszuschließen, daß diese Enthaltsamkeit in der folgenden
Lücke (58,6) durch ein ⲁn verneint wird, so daß in 58,2ff gleichsam
verschiedene Spielarten sexueller Lust vorgeführt wären. Doch
spricht gegen eine solche Rekonstruktion der betonte Gegensatz
(„aber") sowie das Fehlen eines vorangestellten n negativum in
58,5. — Es folgen nun Fetzen, die auf libertinistische Aktivitäten
hindeuten könnten: σταγών, „Tropfen", häufig Äquivalent für
Sperma (s. PsClem.Hom. III,20,1; Just.apol. I,19; Diog.Laert.
VIII,1,28; sowie STRECKER Pseudoklementinen 140 Anm. 2);
ⲡⲁ[ⲑⲟⲥ(?)] „Leidenschaft"; ⲧⲱϩ, „sich mischen", gerade auch
im sexuellen Sinn (falls nicht ⲧⲱϩ[c] „salben" zu lesen ist). Da
aber in 58,6 kein Platz für eine weitere Gruppenbezeichnung ist,
dürften diese Wörter mit den vorangegangenen in negierter Form
verbunden sein: „Die [. . . . .i]aner aber enth[alten] sich . . . , [in-
dem sie nicht] einer Lei[denschaft verfallen sind]" (o.ä.).

e. *Die „Häretiker" und die Schüler des Soter* (pg. 59/60). In 59,1-
15 fallen die Stichworte „Finsternis", „Kosmos", „Ar[chon(?)]"
sowie „die Häretiker (αἱρετικός) [. . . . .] Spaltung (σχίσμα)"
(59,4f); vielleicht liegt dabei eine Anspielung an 1Kor 11,18 —
möglicherweise in der Fassung als Herrenwort (Just.dial. 35,3;
Didasc. c. 23; Lact.Instit. IV,30) — vor. — In 59,17-19 lesen wir:

„richten [. . . . .]ianer aber [. . . . .] reden". Man
sollte bei solchen „. . . ianern" nicht von vornherein die Katholiken
ausschließen; die Gnostiker Edessas etwa kannten diese unter
dem Namen „Palutianer" (Ephr.hymn. 22,5). — Nach Gerichts-
drohungen werden in 60,4ff die genannt, „die a[us dem Geschlecht]
des Me[nschen]sohnes stammen". Daß sich diese — im Gegensatz
zu der menschlichen Weisheit der „Häretiker" — als „Schüler des
Soter" bezeichnet haben, lassen vielleicht die Rest ⲁⲡϭⲱ[ⲧ ⲏ ⲣ]
und [μα]θητής in 60,16f erkennen (cf. auch 44,2f).

2. Der historische Ort dieser Polemik

Die Auseinandersetzung mit den von der „Lust" beherrschten
Basilidianern fügt sich präzise ein sowohl in den Rahmen der sonstigen Polemik von TestVer wie auch in das Bild, das die patristischen Quellen von dieser Gruppe zeichnen; denn von Libertinismus der Basilidianer berichten auch vertrauenswürdige Referenten
(Clem.Al.str. III,3,3f; die Äußerungen des Orig. bei HARNACK
Ertrag II 64; cf. ferner auch Iren. I,24,5 28,2; Epiph.pan. 24,3,7;
Cyr.cat. VI,17,1). HORNSCHUH (Anfänge 333) stellt die Frage, warum sich die basilidianische Gnosis in Ägypten nicht durchgesetzt
hat, und antwortet: „An einem wesentlichen Punkte war Basilides
nicht genug Gnostiker . . . Basilides kommt . . . der gerade in Ägypten verbreiteten Neigung zum Enkratitentum nicht entgegen . . .
In dem Valentinschüler Julius Cassianus . . . wird die in den Libertinismus abgleitende basilidianische Bewegung einen neuen Kon-
kurrenten gefunden haben". Das Dokument eines solchen innergnostischen Ablösungsprozesses, der Verdrängung einer weniger
durch eine stärker asketisch geprägte Gnosis scheint nun in der
Tat TestVer zu sein.

Doch erlauben leider nicht alle Angaben von TestVer eine so
konkrete historische Verortung. Etwas auffällig ist zunächst die
katalogartige Zusammenstellung verschiedener Häretiker*namen* in
einer Schrift, die ansonsten ihre Gegner zwar unmißverständlich,
doch durch Zitieren ihrer *Anschauungen* kenntlich macht. — Auch
werden allein in diesem Abschnitt Christen der vergangenen Zeit
erwähnt: denn Isidor „glich" dem Basilides (57,7f), und der Gefolgsmann des Valentin „hat" geredet (56,18). — Ferner haben die
hier angeführten Simonianer unseres Wissens nie nennenswerte Verbreitung gefunden (BEYSCHLAG Simon 218) und dürften zur mut-
maßlichen Entstehungszeit von TestVer — Mitte 3. Jh. — ohnehin

ausgestorben sein. Das zumindest berichtet Orig. (c.C. I,57 VI,11),
der in dieser Frage als kompetent zu gelten hat, da er — weitge-
reist und „häufig in der Widerlegung von Sektenanhängern er-
probt" (c.C. VIII,15) — an verschiedenen Orten Gnostiker kennengelernt und bekämpft hat (Alexandria und Cäsarea; die Disputationen in Athen, Ephesus, Antiochia usw). Ein umso intensiveres
Leben aber führte Simon in der christlichen Legendenbildung, in
häresiologischer, volkstümlicher (die Apostelakten) und auch gnostischer Literatur (cf. die pseudosimonianische Apophasis Megale) [6].
— V.a. aber scheinen sich die Aussagen über die gnostischen Opponenten in TestVer nicht immer mit der polemischen Intention
dieser Schrift zu decken. Daß TestVer den Anhängern des Valentin
und Basilides ihre eigenen Schulhäupter entgegenstellt, könnte
Ausdruck des Bestrebens sein, sich selbst als deren wahren Nach-
folger hinzustellen; Vergleichbares fänden wir bei Mani (Keph. 13,
30ff; cf. auch AJ [BG] 70,8ff). Daß TestVer aber — falls die oben
diskutierte Lesung von 58,4ff korrekt ist — zur Erläuterung des
Kontrastes von eigener συμφωνία und mangelnder Übereinstimmung
der Gegner (58,1f.10f) neben den Ehefreunden auch solche Gnostiker wähnt, die „Enthaltsamkeit" üben — was doch der eigenen
Position von TestVer entspricht —, scheint nur verständlich, falls
TestVer hier eine vorgegebene Tradition abweichender Tendenz für
seine eigenen Zwecke ausbeutet. Das dürfte dann aber, wie WISSE
gesehen hat [7], eine ursprünglich *häresiologische* Tradition gewesen
sein [8]. Ein solcher Vorgang wäre nichts Außergewöhnliches in einer
Schrift, die ja auch an anderer Stelle vorgegebene Traditionskom-
plexe verarbeitet, und wäre auch nicht ohne Entsprechung in der
sonstigen gnostischen Literatur; denn auch die Polemik von Noema
(NHC VI,4) — einem Text bar jeglichen christologischen Interesses

---

[6] Wenigstens angemerkt sei der Umstand, daß TestVer nach dem erhaltenen Text seine gnostischen Opponenten — anders als die Katholiken —
nie direkt in der 2.prs. anredet. Das hätte v.a. in 58,10f.1f („Wir" — „Sie")
nahegelegen (cf. 50,3.1: „Wir" — „Ihr"; ähnlich in 45,19f.22).
[7] WISSE VigChr 25 (1971) 208 + Anm. 17.
[8] Angesichts der deckungsgleichen Aussagen über die Basilidianer wäre
es verlockend, für TestVer das Nachwirken der Diskussion häretischer Eheanschauungen bei Clem.Al.str. III anzunehmen, was WISSE zu tun scheint
(zur Nachwirkung von Clem.Al. cf. Hist.Laus. 60). Doch sind dort wesentliche Aussagen von TestVer ohne Entsprechung — die Tauffrage, die Darstellung der Simonianer und Valentinianer —, und die Betonung fehlender
Übereinstimmung der Häretiker nicht nur in Fragen der Lehre, sondern
auch der Stellung zur Ehe finden wir auch sonst in der kirchlichen Propaganda (zB Const.Ap. VI,8.10).

— gegen die „Häresie" der „Anhomöer" läßt sich nur als Nachwirkung kirchlicher Propaganda verstehen [9].

Ohne daß hier ein wirklich sicheres Urteil möglich wäre, scheint
also TestVer die in diesem Abschnitt kritisierten Gnostiker anders
als seine kirchlichen Gegner nicht aus eigener Anschauung zu kennen. Die antignostische Polemik von TestVer — einer Schrift, die
zweifellos einem gnostischen Milieu entstammt und aus diesem
Milieu sehr vielfältige Impulse aufnimmt — scheint also eher anhand übernommener Beispiele einer theoretischen Abgrenzung von
falschen Formen des Christentums zu dienen, als der Niederschlag
einer lebendigen Auseinandersetzung zu sein.

3. Der Maßstab der Kritik

Wichtiger aber und auch sicherer zu beantworten ist die Frage
nach den sachlichen Maßstäben dieser Kritik. Im Hinblick auf die
antikatholische Polemik zeigt sich, daß *die unterschiedlichen Gegner am selben Maßstab gemessen* und verworfen werden. Auch diese
Gnostiker nämlich „nehmen sich W[eiber], zeugen Kinder" (58,2f)[10]
und erfüllen damit das „Gesetz", das „befiehlt ... sich ein Weib zu
nehmen und sich zu vermehren" (30,2-5); auch sie sind — gleich
den Kirchenchristen (38,29f) — von „Lüsten" beherrscht (57,15.3);
auch sie empfangen „den Tod in den [Wassern], das ist die Taufe"
(55,7f). Nichtigkeit des bloßen „Wortes" ist kennzeichnend für die
Ekklesiastiker (31,25f 32,9f 69,25) wie für diese Gnostiker (56,18f.3);
„nichtig" ist darum das „Zeugnis" der einen (33,25f) und die

---

[9] Zu Noema s. S. 8 Anm. 15. Entsprechend ist sicher auch die Polemik
von 2Jeu gegen ,phibionitische Kultpraktiken' zu erklären: s. S. 164. Interesse verdient hier auch die Bemerkung von SCHMIDT Schriften 523 zu
2Jeu 305,24-39: „Diese regula ist ein Stück echt christlicher Ethik, sie ist
von diesen Gnostikern augenscheinlich nicht ersonnen worden, sondern dem
Katechesen der Großkirche entnommen" (Sperrung von mir). Auch der
„Häresien"-Katalog in TracTrip (NHC I,5) 112,19ff (s. S. 163) ist geprägtes
Traditionsgut. Die Popularisierung häresiologischen Gedankengutes führt
vielleicht Cyrill's 6. Katechese besonders deutlich vor Augen.

[10] Es ist merkwürdig, daß als Beispiel normaler Eheführung gerade die
Simonianer angeführt werden, die sonst eher im Ruf libertinistischer Praktiken standen (Just.apol. I 26,7.2ff; Iren. I,23,4; Hipp. VI,19,5; Clem.Al.str.
VII,108,2; Eus.h.e. II,13,8f; Epiph.pan. 21,5,8). Andererseits gibt es nichts,
was den Simonianern — auch völlig untendenziös — nicht nachgesagt worden wäre; Maruta von Marphekat (Ende 4. Jh.) etwa weiß, daß sie „einen
Faden rot und rosarot an ihrem Hals hängen haben. Wie die Weiber flechten
sie ihr Haupthaar" (Text bei HARNACK Maruta 7); gerade ihr Name konnte
sich mit jedem beliebigen Inhalt verbinden. Oder sollte hier irgendwie die
Nachricht von dem ,Paar' Simon/Helena nachwirken?

„Gnosis" der anderen (57,5f). Aufgrund der Gleichheit der Werke werden kirchliche und gnostische Falschchristen auch begrifflich als „*die* Häresien" zusammen- und den wahren Gnostikern entgegengestellt [11], da der „Häresie"-Begriff eben an einen sachlichen Maßstab gekoppelt ist: an die Erfüllung des Gesetzes [12]. Denn — so lesen wir 73,26-30 — „das Gesetz (νόμος) ... erweist sich wirksam (ἐνεργεῖν) durch die Häresien (αἵρεσις), nicht aber (δέ) (eigentlich durch) diese selbst, sondern (ἀλλά) (durch) die Kräfte (δύναμις) von Sabaoth" [13].

---

[11] In vergleichbarer Weise katholisches und ungenügendes gnostisches Christentum umfassend wird αἱρέσεις in TracTrip (NHC I,5) 112,19ff sowie wahrscheinlich auch bei den „Doketen" des Hipp. (VIII,10,10f) gebraucht: s. S. 189-192. Die letzteren jedoch scheinen sich selbst in diesen Begriff miteinzuschließen und damit jenes pluralistische „Häresien"-Verständnis zu vertreten, das auch hinter der Bezeichnung der Katholiken als einer „secta" durch die Valentinianer (Tert.scorp. 1) steht und das gelegentlich noch bei Clem.Al. (str. VII,90,3 92,3) und bei Orig. (c.C. III,12; orat. 29,10) anklingt. Polemisch bezeichnet „Häresie" die Katholiken in ApcPt (NHC VII,3: 74,22) sowie bei den Manichäern (s. BRUCKNER Faustus 73) und die „Anhomöer" in Noema (NHC VI,4: 40,8); laut Iren. III,15,2 haben die Valentinianer gegen diese Bezeichnung protestiert. In einem Lasterkatalog erscheint dieser Terminus noch in ParSem (NHC VII,1: 37,2; ähnlich in PS 208,37f).

[12] Das „Gesetz" und die „Wahrheit" sind eben einander ausschließende Gegensätze, wie TestVer von Anfang an betont (29,22-24; cf. Joh 1,17); weil sie „unter dem Gesetz" sind, haben ja die „Vielen" in der Kirche die Wahrheit zwar „gesucht, sie aber nicht finden können" (29,6-15). Dahinter steht der grundlegende Gegensatz zwischen dem wahren „Gott" und dem „Schöpfer" (41,30f). Dessen Schöpfung wird durch das „Gesetz" in Gang gehalten, da es die Zeugung befiehlt, so πάθος wirkt, damit ein Herauskommen aus der Welt verhindert und sich in alledem als ‚Hilfe für die Welt' erweist (30,2-15). So ist die Einheit von Schöpfung und Gesetzgebung, die den kirchlichen Glauben kennzeichnet, in der Polemik von TestVer vorausgesetzt und bildet in seiner gegenseitigen Bezogenheit ein umso stärkeres Motiv der Gesetzesverwerfung. — Auch der Begriff des „Adamsgeschlechtes", der in seinem Gegensatz zum „Geschlecht des Menschensohnes" in gleicher Weise wie die „Häresien" zur summierenden Bezeichnung des nicht-gnostischen Menschheitsteils dient, ist mit dem des Gesetzes verknüpft, wie 50,5-9 noch erkennen läßt (... ⲉⲧϣⲟⲟⲡ ϩⲙ ⲡϫ[ⲱ]ⲙ [ⲛⲁⲇⲁⲙ] ⲥ̣ⲉⲣⲥⲧⲩⲭⲉⲓ ⲉⲡⲛ[ⲟ]ⲙ[ⲟⲥ ⲁⲩⲱ] ⲥⲉⲥⲱⲧⲙ ⲛⲥⲱϥ·).

[13] Cf. Gal 5,18-21 (νόμος - αἱρέσεις); im Zusammenhang klingt weiter Gal 5,1.3 Rm 7,5 und das Wort vom Ende des „Gesetzes in Christus" (74,4) an, zitiert wird zuvor Gal 1,8. — *Sabaoth*, sehr häufiger Archontenname in der Gnosis, ist „Gott der Juden" (Epiph.pan. 40,5,1; 26,10,6; 25,2,2; cf. 42,3,4 und BOUSSET Hauptprobleme 355), des „Gesetzes" (Epiph.pan. 40,2,8; Orig.c.C. VI,31; zu dieser wichtigen Stelle s. JONAS Gnosis I 208 Anm. 1) und der „Synousia" (PS IV 234,11ff. 20ff; 2Jeu 313,29ff 304,20ff; Epiph.pan. 40,7,7) — Merkmale, die durchaus auch auf TestVer zutreffen. Auch wo er positiv gewertet wird (HA [NHC II,4] 95,13ff; OrigMund [NHC II,5]

Andererseits aber ist deutlich, daß eine Reihe von antikatholischen Vorwürfen nicht auch die gnostischen Häresien treffen kann (und sicher auch nicht soll): so der der Unkenntnis des wahren Wesens des Judengottes oder der Erwartung einer Fleischesauferstehung. Hier scheint der Vorwurf gegen die gnostischen Brüder eher der zu sein, daß sie nicht im täglichen Kampf gegen die Epithymia diese ihre Gnosis *realisieren*, die die Kirchenchristen erst gar *nicht haben* (deshalb vielleicht der spezifische Vorwurf der „*nichtigen* Gnosis" an die Adresse der Basilidianer [57,5f] anstelle der kirchlichen „*Un*wissenheit" [zB 31,10f]). Dies hängt mit dem praktischen Gnosisbegriff von TestVer zusammen, der sich ja schon in dem fast vollständigen Zurücktreten der kosmologischen Spekulation anzeigt. Während etwa die Polemik von EvPh (NHC II,3) darauf hinausläuft, das die Kirchenchristen die Gabe des Sakraments nicht durch Gnosis einlösen, wäre der Vorwurf von TestVer also der, daß die Gnostiker diese ihre Einsicht in den erbärmlichen Charakter und Ursprung der Schöpfung nicht in die entsprechende asketische Praxis umsetzen.

Die antignostische Polemik dieser gnostischen Schrift hat nichts mit einem Streit der „Schulen" zu tun; TestVer kann sich ja die unterschiedlichsten gnostischen Theologumena zu eigen machen, darunter auch solche, die gemeinhin als schultrennend gelten (s. S. 120-123). TestVer geht vielmehr von γνῶσις und ἀποταγή als den beiden konstitutiven Normen der christlichen Wahrheit aus. Beide bedingen einander und können nicht ohne einander Wirklichkeit werden. Denn nur die, die „erkannt haben", haben gegen die Leidenschaften „zu kämpfen vermocht" (31,10-15); umgekehrt aber „kennt niemand den Gott der Wahrheit außer allein jenem Menschen, der allen Dingen der Welt absagen wird" (41,4ff). Diesen *beiden* Normen aber genügen in der Einschätzung von TestVer weder die kirchlichen noch die gnostischen Falschchristen.

103,32ff), bleibt er Repräsentant des psychischen Elementes. Als den „Gott der Kräfte" bezeichnet ihn ausdrücklich etwa auch HA 95,23f. — Die Vorstellung vielfältiger inspirierender „*Kräfte*" im AT — und folglich auch in den „Häresien" (TracTrip [NHC I,5] 111,9ff 112,19f) — war verbreitet (zB Iren. I,30,10f). Im Zusammenhang von TestVer sind diese „Kräfte des Sabaoth" mit den „*Engeln*" in dem zuvor zitierten Wort Gal 1,8 identisch; von den „Engeln" ist ja das Gesetz vermittelt (29,15ff).

EXKURS VII: INNERGNOSTISCHE POLEMIK

1. *Die traditionnelle Interpretation innergnostischer Differenzen.* Beispiele innergnostischer Polemik, wie sie TestVer bietet, gehören zu den interessantesten Eigenheiten der Nag-Hammadi-Bibliothek. Sie scheinen geeignet, den verbreiteten Eindruck zu bestätigen, nach dem der Gnostizismus das Bild einer in sich zerstrittenen, nach Gesichtspunkten der Lehre in die verschiedensten „Schul"-Richtungen zerfallenden Bewegung bietet. Dieser Eindruck geht auf die Berichterstattung der Häresiologen zurück. So konstatiert etwa Clem.Al. ἔρις als das spezifische Merkmal der häretischen Gnosis (str. VII,101,3 93,4 98,1), und das 1. Buch von Iren.adv.haer. ist sichtlich darauf angelegt, den Gegensatz zwischen der festgefügten kirchlichen Wahrheit (I,10) und der Widersprüchlichkeit der häretischen Vorstellungen (cf. v.a. I,11,1-13,1; 21; 23-31) plastisch vor Augen zu führen. Wenn Iren. die *Vielfalt gnostischer Anschauungen* konstatiert, hat er recht; daß er diese aber nach Analogie kirchlicher Glaubenssätze versteht, ist ein folgenschweres Mißverständnis, da diese für die Gnostiker selbst einen ganz anderen Stellenwert hatten. So jedenfalls korrespondiert nun bei Iren. notwendigerweise der Vielzahl gnostischer *Anschauungen* eine entsprechende Anzahl von *Häresien*, und — da die Häresien dadurch entstanden sind, daß „alle Lehrer sein und sich von den Häresien, in denen sie gewesen sind, trennen wollen" (I,28,1) — auch von *Häresiarchen*. — Dieses *häresiologische Gnosisbild* bestimmt sehr viel nachhaltiger, als es scheinen mag, auch die moderne Diskussion. Dies zeigt sich in dem fortdauernden Gebrauch der Sektennamen als Ordnungsprinzipien — obwohl diese fast nie auf entsprechende Selbstbezeichnung gnostischer Gruppen zurückgehen (s. S.177-178), sondern eben auf die häresiologische Schablonik, und auch selten nur (wie etwa bei Markioniten und Valentinianern) sachlich Zusammengehöriges abgrenzen; dies zeigt sich in der ständigen Versuchung, bei den Gnostikern die faktischen Unterschiede als bewußt intendierte Divergenzen zu interpretieren (so sieht etwa C. COLPE [bei Langerbeck Aufsätze 42 Anm. 1] in EvVer und Rheg „eine antivalentinianische Konkurrenzbildung").

Wie brüchig hier das Gnosisbild der Häresiologen ist, beweisen ihre eigenen *Widersprüche*; derselbe Tertullian, der betont die „diversitas" valentinianischer Anschauungen herausstellt (adv.Val. 4), konstatiert, daß es unter ihnen keine Spaltungen gebe („schismata apud haereticos fere non sunt": praescr. 42,6 41,3f). Wie wenig konstitutiv die zur Diskussion stehenden Differenzen für das Selbstverständnis der Gnostiker waren, führen die *gnostischen Originaltexte* vor Augen, die mit Vorstellungen operieren können, die uns unausgleichbar erscheinen und gemeinhin als Abgrenzungsmerkmal der verschiedenen Häresien dienen. Ich verweise hier noch einmal auf das Beispiel von TestVer — der Erlöser ist getauft (39,24ff), er ist nicht getauft (30,22ff); er ist geboren (per virginem transiens: 45,6ff), er ist nicht geboren (er kam vielmehr direkt vom Himmel: 30,18ff) —, und zwar deshalb, weil für HARNACK (Dogmengeschichte I 281 Anm. 1) ein solches „per Mariam" zur „regula" der valentinianischen Gnosis zählt. Doch ist in dieser Frage allein schon das Beispiel der *Nag-Hammadi-Bibliothek* als solcher instruktiv, die nicht nur Texte der verschiedensten innergnostischen Richtungen („valentinianisch", „sethianisch", „basilidianisch", christliche und pagane Gnosis etc), sondern auch außergnostische (platonische [NHC VI,5], hermetische [NHC VI,6-8] sowie gemeinchristliche [NHC VII,4 XII,1]) Werke und sogar Schriften mit antignostischer Polemik umfasst. So warnt etwa Silv (NHC VII,4) 116,5ff vor der Behauptung, „Gott

sei unwissend; denn es ist unangemessen, den Schöpfer aller Geschöpfe in
Unwissenheit zu versetzen"; so polemisiert Ascl (NHC VI,6) gegen die
Verachtung von ,,Gottes herrlicher Welt" (72,8ff; cf. 75,33ff); etc. Diese
Liberalität ist bemerkenswert; freilich ist die Frage nach der hinter der
Nag-Hammadi-Bibliothek stehenden Gemeinschaft aufs neue aufgebrochen
(cf. SÄVE-SÖDERBERGH Traditions 556-562; dazu die Kritik bei GAFFRON
Studien 270 Anm. 26; SÄVE-SÖDERBERGH Scriptures 3-14; BARNS Covers
9-18; F. WISSE: Gnosticism and Early Monasticism in Egypt (in: Festschr.
H. JONAS [ed. B. ALAND], Köln 1978).

Diese Beispiele lassen sich durch Analyse der einzelnen Traditionskom-
plexe leicht vermehren (man denke etwa an die unausgleichbaren Basilides-
Referate bei Iren. und Hipp. oder an die entsprechenden Berichte über die
Sethianer [dazu: WISSE Sethians 601-607]). Sie lassen eine *gewisse Beliebigkeit* erkennen, mit der Gnostiker sich die verschiedenen inner- wie außer-
gnostischen Überlieferungen aneignen konnten. Diese Beliebigkeit ist wiederum begründet in dem *prinzipiellen Vorbehalt*, den die Gnostiker gegenüber jedwedem — auch auf gnostischer Seite unternommenen — Versuch
einnehmen mußten, die transmundane Wahrheit mit den naturgemäß inad-
äquaten Ausdrucksmitteln dieser Welt — ,,Buch", ,,Schrift", Rede der
,,Fleischeszunge" etc — zur Darstellung bringen zu wollen. Solche Bemühungen bewegten sich für sie vielmehr, wie sie gerade den Kirchenchristen
vorhielten, prinzipiell im Bereich des Vorläufigen. — Zu diesem ganzen
Fragenkomplex cf. WISSE VigChr 25 (1971) 205-223; KOSCHORKE Hippolyt
Kap. III, v.a. S. 50ff; cf. unten Teil IV.C (S.204-219).

2. Die innergnostische Polemik

a. *Distanzierung von falscher Frontenbildung.* Diese Behauptung findet
Unterstützung in der Polemik der Epistula Ptolemaei ad Floram (*PtolFl*),
dem bekanntesten Beispiel innergnostischer Auseinandersetzung. Diese
Schrift grenzt sich bekanntlich von zwei einander entgegengesetzten Positionen ab: einerseits von der unreflektierten Annahme des AT's beim Gemeindechristentum, als ob das AT ,,von dem Gott und Vater" stamme;
andererseits von einer pauschalen Verwerfung des AT's mit der Begründung, daß ,,dieses vom Widersacher, dem verderbenstiftenden Diabolos
festgesetzt sei, dem sie auch die Schöpfung der Welt zuschreiben" (ap. Epiph.
pan. 33,3,2). Nach allgemeiner Auffassung zielt letzteres auf Markion
(HILGENFELD Ketzergeschichte 346f; BOUSSET PW VII/2 1508; QUISPEL
VigChr 11 [1948] 27-29; CAMPENHAUSEN Bibel 194.99ff.103 Anm. 133).
Bemerkenswert daran wäre die unpräzise Wiedergabe bzw. die polemische
Verzerrung der Anschauungen Markions. Wichtiger aber ist die *Wertung*
dieser Kritik an Markion. Der Interpretation von LANGERBECK (Aufsätze
174) ist hier zuzustimmen: ,,Man darf das Alte Testament und damit den
‚Gemeindeglauben' *nicht verwerfen*, wie Marcion das tut, man muß es freilich
interpretieren" (Sperrung von mir). Für PtolFl stellt sich Markion mit seiner
undifferenzierten Umkehr der kirchlichen Hochschätzung des AT's auf eine
Stufe mit diesem ungenügenden kirchlichen Glauben. HARNACK (Marcion 196
Anm. 1) urteilt: ,,Ein Valentin hätte gewiß die Glaubenslehre M.s für eine
‚Bauernreligion' erklärt, d.h. für eine Spielart der psychischen Religion".
In PtolFl scheint der Beleg dafür vorzuliegen [14]. — In gleicher Weise *gegen*

---

[14] Cf. auch die kritischen Stimmen Bardesans (Eus.h.e. IV,30,1; cf.
Hipp. VII,31,1. Cf. BAUER Rechtgläubigkeit 34; HARNACK Marcion 325*;
DRIJVERS Bardaisan 217ff.225) und Tatians (s. CAMPENHAUSEN Bibel 206)
zu Markion. Zu Markions Verhältnis zu den (anderen) Gnostikern bemerkt

falsche Alternativen gerichtet ist die Polemik von *EvPh* (*NHC II,3*) § 23 (pg. 56,26-57,19), wo es um die Frage der Fleischesauferstehung geht. EvPh grenzt sich von zwei konträren Auffassungen ab, die „beide im Unrecht sind" (57,11): einmal von denen, die „im Fleisch auferstehen wollen" — sie wissen nicht, daß Fleisch und Blut das Reich Gottes nicht ererben können —, zum andern von jenen gnostischen Extremisten, die sagen: „Das Fleisch wird nicht auferstehen". Beide verstehen ‚Fleisch' gleichsam in einem kosmischen (gegenständlichen) Sinn und stehen in Bejahung wie in Verneinung auf derselben Stufe des Irrtums, während einem pneumatischen Verstehen deutlich ist, daß es auf das „wahre Fleisch" (68,35), nämlich das Fleisch Jesu, ankommt (57,1-7). Auch hier ist die innergnostische Kritik Kritik falscher Frontenbildung gegenüber dem kirchlichen Christentum, also gerade ein *Beweis gnostischer Irenik*. — Wahrscheinlich ist an dieser Stelle auch *TracTrip* (NHC I,5) einzuordnen, der in seinem Katalog der psychischen „Häresien" jeweils Gegensätze zusammenstellt: „Einige sagen, Gott ist einer, er, der in den alten Schriften verkündet ist. Andere sagen, es sind viele. Einige sagen, daß Gott . . . einfach in seiner Natur ist. Andere sagen, sein Werk stimmt mit der Begründung von Gut und Böse überein . . ." (112,19ff). All diesen in sich gegensätzlichen Anschauungen ist dies gemeinsam, daß sie den Bereich der demiurgischen Welt nicht transzendieren, während die Gnosis des Pneumatikers ins Pleroma führt.

b. *Reflex innergnostischer Entwicklungen*. Nur an wenigen Stellen schlagen sich die geschichtlichen Verschiebungen und Ablösungen im gnostischen Kräftefeld in entsprechender Polemik nieder; viele scheinbaren Belege sind als Konstrukt der Häresiologen anzusprechen (zB Iren. II,16,4). Meistens sind andersgerichtete gnostische Traditionen einfach auf dem Weg pneumatischer Umdeutung übernommen, so im Fall der *Pistis Sophia*, die auf den Oden Salomos und damit auf einer älteren Stufe des Gnostizismus aufbaut, oder an der bereits angesprochenen Stelle *ExcTh 67,2-4*, wo der radikal-asketische Standpunkt des Ägypterevangeliums allegorisch entschärft wird. Wenn allerdings der enkratitisch gesonnene *Julius Cassianus*, der „aus der Schule Valentins hervorgegangen ist", das Ägypterevangelium in seinem ursprünglichen Verständnis zitiert (Clem.Al.str. III,92,1.2), so liegt darin vielleicht Kritik an den valentinianischen Weggefährten. — Hinweise auf anderslautende valentinianische Anschauungen finden wir in *ExpVal* (NHC XI,2); doch handelt es sich hier um nicht mehr als um Präzisierung vorgegebener Lehrmeinungen durch den Redaktor (24,30-36) oder um ergänzenden Hinweis auf anderslautende Lehrmeinungen (27,29-38). — Ein klares Zeugnis innervalentinianischer Polemik stellt die in *Iren. I,21,4* referierte Debatte über die Apolytrosis dar. Gemeinsam ist den Kontrahenten der Gegensatz zu dem bloß „psychischen" Sakrament der Kirche; in der Frage nach der adäquaten Darstellung des unweltlichen Heils in der pneumatischen Apolytrosis trennen sie sich (s. EXKURS VI.1). — Entsprechend seiner ausgeprägten kirchlichen Organisation finden wir im *Manichäismus*, der ja zahlreiche gnostische Strömungen aufgesogen hat, häufig Abgrenzung von anderen gnostischen Gruppen; er erkennt — wie im Fall Markions und Bardesans — die ältere Gnosis als Vorläufer wohl an (cf. Keph. 13,30ff, dazu BÖHLIG Mysterion 208), nicht aber als Rivalen neben sich (cf. HARNACK Marcion 157 Anm. 3 und 434f*. Zur Auseinandersetzung mit den Mandäern

---

HARNACK Marcion 196: „die Gnostiker erwähnt er nicht", während B. ALAND ZThK 70 (1973) 432 bei Markion eine „betont antignostische Tendenz" glaubt feststellen zu können.

cf. Keph. 221,19ff sowie Säve-Söderbergh Psalm-Book, mit den Elkesaiten cf. Henrichs/Koenen ZPE 5 [1970] 97-221).

c. *Polemisches Wandergut.* In *Pistis Sophia IV* (251,14-18; cf. 234,10f.23) und *2 Jeu* (304,13-27) finden wir scharfe Polemik gegen ein ‚phibionitisches' Kultmahl (Verzehr von Sperma und Menstruationsblut). Die Tatsache sowie der scharfe Ton der Polemik erklärt sich aus dem Sakramentsverständnis dieser Schriften, das auf Befreiung vom Kosmos und damit zugleich von der Sphäre der Sexualität (cf. PS 233,37-234,30) gerichtet ist; der Gegner selbst ist wohl fiktiv (Kraft Gemeinschaftsleben 83: ‚‚Man kann aus diesen Stellen also nur schließen, daß man sich derartiges damals erzählt hat — mehr nicht"). — In *Noema* (NHC VI,4) möchte Fischer (ThL 98 [1973] 173) den Antichristen in 44,10ff auf Simon Magus deuten. Doch gehört der Himmelsflug nicht nur zur Simon-Magus-Tradition (ActPt graece 30,3; PsClem.Rec. III,46), sondern zum Apparat des Antichristen überhaupt (Bousset Antichrist 95; cf. ferner Eus.h.e. V,16,14); außerdem wäre Simon hier nur als Typ, nicht aber als gnostischer Häretiker angesprochen. — Schottroff (Animae 77f) deutet die 13 Verleumdungen in *ApcAd* (NHC V,5) pg. 77-82 als antignostische Polemik, insofern die dort verwendeten ‚‚mythischen Motive zu einem guten Teil gängige gnostische Stoffe sind". In Einzelnem scheint mir die These nicht recht überzeugend; wichtig ist die Feststellung Schottroffs, daß der Vf. ‚‚insofern zu Unrecht (polemisiert), als die ihn treibende Absicht gut gnostisch ist", und daß auch sie nur hypothetische Gegner annimmt.

d. *Das pluralistische Christentumsverständnis der Gnostiker.* Bei den ‚‚Doketen" des Hipp. (VIII,10,10) und in TracTrip (NHC I,5) 112,19ff 113,11ff ist die Rede von einer Vielzahl von αἱρέσεις, die Christus je nach dem abgestuften Grad ihrer Inspiration zu erkennen vermögen; auch die Benennung der Katholiken als ‚‚secta" durch die Valentinianer (Tert.scorp. 1) setzt die Anschauung mehrerer solcher ‚‚sectae" voraus. Daß unter diesen αἱρέσεις gnostische Gruppen eingeschlossen sind, ist für TracTrip sehr wahrscheinlich (s.o.) und darf auch für das in Rom redigierte ‚‚Doketen"-Referat vorausgesetzt werden (zu Einzelheiten cf. S.189-192). Auch wo die entsprechende Terminologie fehlt, darf man doch im Allgemeinen sicherlich davon ausgehen, daß die Gnostiker — sofern sie überhaupt darauf reflektiert haben — in ihrer Mehrzahl nicht nur das kirchliche Christentum, sondern auch ihre gnostischen Mitbrüder im Rahmen eines solchen nach vielfältigen Erkenntnisstufen gegliederten Christentums gesehen haben. Ist doch auch die Verkündigung des Erlösers selbst von verschiedenrangigen himmlischen Kräften inspiriert (zB Iren. I,7,3), und auch die Apostel — Ausgangspunkt des geschichtlichen Christentums — haben ihre Verkündigung ja je nach Fassungskraft der Zuhörer eingerichtet (zB Iren. III,5,1 12,6).

3. *Die antidoketistische Polemik von Melch (NHC IX,1).* Das bemerkenswerteste Beispiel der Verwerfung gnostischer Theologumena durch Gnostiker selbst sei zum Schluß gesondert diskutiert. In Melch (NHC IX,1) — einer leider stark zerstörten Schrift sethianischer Prägung, die vom Priestertum Melchisedek's handelt — werden in 5,1-11 Prediger angekündigt, die dem Zusammenhang nach (cf. 4,7ff 6,19-22 2,5ff.19ff 3,7ff; beachte auch das für Pseudopropheten technische ‚‚in seinem Namen") als von den feindlichen Mächten inspiriert erscheinen: ‚‚[Sie] werden auftreten in seinem Namen und über ihn sagen: ‚Er ist ungezeugt' — obwohl er gezeugt ist; ‚er ißt nicht' — (doch) führwahr er ißt; ‚er trinkt nicht' — (doch) fürwahr er trinkt;

,er ist unbeschnitten' — obwohl er beschnitten ist; ,er ist unfleischlich' —
obwohl er im Fleisch gekommen ist; ,er ist nicht zum Leiden gekommen' —
<obwohl> er zum Leiden gekommen ist; ,er ist nicht auferstanden' —
<obwohl> er von [den] Toten auferstanden ist". Die hier gebotene Über-
setzung, die den Umstandssatz jeweils adversativ wiedergibt, ist einer para-
taktischen Auflösung des Umstandssatzes (innerhalb des Zitates) vorzu-
ziehen (PEARSON Warnings 147f). Punkt für Punkt wird hier also die
Realität von irdischer Existenz und Leiden des Soter behauptet und eine
doketistische Auflösung derselben dementiert. Kreuz und Auferstehung betont auch 25,1ff 3,5ff 16,6ff; Essen und Trinken gelten allgemein, besonders
aber in antidoketistischen Texten als untrügliches Merkmal wahren Mensch-
seins (cf. etwa IgnSm 3,3; Clem.Al.str. VI,71,2; Iren. III,22,2); zu der
ausdrücklichen Hervorhebung der Beschneidung cf. Tert.carn.Chr. 5, wo
diese mit dem Kreuzestod auf eine Stufe gestellt wird, sowie die Ausschei-
dung von Lk 2,21ff als Interpolation bei den Manichäern (cf. BRUCKNER
Faustus 24).

Wie ist diese Polemik nun zu verstehen? Es ist ein feststehender Topos
häretischer Exegese von Hebr 7,3a (Melchisedek als ἀπάτωρ, ἀμήτωρ, ἀγεν-
εαλόγητος — Prädikate, die dem ,,weibgeborenen" Christus offensichtlich
nicht zukommen): ,,Christum inferiorem esse quam Melchisek" (die ,,Melchi-
sedekianer" bei Ps.-Tert., Hipp., Epiph., Marcus Eremita u.a., die gerade
deshalb der kirchlichen Christologie zustimmen konnten; s. STORK Melchisedekianer, auch WUTTKE Melchisedech). Entsprechend könnte man — zumal
da in 5,2f als erstes jenes ,,ungezeugt" dementiert wird, das in Hebr 7,3a
von Melchisedek ausgesagt wird — den Sinn der Polemik von 5,1-11 darin
sehen, daß die abgewiesene doketistische Christologie den klaren *Rangunter-
schied* zwischen Melchisedek und Christus *zu verwischen droht*. — Doch
scheitert eine solche Interpretation an der Tatsache, daß nach pg. 25f gerade der Gekreuzigte im Himmel als ,,[Melchise]dek, der große [Hohe-
priester] des [höchsten] Gottes" begrüßt und seine Selbstopferung (16,6ff)
als Teil seines ,,Priestertums" (20,10f) verstanden zu sein scheint. So ist
der *umgekehrte Fall* wahrscheinlicher, daß — in begrenzter Analogie zu der
gemeingnostischen Unterscheidung eines himmlischen ,,Christus" und eines
irdischen ,,Jesus" oder der Anschauung eines himmlischen ,,Zwillings" des
Erlösers — mit ,,Jesus Christus, dem Sohn Gottes" (6,9f 1,2f; cf. 18,6) das
im Lichtreich verbliebene Himmelswesen, mit dem sich selbst opfernden
Priester *Melchisedek* aber gerade *der dem Leiden unterworfene Soter* bezeichnet ist (zu vergleichbarer Unterordnung des M., die sich auf Hebr. 7,3b
stützt, cf. STORK Melchisedekianer 36.38.42.47). Da in unserer Schrift ferner wie in Hebr (etwa 2,14) die Entmachtung der Finsternismächte gerade
durch diesen Opfertod erfolgt (15,24f: ,,Als [er sta]rb, hat er die Mächte
gebunden"), ist das Interesse dieser Mächte an einer doketistischen Leugnung der Realität dieses Opfertodes (5,1-11) verständlich, zumindest aber
ein Zeichen ihrer Unkenntnis ihres eigenen Untergangs. So ist vielleicht auch
6,19-22 zu verstehen (,,Die feindlichen [Geister] sind [ohne] Wissen über
ihn und (damit) ihren (eigenen) Untergang"). So ist auch plausibel, wieso
der triumphierende Soter gerade den Finsternismächten seinen Kreuzestod
in Erinnerung ruft (pg. 25). Dieselbe archontische Verblendung, die bereits
zu der für die Archonten so fatalen Kreuzigung geführt hat (cf. 1Kor 2,8),
steht hinter der doketistischen Leugnung ihrer Realität: so scheint die
Polemik von Melch zu verstehen zu sein.

D. Der wahre Gnostiker und die Häresien

1. „*Er macht sich jedermann gleich*" (*Die Humilitas des Gnostikers*)

So zieht TestVer in der Polemik gegen kirchliche und gnostische Falschchristen überaus scharf die Grenze zwischen gnostischer Einsicht und häretischem Irrtum — eine Schärfe, die in der Zitierung von Gal 1,8 mit seinem Anathema über jede „andere Predigt" charakteristischen Ausdruck findet [1] und die TestVer in eine Reihe mit den Häresiologen der Kirche stellt. Doch ist die *Konsequenz* dieser Polemik der der kirchlichen Ketzerbestreiter entgegengesetzt: der wahre *Gnostiker* „*macht sich jedermann gleich — und doch trennt er sich von ihnen*". Diese Dialektik scheint folgerichtiger Ausdruck der doppelten Beziehung zu sein, in der der Gnostiker gegenüber der Menschenwelt steht: κατὰ πνεῦμα ist er von ihr geschieden, κατὰ σάρκα jedoch gleich: hierin gleicht sein Geschick dem des Erlösers, der — der Lichtwelt zugehörig und wesensmäßig vom Kosmos geschieden — dennoch hier unten ἐν μορφῇ δούλου [2] erschienen ist. Diese Konsequenz des „Sich-Gleich-Machens" stellt das spezifische Unterscheidungsmerkmal gnostischer gegenüber kirchlicher Polemik dar. — Der entscheidende Abschnitt hier ist 43,22-44,23, v.a. *44,3-23*:

> „(3) Er hat begonnen (ἄρχεσθαι), bei sich bis zu dem (5) Tag zu schweigen, da er als würdig (ἄξιος) erachtet wird, oben aufgenommen zu werden. Er trennt sich mit Macht von dem vielen Gerede und (den) Worten des Streites. Er harrt aus (ὑπομένειν) (10) unter dem ganzen Ort, er erträgt ihn (wortl.: sie), er hält aus (ἀνέχεσθαι) in allem Übel, er ist geduldig gegen jedermann. Er macht sich (15) jedermann gleich, und doch trennt er sich von ihnen. Und was sich (dies)er wün[scht], br[ingt er (der Gnostiker)] ihm, [damit] er vollkom[men (τέλειος) und hei]lig werde ... (23) [Er] hat Zeugnis für die Wahrheit abgelegt".

---

[1] 73,18-22. Dem Anathema über die andere Predigt der „Engel", die ja als die Mittler des „Gesetzes" gelten (29,15ff), entspricht die Fortsetzung („Nomos" — „Häresien" — „Kräfte des Sabaoth") und ihre sonstige „Verurteilung" (42,29 43,20 68,8ff) in TestVer. — Angesichts der nicht eindeutigen Einleitungsformel (ⲚⲐⲈ ⲈⲎ̄ⲄⲬⲰ ⲘⲘⲞⲤ ⲬⲈ: „es heißt"/„sie sagen") ist es allerdings nicht völlig ausgeschlossen, daß hier eine gegnerische (kirchliche) Stimme zitiert ist; dafür könnte auch das fortführende ⲈⲚⲤⲈⲔⲰ ⲀⲚ ... in 73,22 sprechen. — Das Zitat Gal 1,8 ist dem Zusammenhang entnommen, der (zusammen mit 2Kor 11) für Markions Paulusdeutung entscheidend war (s. HARNACK Marcion 37ff.79.256*ff.306*; SCHNEEMELCHER ZKG 75 [1964] 10f); Gal 1,8 selbst habe ich für Markion außer an der unsicheren Stelle Tert.adv.Marc. V,2,5 („sed fortasse ... dices") nicht ausmachen können. Cf. noch Tert.praescr. 23.27 und PAGELS VigChr 26 (1972) 245; GEFFCKEN Apologeten 301.

[2] Ph 2,7ff wird häufig zitiert in gnostischen Texten (zB ExcTh 35,1; Hipp. V,19,20 21,9), gerade auch als Vorbild für den Gnostiker (Inter [NHC XI,1] 10,29ff).

Verschiedene Feststellungen drängen sich hier auf.

1. Die Humilitas des Gnostikers wird hier sichtlich mit paulinischen Worten entfaltet. Es klingen an 1Kor 9,22 (τοῖς πᾶσι γέγονα πάντα), das etwa auch für Orig. die Selbsterniedrigung des Pneumatikers gegenüber den simpliciores begründet [3], weiter 1Kor 13,4ff (ἡ ἀγάπη μακροθυμεῖ ... οὐ φυσιοῦται ... πάντα στέγει ... πάντα ὑπομένει) und Gal 5,22f (ὁ καρπὸς τοῦ πνεύματός ἐστιν ἀγάπη, ... εἰρήνη, μακροθυμία, χρηστότης, ... πραΰτης). Vielleicht ist in 44,18f auch Mt 5,48 (ἔσεσθε οὖν ὑμεῖς τέλειοι) aufgenommen, das die Antithesenreihe der Bergpredigt abschließt.

2. Der wichtigste Kommentar zu diesen Aussagen von TestVer findet sich in Tert.s De praescriptione haereticorum. Hier weiß Tert. genau das, was TestVer als *Idealbild* zeichnet, als *praktisches Verhalten* der Gnostiker zu berichten: ,,humiles et blandi et submissi'' treten sie auf (42,5); ,,pacem quoque cum omnibus miscent'' (41,3); ,,schismata apud haereticos fere non sunt; quia cum sint, non parent'' (42,6); ,,communem fidem adfirmant'' (adv.Val. 1). Tert. kann das — bezeichnend für seine Unfähigkeit, dem Selbstverständnis der Gnostiker gerecht zu werden — nur als taktisch bedingtes Anbiederungsmanöver der Häretiker verstehen. Auch Orig. konstatiert die ,,mansuetudo'' der Valentinianer, auch er erklärt sie gleich ihrer ,,castitas'' damit, ,,ut in aures audientium facilius ... sermo subrepat'' (Hom. VII,3 in Ezech. [GCS 33 392, 24ff]). Ebenso Ephraem, für den die häretischen Grübler ,,demütig sind, um zu rauben'' (hymn. 28,13). Chrysostomos äußert über die Asketen der Markioniten, Valentinianer und Manichäer: ,,Denn das ist eben die Schandtat, daß diejenige (Jungfrau), welche die größte Bescheidenheit gegen die Menschen zur Schau trägt, gegen Gott, ihren Schöpfer, die höchste Wut äußert'' [4]. Solche externen, in sich recht unterschiedliche Äußerungen beweisen, daß die Humilitas des Gnostikers, die TestVer als die andere Seite der pole-

---

[3] Z.B. Orig.Comm.Mt. XV,7; Comm.Cant. I (GCS 33 108,8ff); cf. KETTLER Sinn 53. Häufig wird 1Kor 9,22 auf den Logos bezogen, zB Comm.Jo. I,31; princ. IV,4,4. Cf.: VÖLKER Vollkommenheitsideal 183.217.222ff; KOCH Pronoia 66ff; HIRSCHBERG Simplices 204ff. CAMPENHAUSEN Amt 229 über Clem.Al.: ,,Das paulinische ‚allen alles werden' wird zu einem umfassenden Prinzip der Wahrheitsübermittlung überhaupt''. Zum ekklesiologischen Moment dieser Demut des Pneumatikers (Unterordnung unter den Bischof) s. VÖLKER Vollkommenheit 222.

[4] Chrys.virg. 6, cf. 3; VÖÖBUS History I 58 Anm. 130.

mischen Abgrenzung zeichnet, einem tatsächlichen Erscheinungsbild der Gnostiker entspricht [5].

3. Wie charakteristisch die Aussagen von TestVer für das gnostische Selbstbewußtsein sind und wie verfehlt die Deutung der
gnostischen Demut als Verstellung ist, lassen weiter die folgenden
gnostischen Stimmen erkennen. EvPh (NHC II,3) stellt in § 110
fest: „Wer die Erkenntnis der Wahrheit hat, ist frei ... Wer aber
frei geworden ist durch die Erkenntnis, ist *Knecht* wegen der Liebe
zu denen, die die Freiheit der Erkenntnis noch nicht aufnehmen
konnten" — d.h. zu den Psychikern bzw. Kirchenchristen —, und
führt als Beispiel solcher sich entäußernder Liebe den Samaritaner
an (§ 111) [6]. „Vor allen Dingen darf man niemanden betrüben, sei
es ein Großer, sei es ein Kleiner, ein Ungläubiger oder ein Gläubi-
ger" (§ 118), hat doch auch Jesus Christus „niemanden belästigt"
(§ 116). — Auch für Herakleon reicht der Pneumatiker anderen
von den Gaben weiter, die er empfangen hat (frgm. 17); Vorbild
ist deshalb für ihn die Samaritanerin, die nicht am Brunnen beim
Heiland verharrte, sondern statt dessen dort den Krug voll „lebendigen Wassers" *ließ* und in die „Welt" zur „Berufung" — d.h.
den Psychikern — zurückkehrte (frgm. 27). — In resurr. 44 hat
Tert. gegen eine gnostische Exegese von 2Kor 4,11 anzugehen, nach
der bereits in diesem Leben „manifestari vitam Iesu in corpore
nostro per disciplinam sanctitatis et *patientiae* et iustitiae et
sapientiae, quibus domini vita floruerit". Patientia und sanctitas
also und keineswegs Überheblichkeit und zügelloses Leben sind
Ausdruck der Gewißheit, das „Leben Jesu" bereits erlangt zu
haben. — Thematisch geht Inter (NHC XI,1) auf die Humilitas
des Gnostikers ein; es ruft den gnostischen Charismatiker auf, den
„unwissenden" Mitchristen keinen „Anstoß" zu bereiten und ihnen
nicht die Teilhabe an den „Gnadengaben" zu verweigern (pg.
15-19). Als begründendes Vorbild dient dabei die ταπεινοφροσύνη
(ⲑⲃⲉⲓⲟ) des Soter, der um der Seinen willen „klein" wurde (10,

---

[5] Charakteristisch die Begegnung zwischen Markion und Polykarp:
Markion erbittet den Kirchenfrieden, zur Antwort erhält er das „Erstgeborener des Satans" (Iren. III,3,4); ähnlich Iren. III,15,2. Cf. auch Cyr.
cat. VI,20; Marcus Diaconus vit.Porph. §§ 86-91 (bei WIDENGREN Mani
122).

[6] Zu EvPh §§ 110f cf.: GAFFRON Studien 155ff; NIEDERWIMMER Freiheit 365ff. Auch hier ist Paulus prägend, wie die Zitierung von 1Kor 8,1
und 13,5 in § 110 zeigt.

29ff 12,36ff). Auch hier fällt wieder der enge Anschluß an paulinische Aussagen (1Kor 12 + 8; Rm 12 + 14) auf [7].

4. Nach dem Gesagten ist die bei antiken wie modernen Referenten geläufige Anschauung von der „Überheblichkeit", der „Aufgeblasenheit" und dem „Selbstruhm" als den typischen Merkmalen der Gnostiker [8] zumindest recht problematisch. Geht man die entsprechenden Aussagen der Häresiologen durch, so zeigt sich, daß sie differenziert dort reden, wo sie aufgrund *eigener Beobachtung* berichten. So räumt Iren. III,15,2 ein, nicht alle seien aufgeblasen, „sunt quidem autem apud eos qui dicunt oportere bonam conversationem assequi eum hominem, qui sit desuper veniens"; und die Behauptung des Tert: „alle sind aufgeblasen" wird korrigiert durch die unmittelbar anschließende Erwähnung ihres „demütigen" Auftretens (praescr. 41,4 42,4). Der Vorwurf der Überheblichkeit basierte in aller Regel nicht auf dem tatsächlich beobachteten *Verhalten* der Gnostiker; er ergab sich für orthodoxe Kritiker vielmehr automatisch aus der Überzeugung der Gnostiker, „etwas Höheres" als den „Schöpfer Himmels und der Erden" gefunden zu haben (das stellt Iren. bei der Charakterisierung der Gnostiker als erstes heraus: I praef.). Dieser Anspruch der Gnostiker ist korrekt referiert; doch ist die Konsequenz des Selbstruhms schlüssig und zwangsläufig allein für den Kirchenmann, der ob solcher Blasphemie erschaudert, keineswegs aber für den Gnostiker selbst. Denn dieser weiß ja, daß auch sein Erlöser aus den Lichtregionen hoch über der Welt des Demiurgen hinab in die tiefste Niedrigkeit eines irdischen Fleischesleibes gestiegen ist. Für TestVer ist es Kennzeichen der Zugehörigkeit zum „Geschlecht des Menschensohnes", daß einer die archontischen Kräfte „verklagen (κατηγορεῖν)" (68,8ff), „verurteilen (καταγινώσκειν)" (42,29) und „verdammen ([απο]κρίνειν)" (43,20) kann [9]. Ganz anders geartet aber ist das Verhalten gegen-

---

[7] Cf. weiter TracTrip (NHC I,5) 121,25ff: „Der Weg der ewigen Ruhe führt durch die Niedrigkeit ...''; AuthLog (NHC VI,3) 32,8: Warnung vor „Fleischesstolz"; auch EpJac (NHC I,2) 13,19f: „Werdet nicht hochmütig über das erleuchtete Licht". Zu Markion s. HARNACK Marcion 137.150f.156f.265*. Cf. weiter Aug.c.Faust. V,1 sowie VÖÖBUS History I 114f.

[8] Cf. etwa SCHMITHALS 23.168ff über das „Siegesbewußtsein des Pneumatikers, der ... satt ist und voll von Selbstruhm". Ausgezeichnet dagegen die knappen Bemerkungen bei KRAFT Gemeinschaftsleben 165-167.

[9] Cf. 1Kor 6,3. In OrigMund (NHC II,5: 103,32ff 107,31-34 110,24-29 120,29-35 125,11-14) und HA (NHC II,4: 95,13-17) konstituieren die „Verdammung", „Verurteilung" und „Verachtung" des Demiurgen die „μετάνοια" zum Lichtreich. Cf. Iren. I,25,2; Epiph.pan. 44,2,5f.

über der *Menschen*welt: hier macht sich der Gnostiker „jedermann gleich" und „bringt ihm, was er will".

Soweit sei der allgemeine Rahmen zum Verständnis von 44,3-34 abgesteckt. Gehen wir nun die einzelnen Aspekte durch.

a. *Äußere Gleichheit.* *Wie* ein solches „Sich-Gleich-Machen" des Gnostikers konkret vorzustellen ist, spricht TestVer — im Unterschied zu anderen gnostischen Texten [10] — leider nicht deutlich aus. Es sei aber daran erinnert, daß TestVer seinen Gegnern häufig Unverständnis der „Schriften" und der Offenbarung des Menschensohns vorwirft [11], die so als gemeinsame Basis der Kontrahenten bestätigt werden, deren (allein gültiges) „pneumatisches" Verständnis (50,1f) jedoch den Kirchenchristen gänzlich abgeht. Dieses pneumatische Verständnis aber, das so das ‚Unterscheidungs'-Merkmal der Kontrahenten darstellt, ist in TestVer eigentlich nur selten Gegenstand expliziter Mitteilung (so in 30,18-30/30,30-31,5); eher wird es nur durch Fragen angedeutet, die dem einzelnen Pneumatiker zu *eigener* Beantwortung aufgegeben sind (s. 70,1-24/24ff 45,6-18/19-22 sowie v.a. auch 41,20-42,17). Dies entspricht durchaus der Feststellung unseres Abschnittes, daß sich die Hinwendung zum Nus und den himmlischen Wesenheiten (43,22ff) in „Schweigen" vollzieht (44,1ff: „Er ist (nun) Schüler seines männlichen Nus, er hat begonnen, bei sich zu schweigen"). *Gemeinsam* ist den Kontrahenten der breite Fundus der christlichen Überlieferung; dessen spezifisch gnostisches und deshalb den *Differenzpunkt* bildendes Verständnis jedoch realisiert der Pneumatiker „schweigend", in sich, mit „seinem Nus" (44,2 43,25). Das dürfte ein wichtiger Aspekt der äußeren Gleichheit von Gnostiker und Kirchenchrist sein.

b. *Abkehr von den „Worten des Streites".* In eine ähnliche Richtung verweist die Feststellung, daß sich der Gnostiker „mit Macht von den vielen Worten (ⲙⲛⲧϩⲁϩ ⲛϣⲁϫⲉ) und den Worten des Streites (ⲛϣⲁϫⲉ ⲙⲙⲓϣⲉ) trennt" (44,7-9; ebenso 66,27ff: „indem er sich zurückgezogen hat (ἀναχωρεῖν), [indem] er geschwiegen hat, indem er abgelassen hat von den vielen Worten und den Worten des Streites . . ."). Der Bezug dieser Feststellung auf die Situation der Auseinandersetzung („Worte des Streites") mit den Falschchristen dürfte sichergestellt sein, hebt TestVer doch häufig die

---

[10] Cf. S. 175-203.
[11] 37,7f.8ff; 45,19-22; 50,1f; 31,5ff.10ff; 29,9-11. Cf. S. 97-107.

,,vielen", ,,bloßen", nichtigen Worte als einen charakteristischen
Fehler der Pseudochristen hervor (31,25f 32,9 69,25; 56,18.3; cf.
59,19); ohnehin ist ,,hohles Geschwätz" ja stehendes Prädikat jeder
Häresie (erinnert sei auch an die technische Bedeutung, die λογομα-
χία kraft der Wirkungsgeschichte von 1Tim 6,4 2Tim 2,14 gewonnen hat). Der Hinwendung zum Nus als dem ,,Vater der Wahrheit"
(43,25f), der sich allein in ,,Schweigen" erschließt [12], korrespondiert
so die Abwendung von dem nichtigen Gerede der Falschchristen
sowie jeglichem Wortwechsel mit ihnen. — Eine analoge Verknüpfung beider Motive, der Selbsterschließung Gottes im ,,Schweigen"
und der Polemik gegen das ,,Geschwätz" der Häretiker, finden wir
nun an unerwarteter Stelle wieder: bei Ignatius. Für ihn ,,vermag"
der Bischof, der ja als ,,Abbild" jenes Gottes fungiert, dessen Wesen
in ,,Schweigen" besteht, ,,schweigend mehr als die (Häretiker), die
Hohles schwätzen" [13]. Daß Ignatius durch gnostische Vorstellungen
beeinflußt ist, ist bekannt (SCHLIER Untersuchungen, BARTSCH
Ignatius); gleichgeartete Motive führen bei ihm wie in TestVer
zum ,,antihäretischen Schweigen".

c. *Geduldiges ,,Ausharren".* ,,Ausharren", ,,Aushalten", leidendes ,,Ertragen" und ,,Geduld" sind die weiteren Kennzeichen des
Gnostikers, in TestVer (44,9-14) wie sonst. Für Ptolemäus ist die
Weisung Jesu, dem Bösen nicht zu widerstehen (Mt 5,39), Maßstab
bei der Scheidung des Gesetzes (PtolFl 6,3). Dem Markion gilt
Christus als der Lehrer einer ,,nova patientia" (Tert.adv.Marc.
IV,18). Wieso Geduld eine spezifische Tugend der Gnostiker ist,
lehrt Iren. I,30,9: sie sind ,,geduldig in der Erkenntnis, daß sie nur
eine Zeitlang mit dem Körper bekleidet sind". Auch nach AJ (BG)

---

[12] Das erinnert zunächst an analoge Vorstellungen in Hermetik, pytha-
gorisierender Nusmystik oder pneumatischem Mönchtum, v.a. aber daran, daß in der Gnosis ,,Schweigen" als die Urbestimmung (Syzygie) des Ur-
vaters gelten kann, die eine entsprechende Abbildung im ,,Schweigen" des
Gnostikers erfordert (zB Iren. IV,35,4 I,20,2; Tert.adv.Val. 9); deshalb
haben die in Iren. IV,35,4 geschilderten valentinianischen Lehrer dem Iren.
gegenüber geschwiegen. Cf. weiter ActPt 39 (10); ActJoh 103; Iren. I,21,4;
2LogSeth (NHC VII,2) 57,27f 59,11-13; EvVer (NHC 1,3) 42,37-43,3; cf.
auch: Mt 26,63; EvPt 4,10; OgdEnn (NHC VI,6) 60,1-6; sowie KROLL
Lehren 335-338; KOSCHORKE Hippolyt 52-55.
[13] Solche Vorwegnahme des Eschaton im Schweigen ist natürlich nicht
mit Arkandisziplin gleichzusetzen. — Cf. weiter: ActPt 39 (10); ActJoh
103; Iren. I,21,4; 2LogSeth (NHC VII,2) 57,27f 59,11-13; EvVer (NHC I,3)
42,37-43,3; OgdEnn (NHC VI,6) 60,1-6; KROLL Lehren 335-338; KOSCHORKE
Hippolyt 52-55.

66,1-13 halten die Gnosis-Menschen im Fleisch „Ausschau, wann sie
herausgeführt und aufgenommen werden . . ., wobei sie alles erdul-
den und ertragen, damit sie den Kampf bestehen und das ewige Leben erben". Eine schöne Parallele zu TestVer liefert auch der
Peristasen-Katalog in AuthLog (NHC VI,3) 27,6ff: Die Leute der
Welt „verleumden uns — doch wir überhören sie; sie beschimpfen
uns und schmähen uns ins Angesicht — wir blicken sie nur an, ohne
etwas zu sagen. Denn jene betreiben ihr Geschäft — wir aber
wandeln unter Hunger und Durst und sehnen uns nach unserem
(sc. himmlischen) Wohnort" (übers. v. W. Funk) [14].

d. *Die Liebe des Gnostikers.* Doch ist die Haltung des Pneumatikers gekennzeichnet nicht nur durch leidendes Hinnehmen und
inneren Rückzug von Übeln aller Art, sondern genauso durch die
liebevolle Hinwendung zum Nicht-Gnostiker: „und was sich (dies)er
wü[nscht], br[ingt er (der Gnostiker)] ihm, [damit] er vollkom-
[men und hei]lig werde" (44,16-19). Ganz entsprechend ist auch in
EvPh (NHC II,3) — wie auch bei Clem.Al. und Orig. — das
„Knecht"-Werden des Gnostikers motiviert durch die „Liebe zu
denen, die die Freiheit der Gnosis noch nicht aufnehmen konnten" [15]. Solch bereitwilliges Mitteilen ist das genaue Gegenteil zu
jenem mißgünstigen „Neid", der die Offenbarung des Judengottes
schon im Paradies kennzeichnete (47,14-48,15) und der in 73,3ff
für den Gnostiker ausdrücklich verneint wird („Ein Freier [aber]
ist [ohne] Neid; er ist getrennt von . . . großem [. . . . .] des] Neides"). Diese Feststellung scheint antithetisch auf den (zerstörten)
Zusammenhang bezogen, in dem von „Gesetz", „Lehre", „Schü-
lern" und „Häresien" die Rede ist, auf die dieses Merkmal offensichtlich zutrifft (cf. Gal 5,18ff). In diesem Sinn ist sicherlich auch
die Erwähnung jener zu verstehen, „die in Winkeln lehren durch
hohle und betrügerische Tricks (τέχνη)" (74,28-31) [16]. — So schei-

[14] Ign.Phl. 1,1; Eph. 6,1; cf. Eph. 15,1: „Es ist besser zu schweigen und
zu sein, als zu reden und nicht zu sein". „Schweigen" als Wesensmerkmal
Gottes in Magn 8,2/7,2, ferner Eph. 19,1. Cf. noch Eph. 15,2; Trall 5; Sm.
4,1 7,2; Eph. 9,1 16,2 etc. Zum Thema ist wichtig: Chadwick HThR 43
(1950) 169-172; Bieder ThZ 12 (1956) 28ff; cf. ferner: Corwin Ignatius
122ff; Schlier Untersuchungen 38ff.32ff.
[15] Ein externes Zeugnis für gnostische Friedfertigkeit ist Julian Apostata
ep. 115 (Bidez I/2 196,6-9), der über tätliche Auseinandersetzungen zwischen Arianern und Valentinianern in Edessa berichtet: die Angreifer sind
die Arianer.
[16] Diese Aussage bereitet Schwierigkeiten, da man den Großkirchlern
— die zumindest mitgemeint sind — schlecht Wirksamkeit „im Winkel"

nen sich mitteilende *Liebe* und mißgünstiger *Neid* als Kennzeichen der Gnostiker und der Häretiker, des Herrschaftsbereiches Christi und des Judengottes gegenüberzustehen [17].

Das ist die Humilitas des Gnostikers nach TestVer. Sie bildet die andere Seite der Polemik und darin zugleich ihr Unterscheidungsmerkmal von aller kirchlichen Häresiomachie. Es sind eben zwei Dinge, die beide unauflöslich miteinander verknüpft sind, die aber auf ganz *verschiedenen Ebenen* liegen: die Scheidung von Licht und Finsternis, von Tag und Nacht, von Unvergänglichem und Vergänglichem, die der Logos des Menschensohns „im *Innern*" des Pneumatikers wirkt, und dessen demütiges und geduldiges Ausharren in der Welt der Menschen. Nur beides zusammen macht seine „Vollkommenheit" (44,18f) aus.

2. *Zum kirchenpolitischen Ort von TestVer*

Erst an dieser Stelle nun läßt sich die Frage nach dem kirchenpolitischen Ort von TestVer stellen: wie hat man sich konkret die Beziehung zwischen den Gnostikern, deren Sprecher TestVer ist, und den so heftig attackierten Kirchenchristen vorzustellen? Der scharfe Ton der Polemik läßt eigentlich allein die Annahme getrennter Gemeinschaften zu. Doch sahen wir, daß die „Scheidung von allen" nur die innere, im Geist vollzogene Konsequenz dieser Polemik ist, während der Gnostiker nach außen hin, als Mensch der empirischen Wirklichkeit, „allen gleich" ist. Tert. berichtet, daß jene Gnostiker, deren „demütiges" und „untertäniges" Auftreten er nur als bewußte Verstellung deuten kann und die „communem fidem adfirmant" (adv. Val. 1), „pacem quoque cum omnibus miscent" (praescr. 41,3). Pax aber bedeutet hier — wie stets bei Tert. [18] — kirchliche Gemeinschaft. Ist analog auch für die Gnostiker von TestVer fortdauernde Kirchengemeinschaft mit den Katholiken anzunehmen?

---

vorwerfen kann. Wahrscheinlich findet hier einfach der Wandervorwurf geheimer Umtriebe Verwendung. Zur Lehre „im Winkel" als polemischen Topos cf. Herm.mand. XI,13.8 (Pseudopropheten); Tat.orat. 26 (heidnische Philosophen); Athan.apol. II,2 (Arianer); Hier. adDomn. 5 (Jovinian); Orig.c.C. IV,23.36 VI,78. Zu den τέχναι der Häresien cf. Ign.Phil. 6; Iren. IV praef. 4; ApcPt (NHC VII,3) 74,18f.

[17] Dieser Gegensatz steht auch hinter der Argumentation von Inter (NHC XI,1). Zu „Liebe" in katholischer Ekklesiologie und Häresiologie cf. HARNACK Dogmengeschichte I 418 + Anm. 4.

[18] POSCHMANN Paenitentia 272.

Die Frage ist zugleich mit einem Ja und einem Nein zu beantworten. *Ja,* weil dafür auf der Seite von TestVer alle Voraussetzungen gegeben sind: der Gnostiker „macht sich jedermann gleich". Daß tatsächlich bis ins 4. Jh. hinein kirchliche Gemeinschaft zwischen Gnostikern und Katholiken nachweisbar ist, zeigt EXKURS VIII; eine gleichartige Annahme für TestVer wäre also keineswegs ohne Entsprechung [19]. — *Nein,* sofern die Initiative zur Beendigung solcher Gemeinschaft bzw. zur klaren Grenzziehung im Regelfall von der rechtgläubigen Seite ausging. Über deren Verhalten aber wissen wir natürlich im speziellen Fall von TestVer nichts.

So muß also *offen* bleiben, ob sich die Gnostiker von TestVer als Gruppe in oder neben der Kirche konstituiert haben. *Daß* diese Frage aber überhaupt offenbleiben kann, ist bezeichnend genug für die Eigenart gnostischer Polemik [20].

---

[19] Besonders wichtig ist das Beispiel der Archontiker, deren kirchenkritischen Anschauungen sich mit denen von TestVer fast lückenlos decken (s. S. 108-109), deren Hauptvertreter Petrus aber dennoch erst von Epiph. entlarvt und exkommuniziert wurde. Cf. auch die häretischen ‚Apotaktiten' des 4. Jh.s, die gleich TestVer die „Apotaxis" als die einzige mögliche Form christlichen Lebens propagierten, die Sakramente der Kirche (Eucharistie) verwarfen, ihre Priester attackierten, und die dennoch — wie FICKER Amphilochiana 228 konstatiert — „keineswegs außerhalb der Kirche stehen".

[20] Aber ist hier nicht eine falsche Frage gestellt? WISSE (brieflich) sieht in den Gnostikern von TestVer „a semi-monastic congregation living in relative isolation"; er stützt sich dabei auf 40,24-29 (das Kreuz „trennt den Tag von der Nacht, das Licht von der Finsternis ... ⲚϨⲞⲞⲨⲦ ⲈⲚⲈϨⲒⲞⲘⲈ") und fügt hinzu: „That the group had probably physically withdrawn itself from society is supported by the use of ἀναχωρεῖν in 68,29". Zusätzlich könnte man auf die Verbindungslinien zum Mönchtum hinweisen, die die Diskussion der Tauf- und Martyriumskritik in TestVer ergeben hat (s. S. 132-134.141f). — Doch lassen sich gegen beide Argumente Einwände erheben. ἀναχωρεῖν besagt in 68,29 nur das Sich-Zurückziehen von den „vielen *Worten*" der Menschen und eben nicht die räumliche Trennung von den Menschen selbst. Die Interpretation von 40,29 sollte von 44,2f („sein Nus, welcher männlich ist") als der Stelle ausgehen, wo der Sinn von ϨⲞⲞⲨⲦ wirklich gesichert ist. Entsprechend wäre dann für 40,29 der Gegensatz von „Männlichem" und „Weiblichem", von Werken der „Männlichkeit" und der „Weiblichkeit" anzunehmen (cf. ExcTh 68.79f sowie BAER Categories). Auch dürfte der Gegensatz von „Tag und Nacht" kaum auf derselben Stufe wie der von „Mann und Frau" stehen. — Es wird sich mit TestVer ähnlich verhalten wie mit Orig., der in seiner Theologie zwar die wichtigsten Motive des Mönchtums vorwegnimmt, den entscheidenden Schritt zum Mönchtum — die äußere Trennung von der Welt — jedoch nicht tut (cf. HEUSSI Ursprung 48; LOHSE Askese 173).

ZUR STRUKTUR DER GNOSTISCHEN POLEMIK

Die Teile II und III der vorliegenden Arbeit fragten nach dem *Gegenstand* der gnostischer Polemik: welches sind die von den Gnostikern gegenüber dem kirchlichen Christentum ausgesprochenen Differenzpunkte? Der vorliegende Teil IV untersucht hingegen die *Struktur* der gnostischen Polemik: in welcher Weise werden diese Unterschiede gegenüber der kirchlichen Glaubensweise nun zur Geltung gebracht? Er fragt damit zugleich nach der Art und Weise, wie die Gnostiker von sich aus ihr Verhältnis zum kirchlichen Christentum bestimmt haben.

Bereits die Untersuchung der Traktate ApcPt und TestVer ließ erkennen, daß die Polemik der Gnostiker auf ganz andere praktische Konsequenzen hintendiert, als es die Polemik der kirchlichen Ketzerbestreiter tut. Denn ApcPt, für die die „unsterbliche Seele" der Gnostiker in unaufhebbarem Gegensatz gegenüber der „toten" Seele der orthodoxen Opponenten steht, weiß zugleich, daß sie dieser in dieser Welt „gleicht", da sie ihre wahre „Natur nicht offenbaren wird" (75,26-76,4); und TestVer bringt das Verhältnis der Gnostiker gegenüber den Kirchenchristen auf die dialektische Formel: „er macht sich jedermann gleich — und doch trennt er sich von ihnen" (44,14-16). Das sind zunächst nur einzelne Stimmen. Doch entsprechen sie dem, was wir allgemein über Erscheinungsbild, Artikulationsweise und Selbstverständnis gerade der christlich-gnostischen Gruppierungen — im Unterschied zu einer bloß christianisierten Gnosis — wissen. Dieser Sachverhalt sei in seinen verschiedenen Aspekten belegt und in seinen Implikationen diskutiert.

A. Äussere Gleichheit von Gnostiker und Kirchenchrist

1. *Das Faktum*

a. *Die Klagen der Ketzerbestreiter.* Wir setzen ein bei Iren., der als Verfasser des ältesten erhaltenen antignostischen Werkes der Kirche von besonderer Bedeutung ist. Die Schwierigkeiten, mit denen er sich konfrontiert sieht, spricht die Praefatio seines Werkes mit wünschenswerter Klarheit aus: die „Lüge" der gnostischen

Häretiker ist nicht von der „Wahrheit" zu unterscheiden, denn diese „*reden* zwar *Ähnliches wie wir*, verstehen es aber ganz anders"; und diese Beschreibung wird im Folgenden häufig wiederholt. „Obwohl sie nämlich, wie wir gesagt haben, Ähnliches wie die Gläubigen sprechen, verstehen sie darunter nicht nur Unähnliches, sondern sogar Entgegengesetztes und durchaus Gotteslästerliches, und töten dadurch die, welche durch den Gleichlaut der Worte das Gift ihrer ungleichen Gesinnung in sich aufnehmen" (III,17,4) [1]. „Äußerlich freilich sind sie wie Schafe, denn durch ihre ganze Ausdrucksweise erscheinen sie uns ähnlich, indem sie wie wir sprechen; innerlich aber sind sie Wölfe" (III,16,8). Durch den „Gebrauch der bekannten Ausdrücke" ziehen sie die Ungeübten auf ihre Seite (II,14,8). „Obwohl nun alle Vorgenannten mit der Zunge einen Jesus Christus bekennen, so spotten sie doch ihrer selbst, indem sie anders sprechen als meinen" (III,16,6). „Zuerst behaupten sie mit großem Nachdruck und ehrbarer Miene, daß sie an Gott glauben, und dann nennen sie den Gott, an den sie zu glauben vorgeben, Frucht des Fehltrittes und Erzeugnis der Unwissenheit, da sie einen andern Gott durchaus nicht aufzuweisen vermögen" (II,28,4). „Es täuschen sich aber alle, die da glauben, sie könnten das Wahrscheinliche in ihren Worten von der Wahrheit unterscheiden. Denn der Irrtum ist verlockend (und) hat den Schein der Wahrheit" (III,15,2). Tatsächlich muß Iren. registrieren, daß jene, die „haereticos sensus in se habentes" sind, dennoch „putantur recte credidisse" (V,31,1).

Diese Schilderung des Iren. wird von den übrigen Antignostikern bestätigt. Bereits jener ehrwürdige, „bessere" Vorgänger des Iren. hat die Erfahrung ausgesprochen, daß sich die gnostische Häresie zur Wahrheit verhält wie eine Glasimitation zum Smaragd (Iren. I praef.) und wie Gipswasser zur Milch (Iren. III,17,4); und Hilflosigkeit gegenüber der täuschenden Ähnlichkeit der Valentinianer, die „similia enim loquentes fidelibus" sind, muß Iren als allgemein verbreitet voraussetzen (ibid.). Daß die häretische der rechtgläubigen Gnosis so ähnelt wie nachgebildetes dem wirklichen Obst, bestätigt insbesondere auch Clem.Al. (str. VII,91,4). Bereits Justin hat Mühe mit dem Nachweis, daß die Gnostiker, die sich „Christen" nennen und „den gekreuzigten Jesus als Herrn und Christus bekennen", dennoch nur Pseudochristen sind (dial. 35,2.6). Tert. (adv.Val. 6ff.1-5) gar hält sich lieber an die Darstellung der

---

[1] Übersetzung nach KLEBBA (BKV).

Valentinianer durch Iren. als an deren eigene Worte, da man diesen nur wenig Häretisches entnehmen kann (!!); wissen die Gnostiker doch nicht nur mit denselben Worten (resurr. 19), sondern sogar mit denselben Beispielen (anim. 50) Eindruck zu machen. Ähnliche Klagen hören wir von Origenes und Ephraem.

b. *Das Selbstverständnis der Gnostiker.* Diesen Klagen über die äußere Ununterscheidbarkeit der Gnostiker entspricht der Umstand, daß diese sich selbst der Gemeinschaft der Kirchenchristen durchaus zurechnen. Daß die Valentinianer „*communem fidem* affirmant", teilt uns Tert. (adv.Val. 1) mit. Auch Orig. macht die Mitteilung, daß die gnostischen Häretiker τὴν ἐκκλησιαστικὴν πίστιν als den ihren bezeichnen [2]. Laut Iren. III,15,2 beanspruchen die Valentinianer, Ähnliches wie die Katholiken zu denken („similia nobiscum sentire") und „dasselbe zu sagen" und „dieselbe Lehre zu haben" wie diese, weswegen sie sich gegen die Bezeichnung „Häretiker" verwahren. Der Gnostiker Florin rühmt sich seiner Zugehörigkeit zur katholischen Gemeinde von Rom (Iren.ep.ad.Victor. HARVEY II 457: „jactaverit se *unum esse e vobis*"). Daß die Gnostiker sich selbst als „*Christen*" verstanden und bezeichnet haben, ist gesichert [3]; daß die Benennung nach Sektenhäuptern — „Valentinianer", „Basilidianer" etc — nicht die ihre war, ebenso. „Es wird übrigens auch nie behauptet, daß die Ketzernamen auf -iani, bzw. -ιανοί Selbstbezeichnungen gewesen seien" [4]. Tert.adv.Val. 4 bezeugt sogar gnostischen Protest gegen solche Benennungen („scimus, cur Valentinianos appellemus, licet non esse videantur"). Nur für die Markioniten mit ihrer ganz anderen Gemeinschaftsstruktur ist bezeugt, daß sie sich selbst nach ihrem Stifter benannt haben [5]. Der andersgeartete Sprachgebrauch der kirchlichen Quellen entspringt dem Grundsatz „Si enim haeretici sunt, christiani esse non possunt" (Tert.praescr. 37,2) und hat die gleiche geringe

---

[2] S. HARNACK Ertrag II 72 Anm. 2.

[3] Z.B. Just.dial. 35,2.6; Tert.resurr. 3; Hipp. V,9,22; Clem.Al.str. III,3,4; EvPh (NHC II,3) §§ 6.49.67.95.97; HARNACK Ertrag I 35; II 58 Anm. 2. Andernfalls hätten die Kirchenleute auch keinen Grund, die Befleckung des christlichen Namens durch die Gnostiker zu beklagen (zB Iren. I,25,3).

[4] KRAFT Gemeinschaftsleben 110f. Daß es sich bei Ketzernamen um Benennungen des kirchlichen Gegners handelt, ist besonders deutlich in Just.dial. 35,4; Iren. I,27,4; Clem.Al. III,34,3; Eus.h.e. VI,12,6; Epiph.pan. 26,3,6. — Eine differenzierte Untersuchung der Namen der Gnostiker bietet KRAFT Gemeinschaftsleben 106-113. Unzutreffend SCHENKE Gnosis 415. Cf. BAUER Rechtgläubigkeit 27ff.

[5] Die Inschrift von Deir-Ali (HARNACK Marcion 341*ff); Adam.dial. I,8.

Beweiskraft wie etwa die Benennung der Katholiken Roms durch
den Schismatiker Hipp. (IX,12,25f) als „Kallistianer". So ruft etwa
auch Ephraem den gnostischen Häretikern zu: „Lasset euch
Christen nennen" (hymn. 56,6), obwohl er dagegen kämpfen muß,
seinerseits von diesen als „Palutianer" bezeichnet zu werden (hymn.
22,5). — Bemerkenswerter als die Selbstbenennung „Christen" ist
so der Umstand, daß die Gnostiker selbst „profitentur se *ecclesiasti-
cos* esse" (Orig.Comm.ser. in Mt 33 [GCS 11 60,21ff]). Das gleiche
können wir bereits aus Iren. III,15,2 entnehmen, wonach die
Valentinianer die Katholiken als „communes ecclesiastici" bezeichnen, sich selbst entsprechend also als διαφερόντες ἐκκλησιαστικοί
verstehen [6].

c. *Das Erscheinungsbild der Gnostiker.* Die Klagen der Ketzerbestreiter werden schließlich voll verständlich, wenn man einen
Blick auf das wirft, was sie über Verkündigung und Erscheinungsbild ihrer gnostischen Gegner zu berichten wissen — ein Bild, das
geläufigen Klischees vom gnostischen Christentum zutiefst entgegengesetzt ist. Denn es zeigt, daß die Gnostiker gerade auch jene
Sätze der kirchlichen „Richtschnur" mitsprachen, die ihre Ausprägung, zumindest aber ihre besondere Betonung in Antithese zu
eben dieser Gnosis erfahren hatten. Wenige Beispiele mögen
genügen.

Daß die gnostischen Häretiker genau jene biblischen Schriften
anerkennen, „in quibus omnis Christianus consentit et credit",
wird häufig vermerkt [7]. „*Einen* Gott als Vater" bekennen die
Valentinianer ebenso wie die Kirchenchristen „mit großem Nachdruck" [8]; allgemein gilt: „omnes (!) enim fere quotquot sunt
haereses, Deum quidem unum dicunt" [9]. An den „*einen* Herrn
Jesus Christus als den Sohn Gottes" halten sich Gnostiker wie
Ekklesiastiker in gleicher Weise [10]; seine Leiblichkeit geben die

---

[6] Zu Text und Verständnis dieser außerordentlich wichtigen Stelle s.
MÜLLER Beiträge 202 Anm. 11 (S. 204). In 2LogSeth (NHC VII,2) 62,19-27
wird der in ungeteilter Harmonie lebende Gnostiker als καθολικός bezeichnet, angesichts des polemischen Kontextes sicher „with a glance towards
orthodoxy" (GIBBONS Commentary 254).

[7] Orig.Comm.Ser. 46 in Mt (GCS 11 94,23f); c.C. III,12; Iren. III,12,12;
Tert.praescr. 38.

[8] Iren. IV,33,3; II,28,4.

[9] Iren. I,22,1; ebenso Cl.Al.str. VI,123,3.

[10] Iren. IV,33,3; III,16,1. Man vergleiche diesen Bericht über die Valentinianer (III,16,1: „unum Christum Jesum confitentes") etwa mit der Forderung des Tert., durch Bekenntnis des *einen* Christus der Häresie einen

Valentinianer zu (Tert.carn.Chr. 1), seine Jungfrauengeburt bekennen sie (Iren. I,7,2), an seinen Tod glauben sie („mortuum credunt": Tert.carn.Chr. 15). „Auch die Häretiker bekennen den Gekreuzigten", stellt Iren. (V,18,1) fest, und Justin präzisiert, daß Markioniten, Valentinianer, Basilidianer, Satornilianer und andere „den gekreuzigten Jesus als Herrn und Christus bekennen" (dial. 35,2.6). Die Gnostiker haben „den Namen des Vaters und des Sohnes und des Hlg. Geistes" entwendet, klagt Ephraem (hymn. 27,3); sie bekennen die „heilige Kirche" (Iren. I,30,2), verkünden die „Auferstehung in *diesem* Fleisch" (Tert.resurr. 19), bekennen „den kirchlichen Glauben über die Auferstehung" (Orig.Cat. in 1Kor [CRAMER V 294f]), kurz: sie haben die „Richtschnur der Kirche gestohlen" [11].

Es ist in höchstem Maße aufschlußreich, daß die Kirche in dieser äußeren Gleichheit das unterscheidende Merkmal der häretischen Gnosis gegenüber den Markioniten und zugleich auch den Grund ihrer besonderen Gefährlichkeit gesehen hat. „Die also den Demiurgen lästern, sei es durch *klare Worte* (ipsis verbis et manifeste), wie die Markioniten, oder durch *Umdeutung* der Lehre (secundum eversionem sententiae), wie die Valentinianer und *alle* fälschlich so genannten Gnostiker": so zieht Iren. (V,26,2) die Trennungslinie. Die Markioniten „beschneiden" die Schriften, „alle übrigen erkennen die Schriften zwar an, verdrehen aber den Sinn" (Iren. III, 12,12). Die Valentinianer haben zwar „ehrenhaftere Namen" für den Demiurgen als die Markioniten, „indem sie ihn Vater, Herrn und Gott nennen, andererseits ist ihre Lehre ... umso blasphemischer" (*ibid.*). Markion fälscht mit dem Messer, Valentin mit dem Griffel; der eine machte sich eine Schrift nach seiner Lehre, der andere hingegen „sann seinen Lehrstoff nach der Schrift aus und hat trotzdem mehr (vom wirklichen Sinn) weggenommen und (an Eigenem) hinzugefügt" als jener (Tert.prasecr. 38). Markion leugnet Geburt und Leiblichkeit Christi, Valentin hingegen „bekennt Leiblichkeit und Geburt und deutet sie doch anders" (Tert.carn.Chr. 1): diese Reihe läßt sich leicht fortsetzen [12].

Riegel vorzuschieben (carn.Chr. 24: „Sicut et definiens ipsum quoque Christum unum multiformis Christi argumentatores quatit, qui alium faciunt Christum alium Iesum ..."), um das Dilemma der Ketzerbestreiter zu ermessen.

[11] Cl.Al.str. VII,105,5: οὐ γὰρ χρή ποτε, καθάπερ οἱ τὰς αἱρέσεις μετίοντες ποιοῦσι, ... κλέπτειν τὸν κανόνα τῆς ἐκκλησίας.

[12] Cf. Ephr.hymn. 1,11f; Iren. I,27,4; III,14,4; Tert.praescr. 17 30,9-11; Cyr.cat. VI,16.

2. Der Grund

Wie ist nun dieser Befund — Ununterscheidbarkeit von gnostischer und kirchlicher Verkündigung — zu verstehen? Die Ketzerbestreiter haben hier nur böswillige Verstellung oder pure Heuchelei sehen können: „Valentiniani ... nihil magis curant quam occultare quod praedicant" [13]. Doch wird die Fragwürdigkeit einer solchen Erklärung allein schon aus einer Stelle wie der unten (s. S. 224) ausführlich diskutierten Notiz des Orig. (Comm.Prv. II,16) deutlich, nach der die Gnostiker heidnische Konvertiten erst dem Demiurgen, d.h. dem kirchlichen Glauben zuführten, bevor sie sie zur Höhe der vollen Gnosis führen zu können glaubten. Das zeigt, daß für diese Gnostiker die Gemeinschaft mit dem kirchlichen Christentum unverzichtbar und keineswegs nur Moment taktischen Kalküls war. Außerdem geben allein schon die Berichte der Kirchenväter selbst genügend Anhaltspunkte zum Verständnis der von ihnen beklagten Ununterscheidbarkeit der Gnostiker an die Hand. Wir stellen verschiedene solcher Verstehensmöglichkeiten zusammen.

a. *Gleiche Worte — tieferer Sinn.* Besteht die gnostische Grundeinsicht darin, daß das wahre Gute in radikalem Gegensatz zu dieser Welt steht und folglich außerhalb derselben aufzusuchen ist, so mußte mit dieser Erkenntnis auch bei der gemeinchristlichen Überlieferung Ernst gemacht und all das, was die Psychiker vordergründig auffassen, auf eine höhere Verstehensebene transponiert werden. So bekennen etwa die Psychiker den Demiurgen als „Gott", wobei aber nie vergessen werden darf, daß er „Gott" nur als „Abbild des wahren Gottes" ist (Clem.Al.str. IV,90,2). Geht es nun um das Bekenntnis zu „einem einzigen Gott', so ist damit natürlich allein jener gemeint, der in uneingeschränktem Sinn „Gott" ist, also der Urvater. Ebenso steht es mit allen anderen Dingen dieser Schöpfung, die als „Abbilder" auf ihre pleromatischen Urbilder verweisen, nur daß der Demiurg — und mit ihm die Kirchenchristen — von diesen nichts weiß: „Einen Himmel schuf er, ohne den Himmel zu kennen; einen Menschen bildete er, und kannte nicht den Menschen; er ließ Erde erscheinen, aber von der Erde wußte er

---

[13] Tert.adv.Val. 1; cf. Iren. IV,32,1; III,15,2; Cl.Al.str. VII,96,5. Die neuzeitlichen Gnosisforscher sind solchen Urteilen nur zu bereitwillig gefolgt. Als Beispiel für viele cf. BROX Irenäus 31 über das „mit Absicht zur Schau getragene kirchliche Gebaren" der Valentinianer.

nichts" (Iren. I,5,3) [14]. *So beziehen sich zwangsläufig Gnostiker und Ekklesiastiker mit demselben Begriff auf verschiedene Größen* (bzw. verschiedene Sinnebenen), und das Wort, mit dem Ptolemäus das Verhältnis der atl.n Offenbarung zu der von Christus gebrachten beschreibt — „die Namen sind gleich geblieben, die Sache hat sich geändert" (PtolFl 5,9) —, mag allgemein zur Verhältnisbestimmung von gnostischem und kirchlichem Christentum dienen. Unter der „Auferstehung in diesem Fleisch" versteht der Psychiker ein äußerliches Ereignis der Zukunft, während der Pneumatiker weiß, daß damit die Auferstehung durch Gnosis gemeint ist, die bereits zu Lebzeiten („in diesem Fleisch") erfolgen muß (Tert.resurr. 19; EvPh [NHC II,3] § 90). Beim Wort vom Kreuztragen denkt der Gemeindechrist an irdisches Leid, während es doch in Wahrheit um die Erkenntnis des oberen Stauros geht (Iren. III,18,5). Ebenso meint der Pistiker mit dem Bekenntnis vor irdischen Menschen Jesu Forderung (Mt 10,32) zu erfüllen, während der Gnostiker sein Bekenntnis vor den „wirklichen Menschen" droben ablegt; hat doch „nicht einmal der Demiurg Wesen von unserer Art konstant als Menschen gelten lassen, sondern sie wie den Tropfen am Eimer, den Staub auf der Tenne, wie Auswurf und wie Heuschrecken angesehen" (Tert.scorp. 10).

b. *Beschränkter Geltungsbereich des kirchlichen Glaubens.* Eine andere Verhaltensweise ist die, daß der kirchliche Glaube genau in dem — *beschränkten* (!) — Umfang anerkannt wird, in dem er selbst Anspruch auf Gültigkeit erhebt. Den Demiurgen als Schöpfer „Himmels und der Erden" anerkennt auch der Gnostiker (ExcTh 47,2) — aber eben als Schöpfer *nur* von Himmel und Erde; daß er „Vater", „Herr" und „Gott" sei, bekennt dieser wie der Ekklesiastiker (Iren. III,12,12), aber eben nur als „Vater und Gott der *außerhalb* des Pleroma befindlichen Dinge" (Iren. I,5,2). Daß der Soter den Schöpfer „verkündigt" habe, gesteht der Pneumatiker gern zu; weiß er doch, daß der Urvater vom Soter nur durch Parabeln und Rätselreden hat „angezeigt" werden können (Iren. II,27,2). Es trifft zu, daß Christus von Gesetz und Propheten verheißen wurde,

---

[14] Sofern der Gnostiker vom Abbild zum Urbild fortschreitet, hat εἰκών die positive Verweisungsfunktion beibehalten; sofern aber der Demiurg das Abbild als die einzige Realität ausgibt, ist εἰκών zum „Index für das Illegitime der demiurgischen Anmaßung" geworden (JONAS Gnosis I 332): das ist das, was den gnostischen „Bild"-Begriff vom kirchlichen und platonischen unterscheidet.

aber von diesem Christus ist der nicht angekündigte Jesus zu unterscheiden (ExcTh 59,2; Iren. III,16,1). Es ist wahr, daß der Soter „zagte" und „litt" — doch ist davon der Christus *in* ihm auszunehmen, der vom Leiden unberührt blieb (Tert.carn.Chr. 24). Christus ist Sohn des Weltschöpfers — aber dieser Christus ist nur Abbild jenes oberen Christus (ExcTh 62,1); er sitzt zur Rechten des Demiurgen — aber nur solange, bis er diesem die Lichtkraft der Seelen entzieht, um dann zum Lichtreich aufzusteigen (Iren. I,30,15). So ist alles, was die Kirchenchristen bekennen, wahr. Doch es ist wahr nur *als Teil eines umfassenderen Ganzen* — da die Kirchenchristen eben nicht die höhere, allein dem Pneumatiker zugängliche Wirklichkeit kennen.

c. *Akkomodation.* Etwas anders akzentuiert sind jene zahlreichen Stellen, nach denen die kirchliche Glaubensweise als — notwendige — Anpassung an die schwache Fassungskraft der Psychiker erscheint. „Als die Apostel bei den Juden predigten, konnten sie ihnen keinen andern Gott verkündigen als den, an welchen sie früher geglaubt hatten" (Iren. III,12,6). So mußten sie ihre Verkündigung jeweils den Blinden, Schwachen und Irrenden anpassen und „denen, die wähnten, daß der Demiurg allein Gott sei, diesen verkündigen, jenen hingegen, die den unnennbaren Vater zu fassen vermochten, durch Parabeln und Rätsel dies unaussprechliche Geheimnis kundtun" (Iren. III,5,1). So hat auch Paulus „den Soter auf beide Weisen verkündigt, als Geborenen und Leidenden um der Linken willen ..., nach dem pneumatischen (Verständnis) jedoch als aus dem Hlg. Geist und der Jungfrau (entstanden), wie ihn die rechten Engel kennen" (ExcTh 23,3). In gleicher Weise wird auch der gnostische Christ haushälterisch mit der Wahrheit umgehen (EvPh [NHC II,3] § 119) und allein den Verständigen die vollständigen Lehren mitteilen (Tert.resurr. 19; Iren. III,15,2). „Unredlich" kann man solche Esoterik nur nennen, wenn das dann auch für die entsprechende Praxis im kirchlichen Raum (zB Orig.c.C. III,51f) gilt.

d. *Unterscheidende Schichtung des kirchlichen Glaubens.* Notwendig ist es weiter, das, was die Kirchenchristen gleichsam nur auf einer einzigen Wirklichkeitsebene wahrzunehmen vermögen, je nach seiner Wertigkeit zu schichten und so etwa auch in den *einen* Christus Größen unterschiedlicher Herkunft und Dignität zu unterscheiden lernen. So wird dem kirchlichen Bekenntnis zwar gleichsam die notwendige „*räumliche*" *Tiefe* gegeben — die verschiedenen Wirklichkeitsschichten treten nun auseinander —, das Bekenntnis als solches aber wird keineswegs in Frage gestellt. Das läßt die Klage des Iren. über die Valentinianer noch deutlich erkennen, die eben deshalb zu verdammen sind, „quia lingua quidem confitentur *unum Deum* Patrem, et ex hoc omnia; ipsum autem qui fecit omnia, defectionis sive labis fructum esse dicunt: et *unum Dominum* Jesum Christum Filium Dei similiter lingua confitentes, propriam quidem emissionem sententia sua Unigenito donantes, propriam vero Verbo, et alteram Christo, alteram vero Salvatori ... *Linguas* itaque eorum videlicet solas in unitatem cessisse; *sententiam vero eorum ... decidentem ab unitate* ..." (IV,33,3) [15]. In solchem unterscheidenden „Schichten" der christlichen Überlieferung realisiert der Pneumatiker nichts anderes als jene γνῶσις διαφορᾶς, die der Demiurg schon im Paradies dem Menschen vorenthalten wollte.

3. *Das Ergebnis: Gnosis als höhere Stufe des Christentums*

Ich breche die Reihe der Beispiele ab, um ein Ergebnis dieses Überblicks zu formulieren. Gnostische Einsicht sucht den kirchlichen Glauben zu *überbieten* oder pneumatisch zu *deuten*, nicht aber zu *ersetzen*; für den Gnostiker stellt sich das Verhältnis des kirchlichen Glaubens zu seiner eigenen Einsicht dar als das von beschränkter und vollkommener Erkenntnis, nicht aber als Gegensatz von Falsch und Richtig. Was der Kirchenchrist bekennt, ist — sofern es nur wirklich verstanden, als Teil eines größeren Ganzen begriffen oder als eine erste Stufe gesehen wird — wahr und verdient deshalb die Zustimmungen des Gnostikers. So ist es ganz natürlich, daß sich die gnostische Predigt *zunächst* so wenig von der kirchlichen Predigt unterscheidet. Gnostische Einsicht und kirchlicher Glaube sind nicht *Gegensätze, sondern Stufen*.

Von hier aus sind geläufige Verhältnisbestimmungen zwischen Gnosis und Kirche zu revidieren, sowohl in der dogmengeschichtlichen Fassung A. v. HARNACKs, nach der die Kirche „den *geschlossenen* gnostischen Anschauungen vom Christenthum die zu Lehren ausgebildeten Stücke des als Glaubensregel interpretirten Taufbekenntnisses entgegengestellt" hat [16], wie in der religionsgeschicht-

---

[15] Cf. die Christologie des Orig., der in vergleichbarer Weise τὰς ἐν τῷ σωτῆρι ἐπίνοιας unterscheidet (Comm.Jo. I,28), der dabei ebenfalls an die vielfältigen Hoheitstitel Jesu anknüpft (Hom.Jer. III,4) und gegen den ganz ähnlich der Vorwurf der „Zerteilung" erhoben wird (Comm.Jo. I,28).

[16] HARNACK Dogmengeschichte I 345 (Hervorhebung von mir).

lichen Ausprägung W. Boussets, für den sich die christliche Gnosis als „künstliches Flickwerk" bei der Zusammenmontage der gnostischen mit der christlichen Religion als „zwei(er) unvereinbare(r) Dinge" darstellt [17]: hier wie dort werden fälschlicherweise gnostisches Verstehen und kirchlicher Glaube als zwei geschlossene Größen kontrastiert. Und es ist m.E. Zeichen krassen Mißverständnisses, wenn etwa Schottroff [18] das valentinianische System nach Iren. I,1-8 und ExcTh 43-65 als „Ausgleich mit *dem* Christentum" (S. 88) bzw. als „Kompromiß mit *dem* Christentum" (S. 97) und umgekehrt das Stück Iren. I,6,2-4 als „Polemik gegen *das* Christentum" (S. 96) wertet, oder wenn Peel (Rheginos 180) meint, Rheg (NHC I,4) als das Dokument einer „re-Christianization" des Valentinianismus beschreiben zu müssen. — Das oben angeführte Zeugnismaterial ist natürlich bislang nicht unbekannt gewesen, wurde aber doch sehr häufig einfach zur Seite geschoben. So notiert etwa Harnack (Dogmengeschichte I 281 Anm. 2) die so wichtige Stelle Tert.adv.Val. 1 („communem fidem affirmant"), entschärft sie aber durch willkürliche Deutung („*spätere* Valentinianer") — willkürlich, wie allein schon Iren. III,15,2 zeigt. Auch Kattenbusch (Symbol II 27 Anm. 2) vermerkt diese Stelle, entnimmt ihr aber nur dies, „daß die Valentinianer den ‚Gemeindeglauben' *irgendwie* anerkannt haben". — Umgekehrt ist die Erkenntnis, daß sich die christliche Gnosis nicht als abgegrenzte, eigenständige Größe *gegen*, sondern als höhere Stufe *über* dem gemeinen Christentum konstituiert hat, keineswegs neu. Kunze etwa hat gegenüber Harnack zurecht darauf hingewiesen, daß sich die Gnostiker — trotz ihrer so gänzlich anders gearteten „Systeme" — in dem kirchlichen Credo wiederfinden konnten. Seine Beschreibung des christlichen Gnostizismus kann nach wie vor Anspruch auf Gültigkeit erheben: „Die Kirche wird als ein drei-, bzw. zweistöckiges Gebäude betrachtet; das Souterrain gehört den ins Materielle versunkenen Hylikern, das Parterre mit niedriger, beschränkter Aussicht bewohnen die Psychiker, d.s. die Katholiker; darüber sollte sich die Bel-Etage der Gnostiker erheben. Diese trugen also das Gebäude des gemeinkirchlichen Christentums nicht ab, um ein ganz neues an seine Stelle zu setzen, sondern bauten nur ein Stock-

---

[17] Bousset PW VII/2 1525ff.
[18] Schottroff Animae 83ff; Hervorhebung hier wie in den folgenden Zitaten von mir.

werk auf" [19]. Diese Einsicht läßt sich aber auf der Basis der neuen
Quellenmaterialien sowie der kritisch interpretierten patristischen
Zeugnisse [20] noch sehr viel genauer begründen, bestimmter fassen
und in ihren vielfältigen Implikationen hinsichtlich der spezifischen
Ausdrucksformen der christlichen Gnosis, des primären Ansatz-
punktes ihres Denkens etc entwickeln [21]. V.a. aber ist diese Verhältnisbestimmung von gnostischem und kirchlichem Christentum als zweier aufeinander aufbauender Stufen zu prüfen anhand
der Polemik der Gnostiker — also jener Äußerungen, die den Gegensatz zum kirchlichen Christentum am deutlichsten zum Ausdruck bringen. Gerade diese Polemik aber bestätigt die gegebene
Verhältnisbestimmung. Das zeigt der folgende Abschnitt.

B. GNOSTISCHE POLEMIK ALS BESTÄTIGUNG DES STUFENMODELLS

Die Kritik der Gnostiker richtet sich im Regelfall [1] nicht gegen
den unterwertigen kirchlichen Glauben als solchen, sondern gegen
den gefährlichen Irrtum der Kirchenchristen, die diese ihre beschränkte Einsicht für die einzig richtige halten; und verworfen
wird auch keineswegs das kirchliche Bekenntnis an sich, sondern
im Gegenteil allein dessen vordergründiges, welthaftes Verständnis durch die Psychiker. Die Polemik der Gnostiker stellt also, aufs
Ganze gesehen, das relative Recht des kirchlichen Christentums
nicht in Frage, sondern will nur dessen anmaßende Übergriffe ab-
wehren. Das soll im Folgenden paradigmatisch an einigen gnostischen Texten nachgewiesen werden, und das ist zugleich der Grund
dafür, daß die Verhältnisbestimmung des gnostischen und kirchlichen Christentums als zweier Stufen durch die Polemik der Gnostiker nicht widerlegt, sondern bestätigt wird.

Doch ist hier für unsere Fragestellung bereits die Diskussion der
einzelnen polemischen Topoi in den verschiedenen Exkursen von

---

[19] KUNZE Glaubensregel 344. In gleichem Sinn äußern sich zB MÜLLER
Beiträge 224; CAMPENHAUSEN Bibel 104.177; KRAFT Gemeinschaftsleben 143.

[20] Insbesondere ist die Berichterstattung der Häresiologen, die zumindest in bestimmten Zweigen ein ganz anderes Bild der gnostischen Häresien
zeichnet, auf die ihre Darstellung leitenden Tendenzen zu befragen; cf.
WISSE VigChr 25 (1971) 203-223; KOSCHORKE Hippolyt *passim*; sowie
Teil IV.C. dieser Arbeit.

[21] Cf. Teil IV.C (S. 204-219).

[1] Zu anders gearteten Fällen s. S. 232-241.249-250. Insbesondere zeigen
die Texte der christianisierten Gnosis meist eine ganz andere Verhältnisbestimmung als die der christlichen Gnosis.

erheblicher Bedeutung, an die noch einmal erinnert sei. Diese Diskussion zeigte nämlich, daß das, was den Gegensatz der Gnostiker gegenüber den Kirchenchristen ausmacht, eine bestimmte *Tendenz* ist — der Impuls nämlich, das von den Kirchenchristen (nach gnostischer Wertung) nur vordergründig Verstandene auf geistige Weise zu deuten —, *nicht* aber eine bestimmte *Position* bzw. eine lehrmäßig fixierte Norm [2]. Denn das, was die Gnostiker positiv dem kritisierten Gemeindeglauben gegenüberstellen, ist *in sich gänzlich variabel* und hat als *gemeinsamen Nenner* allein die Betonung der Unweltlichkeit des Heils. Das gilt sowohl für die einzelnen Traktate, die einander ausschließende Passionsberichte nebeneinander stellen (so 2LogSeth [NHC VII,2]) oder den Soter zugleich als Geborenen und Nicht-Geborenen, als Getauften und Nicht-Getauften bezeichnen können (so TestVer [NHC IX,3]). Das gilt insgesamt für die breite Palette gnostischer Voten zu den einzelnen kontroversen Fragen. Beispiele: der Soter hat gelitten; er hat nicht gelitten; er ist nur scheinbar oder nur nach seiner menschlichen Seite hin vom Leiden betroffen; sein Leiden ist real, doch irrelevant; sein Leiden ist real und heilsnotwendig. Das Martyrium ist zu bejahen; es ist zu verneinen; es ist als solches anzuerkennen, doch in seiner kirchlichen Begründung abzulehnen. Die Sakramente der Kirche sind notwendig; sie sind nicht notwendig; sie sind notwendig, doch wirksam nur durch Gnosis; sie bedürfen der Überbietung durch höhere Sakramente etc (s. die einzelnen Exkurse). Es gibt eben so gut wie nichts, was ein Gnostiker nicht auch hätte sagen können. Die Einheit all dieser unterschiedlichen bzw. konträren Äußerungen liegt allein in dem Bemühen, die Schätze der christlichen Offenbarung in einer „erhabenen", nicht-weltlichen Weise zu deuten. Was sich so als die einzige Konstante gnostischen Denkens erweist, ist zugleich die *einzige Konstante der gnostischen Polemik*: der Vorwurf an die Adresse der Kirchenchristen, daß sie — wie es Iren. II,16,4 berichtet — „ihren Sinn nicht in die Höhe erheben, noch das, was erhaben ist, denken", oder — wie es 2LogSeth (NHC VII,2: 60,36-61,7) sagt —: „Sie haben nicht die Gnosis der *Größe* erkannt, daß diese von *oben* stammt und eine Quelle der *Wahrheit* ist und *nichts* zu tun hat mit Knechtschaft, Neid, Furcht und Liebe zur irdischen

---

[2] Das findet sich erst in der Pistis-Sophia-Literatur, Zeugnis einer zeitlich späten und sachlich depravierten Gnosis, die ihre wüsten himmelstopographischen Spekulationen dogmatisiert (zB PS 2,29ff) und als „Lehre, außer der es keine andere gibt" (1 Jeu 257,14f), exklusiv setzt.

Materie". Es ist so nicht eine bestimmte, fixierbare, nach Analogie kirchlicher Dogmen zu verstehende Lehre oder eine verpflichtende regula, was den Gegensatz der einzelnen Gnostiker gegenüber dem kirchlichen Christentum ausmacht, sondern allein die „entweltlichende" Grundtendenz bei der stets neu aufgetragenen und niemals abgeschlossenen Deutung der gemeinchristlichen Tradition.

Die nachfolgende Diskussion gruppiert die gnostischen Texte nach den Vorwürfen, die sie gegenüber den Kirchenchristen erheben. Diese halten die vordergründige Wirklichkeit für die einzige Wirklichkeit; sie glauben, bereits „gefunden" zu haben, obwohl es doch in der Welt des Offenbaren für das „Suchen" kein Ende geben kann; sie verstehen eigentlich, was doch uneigentlich, in ironischer Distanzierung, gesagt ist.

1. *Die vordergründige Wirklichkeit als die einzige Wirklichkeit*

a. *EvPh (NHC II,3)*. Das Philippusevangelium — ein Dokument der valentinianischen Gnosis, wahrscheinlich in Westsyrien um die Wende vom 2. zum 3. Jh. entstanden — ist einer der wichtigsten Texte zum Verständnis gnostischer Polemik überhaupt. Denn nicht nur läßt es an zahlreichen Stellen seinen Gegensatz gegen das Heilsverständnis anderer Christen erkennen, sondern v.a. reflektiert es den Irrtum der Opponenten ganz grundsätzlich als Folge der notwendigerweise ambivalenten Selbstoffenbarung der Wahrheit bzw. ihrer „Namen" [3]. EvPh ist davon überzeugt, daß die „Wahrheit" allein der jenseitigen Welt angehört. In dieser Welt kann der Mensch Kenntnis und Anteil an ihr allein durch die „Namen", die „Sinnbilder" (τύπος)" und „Abbilder" (εἰκών)" erlangen. Dabei sind unter den „Namen" aufs Ganze gesehen eher die Worte der Offenbarung, unter den „Sinnbildern" (oder „Symbolen") und „Abbildern" hingegen die Sakramente verstanden. Diese Offenbarungsmedien aber sind, verglichen mit der urbildlichen Wahrheit, gänzlich ungenügend. „So ist es mit den offenbaren (Dingen) der Wahrheit: schwach sind sie und wertlos" (§ 124). Deshalb haben die in dieser Welt genannten „Namen" ein „Ende im (andern) Äon" (§ 11), und die „wertlosen Sinnbilder und Schwachheiten" sind „wertlos gegenüber der vollkommenen Herrlichkeit" (§ 125). Trotzdem kann der Mensch allein auf diese Weise Anteil an der Wahrheit er-

---

[3] Zu Einzelheiten s. KOSCHORKE ZNW 64 (1973) 307-322, v.a. 314ff. Den besten Text von EvPh bietet MÉNARD Philippe. Grundlegend ist die Untersuchung von GAFFRON Studien.

langen: ,,Die Wahrheit kam nicht nackt in die Welt, sondern sie
ist gekommen in den Sinnbildern und Abbildern. Sie (die Welt)
wird sie (die Wahrheit) auf keine andre Weise empfangen'' (§ 67).
Ebenso heißt es von den Namen: ,,die Wahrheit schuf Namen in
der Welt unseretwegen, weil es unmöglich ist, sie (die Wahrheit)
kennenzulernen ohne die Namen. Eine einzige ist die Wahrheit. Sie
ist viel(fältig) geworden und (zwar) unseretwegen'', um so ,,durch
viele (Namen)'' den *einen* unaussprechlichen Namen des Vaters zu
,,lehren'' (§ 13). So vermag der gnostische Christ in dieser Welt nur
in gebrochener, mangelhafter Weise Anteil an der jenseitigen Wahrheit zu erlangen. Doch immerhin ,,hat er bereits die Wahrheit
empfangen in den Abbildern'' (§ 127), wenngleich die endgültige
Einlösung in jener anderen Welt noch aussteht.

Der Irrtum der von EvPh attackierten Pseudochristen ist nun
aber gerade der, daß sie diese ,,Abbilder'' für die Sache halten und
in diesen ,,schwachen'', verschleiernden und nur in ihrer verwei-
senden Funktion bedeutsamen Offenbarungshüllen die jenseitige
Wahrheit *selbst* zu besitzen glauben. So wähnen sie etwa, daß der
Vollzug des Sakraments als solcher das Heil gewährleistet [4], obwohl dessen Gabe ohne Realisierung durch Gnosis doch ein Nichts
ist (zB § 105); so glauben sie, daß die Erlangung des ,,Christen''-
Namens an sich Garant der Erlösung sei, obwohl dieser ohne die ihn
deckende Realität im entscheidenden Moment gänzlich wirkungslos
ist (§§ 59.49); so verstehen sie unter ,,Auferstehung'' ein äußerliches
Ereignis der Zukunft, während doch ohne Aneignung des Lebens bereits in dieser Welt ein Herauskommen aus ihr gar nicht möglich ist [5].
Sie beziehen also das, was Bedeutung allein im Verweisen auf das
Jenseitige hat, auf ,,kosmische'' Größen und pervertieren darin zutiefst den Sinn des christlichen Bekenntnisses. Das spricht § 11 aus:

,,Die Namen, die man den kosmischen (Dingen) gibt, verursachen eine
große Irreführung. Denn sie wenden ihren (der Menschen) Sinn ab von
den feststehenden zu den nicht-feststehenden (Dingen). Und wer
,Gott' hört, erkennt nicht den feststehenden, sondern er hat erkannt den
nicht-feststehenden. Ebenso (verhält es sich) auch mit dem ,Vater'
und dem ,Sohn' und dem ,Hlg. Geist' und dem ,Leben' und dem ,Licht'
und der ,Kirche' [und] allen anderen (Namen). Man erkennt nicht die
feststehenden, sondern man erkennt die [nicht]feststehenden, [es sei]
denn, man hat die feststehenden kennengelernt''.

---

[4] § 90: ,,So reden sie von der Taufe (und) sagen: ,Groß ist die Taufe,
denn wenn man sie empfängt, wird man leben' ''. § 67: Es genügt nicht, in
der Taufe ,,den Namen des Vaters, des Sohnes und des Hlg. Geistes zu erwerben'', man muß ,,sie selbst'' erwerben. Weiter: §§ 59.109.111.107.122.

[5] §§ 21.90.23; cf. §§ 127.63.107.

So denken die Gegner, wenn sie die Worte des Bekenntnisses sprechen, nicht an die „feststehenden", sondern an die „nichtfeststehenden" Dinge, die doch zum Untergang bestimmt sind. Darin kann EvPh nur das Wirken der archontischen Mächte sehen: „Die Archonten wollten den Menschen irreführen, da sie sahen, daß er eine Verwandtschaft zu den (oder: dem) wahrhaft Guten hat. Sie nahmen den Namen der guten (Dinge), sie gaben ihn den nichtguten, damit sie ihn durch die Namen täuschten und sie (die Menschen) an die nicht-guten (Dinge) bänden . . . Sie (die Archonten) wollten nämlich den Freien nehmen und ihn sich zum Sklaven machen für ewig" (§ 13) [6].

Wir fassen zusammen. Nicht dies ist der Vorwurf gegen die Pseudochristen, daß sie unangemessene Vorstellungsbilder vom Heil haben. Denn anders als durch „wertlose", „schwache", da der Welt des „Offenbaren" angehörige „Abbilder" und „Namen" kann der Mensch in dieser Welt gar nicht an der „Wahrheit" partizipieren. Man verfällt jedoch archontischer Verblendung, wenn man — wie die Kirchenchristen — in diesen „Abbildern" das unweltliche Heil selbst zu fassen glaubt. Und dem gilt die Polemik von EvPh.

b. *Die „Doketen" des Hippolyt.* In Hipp. VIII,10,8 wird geschildert, wie der Soter bei seinem Herabstieg auf die Erde „dreißig Ideen" als Gewand anlegt, die aus den „dreißig Äonen" bzw. übereinanderliegenden Himmelsregionen stammen. Anschließend heißt es (VIII,10,9-11):

> „Es sind aber von den dreißig Äonen alle Ideen als Seelen hier festgehalten; jede ist so geartet, daß sie den Jesus, der ihrer Natur entspricht, erkennt, welchen jener ewige Eingeborene von den ewigen Orten (als Gewand) anzog. Das aber sind verschiedene. Deswegen suchen so viele Häresien (αἱρέσεις) Jesus mit großem Eifer, und er gehört ihnen allen an, einer jeden von einem andern Ort aus anders erscheinend; eine jede stürzt sich hin in der Meinung, der sei der einzige, der ihr Verwandter und Mitbürger ist, den sie zuerst als den ihrigen sah und als Bruder erkannte, während sie die andern für unecht hielt. Die nun aus den unteren Orten ihre Natur haben, die vermögen die über diesen liegenden Ideen des Soter nicht zu sehen; die aber von oben, von der mittleren Dekade und der besten Ogdoas stammen, die erkennen Jesus den Soter nicht zum Teil, sondern vollständig, und sind allein vollkommene von oben, alle andern aber kennen ihn nur zum Teil".

---

[6] Den gleichen Sachverhalt reflektiert 2LogSeth (NHC VII,2) 52,25-54,14, wonach die Archonten ihr durch die Erscheinung des Erlösers von Auflösung bedrohtes Reich dadurch stabilisieren, daß „sie den Namen (sc. des himmlischen „Menschen") auf Befleckung und Unwissenheit anwandten" (53,5-12), d.h. auf den von ihnen gebildeten Adam übertragen.

Wichtig für uns sind hier die folgenden Punkte. 1. Es gibt eine *Vielzahl* von αἱρέσεις, die „mit großem Eifer" — περιμαχήτως hat vielleicht auch die Bedeutung: „im Wettstreit" — zu Jesus streben. 2. Dieser jedoch „gehört *allen* an". 3. Irrig ist allein die Meinung, derjenige Jesus „sei der *einzige*, der ihr Verwandter und Mitbürger ist" — dessen ἰδέα also jeweils aus dem gleichen „Ort" stammt wie die ihn erkennende Seele —, während die von den andern „Häresien" erkannten ἰδέαι „unecht (νόθος)" seien. 4. In „*vollkommener*" Weise kann der Soter allein von den Seelen der Gnostiker erkannt werden, die in gleicher Weise wie er „von oben" aus der „besten Ogdoas" stammen. — Das relative Recht der vielen christlichen αἱρέσεις wird also anerkannt und die Wertigkeit ihrer unterschiedlichen Glaubensweisen abgestuft je nach dem Ursprungsort der erkennenden Seele und der erkannten ἰδέα des Soter [7]. Kritik gilt *nicht* dem Umstand, daß die „Häresien" den Soter nur „teilweise" zu erkennen vermögen — der Soter gehört ja „allen" an —, sondern dem Exklusivitätsanspruch, mit dem die Häresien ihre beschränkte Einsicht vortragen. — An welche christlichen αἱρέσεις neben der katholischen der gnostische Autor hier denkt, wissen wir nicht. Daß er die römische Szenerie vor Augen hat, wo zumindest nach W. BAUER [8] auch Celsus seine Eindrücke von den vielfältigen christlichen Richtungen gewann, ist nicht auszuschließen, da das von Hipp. aufgenommene Quellenpaket, dem das „Doketen"-Referat angehört, seine gnostische Endredaktion in Rom erfahren haben dürfte. Doch konnten kritische Beobachter an vielen Orten den Eindruck der διαφωνία τῶν αἱρέσεων der Christen gewinnen [9].

Diese Feststellung der „Doketen", daß Christus — wenngleich in abgestuften Graden — *allen* „Häresien" angehört, steht im gnostischen Bereich keineswegs isoliert dar. Auch *TracTrip* (*NHC I,5*) spricht sie mit klaren Worten aus, auch hier besteht der Grundfehler jeder „Häresie" in der Meinung, Christus sei der ihre, obwohl

---

[7] Es sei daran erinnert, daß auch der kirchliche Gnostiker Orig. an manchen Stellen ein vergleichbares pluralistisches „Häresien"-Verständnis vertritt. Er, der von den „vielen Wahrheiten" zu sprechen vermag (Comm.Jo. VI,3) und in dem einen Soter dessen vielfältige ἐπίνοιαι unterscheidet (Comm. Jo. I,28), kann die Häretiker als „teilweise" Christen anerkennen, da sie Jesus „nach den einen ἐπίνοια glauben, nach der anderen nicht" (Comm.Jo. XX,30 [GCS 10 367,14ff]). Ähnlich c.C. III,12 und orat. 29,10.

[8] BAUER Rechtgläubigkeit 219 Anm. 1.

[9] So zitiert Clem.Al.str. VII,89,2 heidnische und jüdische Kritiker.

er doch allen angehört [10]. Diese Anschauung ergibt sich mit einer inneren Zwangsläufigkeit aus der für gnostisches Denken so wichtigen Akkomodationsvorstellung — der Soter hat sich in seiner Erscheinungsweise der unterschiedlichen Fassungskraft der Menschen angepaßt —, zum andern aus der Einsicht der Gnostiker, daß der Soter, so wie er auf der Erde erschienen ist, ein vielschichtiges Wesen ist, dessen unterschiedliche Stufen in unterschiedlichen Regionen ihren Ursprung haben. So stammt der Soter in seinem psychischen Teil bzw. als psychischer Christus aus der Region des Demiurgen bzw. ist der Sohn der Demiurgen [11], und das ist eben jener Christus, den als den einzigen zu erkennen und zu verehren die psychischen Christen imstande sind, während doch „in" ihm der pneumatische, aus dem Pleroma stammende Christus ist. Stufenbau in Christologie und Ekklesiologie entsprechen so einander. Dabei springt wieder der Unterschied zu Markion ins Auge. Beide, Gnostiker wie Markioniten, unterscheiden strikt den Christus des Juden- und Schöpfergottes — an die die Katholiken glauben — von dem Christus des höchsten Gottes — an den sich die Vollkommenen halten. Doch was für Markion zwei gänzlich geschiedene und deshalb auch zeitlich *nach*einander auftretende Figuren sind, sind für den Gnostiker *in*einander verschachtelte Größen, die allein der Pneumatiker zu unterscheiden vermag (cf. Heracl.frgm. 10). Deshalb ist es auch verständlich, daß für den Gnostiker all die unterschiedlichen Christen(gruppierungen) Anteil an Christus haben — eben jeweils so-

---

[10] TracTrip pg. 110ff handelt von den „zahlreichen Häresien" der „Hebräer", d.h. der den Demiurgen „bekennenden" psychischen Christen. Deren Vielfalt erweist sich in ihren unterschiedlichen Anschauungen über den Demiurgen (112,22ff) sowie über „das Kommen des Soter" (113,13ff) und beruht auf dem vielgestaltigen und bei den Psychikern als „Schrift" „interpretierten" prophetischen Zeugnis (112,9ff). Zum einen ist dies Zeugnis zuverlässig, sofern die Propheten — in betontem Gegensatz zu den „Weisen bei den Hellenen und Barbaren" — nicht aus eigener „Einbildung", sondern nur aufgrund des von ihnen „Geschauten" berichten (113,5ff). Zum andern ist dies Zeugnis beschränkt, sofern die Propheten den Soter nur je nach dem unterschiedlichen „Ort" der sie inspirierenden archontischen Kräfte erkennen können. Falsch ist dies Zeugnis darin, daß ein jeder Prophet meint, der Soter selbst stamme von eben dem Ort, von dem er selbst inspiriert wird (113,22ff).

[11] Z.B. ExcTh 62,1 59,2; Iren. I,7,2 III,16,1; Hipp. VII,26,1f.5.8; cf. MÜLLER Beiträge 213.212ff. Daß der Soter als „ihr (der Archonten) Christus" erscheint, da er „die [Art des] Sohnes des Archigenetor" anzog, finden wir etwa auch in Prot (NHC XIII,1) pg. 49 bezeugt: hier hat diese Vorstellung ihren Ort im Rahmen eines synkretistischen Gradualismus und im Zusammenhang des Tarnungsmotives (dazu cf. GAFFRON Studien 287 Anm. 104).

weit, wie sie ihn zu erkennen vermögen. — Die Aussage, daß Christus der Christus auch der Kirchenchristen ist, findet sich selbst in einem Text, in dem man sie angesichts des bitteren Tones der antikatholischen Polemik kaum erwarten würde: in *2LogSeth* (*NHC VII,2*). Hier belehrt der Soter in 51,20ff über seinen Herabstieg in die Menschenwelt und macht dabei folgende Mitteilung: „Nicht weigerte ich mich, ihnen (den Juden bzw. den orthodoxen Christen) Christus zu sein, wenngleich ich mich ihnen nicht in der Liebe offenbarte, die von mir ausging" [12]. Deshalb ist der Vorwurf an die Adresse der kirchlichen Opponenten auch nicht der, daß sie Christus überhaupt nicht, sondern daß sie ihn „nicht vollkommen erkannt haben" (59,35f; ähnlich 68,25-27).

In gleicher Weise wie die „Doketen" des Hipp. äußert sich auch *EvPh* (*NHC II,3*) *§ 26*:

> „Jesus hat heimlich alles auf sich genommen. Denn er zeigte sich nicht so, wie er [wirklich] war, sondern er zeigte sich so, wie [sie] ihn [würden] sehen können. So hat er sich [allen] gezeigt: den Großen [zeigte er] sich als Großer, den Kleinen als Kleiner, [den] Engeln als Engel und den Menschen als Mensch. Deshalb war sein Logos vor allen verborgen. Einige sahen ihn zwar in der Meinung, daß sie ‹ihn› [13] selbst sähen. Aber als er sich seinen Jüngern in Herrlichkeit auf dem Berg zeigte, war er nicht klein; er war groß geworden. Aber er machte seine Jünger groß, damit sie imstande wären ihn zu sehen, wie er groß war".

Auch hier werden unterschiedliche Offenbarungsweisen des Soter unterschieden; auch hier wird die unterwertige Erkenntnis Jesu durch die „Kleinen" als solche gelten gelassen, denn Jesus selbst hat sich ihnen ja als „Kleiner" gezeigt, und in unmittelbarem Anschluß in § 27 mahnt EvPh dazu, nicht das „Lamm", die irdische Gestalt Jesu also (cf. Heracl.frgm. 10), nicht zu „verachten", „denn ohne es ist es nicht möglich, den König zu sehen"; auch hier wird abgelehnt nur die Meinung derer, die in dieser niedrigen Gestalt den Soter selbst erfaßt zu haben glauben.

c. *EpPt* (*NHC VIII,2*). Die noch nicht edierte Epistula Petri ist zu charakterisieren als gnostische *Paraphrase von Lk 24 bis Act*

---

[12] 52,3-7. Eine genaue Diskussion dieser Stelle bei GIBBONS Commentary 171-173.

[13] Wörtlich: „daß sie sich selbst sähen". Der Kontext und insbesondere das folgende Dementi („aber") gebieten die vorgeschlagene Emendation; die gleichklingenden Laute ΟΥ und ϥ werden ja häufig verwechselt. Andernfalls müßte man — bei gleichem Sinn — wiedergeben: „daß sie ihresgleichen sähen". Der Text von MÉNARD in 58,4 (= Taf. 106,4) ist falsch: statt ΕΡΟΥ lies ΕΡΟϥ.

8(ff) [14]. Sie handelt von der Beauftragung der Apostel zur Mission, ihrer Zurüstung zu dieser Aufgabe durch die Verheißung des Geistes, die Einlösung dieser Verheißung durch das Pfingstgeschehen sowie die anschließende Ausführung des Missionsauftrages durch die Apostelschar. Sie hat einen zweifachen Höhepunkt: die Offenbarung auf dem Ölberg (133,12-138,7) und die Pfingstpredigt des Ptr (139,6-140,11). Dabei ist die Offenbarung auf dem Ölberg, die eine Belehrung über wichtige Fragen des gnostischen Mythos darstellt und formal als erweiternder Einschub in eine am Himmelfahrtsbericht orientierte Szenik zu kennzeichnen ist, von EpPt selbst als erinnernde Wiederholung früherer Worte des Soter bezeichnet (135,4-8). Wichtiger ist die *Pfingstpredigt* des Ptr. Ihre zentrale Bedeutung für EpPt zeigt sich in verschiedenen Dingen. 1. Anders als in Act 2 erfolgt die Geistausgießung nicht vor, sondern nach der Predigt (140,9f), erscheint also erst durch diese bedingt. Auch ist die Predigt nicht an die Juden, sondern an die Apostel als an „seine (des gnostischen Predigers Ptr) Jünger" gerichtet (139,10). 2. Erst nach der so gewirkten Verleihung des „Geistes des Verstehens" können die Apostel zum Verkündigen auseinandergehen (140,11-13). In direktem Kontrast dazu steht das Verhalten des Philippus, der sich bereits vorher abgesondert hatte (und mit Verweis auf den Befehl des Herrn [Act 1,4] zurückgerufen werden mußte: 132,12-133,11). Dabei dürfte die Szene Act 8,12ff Pate gestanden haben: Philippus predigt ohne Geist, den erst der (zusammen mit Johannes) nachreisende Ptr zu vermitteln vermag. Dadurch, daß EpPt diesen Gegensatz zwischen Ptr und Phil. an den Anfang stellt, bekommt die Geistlosigkeit der Predigt des Phil. einen neuen Sinn: er hat ja noch nicht die geistgewirkte und geistwirkende Pfingstpredigt vernommen. 3. Als letzte und wichtigste Frage der Jünger beantwortet der Erhöhte auf dem Ölberg die Frage nach den Waffen des Kampfes gegen die Archonten (137,13-138,3). Die Antwort lautet: die Archonten werden durch die „Verkündigung in der Welt" bekämpft. Dazu werden die Jünger wieder an die „verheißene" Geistausgießung erinnert (137,22-27).

Wie lautet nun die — so ins Zentrum von EpPt gerückte — Pfingstpredigt des Ptr, Modell der gnostischen Verkündigung, durch die die Archonten besiegt werden sollen ?

---

[14] EpPt wird für die Claremont-Edition von F. Wisse bearbeitet. Einzeldiskussion des Verhältnisses zum lukanischen Werk bei Koschorke ZThK 74 (1977) 325ff.

,, ‚Meine Brüder, hört meine Stimme' (Act 2,12.29). Und er wurde erfüllt mit Heiligem Geist (cf. Act 4,8) und sprach: ‚Unser Erleuchter, Jesus, [kam] herab und wurde gekreuzigt. Er trug eine Dornenkrone, er zog ein Purpurgewand [an], er wurde ge[kreu]zigt an einem Holz, er wurde in einem Grab begraben, er erstand von den Toten' ''.

Diesen Worten hätte ein orthodoxer Christ Punkt für Punkt freudig zustimmen können. Bemerkenswert ist, daß Dornenkrone und Purpurmantel — Einzelzüge, die die Realität des Passionsgeschehens unterstreichen — keinen Anhalt in der Vorlage (weder in Act 2,23f noch den sonstigen Summarien: 3,13ff 4,10 5,30 13,28ff etc) haben, also vom gnostischen Verfasser selbst hierhin gesetzt worden sind. — Doch geht die Predigt weiter:

,, ‚Meine Brüder, *diesem* Leiden ist Jesus *fremd*. (a.) Vielmehr sind *wir* es, die aufgrund des Fehltrittes der Mutter gelitten haben. (b.) *Deswegen* hat er alles in gleicher Weise wie wir [15] vollbracht (cf. Hbr 4,15). (c.) Denn der Herr Jesus, der Sohn der unermeßlichen Herrlichkeit des Vaters, er ist der Urheber (ἀρχηγός: s. Act 3,15 5,31 2,33) *unseres* Lebens. (d.) Meine Brüder, laßt uns *also* diesen Gesetzlosen (cf. Act 3,15 5,29) nicht gehorchen und wandeln in [. . . . .]' ''.

Was wir hier vor uns haben, ist die *Interpretation des kirchlichen Credo aufgrund des Sophia-Mythos'*. Das Leiden Christi wird zunächst mit den Worten des traditionellen Passionskerygmas formuliert, um dann auf eine andere Verstehensebene transponiert zu werden: Leiden Christi ja — doch bedeutsam ist nicht sein Leiden durch die Kreuzigung, sondern durch das Eingehen in die ,,tote'' Körperlichkeit. Diese Interpretation des überkommenen Kerygmas ist die folgerichtige Anwendung der vorangegangenen Jünger-Belehrung auf dem Ölberg:

(a). Die ,,Mutter'' ist die Sophia, deren ,,Fehltritt'' nach 135,8-136,15 zur Folge hatte, daß der pneumatische Samen in die Macht des Archonten gerät, der ihn in den ,,toten Körpern'' festhalten läßt (136,12f 135,25f). So stellt denn 138,19f fest, daß ,,wir wegen unserer Kleinheit leiden müssen''; Kleinheit aber bedeutet in der Gnosis Gebunden-Sein in die Körperlichkeit (zB NHC VII,2: 54,4.8). — (b.) Daß Jesus in gleicher Weise wie wir gelitten hat, heißt also, daß er wie wir in die Körperlichkeit eingegangen ist. So steht der Satz 138,18: ,,Er hat wegen [uns] gelitten'' austauschbar neben dem andern (136,17ff): ,,Ich (Christus) wurde in den Körper ge-

---

[15] 139,25: ΚΑΤΑ ΟΥΕΙΝΕ ϨΡΑΙ ΝϨΗΤΝ. Die nächstliegende Übersetzung: ,,in gleicher Weise *in* uns'' ergibt keinen Sinn. Zu unserer Übersetzung ,,*wie wir*'' cf. NHC VII,1: 3,11-15, wo ΕΙΝΕ ϨΝ — in paralleler Stellung zu ϢϢ ΜΝ — die gleiche Bedeutung hat.

sandt wegen des Samens, der gefallen war; und ich stieg hinab in
ihr totes Gebilde". — (c.) Urheber „unseres Lebens" ist Jesus insofern, als er den Weg zur Befreiung von der Körperlichkeit gewiesen hat. Inwiefern sein eigenes Geschick — Befreiung seines bislang festgehaltenen inneren Menschen zum himmlischen „Erbe" —
vorbildlich für alle Pneumatiker ist, beschreibt (in Anschluß an
Joh 1,10ff) 136,22ff (cf. 137,5f.7-9). — (d.) So brauchen die gnostischen Jünger vor den „Gesetzlosen" keine Furcht zu haben und
können ἐν παῤῥησία verkündigen. Die sie bedrückende Todesgefahr
(134,8f) hat ihren Schrecken verloren. Denn ihr wirkliches „Leiden"
besteht ja in der Leiblichkeit; Verfolgungen, die sich nur auf den
Leib erstrecken (136,24-26), tangieren die Jünger also nicht eigentlich.

Diese Pfingstpredigt des Ptr ist in dem Verhältnis ihrer beiden
Teile (oder besser: Stufen) zueinander *modellhaft für das Phänomen
gnostischer Polemik* überhaupt. Sie formuliert das Leiden des Erlösers zunächst mit den Worten des traditionellen — kirchlichen —
Kerygmas, um es dann — transponiert auf eine höhere Verstehensebene — in den Kategorien des gnostischen Sophiamythos aus-
zusagen [16]. Wer auf der niederen Verstehensstufe *stehen bleibt*, steht
auf derselben Stufe des Irrtums wie die Archonten, die ebenfalls
den „Sohn des Lebens, Sohn der Unsterblichkeit ... Christus der
Unsterblichkeit" (134,3-7) als „sterblichen Menschen" ausgeben
(136,20-22); die wähnen, daß mit der Vernichtung seines „sterblichen Leibes" der Erlöser selbst getroffen sei; die die Jünger bekämpfen und ihr Heil verhindern wollen (137,12f). Trotz dieses
klaren Verdiktes wird die kirchliche Glaubensweise aber nicht einfach abgelehnt — die Kreuzigung des Soter ist genauso real wie
die Verfolgung seiner Jünger —, sondern dient als *Ausgangspunkt*
der geistgewirkten Petruspredigt, der zum gnostischen Verständnis
des Leidens Jesu zu führen geeignet ist.

d. *1ApcJac (NHC V,3)*. Entsprechend ihrer Zweiteilung in eine
vor- und eine nachösterliche Offenbarung Jesu kennt die erste
„Apokalypse des Jakobus" [17] zwei unterschiedliche Glaubenswei-

---

[16] Dieser Sachverhalt findet sich häufig, zB Iren. I,8,2: „Der Herr ist
in den letzten Zeiten der Welt in sein Leiden geraten, um das über den letzten der Äonen (d.h. die Sophia) gekommene Leid *anzuzeigen*" etc.: der
Kreuzestod Jesu ist zwar real, hat aber Bedeutung nur in seiner verwei-
senden Funktion auf das Leiden der Sophia. Cf. auch ActJoh 96.101.
[17] Text und Übersetzung bei BÖHLIG-LABIB Apokalypsen (cf. dazu die
wichtigen Bemerkungen von SCHENKE OLZ 61 [1966] 26ff; sowie KASSER
Museon 78 [1965] 71ff.299ff; ders. RThPh [3. ser.] 18 [1968] 163ff).

sen, deren Abfolge in der Person des Jakobus dargestellt wird. Er,
dem der Herr vor Ostern sein Leiden angekündigt hatte („sie werden mich ergreifen" 25,5-7; cf. 29,16f.8-11 30,7) und der den Auferstandenen auf dieses Leiden anspricht („Ich habe gehört von
deinen Leiden, die du ertragen hast. Auch ich habe gelitten; du
kennst mein Mitgefühl. Deshalb wollte ich ... dies Volk [d.h. die
Juden] nicht sehen; es soll gerichtet werden wegen dessen, was es
getan hat" 31,6-12; cf. 30,13-15), wird von diesem korrigiert:
„Niemals habe ich irgendwie Leid erlitten noch wurde ich gequält", denn (und das ist die wichtigste Formel gnostischer Christologie überhaupt): „Ich bin der, der *in* mir war" (31,14ff). Ab-
gewiesen wird also eine Anschauung, die den Erlöser mit seiner
leidensfähigen Leiblichkeit — dem „Gebilde der Archonten" (31,24)
— gleichsetzt und nicht vielmehr mit seinem leidensunfähigen Teil
in diesem Leib. Solch abgewiesener Glaube wird charakterisiert als
Meinung derer, die „nicht wissen, daß es einen Parakleten gibt, von
dem es heißt: ‚Dieser ist es, der zum zweiten Mal re[den wird]' "
(30,24-28), derer also, die die abschließende Offenbarung nicht kennen, und steht auf einer Stufe mit (bzw. wird mythisch repräsen-
tiert durch) die irrige Ansicht des Archonten (Adonaios), daß
Christus sein eigener Sohn sei (39,10-18). Falsch ist nicht der
(kirchliche) Glaube, daß der Erlöser gelitten habe — das „Leiden"
des Erlösers ist genauso real wie das „Leiden" (32,17f) seines „Bru-
ders" Jakobus im Martyrium (pg. 43f), das aber, wie Jakobus erkannt hat, nur das „Fleisch" und damit ein ihm wesenhaft „Fremdes" betrifft (cf. 32,16-22 25,2-6) —, falsch ist vielmehr die Meinung,
daß dies der eigentliche Soter sei.

e. *2ApcJac* (*NHC V,4*). Auch 2ApcJac[18] unterscheidet strikt
zwei unterschiedliche Erkenntnisweisen des Erlösers, die der unterschiedlichen Selbstoffenbarung Jesu vor und nach Ostern entsprechen. Während nämlich die Menschen ihn nur als einen der
Ihren kennen — so meint etwa Maria: „er ist bei uns kein Fremder" (50,21f) —, wird sein „Bruder" Jakobus durch die Begegnung
mit dem Auferstandenen einer Erkenntnis gewürdigt, die dem Demiurgen und den unter seiner Herrschaft stehenden Menschen
gänzlich verschlossen bleibt (56,16ff). Jakobus vermag nämlich
den Erlöser als den „Fremden" (51,7f) und „Verborgenen" (57,9f)

---

[18] Nach der Editio princeps durch Böhlig bietet den zuverlässigsten
Text nun (zusammen mit einem exzellenten Kommentar): Funk Jakobus.

zu begreifen: „Ich habe ihn geschaut, wie er entblößt war und kein (leibliches) Gewand mehr trug" (58,20-23). — Solche Erkenntnis des Soter in seiner eigentlichen Gestalt befähigt Jakobus nun zu der Verkündigung an die Juden, daß „jener, den ihr gehaßt und verfolgt habt" (50,8-10) und den sie gerichtet haben, „ein anderer" war, als sie dachten (57,24-27). Denn: „Er war ... der Unsichtbare, *der nicht auf die Erde herabkam*" (58,14-17)! Wie das zweimalige Praeteritum zeigt, zielt diese Feststellung auf die Beschreibung des *historischen* Jesus ab; und nichts berechtigt dazu, diese Feststellung anders denn als strikte Identifizierung zu verstehen (gegen FUNK Jakobus 194, der etwa daran denkt ,daß „die Konsubstantialität zwischen Vater und Sohn den Inhalt der zweiten Hälfte des Satzes ausmacht: Er, der Herabgekommene, war eins mit dem Höchsten, der niemals herabkam und — kommt"). Daß der, den die Juden gerichtet haben, in Wirklichkeit gar nicht hier unten war, sagen auch die anderen Prädikate in p. 58 aus: „Er war der Hlg. Geist", „er war die Jungfrau" (FUNK 194f: „der jungfräulich gebliebene Teil einer Syzygie, deren anderer Partner gefallen ist"), „er war das Licht", „er war der, der das Leben ist".

Wie ist nun dieser Sachverhalt zu verstehen: Jesus als der Gerichtete, der dennoch nie hier unten war? FUNK (Jakobus 253) stellt diese Paradoxie zurecht in Zusammenhang mit der für 2ApcJac charakteristischen doppelbödigen „Konzeption, in der das natürliche Verwandtschaftsverhältnis weder bestätigt noch negiert, sondern dialektisch überhöht wird durch den Sachverhalt der mythischen Verwandtschaft der von oben Stammenden, den es — unter gewissen Vorbehalten — symbolisch abbildet". In der Tat ist das „*Bruder*"-*Verhältnis* zwischen Jesus und Jakobus das beste *Verstehensmodell* für das Verhältnis der beiden konträren christologischen Aussagen. Maria geht nicht einfach fehl, wenn sie Jakobus als den natürlichen Bruder Jesu bezeichnet (50,16ff), ebenso wenig wie die Juden mit der Meinung, Jesus gekreuzigt zu haben, einfach einer Täuschung erlegen sind. Denn an der Realität seines Todes läßt der vorösterliche Jesus keinen Zweifel — 48,8ff: „Ich, der ich des Todes [sterbe], werde doch lebendig gefunden werden. Ich bin hereingekommen, damit [ich ger]ichtet werde ..." —, und auch Jakobus spricht sie klar aus: „Der gelebt hat [ohne] Lästerung, ist gestorben in [Lästerung]" (47,24f). Der Irrtum liegt vielmehr dort — und wird durch die Kritik von Jesus an Maria (51,1ff) und von Jakobus an den Juden (57,20ff) deutlich als solcher markiert —, wo mit solchen Worten eine Aussage über den Soter *selbst* getroffen werden soll: daß er „kein Fremder" an diesem Ort sei, wie Maria sagt, oder dem Kreuzestod erlegen ist, wie die Juden wähnen. Denn damit wäre der Erlöser *allein* in seinen — letztlich gänzlich irrelevanten — innerweltlichen Relationen gesehen. Das aber ist genau jene Beschränktheit der Perspektive, auf die die Archonten, die die Menschen in dieser Welt festhalten und beherrschen wollen, bauen (56,16ff 57,7-9 54,4ff). Christus hat auf Erden sein wahres Wesen nicht geoffenbart (49,18-21) und hat es auch nicht offenbaren können (51,7-11). Doch ergeht die Aufforderung, hinter der leiblichen Erscheinung die Realität des „Geistes", die wesentlich zur himmlischen Welt gehört und in einem solchen Sinn nie „herabgestiegen" ist, zu „sehen" (cf. 49,16-18). Kreuzigung und natürliche Verwandtschaftsbeziehungen des Soter sind real, doch gänzlich belanglos. Die Wirklichkeit solch innerweltlicher Zusammenhänge wird nicht geleugnet, doch abgeblendet zugunsten der allein zählenden Wirklichkeit des Geistes.

2. *Die Kirchenchristen als die „Nicht-Suchenden"*

Die Schrift „*Authentikos Logos*" (NHC VI,3) stellt sich einem ersten Zugang dar als ein *Traktat über die Seele*. Die „geistige Seele" hat ihren Ursprung im Lichtreich bzw. beim „unerreichbaren" Urvater (22,7ff 26,25f). Das begründet ihre Überlegenheit über die Welt des „Entstandenen" — auch dann noch, nachdem „sie in den Körper hinabgeworfen wurde" (23,13f 22,18-20). Voraussetzung ist freilich, daß sie sich an ihren himmlischen Ursprung erinnert. Aber das ist alles andere als selbstverständlich; denn sie ist bedroht von Vergessen (24,17ff), Unwissenheit (31,14ff) und Blindheit (27,29 28,5), wodurch die Weltmächte sie hier unten festzuhalten suchen (26,26ff 34,29ff). Im Kampf gegen diese Mächte vermag die pneumatische Seele zu bestehen kraft ihrer „Erkenntnis"; „denn wir haben bereits den Unerreichbaren erkannt, aus dem wir hervorgegangen sind" (26,20-26). Doch ist eine solche Gnosis für AuthLog nicht verfügbarer Besitz, sondern von außen gegebenes Gnadengeschenk, nicht unverlierbare Eigenschaft, sondern etwas, auf das die Seele immer wieder aufs neue aus sein muß. Die Seele „*rennt her* hinter dem Logos und gibt ihn ihren Augen als ein Heilmittel", das sie vor Blindheit bewahren soll (27,30ff); „sie *sucht* nach den Speisen, die sie zum (wahren) Leben führen werden" (31,33ff); sie „*hungert*" und „dürstet" nach dem Logos (27,14f

35,11-13); sie ist *„unterwegs"* (27,14), *„hält Ausschau* (22,21f 27, 15ff) und *„müht sich ab beim Forschen"* (34,30f 35,15f). Diese Verben der Bewegung sind ein Anzeichen dafür, daß die Gnosis als ein Streben nach dem wahrhaft „Seienden" in dieser Welt des „Entstandenen", des „zeitlich Begrenzten", des Vergänglichen wesensgemäß nicht zu einem Stillstand kommen kann. Und wie so der *Gnosis* (als Einsicht in die Vergänglichkeit alles Welthaften; cf. 31,24ff) das *rastlose Forschen* (als die adäquate Form dieser Einsicht) entspricht, so gehören auf der entgegengesetzten Seite *Unwissenheit* und falsches *Ruhen* zusammen. So schließt die Aufzählung von Lastern in 30,26-31,8 mit den Worten ab: „Von diesen allen sind die größten (Laster) Unwissenheit und fehlendes Sich-Abmühen (ⲙ︤Ⲛ︥ⲦⲀⲦϨⲒⲤⲉ)". So kontrastiert auch 27,12ff: „Jene betreiben ihr (weltliches) Geschäft. Wir aber sind unter Hunger und Durst unterwegs und halten Ausschau nach unserem Wohnort".

Nun ist deutlich, daß — anders als in sonstigen Traktaten über die Seele — hinter der allgemeinen Rede vom Geschick der Seele die *spezifische Erfahrung einer bestimmten Gruppe* steht. Das lassen bereits die vielfältigen konkretisierenden Bemerkungen erkennen (das redende „Wir", Verfolgung und Gefährdung durch menschliche Feinde, der Logos als Logos der „Evangelisten" etc). V.a. aber gebietet der polemische Schlußabschnitt (33,4-35,22), in AuthLog das Dokument der *Auseinandersetzung einer gnostischen* [19] *Gemeinschaft mit ihren Gegnern* zu sehen. In diesem Abschnitt werden den „Suchenden" (= Gnostikern) die „Unverständigen" gegenübergestellt, die „nicht suchen". Diese „sind schlimmer als die Heiden" (33,9ff.27ff 34,11ff), da an sie das „Wort" bzw. die Einladung ergangen ist, an jene aber nicht (34,18ff.1ff), so daß die letzteren entschuldbar sind, die ersteren aber nicht. Die in der Polemik sichtbar werdende Trennungslinie verläuft also *innerhalb* der Gruppe, an die das christliche „Wort" gerichtet wurde (christlich, da von den „Evangelisten" mitgeteilt [20]) — wobei die Herabsetzung

---

[19] „Gnostisch" heißt hier: das gnostische Grundgefühl — der himmlische Ursprung des Pneumatikers und seine wesenhafte Fremdheit in dieser Welt — findet soweit mythologischen Ausdruck (als Gegensatz der Schöpfer der Leiblichkeit [32,16ff] gegenüber dem Urvater), wie es zur Explikation des Aussagewillens von AuthLog notwendig ist.

[20] Für εὐαγγελιστής (35,6) gibt es bekanntlich so gut wie keine außerchristlichen Belege (s. FRIEDRICH ThW II 734). Wie im sonstigen Christentum ist dieser Terminus in der christlichen Gnosis hingegen verbreitet; so zB OrPl (NHC I,1) A Z.19 (εὐαγγελιστής) oder TracTrip (NHC I,5) 116,17f

der Gegner unter die Heiden durch Anspielung an Mt 5,46ff besondere Prägnanz erhält (33,27ff). Das „Wort", das diese verworfen haben, lautet nun: „Suche und forsche nach den Wegen, auf denen du gehen kannst" (34,20-22). Das Gemeinte wird im Vergleich mit den Heiden deutlich (34,4-32). Diese handeln im Rahmen ihrer sinnlichen Gottesverehrung durchaus richtig: sie kennen den Steintempel, wo „ihre Hoffnung" — nämlich das Götzenbild — ist, und beschreiten den „Gehweg", der dorthin führt. Anders der Kirchenchrist: er hört zwar die „Einladung" zu *seinem* Tempel, aber weder fragt er, wo dieser Ort seiner Anbetung ist (nämlich im Himmel: cf. 33,7f), noch welcher Weg dorthin führt (die durch Absage an die Welt ermöglichte ἄνοδος). All die Grundbegriffe christlicher Verkündigung, die AuthLog als Gegenstand des „Suchens" und „Findens" nennt — „Gott", „Heil", „Hoffnung", „Anapausis", „Heimat", Ort der Anbetung etc —, werden von den Pseudochristen in der Sphäre des Sinnlich-Gegebenen angesiedelt, wo sie ihrer Natur nach nicht angetroffen werden können. So mögen die Kirchenchristen mit Gott den Schöpfer der Leiblichkeit meinen (cf. 32,16ff), bei dem Ort der Anbetung an die empirische Kirche denken (cf. 34,10) etc. Sie suchen nicht, da sie bereits in der Welt der Vergänglichkeit zur Ruhe gekommen sind. Anders der Gnostiker: er hat erkannt, daß Leiblichkeit gleich Krankheit ist; deshalb „rennt (er) hinter dem Wort" als „Heilmittel" her (27,25ff); auch er will „finden", wonach er „gesucht" hat; aber er weiß — anders als der Kirchenchrist —, daß dies nur in der himmlischen Heimat der Fall sein kann (35,8ff.15ff).

Die *Statik kirchlichen Glaubens und die Dynamik gnostischen Suchens*, die sich so als Gegenstand der Polemik von AuthLog erweist, ist kein isolierter Topos in der Auseinandersetzung zwischen gnostischem und kirchlichem Christentum. Vielmehr läßt sich seine zentrale Bedeutung bereits daran ablesen, daß *Tert.* in den Mittelpunkt seines Traktates *De praescriptione haereticorum* die Zurückweisung häretischer Berufung auf Mt 7,7 stellt (c. 8ff) — eine Schriftstelle, die die Gnostiker allerorten und ohne Unterlaß im Munde führen (10,9: „ubique convenio: ‚quaerite et invenietis' "; 43,2: „ ‚Quaerite et invenietis' ubique meminerunt") und die in

---

(ⲛⲓⲣⲙ†ⲱⲛⲟⲩϥⲉ). Gegen MacRae (Soul 476), der den christlichen Charakter von AuthLog bestreitet, ist auch auf die unverkennbaren ntl.n Anspielungen in AuthLog hinzuweisen. Cf. Koschorke WuD N.F. 14 (1977) 51-65.

der Tat als eines der zentralen gnostischen Leitzitate zu gelten hat [21].
Eignet doch in gnostischen Augen dem ,,Suchen'' als solchem bereits soteriologische Qualität (PS 119,17ff.5ff: ,,Wenn ihr nach allem mit Bestimmtheit fragt, so werde ich [Christus] jubeln''; Dial
[NHC III,5] 126,5ff: ,,Der, der fragt, ist auch der, der offenbart'';
etc), ja, die Aufforderung zum ,,Suchen'' kann häufig — wie in
AuthLog mit deutlichem polemischen Unterton — als der eigentliche Inhalt gnostischer Missionspredigt erscheinen (zB EvMar [BG]
8,15-22; PS 181,23ff 161,5ff). Daß dabei die biblischen Schriften
das bevorzugte Betätigungsfeld gnostischen ,,Suchens'' sind, läßt
bereits der Zusammenhang in Tert.praescr. erkennen (c. 8ff.15.18ff),
und fehlendes Forschen in ihnen macht umgekehrt etwa TestVer
(NHC IX,3) seinen kirchlichen Gegnern zum Vorwurf (45,19-21:
,,Warum ... forscht ihr nicht nach diesen Mysterien, die um unseretwillen vorgebildet sind?''). — Der kirchliche Lehrer Tert. hat
den Gnostikern entgegengehalten: Wir *haben* gefunden; seit Jesu
Verkündigung geht es nur noch darum, die regula fidei festzuhalten;
weitere Untersuchungen haben nun zu unterbleiben (cf. praescr.
16,1: ,,apostolo ... prohibenti quaestiones inire''). Dabei kann die
orthodoxe Seite so einseitig alles Gewicht auf das ,,Finden'' legen
wie die gnostische auf das ,,Suchen''. Zum ersteren sei verwiesen
auf Iren., der die für die Gnostiker so wichtige Stelle Mt 7,7 (cf.
Iren. II,13,10 30,2) durch Jes 65,1 neutralisiert: ,,Ich wurde von
denen gefunden, die *nicht* nach mir suchten'' (epid. 92) [22], zum
zweiten auf EvTh.graece: ἀρκετόν σοί ἐστιν ζητεῖν καὶ μὴ εὑρίσκειν.
Für beide Opponenten zählt allein ein ,,beständiges'', ,,unveränder-
liches'' Heilswissen; die einen glauben es kraft der apostolischen
Überlieferung bereits in der Gegenwart zu besitzen, für die andern
ist es als solches nur im Himmel Wirklichkeit. Insofern könnte man
— mit den notwendigen Einschränkungen natürlich — die je-
weilige Deutung des Wortes Mt 7,7 als Indikator für Nähe und Ferne
zur kirchlichen Rechtgläubigkeit werten. Eine bemerkenswerte
Zwitterstellung nimmt dabei der ,kirchliche Gnostiker' Clem.Al.
ein: für häretisches Forschen wehrt er in str. I,54,4 das Recht der
Berufung auf Mt 7,7 ab, nimmt es aber für sein eigenes, über den
,einfachen Glauben' der Menge hinausgehendes Forschen in An-

---

[21] Einen knappen Überblick über die Nachgeschichte von Mt 7,7 gibt
BROX Suchen 17-36. Zutreffend sein Urteil (S. 21): Mt 7,7b.c ,,ist zum ‚Stif-
tungstext' für das besondere, soteriologisch qualifizierte gnostische Frage-
vermögen und Frage-Niveau geworden''.
[22] Hinweis von BROX Suchen 27.

spruch —, wobei ihm jedoch seitens der kirchlichen simpliciores vergleichbares Mißtrauen begegnet wie den häretischen Gnostikern.
Noch deutlicher ist eine derartige Konstellation bei Orig. gegeben,
der im übrigen aus seiner Kritik an der fehlenden Bereitschaft der
Einfältigen zum ,,Suchen" kein Hehl macht, ,,obwohl doch Jesus
sagt: ,Forschet in den Schriften' " (c.C. V,16). — So ist das Thema
,,Suchen und Finden" Gegenstand der Kontroverse zwischen Gnosis
und kirchlicher Rechtgläubigkeit, am deutlichsten in AuthLog auf
der einen und bei Iren. und Tert. auf der anderen Seite. Doch ist
der von den Gnostikern polemisch geltend gemachte Impuls zu
ständigem ,,Suchen" noch unter einem andern Aspekt für die Auseinandersetzung von gnostischem und kirchlichem Christentum von
Bedeutung. Denn das gnostische ,,Suchen" tendiert keineswegs notwendigerweise auf Mitteilung entsprechender Resultate hin, da dem
einzelnen Pneumatiker je für sich das ,,Finden" aufgetragen sein
kann [23]. Die Schwierigkeiten der kirchlichen Orthodoxie, die häretische Gnosis als solche zu identifizieren, sind dadurch nicht geringer geworden [24].

---

[23] *TestVer* (NHC IX,3) zB ist eine Schrift, der jegliche explizite Kosmologie oder spekulative Ableitung des Übels abgeht. Als Einziges in dieser
Richtung haben wir in 41,19-42,16 einen Katalog mit Fragen wie: ,,Wer
hat das verderbenbringende Fleisch hervorgebracht, und was ist die Oikonomia?" — Fragen, die dem Pneumatiker zu eigener Beantwortung aufgegeben sind. Ganz ähnlich verhält es sich mit dem einleitenden Logion
von *EvTh* (NHC II,2) (,,Wer die Erklärung dieser Worte findet, wird den
Tod nicht schmecken"), das vielleicht das Gnostischste an dieser Schrift
darstellt. *EpJac* (NHC I,2) ist in extremen Maße vom Gedanken der Selbsterlösung und der Polemik gegen äußere Heilsinstanzen bestimmt. In diesem
Zusammenhang ist auch die bewußt widersprüchliche Offenbarungsrede des
Soter zu sehen (cf. nur 11,4-14). Auf die diesbezügliche Klage des Petrus
(13,27ff: ,,Manchmal ermunterst du uns zum Reich der Himmel, andere
Male wieder weisest du uns ab" etc.) antwortet der Soter nämlich: ,,Miß-
achtet folglich die Abweisung, wenn ihr sie hört; hört ihr aber die Verheißung, so jubelt umso mehr" (14,10-13). Die äußere Belehrung durch den
Soter dient hier nicht der Förderung des Pneumatikers, sondern in ihrer be-
wußten Widersprüchlichkeit eher der Erprobung seines eigenen Kompasses.

[24] KETTLER Sinn hat in seiner Studie über De principiis gezeigt, wie
Orig. in einer Reihe ebenso wichtiger wie kontroverser Fragen alternative
Lösungen scheinbar gleichberechtigt zur Wahl stellt — von denen jedoch
nach der Logik seines Systems nur eine, und zwar zumeist eine für orthodoxe Leser anstößige Lösung richtig sein kann, die aber ein Pneumatiker
nach der Erwartung des Orig. als solche wird ausmachen können. Ob dabei
nun taktische Momente mitspielen (so KETTLER) oder nicht (cf. CAMPEN-
HAUSEN Bibel 360 Anm. 249) — der Außeneffekt gegenüber kritisch ein-
gestellter Orthodoxie war derselbe. Was sich hier beim kirchentreuen Orig.
zeigt, gilt für die häretische (bzw. als häretisch angefeindete) Gnosis in noch
höherem Mäße.

3. Ironie der Gnostiker als Weise der Distanzierung

Eine Weise der Distanzierung, die Anerkennung des Wortlautes mit Verneinung der Sache verbindet, darf zuletzt nicht unerwähnt bleiben: die Ironie des Gnostikers. So verwahrt sich Iren. empört dagegen, daß der Erlöser in Mt 5,34f den Demiurgen nur ironisch „Gott" und „großen König" genannt habe, wie es seine gnostischen Opponenten behaupten (IV,2,6: „per ironiam haec dicta esse") [25]. Was die Gnostiker hier als Verhalten des Soter belegt sehen, praktizieren sie selbst ausgiebig; Selbstpraedikationen des Weltschöpfers wie „herrlich" [26], reich an „Erbarmen" [27], "unermeßlich" und „unveränderlich" [28] oder „reich" [29] übernehmen sie unbeanstandet, doch mit deutlichem Spott [30]. Ganz entsprechend reagieren sie auf den Irrtum der Menge nicht mit lautstarkem Protest, sondern mit distanzierendem „Lächeln". So „lächelt" Johannes nur angesichts der Menge, die wähnt, daß der Erlöser gelitten habe (ActJo 101f), so wie dieser selbst am Kreuz nur mit überlegenem „Lächeln" zusieht (Iren. I,24,4), „lächelnd" den von Moses verdunkelten Schriftsinn aufhellt [31], „lächelnd" die unwissenden Jünger reden läßt [32]. „Immer drückt dies Lächeln, das zugleich Spott ist, das Bewußtsein einer sieghaften Überlegenheit aus. Die irrende Welt und die unwissende Menge sind nur einer verächtlichen Lächelns wert" [33].

---

[25] Diese berufen sich darauf, daß Jerusalem gefallen ist (IV,4,1) und der Herr selbst den Untergang von Himmel und Erde angekündigt hat (Lk 21,33): „hisque praetereuntibus oportere etiam hunc Deum, qui super sedeat, praeterire; et ideo non hunc esse Deum qui sit super omnia" (IV,3,1).

[26] 2ApcJac (NHC V,4) 52,19-21: „Wenn sie (die feindlichen Juden) deinetwegen kommen, getrieben von dem, der ‚herrlich' ist ..." (cf. 53,8-12 sowie FUNK Jakobus 156f); ApcPt (NHC VII,3) 82,1-3: „Denn den Sohn ihrer ‚Herrlichkeit' haben sie anstelle meines Dieners zuschanden gemacht".

[27] 2ApcJac (NHC V,4) 53,15-17: „Du gehörst nicht zu <den Kindern> seines ‚Erbarmens' " (cf. 53,21-24); Ephr.hymn. 39,1 (zitiert S. 79).

[28] 2LogSeth (NHC VII,2) 68,16-20: „Der Vater von diesen allen ist ‚unermeßlich' (und) ‚unwandelbar', (er ist) ... Trennung und Neid und Feuer" (z.St. cf. GIBBONS Commentary 291-295).

[29] 2LogSeth (NHC VII,2) 56,13-18: „Ich aber freute mich in der Höhe über den ganzen ‚Reichtum' der Archonten und den Samen ihrer Täuschung...".

[30] Für die Markioniten cf. Tert.adv.Marc. I,13: „Die Markioniten rümpfen ihre Nase und sagen höhnisch: ‚Nicht wahr, die Welt ist eine große und eines Gottes würdige Schöpfung?' ".

[31] AJ (BG) 45,7; 58,4; cf. 68,3.

[32] SJC (BG) 79,14. Weitere wichtige Stellen: HA (NHC II,4) 89,23-25; EvPh (NHC II,3) § 97; ActPt (BG) 129,9; MartAndr II,5 sowie 2LogSeth (NHC VII,2) 62,27-64,29, obwohl es sich hier nicht um „Lächeln", sondern eher um Hohnlachen handelt.

[33] GAFFRON Studien 135.

C. Der Ausgangspunkt des gnostischen Christentums

Gegenstand des vorliegenden Hauptteiles IV ist die Frage nach dem, was das gnostische Christentum in seinen eigenen Augen mit dem kirchlichen Christentum verbindet und was es von diesem unterscheidet. Die Antwort, die wir bisher zu begründen suchten und die wir am Prüfstein der gnostischen Polemik erprobten, lautet: es konstituiert sich nicht als Gegensatz *gegen*, sondern als höhere Stufe *über* dem kirchlichen Christentum; denn es geht aus von der allen gemeinsamen christlichen Tradition, die es auf geistige, nicht-weltliche, „gnostische" Art zu deuten sucht. — Nun vermitteln aber die spekulativen und mythologischen Systeme, die gemeinhin unser Gnosisbild bestimmen, mit ihrem ausgeprägten Interesse an der himmlischen Welt, ihrer Äonenmythologie etc einen ganz anderen Eindruck vom Denken und Wollen dieser Gnostiker. Sie lassen dieses sehr viel fremdartiger und vom gemeinen Christentum in seinem Ansatzpunkt sehr viel tiefgreifender geschieden erscheinen, als es die oben gegebene Verhältnisbestimmung voraussetzt. — Die Diskussion dieses Einwandes wird zu einem genaueren Verständnis der spezifischen Artikulationsweise gerade der christlichen Gnosis führen.

1. *Der Stellenwert der gnostischen Systembildungen*

a. *Tendenzkritische Eingrenzung*. Als erstes hat man sich hier zu vergegenwärtigen, daß unser Gnosisbild geprägt ist von der Berichterstattung der Häresiologen. Diese aber haben die Systeme der Gnostiker in einer Weise in das Zentrum ihrer Darstellung gestellt, die untypisch ist für Erscheinungsbild und Artikulationsweise gerade der christlichen Gnosis, die dafür aber ihren eigenen — klar erkennbaren und auch klar ausgesprochenen — *polemischen Interessen* enspricht [1]. Dieser Sachverhalt ist mit wünschenswerter Deutlichkeit etwa bei *Iren.* zu fassen. Welches Bild die valentinianischen Gnostiker seiner Umgebung nach seinen eigenen Angaben bieten, haben wir bereits festgestellt: „sie reden Ähnliches wie die Gläubigen" und sind kaum von diesen zu unterscheiden und darum auch nur schwer zu bekämpfen [2]. Das ist das Problem, mit dem Iren. sich tagtäglich konfrontiert und an dem er seine ketzerbestreitenden Vorgänger gescheitert sieht. Ebenso deutlich ist, daß

---

[1] Ausführlichere Diskussion bei Koschorke Hippolyt 33-55.

[2] Iren. III,17,4; I praef.; II,14,8 28,4; III,15,2 16,6.8; IV,33,3 32,1; V,31,1 18,1 8,3; etc. S. die Diskussion S. 175ff.

Iren. hier die Entdeckung der wirksamen Waffe für sich in Anspruch
nimmt: ,,Quapropter hi qui *ante nos* fuerunt, et quidem multo nobis
meliores, non tamen satis potuerunt contradicere his qui sunt a
Valentino, quia ignorabant *regulam* ipsorum, quam *nos* cum omni
diligentia in *primo libro* tibi tradimus" (IV praef. 2). Und wie die
Einsetzung dieser Waffe im konkreten Fall aussieht, demonstriere
III,16,1: ,,*lingua* quidem unum Christum Jesum confitentes" — so
geben sich die Häretiker —, ,,divisi vero *sententia*" — so denken sie
wirklich —, ,,*etenim* haec est ipsorum regula, quemadmodum *prae-
diximus*, ut alterum quidem Christum fuisse dicant ... alterum
vero Salvatorem esse ... alterum vero ..." etc — das ist der
Nachweis des Iren. aus ihrer ,,regula", d.h. dem im ,,ersten Buch"
(I,1-8) in extenso referierten valentinianischen System. Das heißt
also: ihre Unkirchlichkeit merkt man den Gnostikern im Regelfall
nicht an, wenn man sie *selbst* reden hört; dies wird vielmehr erst
deutlich aus dem, was der Ketzer-*Bekämpfer* seiner Abhandlung vor-
anstellt. Dem Iren. fällt ein valentinianischer Traktat in die Hände
(cf. I praef.), den er in I,1-8 wiedergibt. In diesem System sieht er
nun die bislang verborgene ,,regula" der Valentinianer (und im
grunde auch der sonstigen Häretiker: cf. IV praef. 2) gegeben. Darauf nagelt er folglich all das fest, was ihm in seinem Umkreis und
in seinen Gemeinden an diversen gnostischen Parolen begegnet: und
so kann er dann die Unchristlichkeit seiner gnostischen Opponenten,
deren Äußerungen an sich so wenig verfänglich sind, erfolgreich
,,entlarven" und diese wirksam bekämpfen.

Nun ist Iren. — bezeichnenderweise nur in jenem ,,ersten Buch"
seines antignostischen Werkes — prägend für die folgende häresiologische Tradition geworden [3]. In deren Entwicklung hat sich dann
das *gnostische System* faktisch *zur alleinigen Form häresiologischer
Berichterstattung verfestigt*. Bei Iren. haben wir noch beides, ,Schein'
(Gleichart mit kirchlicher Lehre, von der Iren. v.a. in lib. II-IV zu
berichten weiß) und ,Sein' (die im System zum Ausdruck kommende Unkirchlichkeit) der gnostischen Häretiker. Bei *Hipp.* nun,
dessen Refutatio Iren. I voraussetzt, haben wir nur noch ihr (,recht'
verstandenes) Sein, und es ist bezeichnend, daß Hipp. als derjenige

---

[3] Tert.ad.Val. schreibt Iren. aus; Gleiches gilt für die Refutatio Hipp.s
und das Panarion des Epiph. sogar in dem Maße, daß sie zur Rekonstruktion des verlorenen griechischen Textes benützt werden können. Eusebs
Kirchengeschichte folgt maßgeblich dem Iren. etc. Cf. die Zusammenstellung bei HILGENFELD Ketzergeschichte 73f.

Häresiologe der vorkonstantinischen Zeit, dem wir am meisten Mitteilungen über die Systeme der Gnostiker verdanken, zugleich derjenige Ketzerbestreiter ist, bei dem sich — anders als bei Iren., Tert., Clem.Al. oder Orig. — keine Kenntnis der bekämpften Gnostiker aufgrund eigener Anschauung nachweisen läßt [4]. Innerhalb seiner Refutatio verstärkt sich nun noch die Zentrierung auf die Systeme der Gnostiker: von den Einzelreferaten über die jeweils vorangestellten κεφάλαια (in der Art von V,6,4-7 oder V,12) bis hin zu den Berichten der Epitome in lib. X (die stereotyp die Vielzahl der von den Gnostikern angesetzen ἀρχαί und damit deren grundsätzlichen Gegensatz gegen das christliche Bekenntnis zu dem einen Gott herausstellen). Diese Berichte der Epitome sind dann ihrerseits allein maßgeblich für *spätere Häresiologen* wie Theodoret geworden, und in solch schablonisierter Form ist die häresiologische Tradition dann auch popularisiert worden (man denke etwa an die 6. Katechese Cyrills).

Solchem Vordringen des *Systems* korreliert ein Rückgang in der Darstellung gnostischer Bibel*exegese*. Daß Iren. mit den Häretikern über das Verständnis der Schrift disputiert hat, berichtet er häufig (Beispiele: IV,35,4; II,11,2; III,2,1; IV,41,5; V,9,1). In seiner Wiedergabe des valentinianischen Systems läßt sich seine Arbeitsweise anhand der Parallelüberlieferung in den ExcTh kontrollieren (cf. die Synopse bei VÖLKER Quellen 104ff): er reißt die biblischen Belege aus ihrem Zusammenhang und läßt sie entweder wegfallen oder vereinigt sie in besonderen Kapiteln (I,3.8.[9.]18-20). Hipp. nun, der Iren. I,1-10 wahrscheinlich und Iren. I,11-21 sicher, teils in sklavischer Abhängigkeit benutzt, streicht diese Partien ganz. Daß sich die Gnosis nicht „über eine veräußerlichte Verknüpfung von Schrift und Gnosis" zu erheben vermochte [5], ist ein verbreiteter Eindruck. Ihn zu erwecken, bezweckt diese Darstellungsweise der Häresiologen.

Wie sehr es die Ketzerbestreiter und nicht die Gnostiker selbst waren, die das System ins Zentrum des gnostischen Denkens rückten, demonstriert insbesondere auch *Tert*.s Schrift Adversus Valen-

---

[4] Belegt bei KOSCHORKE Hippolyt 73.6off. Zutreffend LANGERBECK Aufsätze 46: „Es ist sicher kein Zufall, daß in unseren besten Überlieferungen über Basilides und Valentin und ihre nächsten Schüler Isidorus, Ptolemäus und Herakleon, wie sie uns Clemens Alexandrinus und Origenes bieten, der kosmogonische Mythos ganz zurücktritt".

[5] HEINRICI Schrift 46. Ebenso BROX Irenäus 31; BARTH Interpretation 46; LIECHTENHAN Offenbarung 68; KUNZE Glaubensregel 352; u.a.

tinianos. Daß Tert. hier ab c. 6 in der Darstellung des valentinianischen Systems wortwörtlich dem Referat des Iren. folgt, ist häufig
konstatiert worden. *Warum* er das aber tut, wurde eigentlich nie beachtet, obwohl Tert. es unverblümt ausspricht: den eigenen Worten
seiner Gegner läßt sich so wenig Häretisches entnehmen („communem fidem affirmant"). Deshalb muß Tert. seine gnostischen
Opponenten auf die Position Valentins festlegen, obwohl diese
selbst für sich diese „origo" zurückweisen (4,1 5,1); deshalb muß
er sich gegen den Vorwurf wehren, sein Bericht über die Valentinianer beruhe auf eigener Erfindung (5,1: „utique dicemur ipsi
nobis finxisse materias") (!!); deshalb muß er sich für seine Darstellung der Valentinianer auf die Zuverlässigkeit seiner antignostischen (!) Vorgänger bzw. auf die Autorität des Iren. als des „omnium doctrinarum curiosissimus explorator" berufen (c. 5). Denn
— und damit „entlarvt" Tert. wohl weniger die Gnostiker als vielmehr sich selbst — würde das nicht zutreffen, was Tert. von Iren.
über das System der Valentinianer zu berichten weiß, dann wären
jene ja keine Häretiker, dann gäbe es auch keine Häresien, dann
„mentietur apostolus, praedicator illarum"! Daß Tert. zu einer
solchen Notauskunft greifen muß, ist angesichts seiner intimen
Kenntnis der gnostischen Szenerie bezeichnend genug.

b. *Religionsgeschichtliche Differenzierung.* Aber bestätigen nicht
die Originaltexte der Nag-Hammadi-Bibliothek die Darstellung der
Häresiologen, die die mythologischen Systeme der Gnostiker ins
Zentrum ihrer Berichterstattung stellen? Denn daß wir in Nag
Hammadi zahlreiche Beispiele gnostischer Kosmologien vor uns
haben, ist evident; verwiesen sei etwa auf die Traktate AJ (NHC
II,1), Eug (NHC III,3), SJC (NHC II,4), EvAeg (NHC III,2), Orig-
Mund (NHC II,5), Zostr (NHC VIII,1) oder Prot (NHC XIII,1).
Doch ist es sehr auffällig, daß diese Traktate entweder, wie etwa
Zostr, einer rein *heidnischen* (bzw. außerchristlichen) oder einer nur
äußerlich christianisierten Gnosis angehören. Letzteres belegt vielleicht besonders deutlich das Verhältnis von Eug und SJC, wo uns
dieselbe Kosmologie einmal in ihrer paganen (Eug), das andere Mal
in ihrer — durch Hinzufügung eines entsprechenden Rahmens sowie
durch einzelne Texteingriffe — christianisierten Fassung (SJC) erhalten ist [6]. Und dieser Vorgang einer nur äußerlichen Christianisierung, dessen unterschiedliche Stadien uns hier in gesonderten

---

[6] Cf. KRAUSE Verhältnis 215-223.

Texten greifbar sind, läßt sich ganz analog etwa für die unterschiedlichen Überlieferungsstufen von AJ erschließen. — Die Dokumente der genuin *christlichen* Gnosis hingegen — man denke hier an Texte wie EvVer (NHC I,3), EvPh (NHC II,3), Rheg (NHC I,4), Inter (NHC XI,1), Testver (NHC IX,3), die Thomas-, Jakobus- und Petrusschriften etc — gehören ganz anderen Gattungen (wie Homilie, Mahnschrift, Spruchsammlung etc) an und können auf kosmologische Explikation und Thematisierung des mythologischen Überbaus weithin verzichten. Paradigmatisch ist hier etwa die Schrift 2ApcJac (NHC V,4), die uns in personalen Kategorien (der wahre und der falsche „Vater", das wahre und das falsche „Erbe" etc) das mitteilt, was sonst Gegenstand des Mythos ist. Nur zwei Texte aus diesem Bereich, nämlich TracTrip (NHC I,5) und ExpVal (NHC XI,2), entsprechen jenem Typos der Darstellung, den ein Hipp. oder ein Epiph. als den vorherrschenden hinstellen.

Man hat also einfach zur Kenntnis zu nehmen, daß sich die christliche Gnosis in der Regel in anderer Weise artikuliert hat als die pagane (und die dieser verwandte christianisierte) Gnosis, die sich in erster Linie im kosmogonischen Mythos objektivierte. Es ist u.a. ein Zeichen für die prägende, ein unvoreingenommenes Verständnis der neuen Texte erschwerende Kraft der häresiologischen Überlieferung, daß man jene Mythologie, die man in den neuen Zeugnissen der christlichen Gnosis vermißt, häufig genug einfach in sie hineinprojiziert. So heißt es beispielsweise über ApcPt (NHC VII,3): „Das Charakteristische dieser Schrift besteht dabei darin, daß sie gnostische Mythologie mehr voraussetzt als entfaltet" (WERNER ThL 99 [1974] 575); über TestVer (NHC IX,3): „Was die eigene gnostische Position des Verfassers anbelangt, so wird zwar die Kosmogonie nicht entfaltet — wohl aber vorausgesetzt" (TRÖGER Gnosis 71); über ApcAd (NHC V,5): von „Geneaologien und Einzelheiten der himmlischen Ogdoas und den Ordnungen in ihr" sei deshalb nicht die Rede, da hier nur eine „Einführung in die Gnosis" vorliege (BELTZ Adam-Apokalypse 215); oder über EvVer (NHC I,3): das Zurücktreten der Äonenspekulation erkläre sich aus missionarischen Absichten (LEIPOLDT ThL 83 [1953] 832).

c. *Die explikative Funktion der Systeme.* Die vorangestellten kritischen Bemerkungen zu den Berichten der Häresiologen und der auf diesen aufbauenden Forschung zielen keineswegs darauf ab, Faktizität und Bedeutung der Systembildungen für den Bereich der christlichen Gnosis in Frage zu stellen. Das valentinianische System etwa, wie wir es aus Iren. I,1ff und ExcTh kennen, ist eine denkerische Leistung allerersten Ranges und ein Gebilde idealer Schönheit; seine mustergültige Analyse durch K. MÜLLER [7] etwa vermag dies eindrücklich darzutun. Es geht hier vielmehr darum, den spekulativen und mythologischen Systemen der christlichen Gnosis den Rang zuzuweisen, der ihnen nach Ausweis der Quellen tatsächlich zukommt: als *eine* unter den vielfältigen gnostischen Artikulationsweisen, *neben* pneumatischer Schriftexegese, Evangelienproduktion, mystischer Poesie, dem einzelnen Pneumatiker zu eigener Beantwortung aufgetragenen Fragekatalogen etc, und — im Hinblick auf das Erscheinungsbild der christlichen Gnosis — keineswegs als die dominierende. Denn diejenige valentinianische Gnosis, die einem Tert. so viel zu schaffen macht, deren Sprecher „communem fidem affirmant" (adv.Val. 1), bei Bibeldisputationen die Oberhand zu gewinnen drohen (praescr. 18f) und durch gnostische Deutung des christlichen Bekenntnisses die „vielen" Gemeindechristen zu gewinnen vermögen (resurr. 18.2), ist eben nur recht bedingt identisch mit jener Äonenkunde, als die Tert. sie von seinem Meister Iren. kennengelernt hat.

Was das gnostische System zu leisten hat, ist die Beantwortung der Grundfrage, wie sie klassisch ExcTh 78 oder noch prägnanter LibTh (NHC II,7) 138,8-10 formuliert: „Erkenne, wer du bist und wie du warst und wie du werden wirst". Insofern kann es — mit JONAS zu sprechen — als „Ontologie der Erlösung selber Vollzug der Erlösung" sein [8]. Diese Grundfrage aber ist — zusammen mit der Überzeugung, daß das wahre Gute in gänzlichem Gegensatz zu dieser Welt steht und deshalb nur außerhalb von ihr zu suchen ist — in jedem Fall das Primäre [9] und zugleich die einzige Kon-

---

[7] MÜLLER Beiträge 205-241.

[8] JONAS Gnosis I 374. Das gilt natürlich nur soweit, als mit dem Wissen um den Ursprung des Unheils dieses selbst aufgehoben ist. Das System von EvAeg (NHC III,2) zB zielt ab nicht auf Vermittlung einer solchen, in sich Heil bedeutenden Gnosis, sondern eines instrumentalen Wissens um die heilsnotwendigen „Epiklesen", die ihre Wirkkraft — ätiologisch — bereits bei der Entfaltung der himmlischen Welt bewiesen haben etc. Einen ganz anderen Stellenwert haben die entsprechenden Belehrungen dort wiederum, wo es primär nicht um die Erkenntnis von Beschaffenheit und Ursprung dieser Welt geht, sondern um die kämpferisch-asketische Bewährung dieser Einsicht etc.

[9] Mit der Grundformel ExcTh 78,2 als solcher ist bereits — wie JONAS Gnosis I 261f zeigt — das gnostische System in seinen entscheidenden Elementen gegeben, da diese mit der Frage nach Sein, Ursprung und Ziel

stante gnostischen Denkens, alles übrige — der Gegenstandsbe-
reich, an dem die Fragestellung durchgeführt wird, die Weise ihrer
Thematisierung und die Form ihrer Beantwortung — demgegenüber sekundär und variabel. Dementsprechend kommt auch den
gnostischen Systemen nur eine *dienende* Funktion bei der Entfaltung gnostischer Einsicht zu. Sie haben ihre Bedeutung nicht in
sich, sondern nur in Bindung an das sich in ihnen aussprechende
Daseinsverständnis, und können darum auch durch andere Ausdrucksmittel ersetzt werden. *Bilder* der jenseitigen Wahrheit sind
sie nur, welche sich als solche ohnehin den menschlichen Darstel-
lungsmöglichkeiten entzieht und darum auch am besten vom
Gnostiker durch „Schweigen" realisiert wird (zB Iren. IV,34,4 I,
21,2; Tert.adv.Val. 9). — Zu den wichtigsten Nachrichten des
Werkes des Iren. gehören die Mitteilungen über seine Disputationen mit gnostischen Gegnern. Hier erfahren wir zB, wie die Valentinianer selbst ihr ‚System' interpretiert haben, und daß nicht sie
es gegenständlich verstanden haben, sondern der Kirchenmann Iren.
(II,15,3; cf. II,16,4). So weisen sie etwa darauf hin, daß das „Innerhalb und außerhalb des Pleroma" nicht im räumlichen Sinn,
sondern auf ein Mehr oder Weniger an Erkenntnis zu deuten ist
(II,5,2 4,2 8,2); daß die Größen des Pleroma nicht als himmlische
Gegebenheiten zu verstehen sind, sondern daß sich ihr Sinngehalt
und ihre Architektur begründet von jenen „hominum affectiones
et motiones mentis et generationes intentium", in die hinein sie
sich — als Urbilder — abbilden (II,15,3 13,10); etc. — Wichtig ist
auch die Klage des Tert. (resurr. 2) darüber, daß die Gnostiker nicht
der logischen Ordnung gemäß („nam et ordo semper a principalibus
deduci exposcit") von Gott, dem Schöpfer, über Christus, den Erlöser, zu der Auferstehung des Fleisches fortschreiten. Vielmehr
„machen sie unter dem Vorwand einer dringenderen Angelegenheit,
nämlich des Heiles den Menschen, welches vor allem anderen zu
suchen sei, mit den Fragen wegen der Auferstehung den Anfang";
erst von dort aus stellt sich ihnen die Frage nach der Einheit Gottes.
Dieser Vorrang der Soteriologie vor der sie explizierenden Theolo-

---

„eine vollständige Schematik des gnostischen Mythos" enthält. *Wie* diese
Fragethematik aber einer expliziten Beantwortung zugeführt wird und *ob*
überhaupt, ist demgegenüber völlig offen. Man wird also strikt zwischen
dem ‚inneren' System (wie es mit dem Seins- und Bewegungsschema der
Grundformel als solchem gegeben ist und allen gnostischen Äußerungen
zugrundeliegt) und dem ‚äußeren' System (der kosmologischen und philo-
sophischen Spekulation) zu scheiden haben.

gie, den wir hier — nicht als Deutung eines modernen Interpreten, sondern als Referat des zeitgenössischen Kritikers — für die Gnostiker bezeugt finden, gilt für das Verständnis der gnostischen Systeme insgesamt. — Dabei soll nicht geleugnet werden, daß die Objektivationsform des Systems durchaus einer gewissen Eigengesetzlichkeit unterliegt. Das scheint insbesondere für die Spätzeit zu gelten — man denke an die Pistis-Sophia-Literatur —, wo sie sich mit der allgemeinen und etwa auch im sakramentalen Sektor wirksamen Tendenz zur massiven Vergegenständlichung von ursprünglich [10] rein geistig konzipierten Realitäten verbindet. Doch ändert dies nichts daran, daß zumindest im Bereich der kirchengeschichtlich relevanten Gnosis den Systemen keine konstituierende Bedeutung zukommt. Vielmehr sind sie ein notwendigerweise nur *annäherndes* Ausdrucksmittel für etwas, das *hinter* ihnen liegt, das darum auch anders angezeigt werden kann und von den gnostischen Christen zumeist auch anders angezeigt worden ist.

2. Die christliche Tradition als der primäre Ansatzpunkt der christlichen Gnosis

Der Ausgangspunkt für die christliche Gnosis ist vielmehr die — mit dem Gemeindechristentum gemeinsame — christliche Tradition [11]. Diese suchen die Gnostiker pneumatisch zu deuten, in einer Weise, die der Unweltlichkeit des von Christus gebrachten Heils angemessen ist. Damit ist das bezeichnet, was das gnostische mit dem kirchlichen Christentum verbindet — die gemeinsame Teilhabe an den Schätzen der christlichen Offenbarung —, und zugleich das, was es in seinen eigenen Augen von diesem unterscheidet: die verstehende Aneignung eben dieser Schätze, die die psychisch gesonnenen Christen nicht zu realisieren vermögen, da sie das christ-

---

[10] Wenn man etwa die ältere valentinianische Gnosis als Vergleichspunkt ansetzt. Cf. EXKURS VI.1 (S. 142-145); weiter S. 163f.

[11] Um Mißverständnissen vorzubeugen: hier ist nicht von der *kirchlichen*, sondern allgemein von der *christlichen* Tradition (bzw. *den* christlichen Traditionen) die Rede. Denn das ist ja die These dieser Arbeit: daß der Unterschied zwischen gnostischem und kirchlichem Christentum in dem in dieser Arbeit ins Auge gefaßten Zeitraum (dazu s. S. 7.248f.249ff) nicht primär in unterschiedlichen Traditionen, sondern eben in der konträren *Interpretation* der gemeinchristlichen Überlieferungen liegt. Diese These läßt nicht außer acht, daß sich ein Konsens über das, was als ‚christliche Tradition' gilt, jeweils nur nach Auseinandersetzungen durchgesetzt hat; weiter, daß im Prozeß der christlichen Traditionsbildung beide Seite gebender Teil waren und sich dabei gleichsam ‚hochgeschaukelt' haben. Cf. dazu S. 249f. 219.

liche Glaubensgut in einer vordergründigen, welthaften Weise verstehen. — Daß die gemeinchristliche Tradition der Ausgangspunkt für das Denken der christlichen Gnosis ist, sei im Folgenden — stellvertretend für die anderen Bereiche [12] — am Beispiel der biblischen Schriften diskutiert.

Gesichert ist zunächst dies, daß die gnostischen Christen für sich das *sachgemäße Schriftverständnis in Anspruch* nehmen. Daß die Valentinianer die Lehrmeinung der Propheten, des Herrn und der Apostel „besser zu verstehen sich rühmen als alle anderen", teilt Iren. (I,8,1) mit; daß sie die Psychiker bezichtigen, den Sinn der Schriften nicht erfassen zu können, erfahren wir von Clem.Al. [13]. Unverständnis der Schriften werfen auch TestVer (NHC IX,3:37,7f: „sie verstehen nicht [die Bedeutung] der Schriften") und ApcPt (NHC VII,3:77,33f: die Gegner „treiben Handel" mit Christi Wort) den Kirchenchristen vor [14]. Daß die Häretiker „behaupten, daß wir es vielmehr seien, welche Verfälschung der Schrift begehen und unwahre Deutungen vorbringen", empört den Tert. (praescr. 18,3); und als Zitat der gnostischen Martyriumsgegner teilt er mit: „nesciunt simplices animae, quid quomodo scriptum sit" (scorp. 1). Daß die Bücher des NT „uns *nicht* über unseren Tod belehrten", muß Inter (NHC XI,1:9,28f) gegenüber einer anderen (orthodoxen) Auslegung sicherstellen. Von Streitgesprächen zwischen Gnostikern und Kirchenleuten um das Verständnis der Schriften hören wir häufig (zB Tert.praescr. 18; Iren. IV,35,4 III,2,1; Clem.Al.str. VII,96); daß die Gnostiker ihm „aus Paulus Fragen vorlegen" (IV,41,5 V,9,1) und ihm „eine Menge Parabeln" entgegenhalten (II,11,2), teilt Iren. mit; ja er muß sich sogar gegen den Eindruck wehren, er wolle „fugere illam quae ex Scripturis Dominicis est probationem" (II,35,4). — Gesichert ist weiter, daß die Gnostiker *gerade auch auf dem Feld der Schriftdeutung* — und nicht durch die Propagierung mythologischer Systeme — *ihre Erfolge im Ringen um Einfluß* bei den Gemeindechristen erzielten. Das spricht Tert. unumwunden aus, der die Feststellung trifft, daß im öffentlichen Bibeldisput keineswegs der Wortführer der Rechtgläubigkeit die Menge auf seine Seite zu ziehen vermag, die vielmehr nach Hause geht, „ohne zu wissen, welche Seite für die Häresie zu halten sei"

---

[12] Dazu cf. EXKURS VI.1 (S. 142-145) und Teil IV.A + B (S. 175-203).
[13] Clem.Al.str. VII,96,5 (cf. II,10,2 V,3,2). Ähnlich III,49,1.
[14] Hier ist, wie stets, die Polemik der Gnostiker als der direkteste Ausdruck ihres Selbstverständnisses von Bedeutung.

(praescr. 18). Daraus folgert er: „Also nicht auf die Schrift hat man sich zu berufen und den Streit nicht auf dies Gebiet zu verlegen, wo entweder gar kein oder ein unentschiedener oder ein zu wenig entschiedener Sieg zu erwarten ist" (praescr. 19,1) (!), und zieht sich auf die bezeichnende Feststellung zurück: „Dein Glaube, heißt es, hat dich gerettet, *nicht* die Vertrautheit mit den Schriften" (praescr. 14,3). Auch Iren. macht die Mitteilung, daß die Valentinianer „*viele* durch ihre trügerische Zusammenstellung der Reden des Herrn verführen" (I,8,1), und Orig. muß den unheilvollen Einfluß der gnostischen Kommentare über die apostolischen und evangelischen Schriften in den Gemeinden konstatieren [15]. — Und weiter ist nicht zu übersehen, daß auch die Ketzerbestreiter — wenn sie einmal die polemische Ableitung der Häresien aus heidnischer Weisheit vergessen — *Schriftexegese als den Ursprung der gnostischen Verirrung* angeben. So etwa Orig.: „Infolgedessen wurden die Schriften, die von allen als göttlich anerkannt waren, verschieden ausgelegt, und *so entstanden Häresien*" (c.C. III,12). Daß dies nicht nur nach außen gesagt ist, zeigt orat. 29,10: „Wie viele nun bei der eifrigen Erforschung der göttlichen Schriften das im Gesetz und in den Propheten Verkündete falsch verstanden und sich gottlosen ... Lehren ergeben haben, wozu brauche ich dies wohl darzutun, da *unzählige* ... derartige Fehler begehen? Dasselbe ist *vielen* auch beim Studium der apostolischen Schriften begegnet, da sie sich in ihrer eigenen Torheit einen andern Sohn oder Vater bildeten". Auch Iren. bezeugt: „Dadurch nämlich, daß sie dunkle Stellen der Schrift erklären wollen ..., haben sie sich einen andern Gott gebildet" (II, 10,1). Tert., für den feststeht, daß es ohne falsches Schriftverständnis auch keine Häresien geben konnte (resurr. 40,1), konstatiert, daß sich Valentin „seinen Lehrstoff nach der Schrift aussann" (praescr. 38,10), und Clem.Al. muß den „Antitakten" eben dies vorhalten, daß sie „beim Vorlesen durch den *Ton* ihrer Stimme die Schrift nach ihren eigenen Begierden verdrehen" (str. III,39,2; ähnlich Iren. III,7,1: gotteslästerlicher Sinn durch falsche Pausen beim Lesen). Und eben dies macht ja die Gefährlichkeit der Gnostiker aus, daß — anders als die Markioniten, die die Schrift „beschneiden" — „*alle* übrigen die Schriften zwar anerkennen, aber den Sinn verdrehen" (Iren. III,12,12; Tert.praescr. 38). — Schließlich macht der Umstand, daß wir *weit früher bei den Gnostikern als im*

---

[15] HARNACK Ertrag II 58f.

orthodoxen Lager intensive exegetische Beschäftigung mit den *ntl.n Schriften* finden, deutlich, daß es sich bei der Schriftdeutung der christlichen Gnosis keineswegs um die sekundäre Anpassung einer vorgegebenen Mythologie an die Schriften der Kirche handelt. Es war ein Gnostiker, nämlich Basilides in seinen „24 Büchern über das Evangelium" (Eus.h.e. IV,7,7; cf. Clem.Al.str. IV,81ff), der als erster einen Kommentar zu einer ntl.n Schrift verfaßt hat; „kein katholischer Kirchenchrist hatte bis dahin ein Evangelium zum Gegenstand einer fortlaufenden Auslegung gemacht, und es hat auch noch eine erhebliche Zeit (sc. bis dahin) gedauert"[16]. Auch der — von Orig. im übrigen auch durchaus zustimmend zitierte — Johanneskommentar des Herakleon fällt zeitlich vor seine kirchlichen Gegenstücke. Gnostiker haben als erste die Schriften des NT als heilige Schriften behandelt, d.h. einer allegorischen Betrachtungsweise unterworfen; auch der Gedanke des dreifachen Schriftsinnes ist, bezogen auf die Reden des Herrn, vor Orig. von den Valentinianern (ExcTh 66) ausgesprochen worden. V.a. aber ist die Geschichte der *Paulusexegese* im 2. Jh. ganz wesentlich Geschichte der gnostischen Exegese. War Iren. „der erste, der in der Kirche sich um eine Auslegung der Paulusbriefe gekümmert hat"[17], so war umgekehrt der „haereticorum apostolus" (Tert.adv.Marc. III,5) für die Theologie der Gnostiker — keineswegs nur der Markioniten — umso bedeutsamer. Den Valentinianern etwa galt er als der „Apostel der Auferstehung" (ExcTh 23,2) — wiesehr, vermag jetzt etwa der Rheginosbrief (NHC I,4) vor Augen zu führen —, ganz wesentlich hat er weiter auf ihre Erwählungstheologie eingewirkt. Analoges läßt sich auch für die anderen Gnostiker nachweisen[18]. — Das Befremdliche vieler Beispiele gnostischer Exegese — befremdlich sowohl nach unseren theologischen Maßstäben wie nach denen des

---

[16] LIETZMANN Geschichte I 307. Zu den Exegetica des Basilides cf. PUECH in HENNECKE-SCHNEEMELCHER I 258.

[17] SCHNEEMELCHER ZKG 75 (1964) 13. Zu dieser Frage cf. weiter: BAUER Rechtgläubigkeit 215-230; (M.) WERNER Entstehung 139-144; (J.) WERNER Paulinismus 46-58; auch WAGENMANN Stellung.

[18] Zur gnostischen Paulusexegese sind wichtig: WEISS Paulus 116-128; LANGERBECK Aufsätze 79ff.38-82 167ff; NIEDERWIMMER Freiheit 361-374; PAGELS VigChr 26 (1972) 241-258; dies. JBL 93 (1974) 276-288; sowie ihre Monografie über „The Gnostic Paul. Gnostic Exegesis of the Pauline Letters" (Philadelphia 1975). Weiter: HORNSCHUH Studien 82ff; ZAHN Geschichte I 751-758; und natürlich auch HARNACK Marcion passim. Zum Verständnis gnostischer Exegese insgesamt sind am hilfreichsten die Arbeiten von E. PAGELS.

Gemeindechristentums der damaligen Zeit — sei mit alledem nicht in Abrede gestellt. Aber hier dürfte wohl eine gewisse Analogie zum Werk des Orig. bestehen. Beide, Orig. wie die Vertreter der christlichen Gnosis, nehmen die *gesamte* biblische Überlieferung in einer Weise ernst, die dem zeitgenössischen Gemeindechristentum fremd ist. Denn beide sind erfüllt von dem Bewußtsein, daß in den Schriften, den „Schatzkammern voller Mysterien", auch dort nach verborgenen Weisheiten zu suchen ist, wo solche dem äußeren Anschein nach nicht zu erwarten sind: „Zu erklären, wofür dies Zeichen Symbol sein könnte, ist schwierig und übersteigt unsere Fähigkeiten. Aber da wir nicht vom Suchen ablassen dürfen ..., so möchte ich sagen ..." (Orig.Comm.Jo. XXXII,21 ad Ex 4,6f). Gemeinsam ist beiden schließlich auch dies, daß die Ergebnisse solchen unablässigen „Suchens" schließlich von der kirchlichen Orthodoxie als häretisch verdammt wurden.

Jedenfalls können wir recht genau verfolgen, wie sich jene spezifisch gnostischen Einsichten gerade beim Studium der Schriften einstellen. Der Gnostiker findet im AT die Verwendung von unterschiedlichen Gottesnamen (Iren. II,35,3) — und auf einmal enthüllt sich ihm die Staffelung der himmlischen Welten auf dem Weg ins Lichtreich; er bemerkt im NT den Gebrauch unterschiedlicher Titel Jesu (Iren. III,16,8) — und ihm geht auf, daß in dem *einen* Heiland Größen sehr unterschiedlicher Dignität (sarkisch, psychisch, pneumatisch; leidensfähig, dem Leiden nicht unterworfen etc) zu unterscheiden sind [19]. Er registriert die Widersprüche in den Schriften (etwa in den Aussagen des Soter über den Täufer: Heracl.frgm. 5) — und erkennt, daß sie sich auf unterschiedliche Aspekte der Wirklichkeit (der Täufer selbst / nur seine leibliche Wirklichkeit) beziehen. Überhaupt müssen die vielfältigen Aussagen der Schriften je nach ihrer Wertigkeit geschichtet (zB Heracl.frgm. 10) und auf verschiedene Sinn — (EpPtol) und Seinsebenen (Iren. IV,35,1f I,7,3) verteilt werden. Oder die Gnostiker weigern sich, den Worten einen allegorischen Sinn zu unterschieben (so die Klage des Clem.Al.str. III,38,1 VII,96,3) und entnehmen so etwa den Schriften, daß der von den Psychikern geglaubte Demiurg „Furcht" empfand (Prv 1,7: Clem.Al.str. II,36,1) [20], oder daß nicht der Soter, sondern Simon

---

[19] Auch Orig. geht bei seiner Unterscheidung der ἐπίνοιαι Jesu (zB Comm. Jo. I,28) von dessen unterschiedlichen Titeln aus (zB Comm.Jo. XIX,6; Hom.Jer. III,4).

[20] Zur kata-lexin-Exegese der Gnosis cf. LANGERBECK Aufsätze 47.

gekreuzigt wurde (Mk 15,21-24: Iren. I,24,4). Iren. hat recht, wenn er über die Vielfalt valentinianischer Lehren klagt; aber sein drastischstes Beispiel — IV,35,4 — macht klar, daß es sich dabei nicht um Differenzen des ‚Systems', sondern um die unterschiedlichen Artikulationen des „Suchens" und „Forschens" in den Schriften handelt. Das ist ja auch genau das, was dem Tert. (praescr. 8ff.43) an den Gnostikern so auffiel: „ ‚Quaerite et invenietis' ubique meminerunt". Man braucht sich etwa nur die vielfältigen Bezeichnungen der Valentinianer für die Sophia — allein laut Iren. I,5,3 wird sie „Achtheit", „Sophia", „Erde", „Jerusalem", „Hlg.Geist", „Herr" genannt — oder die gegensätzlichen Aussagen in einundderselben Schrift — etwa TestVer (NHC IX,3) über den Soter: er wurde geboren (von einer Jungfrau: cf. Lk 1f), er wurde nicht geboren (sondern kam direkt vom Himmel: cf. Joh 3,13) — anzusehen, um zu erkennen, daß wir hier nicht fixierte Lehrinhalte, sondern den Niederschlag jenes stets erneuten „Suchens" und „Findens" in den Schriften vor uns haben. In gleicher Weise ist das gänzliche Fehlen einer einheitlichen christologischen Terminologie zu interpretieren. So gilt etwa die Unterscheidung des Menschen „Jesus" von dem himmlischen „Christus" als ein gnostisches Grunddogma. Das dürfte der Sache nach zutreffen, ist jedoch der Terminologie nach falsch: denn was wir etwa in Iren. III,16,1 über das Verhältnis von „Christus" und „Jesus" ausgesagt finden, gilt an der parallelen Stelle ExcTh 59,2 umgekehrt für „Jesus" und „Christus" etc.

3. Einheit und Mannigfaltigkeit gnostischen Denkens

Versuchen wir, das Ergebnis bzw. die Konsequenzen der bisherigen Diskussion thesenartig zu formulieren.

1. Gnosis — und das gilt zunächst und das gilt insbesondere für die im Vorangegangenen erörterte *christliche Gnosis* — stellt keine eigene Religion und keine abgegrenzte Größe dar. Vielmehr konstituiert sie sich in der *Deutung vorgegebener* [21] *religiöser Traditionen* — eine Deutung, in der konstant ist allein die Grundrichtung der Interpretation („Entweltlichungstendenz") sowie ein gewisses Grundmuster der Kristallisation (das, was man im Anschluß an JONAS als die *innere* „Schematik des gnostischen Mythos" bezeich-

---

[21] Dem steht nicht entgegen, daß die Gnosis ihrerseits traditionsstiftend gewirkt hat. Zum Prozeß der Wechselwirkung und des gegenseitigen „Hochschaukelns" von kirchlichem und gnostischem Christentum cf. S. 246-250.

nen könnte [22]), *sonst nichts* [23]. — Natürlich finden wir im Bereich der christlichen Gnosis auch die Verfestigung von exegetischen und lehrmäßigen Traditionen, werden gewisse Leitzitate immer wieder angewendet, läßt sich literargeschichtlich das Wandern formulierter Überlieferungskomplexe über einen größeren Zeitraum hin verfolgen. Aber all dies bleibt doch eingebettet in das stets erneute und niemals abgeschlossene „Suchen und Finden" der Gnostiker in der gemeinchristlichen Tradition. Und es ist sehr aufschlußreich, daß dort, wo dies nicht mehr gilt, wo also — wie in gewissen Schichten der Pistis-Sophia-Literatur — die eigenen gnostischen Traditionen dogmatisiert werden, insgesamt eine solche Vergegenständlichung des Heils zu konstatieren ist, daß von Gnosis eigentlich nicht mehr gesprochen werden kann [24]. — Die gegebene Definition der christlichen Gnosis scheint nicht nur als phänomenologische Beschreibung angemessen. Vielmehr dürfte auch sie allein, da auf die gemeinsame christliche Tradition bezogen, den ungeheuren und etwa von Iren. oder Tert. so vehement beklagten Erfolg der gnostischen Propaganda in den christlichen Gemeinden plausibel machen. Dieser Erfolg bleibt unverständlich, wenn man in den Himmelsspekulationen und den ‚Systemen', die die Häresiologen mit Vorliebe in das Zentrum ihrer Darstellung rücken, das Konstitutivum der christlichen Gnosis sieht.

2. Ist so die „Entweltlichungstendenz" als die einzige Konstante der vielfältigen und häufig genug auch widersprüchlichen Äußerungen der christliche Gnosis zu bezeichnen, so dürfte sie darüber hinaus das einzige Band sein, das die unterschiedlichen Ausprägungen der *Gnosis im christlichen wie im außerchristlichen Bereich* zusammenhält. Nur daß es im letzteren Fall eben nicht der Judengott oder die (das katholische Christentum repräsentierenden) zwölf Apostel sind, die als religiöse Autoritäten durch die Gnostiker Abwertung erfahren, sondern Plato, der „nicht in die Tiefen des geistigen Seins vorgedrungen sein soll" [25], Zeus, gegen den sich die

---

[22] JONAS Gnosis I 261f; cf. S. 209 Anm. 9 dieser Arbeit.

[23] Außer Teil IV.A-C (S. 175-219) cf. v.a. die einzelnen Exkurse.

[24] Wo sich der massive Sakramentalismus *exklusiv* gibt (PS 226,36-38: „ohne Mysterien wird niemand in das Lichtreich eingehen, *sei es ein Gerechter*, sei es ein Ungerechter"), ist der Bereich der Gnosis verlassen. Cf. allgemein auch JONAS Gnosis I 226 Anm. 2.

[25] Porph.vit.Plot. 16 über die Gnostiker des Plotinkreises. Deren Schrifttum, seit Nag Hammadi genauer bestimmbar (cf. SIEBER NovTest 15 [1973] 236ff), zeigt, daß sie im außerchristlichen Bereich beheimatet sind: cf.

Gnostiker mit dem Empörer Prometheus solidarisieren [26], oder „der Gott meiner Väter", der den Gnostiker Zostrianos nicht über die Welt des Sichtbaren hinauszuführen vermag (Zostr [NHC VIII,1] 3,15ff). Und es sind hier nicht die biblischen Schriften, die die Gnostiker allein verstanden zu haben sich rühmen, sondern die im Theater vorgetragenen Mysterien, die der Schauspieler singt, „ohne zu verstehen, was er sagt" [27], etc. *Gemeinsam ist die Grundtendenz der Deutung, unterschiedlich sind die gedeuteten Traditionen; in dem ersten Moment liegt die Einheit gnostischen Denkens, in dem zweiten seine Mannigfaltigkeit.* Es unterstreicht den unterschiedlichen Ausgangspunkt von christlicher und paganer Gnosis, daß sich die christlichen Gnostiker deutlich vom Heidentum und der „Weisheit der Hellenen" distanziert und sich diesem (zusammen mit dem psychischen Christentum) gegenübergestellt haben [28].

3. Mit der Frage nach den von den jeweiligen Gnostikern gedeuteten Traditionen ergibt sich weiter ganz von selbst — bzw. läßt sich prägnanter als bisher fassen — die Unterscheidung von (genuin) *christlicher und* (nur äußerlich) *christianisierter Gnosis*; und je nach der Beschaffenheit der vorausgesetzten Traditionen ist die kirchengeschichtliche Relevanz dieser unterschiedlichen Ausprägungen der Gnosis unterschiedlich einzustufen. Das vermögen als Beispiel die Ophianer des Celsus (Orig.c.C. VI,24ff) zu verdeutlichen, die sich zwar wohl als Christen verstehen, insgesamt aber von judäopaganen Traditionen bestimmt sind und entsprechend im christlichen Bereich keinerlei Verbreitung gefunden haben. Letzteres

---

Bousset Hauptprobleme 187; Elsas Weltablehnung 186-193; Koschorke Hippolyt 70-72.

[26] Cf. Jonas Gnosis I 218-220.

[27] So laut Hipp. V,9,7 die Naassener, deren christlicher Einschlag aufs Ganze gesehen akzidentiell ist. — Zum Ganzen cf. auch Rudolph Kairos 9 (1967) 108: „Einen ,reinen' Gnostizismus finden wir nämlich nirgends vor, immer ist er angelehnt an fertige ältere Religionsgebilde bzw. deren Überlieferungen. Er wuchert ... auf fremdem Boden, den ,Wirtsreligionen', wenn man so sagen kann, wozu die griechische, jüdische, iranische, christliche und islamische gehören. Der Gnostizismus hat also keine eigene Tradition, sondern nur eine geborgte".

[28] Z.B. EvPh (NHC II,3) §§ 4.85; Heracl.frgm. 21; TracTrip (NHC I,5) pg. 108ff; Orig.Comm.Prv. II,16 (dazu s. S. 224); Inter (NHC XI,1) 21,29f; cf. S. 137. Das verhält sich in solch allenfalls peripher christianisierten Dokumenten des gnostischen Synkretismus wie der Naassenerpredigt anders und ist zugleich ein Zeichen der Geschiedenheit dieser Gnosis von der genuin christlichen. Cf. auch die antiphilosophische Polemik von Rheg (NHC I,4) 43,25-35 46,3-13.

bestätigt Orig., der weitgereiste und vielgeübte Ketzerbestreiter, ausdrücklich (c.C. VI,24.26).

4. Das, was als ,*christliche Tradition*' gilt, hat *an unterschiedlichen Orten* durchaus recht unterschiedlich aussehen können, sowohl im Hinblick auf den Inhalt wie den Grad der Exklusivität der als verpflichtend anerkannten Traditionen. Entsprechend unterschiedlich gestaltet sich die darauf aufbauende Gnosis, und entsprechend erklärt sich ihr Erfolg bzw. ihr Scheitern in den unterschiedlichen Bereichen des Christentums. Als Beispiel dürfen hier vielleicht die einem gnostisierenden Judenchristentum zuzurechnenden Elkesaiten [29] angeführt werden, deren enorme Bedeutung schon daraus erhellt, daß — wie insbesondere der neugefundene Kölner Mani-Kodex ausweist — Mani in ihren Kreisen aufgewachsen ist. Ihre Missionsvorstöße in den westlichen Bereich jedoch scheiterten kläglich; zusammen mit ihrem Auftreten erloschen sie dort (Eus.h.e. VI,38).

5. Erweist sich die Entweltlichungstendenz als der einzige gemeinsame Nenner der vielfältigen Äußerungen der christlichen Gnosis (und darüber hinaus auch der unterschiedlichen Ausgestaltungen der Gnosis in den unterschiedlichen religiösen Traditionsbereichen), so findet das *Gnosismodell von H. Jonas* von einer anderen — kirchengeschichtlichen — Fragestellung aus Bestätigung. JONAS' Bild der christlichen Gnosis ist an sich sowohl von den neuen Originalquellen wie auch von den stärker tendenzkritisch und redaktionsgeschichtlich zu analysierenden patristischen Zeugnissen her zu korrigieren: er hat zu wenig gefragt, wie sich der gnostische Impuls konkret auf dem Boden des Christentums und seiner Traditionen artikuliert und ausgeprägt hat. Aber JONAS stellt in der Vorordnung von ,,Logos" und ,,Daseinshaltung" der Gnosis vor der ,,gnostische(n) Mythologie und Spekulation" als der für ihn maßgeblichen Objektivationsformen die Kategorien bereit, die es erlauben, *beides* in angemessener Weise zu beschreiben: die spezifische Unterschiedenheit *und* das Verbindende der christlichen Gnosis gegenüber den anderen Ausgestaltungen der Gnosis.

---

[29] Zu den gnostischen Elementen des Elkesaitismus cf. zuletzt: RUDOLPH Mani-Codex 482f.485 Anm. 1.

D. Das ekklesiologische Modell des inneren Kreises

Daß das gnostische Christentum auf dem kirchlichen aufbaut und sich als höhere Stufe über diesem konstituiert, wurde in dem einleitenden Abschnitt des vorliegenden Hauptteiles als These formuliert und begründet. Diese These wurde im Folgenden dann in einer doppelten Hinsicht präzisiert und erhärtet: zum einen vollzieht sich gerade auch die Polemik der Gnostiker im Rahmen dieses Stufenmodells; zum andern stellen auch die mythologischen und spekulativen Systeme, in denen man häufig das Eigentliche des gnostischen Denkens zu sehen geneigt ist, nicht das Urteil in Frage, daß die christliche Gnosis ihren Ausgangspunkt bei der gemeinchristlichen Tradition nimmt. — Dieser Bestimmung des gnostischen Christentums als höherer Stufe über dem gemeinen Christentum entspricht nun eine bestimmte ekklesiologische Struktur desselben: die des inneren Kreises.

1. *Die beiden konzentrischen Kreise*

Daß sich die Valentinianer als der innere Ring des gemeinen Christentums verstanden haben, findet seinen Ausdruck etwa in *ExcTh 58,1*. Hier wird der Gedanke von der „Kirche" als dem Leib Christi in folgender Weise ausgeprägt: „Nach der Herrschaft des Todes also ... rettete der große Kämpfer Jesus Christus, indem er in sich die Kirche aufnahm, (nämlich) das Erwählte und das Berufene — und zwar das Pneumatische von der (Sophia), die es geboren hatte, das Psychische aber aus der Oikonomia —, und trug hinaus das, was er annahm, und dadurch auch das, was diesem gleich war". Wir schließen uns der Analyse dieser Stelle durch K. Müller an [1]: hier ist unterschieden „zwischen dem ἐκλεκτόν und dem πνευματικόν, das von der unteren Sophia stammt, und dem κλητόν oder ψυχικόν, das aus der οἰκονομία, dem Bereich des Demiurgen, stammt. Aus diesen beiden Stoffen stammen die zweierlei Kirchen, die der Gnostiker und die der Psychiker, die Großkirche. Und aus *beiden* hat der Soter sich seine Leiblichkeit gebildet, die pneumatische und die psychische. Diese beiden Leiber sind eine Art Vertreter beider Stoffe, Auszüge aus ihnen ... Was also an jedem der beiden Leiber geschieht, geschieht an der ganzen Substanz, ... an allem, was mit einem Leib ὁμοούσιον ist". Daß die Valentinianer „unterschieden hätten zwischen einer psychischen

---

[1] Müller Beiträge 201f; Hervorhebung von mir.

und einer pneumatischen Kirche, ist mir sehr zweifelhaft. In den
Exc. ex Theod. § 58,1 umfaßt die Kirche τὸ ἐκλεκτὸν καὶ τὸ κλητόν,
d.h. ... ebenso die Psychiker wie die Pneumatiker. Sie erscheint
also als *eine* Größe in zwei Stufen, und diese Stufen sind ebenso
verbunden wie der psychische und der pneumatische Leib des Soter
und wie der psychische und der pneumatische ‚Mensch' im
Gnostiker".

So ist das pneumatische Christentum der Gnostiker in der gleichen Weise *in* dem psychischen Christentum der Katholiken, wie
der pneumatische Leib des Soter *in* dem psychischen, der geistige
Mensch *in* dem seelischen ist. Was wir hier in ExcTh als Selbst-
einschätzung der Valentinianer bezeugt finden, wird als ihr praktisches Verhalten in *Iren. III,15,2* berichtet — einer Schlüsselstelle
zum Verständnis der christlichen Gnosis übrigens. Hier erfahren wir,
daß sie sich selbst dem gemeinen Christentum durchaus zurechnen
(„eandem habeant doctrinam"), daß sich — auf der vorbereitenden
Stufe — ihre Predigt an die Masse der communes ecclesiastici von
der kirchlichen nicht unterscheidet und daß sie *innerhalb* dieser
Gesamtheit die *volle* Gnosis nur den dazu Befähigten mitteilen zu
können behaupten.

HARNACK (Dogmengeschichte I 275) konstatiert zwar, daß sich
die Gnostiker innerhalb der katholischen Gemeinden organisierten,
sieht aber in solcher Konventikelbildung nur eine „nothgedrungene"
Maßnahme für den „Anfang" und deutet sie als *zeitlich begrenzte*
Doppelmitgliedschaft. Diese Deutung läßt sich für den Bereich der
christlichen Gnosis quellenmäßig nicht belegen und widerspricht
auch gänzlich deren Kirchenverständnis (s.o.). Sie dürfte statt dessen inspiriert sein von der ganz anders strukturierten Unterscheidung von Auditores und Electi im Manichäismus.

2. *Die Kirchenchristen als die Adressaten gnostischer Propaganda*

a. *Der Impuls zur Mission.* Die Häresiologen haben die Gnostiker
gerne als lichtscheue Elemente hinzustellen versucht [2], und nicht

---

[2] Extensiv betreibt dies zB Hipp. in dem 5. Buch seiner Refutatio (zB
V,12,1 11 17,1.13 23,2 28), wo er neue Quellen über verschiedene Schlangen-
gnostiker bietet. Abgesehen davon, daß die von ihm referierten Gruppen
untypisch für die christliche Gnosis und wohl auch an sich recht bedeutungs-
los gewesen sind, widerspricht sich Hipp. hier. Denn einerseits reklamiert
er die Entlarvung dieser angeblichen Dunkelmänner für sich (zB V,11.12,1);
andererseits aber haben sie laut VI,6 "von sich aus (ἑκουσίως)" ihre Weisheit ans Licht (bzw. auf den Büchermarkt) gebracht.

unbeeinflußt davon hat man häufig die Gnostiker v.a. in esoterischen Zirkeln, in zurückgezogenen Mysteriengemeinden o.ä. angesiedelt. Doch lassen die Gnostiker selbst kaum Zweifel an dem missionarischen Impuls, der sie — trotz der Betonung notwendiger Anpassung an die beschränkte Fassungskraft der Zuhörer — zur Weitergabe ihrer Einsichten drängte. So handelt *EpPt* (NHC VIII,2) von der ersten bis zur letzten Zeile vom Missionsauftrag an die Jünger; denn allein durch die gnostische „Verkündigung im Kosmos" kann der Herrschaft der Archonten ein Ende bereitet werden (137,13-138, 3). Ähnlich dürfte der Anspruch der *Valentinianer* zu verstehen sein, daß sie zur Vernichtung des Todes in dieser Welt seien (Clem. Al.str. IV,89,2 91,3). Ebenso die „*Basilidianer*": „sie befänden sich deswegen im Kosmos, um die Seelen zu belehren und zu reinigen" (Hipp. X,10,14) bzw. um hier unten „die Seelen zu leiten, zu formen, zurechtzurichten und zur Vollendung zu bringen" (VII,25,2; cf. 22,16 25,1 26,10). *Herakleon* stellt das Vorbild jener heraus, „die annehmen, was ihnen von oben reichlich geschenkt wird, und auch selbst ausfließen lassen zum ewigen Leben anderer, was ihnen geschenkt ist" (frgm. 17); *EvPh* (NHC II,3) fordert zum „wahren Geben" auf (§ 45) und sieht in dem Samaritaner des Gleichnisses, der aus selbstloser Liebe den Wein und das Öl der Gnosis schenkt, den wahren Gnostiker beschrieben (§ 111)[3]; und für *EvVer* (NHC I,3) gilt das Gebot, „denen Gnosis mitzuteilen, die in ihrer Verirrung gesündigt haben" (32,35ff). Daß die Pneumatiker ihre Geistesgaben ihren psychischen Mitchristen nicht „mißgünstig" vorenthalten sollen, ist das durchgehende Thema von *Inter* (NHC XI,1)[4]. In *EvMar* (BG) fordert der Soter: „Gehet also und predigt das Evangelium vom Reiche" (8,21f; cf. 19,1f), ähnlich in SJC (BG 127,4-10). *AuthLog* (NHC VI,3) und *LibTh* (NHC II,7) sprechen dem Gnostiker, der bei der Verkündigung unter Christen Abweisung erfährt, Trostworte zu. Die Reihe läßt sich fortsetzen.

b. *Die Kirchenchristen als die Adressaten gnostischer Propaganda.* Diese Propaganda der Gnostiker richtet sich nun an die Kirchenchristen — *ausschließlich* an die Kirchenchristen, sagt Tert. Seine Klage, daß die Gnostiker „nicht die Heiden bekehren, sondern die Unsrigen zum Abfall zu verleiten" suchen[5], wird auf gnostischer

---

[3] Cf. GAFFRON Studien 155-159.
[4] S. EXKURS II.3.
[5] Tert.praescr. 42,1-3: De verbi autem administratione quid dicam, cum hoc sit negotium illis, non ethnicos convertenti, sed nostros evertendi?

Seite etwa von Herakleon bestätigt, für den die Samaritanerin von
Joh 4 Vorbild des Gnostikers ist, da sie „in die Welt zurückkehrte,
um der ‚Berufung' (d.h. den Psychikern) die frohe Botschaft zu
bringen" (frgm. 27) [6]. Diesem von beiden Kontrahenten übereinstimmend gezeichneten Bild fügen sich die bekannten Nachrichten
über die Mission der Gnostiker ein [7]. Daß diese mit ihrer mündlichen
Propaganda gerade bei den einfachen Kirchenchristen ihre beäng-
stigenden Erfolge erzielen, hören wir häufig [8]. Nicht anders steht
es mit der literarischen Propaganda der Gnostiker, die außerordentlich weit reichte und in den Gemeinden große Verwirrung auslöste [9].
Bei wem die gnostischen Fälschungen kirchlicher Schriftstücke [10]
Eindruck erzielen sollten, liegt ebenfalls auf der Hand. Erwähnung verdient in diesem Zusammenhang die Vermutung von R. M.
GRANT, unter der „Flora" des Ptolemäus-Briefes sei die römische
Gemeinde als Ganzes zu verstehen [11]. In einzelnen Fällen läßt sich
noch erkennen, wie deckungsgleich die Verbreitungswege von kirchlichem und gnostischem Christentum waren [12]. Wie sehr nicht die
Heiden, sondern die psychischen Christen das bestimmende Gegenüber dieser Gnostiker waren, zeigt allein schon ein Wort wie EvPh

---

Hanc magis gloriam captant, si stantibus ruinam, non si iacentibus ele-
vationem operentur; quoniam et ipsum opus eorum non de suo proprio
aedificio venit, sed de veritatis destructione. Nostra suffodiunt, ut sua
aedificent.

[6] Cf. PAGELS Gospel 94.97.
[7] Cf. KRAFT Gemeinschaftsleben 140-145.
[8] Z.B. Tert.resurr. 2 („multi rudes", „simplices plures"); 19.4; praescr.
18f; bapt. 1; scorp. 1; Iren. I praef.; 6,4; 13,1; 20,1; III,15,2; etc.
[9] Noch in Galien gereichen die Traktate des römischen Valentinianers
Florinos „vielen" zum Schaden, da dieser „per ea non tantum asseclis
noceat, ... sed et nostris laedat, quia per libros eius falsa dogmata de Deo
in mentes eorum iniicit" (Iren.frgm.syr. 28 HARVEY II 457); gefälschte Protokolle einer Disputation zwischen Orig. und dem Valentinianer Candidus
in Athen vermochten die Valentinianer bis in die palästinensischen Gemeinden hinein in Umlauf zu bringen (s. HARNACK Litteratur I 182); für
Alexandria bezeugt Orig. den „unheilvollen Einfluß" der gnostischen Schriften und Kommentare in den Gemeinden (Nachweis bei HARNACK Ertrag
II 58f; I 35f); etc.
[10] Z.B. die Schriften des Iren. (Eus.h.e. V,20,2) oder des Dionys von
Korinth (Eus.h.e. IV,23,12); cf. BAUER Rechtgläubigkeit 163ff.168ff sowie
Tert.adv.Marc. I,1.
[11] GRANT VigChr 11 (1957) 147f (mit Verweis auf Johannes Lydus De
mensibus 4,73, wo „Roma" u.a. als „Flora" angeredet wird).
[12] Die markosianischen Wanderprediger zB nahmen den gleichen Weg
von Kleinasien ins Rhonetal (Iren. I,13,5.7) wie die andern Christen. Cf.
allgemein HARNACK Mission 928ff.

(NHC II,3) § 4 [13]. Darauf dürfte auch der Umstand hinweisen, daß sich die christlichen Gnostiker wohl als die wahren Christen, m.W. jedoch nirgends belegbar als die Vertreter der wahren Philosophie bezeichnet haben, wie es die kirchlichen Lehrer in Auseinandersetzung mit dem Heidentum tun konnten.

c. *Der kirchliche Glaube als unerläßliche Durchgangsstufe.* Wie sehr die gnostische Mission den kirchlichen Glauben zur unverzichtbaren Voraussetzung hatte, belegt schließlich mit wünschenswerter Deutlichkeit folgende Mitteilung des Orig.: οἱ ἀλλότριοι τῆς ἐκκλησίας, ἄλλα μὲν ἐπαγγέλλονται κατ᾽ ἀρχάς, ἄλλα δὲ κατὰ τέλη. Ἀφιστᾶσι μὲν γὰρ εἰδωλολατρίας ἐξ ἀρχῆς, καὶ προσάγουσι τῷ δημιουργῷ· εἶτα μετατιθέμενοι τὴν παλαιὰν ἀθετοῦσιν γραφήν, ἐναντιούμενοι τῇ στοιχειώδει νεότητι (Comm. Prv. II, 16 [Lomm. XIII, 228]). „Abwendung von den Götzenbildern" und „Hinführung zum Schöpfer" — so beschreibt Orig. sonst die *kirchliche* Missionsunterweisung (zB c.C. III,15). *Diese Gnostiker machten die heidnischen Konvertiten also erst einmal zu Kirchenchristen,* bevor sie sie zu Gnostikern machen konnten; sie mußten ihnen erst zeigen, daß über „Holz" und „Stein" der „Schöpfer" steht (cf. Heracl.frgm. 21), bevor sie ihnen — als höchste Stufe — die Einsicht vermitteln konnten, daß auch dieser in der Kirche verehrte Schöpfergott des AT ein inferiores Wesen sei (τὴν παλαιὰν ἀθετοῦσιν γραφήν), über dem es etwas Höheres — nämlich der allein den Gnostikern faßbare Urvater — gibt. — Diese Stelle des Orig. ist deshalb so wichtig, weil sie definitiv den Verdacht der kirchlichen Ketzerbestreiter widerlegt, bei der äußeren Gleichart der gnostischen Verkündigung handle es sich nur um taktische Anpassung oder böswillige Verstellung. Sie beweist vielmehr, daß für diese gnostischen Christen der kirchliche Glauben als vorbereitende Stufe unverzichtbar war; und wo sie diese vorbereitende Stufe bei ihrem missionarischen Bemühen nicht vorfanden, da haben sie sie sich durch katechetische Unterweisung eben selbst geschaffen.

d. *Die Frage der „Menschenklassen".* Somit stellt sich das gnostische Christentum als innerer Kreis des gemeinen Christentums

---

[13] „Ein Heide stirbt nicht, denn er hat nie gelebt, daß er sterben könnte. Wer zum Glauben an die Wahrheit gekommen ist, der hat das Leben erlangt, und der ist in Gefahr zu sterben, denn er lebt seit dem Tag, da Christus gekommen ist". Aufschlußreich ist auch die Stufenfolge Hellenen — Juden (d.h. kirchliches Christentum) — (gnostische) Christen in TracTrip (NHC I,5) pg. 108ff und Heracl.frgm. 21.

dar, dem Anteil an seinen Geistesgaben zu geben es sich verpflichtet
weiß und das ihm andererseits als Rekrutierungsbasis dient. Diese
Darstellung hat nun aber mit dem Einwand zu rechnen, daß sie den
spezifischen Unterschied zwischen Stufungen im kirchlichen Bereich (etwa bei Orig.) und der gnostischen Anschauung von den
„Menschenklassen" außer acht läßt, für deren traditionelles Verständnis ich BROX zitieren möchte: „Die Unterschiede zwischen
den Christen sind naturhaft bedingte Heilsstufen. Man *ist* Pneumatiker oder Sarkiker, man ist φύσει σῳζόμενος oder φύσει ἀπολλύμενος.
Da gibt es keine Übergänge. Dieser unerbittliche Dualismus war
durch die gelegentliche Einführung von Zwischenstufen (nämlich
Psychiker, Ekklesiastiker) nicht wirklich aufgeweicht, geschweige
denn zurückgenommen ... Sie (sc. die Simplices) blieben letztlich
außerhalb der ernsthaften Heilschancen. Und das ist nun die Antwort oder Lösung, die sich die antignostische katholische Kirche
nie gestattete, die sie vielmehr immer bekämpft hat" [14]. — Nun hat
bereits die konträre Bestimmung der „Kleinen" in ApcPt — die
einerseits als „unsterbliche Seelen", andererseits als „irregeführt"
gelten — gezeigt, wie komplex die diesbezüglichen Vorstellungen
der Gnosis sind, und gerade das traditionelle deterministische Verständnis des φύσει σῳζόμενος ist durch die Diskussion der letzten
Zeit schwer erschüttert worden [15]. Uns soll hier diese strittige Frage
nur soweit beschäftigen, wie sie für das Kirchenverständnis der
Gnostiker relevant ist.

    aa. Daß allein der „pneumatische Samen", als den die Gnostiker
sich verstehen, ins Pleroma zu gelangen vermag (zB Iren. I,6,4),
besagt zunächst nur dies, daß ohne Teilhabe an der Pneumasub-
stanz vollständige Erlösung nicht möglich ist, nicht aber, daß des
Gnostikers „endgültige Rettung gar nicht zweifelhaft sein kann"
(so SCHMITHALS Korinth 169). Bereits aus dem Iren.-Referat geht
deutlich hervor, daß der Gnostiker das Pneuma nur als ein Vermögen („Samen") in sich hat, das der „Formung", „Gestaltung",
„Erziehung" und „Vollendung" durch „Belehrung" bedarf [16]. So

---

[14] BROX Kairos 14 (1972) 165, cf. 180. Ebenso: HARNACK Dogmengeschichte I 276.288 Anm. 1; KOCH Pronoia 88; HIRSCHBERG Simplices 48.
[15] PAGELS Gospel; dies. VigChr 26 (1972) 241-258; SCHOTTROFF Animae;
LANGERBECK Aufsätze; sowie bereits früher die wichtigen Überlegungen
von: MÜLLER Beiträge (zB S. 213f). Wichtige Hinweise bei GAFFRON Studien 89 Anm. 97 (S. 283-298); HAENCHEN Botschaft 49; ders. ThR 27
(1961/62) 323f; ders. ZThK 50 (1953) 156; ALAND ZThK 70 (1973) 445 Anm.
112. Cf. QUISPEL ErJb 15 (1947) 249-286.
[16] Iren. I,5,1.6 6,1.4 7,5 II,19,4.

finden wir folgerichtig in vielen gnostischen Texten die Aufforderung zum „Arbeiten" [17] und zur richtigen Entscheidung — einer Entscheidung, die in die eine wie die andere Richtung ausfallen kann. „Wenn wir" — so führt etwa EvPh (NHC II,3: § 123) die Mahnung aus, die Wurzel der Bosheit auszureißen — „sie erkennen, so wird sie ausgerissen. Wenn wir sie aber nicht erkennen, faßt sie Wurzel in uns und bringt ihre Früchte hervor in unserem Herzen. Sie ist Herr über uns, wir sind ihre Knechte. Sie nimmt uns gefangen". So kann Heilsunsicherheit sogar als Merkmal allein des Gnostikers gelten, da nur er, nicht aber der Unwissende überhaupt etwas zu verlieren hat [18] — eine Heilsunsicherheit, die zu der charakteristischen Formulierung führen kann: „Es ist gut, aus der Welt herauszukommen, bevor der Mensch gesündigt hat" (EvPh § 63). Man stelle die Feststellung FOERSTERS daneben, daß „das ganze Wesen des Pneumatikers ... ein naturhaft gegebenes (ist), das durch nichts geändert werden kann, auch durch die Sünde nicht" [19], um die Korrekturbedürftigkeit der traditionellen deterministischen Gnosisdeutung abzuschätzen.

bb. Im Hinblick auf das Kirchenverständnis der Gnostiker noch bedeutsamer ist der Umstand, daß mit der Unterscheidung von Pneumatiker und Psychiker keine nach außen hin sichtbaren Qualitäten bezeichnet werden, sondern solche, die allenfalls erst beim Vorgang der Mission zutage treten. Bevor „das Licht kommt", ist laut EvPh der Blinde nicht vom Sehenden zu unterscheiden (§ 56), nährt sich „Tier" wie „Mensch" von dergleichen Nahrung (§ 15), da ist die ἀλήθεια gleich der πλάνη (§ 123 pg. 84,2-6); und bei Herakleon (frgm. 43-47) wird die Anschauung von den verschiedenen „Menschenklassen" nicht als metaphysische Spekulation entfaltet, sondern — ausschließlich! [20] — zur Beantwortung der Frage, wieso die Hörer so unterschiedlich auf die Predigt des Soter antworten

---

[17] Für EpJac (NHC I,2: 8,10-29) rangieren die „Werke" vor ἀγάπη und πίστις: „als er arbeitete, wurde er gerettet ... So ist es auch für euch möglich, euch das Himmelreich zu erwerben"; EvPh (NHC II,3) § 64 stellt denen, die weder können noch wollen, und denen, die nur wollen, diejenigen gegenüber, die wollen und vollbringen; EvTh (NHC II,2) stellt fest, daß nur in „bearbeiteter Erde" das Senfkorn wächst (§ 20; zSt cf. SCHRAGE Verhältnis 65); EvVer (NHC I,3) 32,18-33,32 führt aus, daß auch am Sabbath als der Zeit des Heils „die Erlösung nicht ohne Arbeit sein darf"; etc.
[18] EvPh (NHC II,3) §§ 114.4; cf. EvTh (NHC II,2) § 97; AuthLog (NHC VI,3) 33,27-34,2.
[19] FOERSTER Valentin 23.
[20] Cf. PAGELS Gospel 107f.98ff.

konnten. Doch selbst mit der Antwort auf die gnostische Verkündigung ist kein definitives Kriterium für die Zugehörigkeit zu einer der „Menschenklassen" gegeben. Denn der Gnostiker weiß, daß sich erst nach dem leiblichen Tod herausstellen wird, ob man die Gabe des gemeinchristlichen Sakraments oder des gnostischen Mysteriums als dauernden „Besitz" oder nur als vorübergehende „Leihgabe" erhalten hat [21].

Es geht sicherlich zu weit, mit SCHOTTROFF die Existenz qualitativ unterschiedener Menschengruppen überhaupt in Abrede stellen zu wollen [22]. Es gibt Menschen, die Anteil am Pneuma haben, es gibt andere, denen dieses Gnadengeschenk fehlt und deshalb auch die größte Anstrengung nichts nützt: „vergeblich haben die Elenden sich gemüht" (EvPh § 52). Nur — das waren keine äußerlich aufweisbaren Unterschiede, das zeigt sich vielmehr erst, „wenn das Licht kommt", das unter ihren Mitchristen zu verbreiten die Gnostiker sich beauftragt wußten.

3. Die Kirche als notwendiger Ort der „Formung"

Doch nicht nur um der Psychiker, sondern gerade auch um seiner selbst willen ist dem Gnostiker die Gemeinschaft mit dem Kirchenchristen unverzichtbar. Denn nur in dieser vollzieht sich die notwendige „Formung" und „Gestaltung" seines Pneuma. „Das Pneumatische aber ist ausgesandt, damit es hier unten durch die *Verbindung mit dem Psychischen* Gestalt gewinne und in seinem Wandel mit diesem zusammen erzogen werde" (Iren. I,6,1) [23]; nur so kann der pneumatische Samen „zur Aufnahme des vollkommenen Logos bereit werden" (Iren. I,5,6). Was Iren. (I,6,2-4) und ihm folgend die Gnosisforschung in ihrer überwiegenden Mehrheit [24] als Gegensätze hinstellt — Glaube und gute Werke allein für die Psychiker, Erlösung kraft pneumatischer Natur allein für die Pneumatiker —, erweist sich wiederum als Stufung: in seinem inneren pneumatischen Menschen reicht der Gnostiker über die Sphäre der Werke hinaus; aber damit dieser pneumatische Mensch überhaupt erst zur „Vol-

---

[21] EvPh §§ 59.67.49.51.77.106. Nur vorübergehende Gabe des „Mysterion" (des Brautgemachs) § 59 (pg. 64,29f; s. GAFFRON Studien 107).

[22] SCHOTTROFF Animae 92-94.

[23] Iren. I,6,1: τὸ δὲ πνευματικὸν ἐκπεπέμφθαι, ὅπως ἐνθάδε, τῷ ψυχικῷ συζυγὲν μορφωθῇ, συμπαιδευθὲν αὐτῷ ἐν τῇ ἀναστροφῇ. VÖÖBUS History I 56 Anm. 121 bezieht zu Unrecht auch die συζυγία in ExcTh 21,1-3 auf die Gemeinschaft von Psychiker und Pneumatiker.

[24] So selbst SCHOTTROFF Animae 95f.

lendung" seiner selbst gelangen kann, bedarf der Gnostiker zunächst derselben „Erziehung" durch Glauben und Werke wie der
Psychiker [25]. — Dies Verständnis der Kirche als notwendiger Ort
der „Erziehung" des Gnostikers, das sich zumindest für den valentinianischen Bereich nachweisen läßt [26], hat seine deutliche Analogie im Kirchenverständnis des Orig. [27] und widerlegt noch einmal
nachdrücklich den Verdacht, daß den Gnostikern nur aus taktischen
Erwägungen an der Gemeinschaft mit den Kirchenchristen lag.

EXKURS VIII: ZUM ANDAUERN KIRCHLICHER GEMEINSCHAFT
ZWISCHEN GNOSTIKERN UND GEMEINDECHRISTEN

Die Diskussion des vorangegangenen Abschnittes zielte auf den Nachweis, daß das gnostische Christentum von sich aus auf Gemeinschaft mit
dem Gemeindechristentum angelegt ist und sich als Teil desselben — wenngleich als ein besonders hervorgehobener Teil — bzw. als dessen innerer
Kreis verstanden hat. Diese Gnostiker wollten also in der Kirche bleiben;
doch — hat man sie darin gelassen? Dem stand ja das erklärte Bemühen
der kirchlichen Orthodoxie entgegen, klare Grenzen zwischen sich und den
häretischen Gnostikern zu ziehen und jeden Verkehr mit diesen zu unterbinden. — Zum einen läßt sich hier nun feststellen, daß *kirchliche Gemeinschaft zwischen Gnostikern und Gemeindechristen sehr viel länger nachweisbar*
ist, als man sich dies meistens bewußt macht. Von Valentin, der in Rom
nach Ausweis der Quellen „bis zuletzt als Mitglied der römischen Gemeinde"
gewirkt hat (Langerbeck Aufsätze 173f); über den Gnostiker Florinos, der
als Presbyter der römischen Gemeinde und unbeanstandet vom Bischof
Viktor in der Kirche Lehren verbreitete, die „selbst die außerhalb der
Kirche stehenden Häretiker niemals aufzustellen gewagt haben" (Iren.
ap.Eus.h.e. V,20,4; cf. Iren.frgm.syr. 28 [HARVEY II 457]; HARNACK Litteratur II/1 321f); über jene von Dionysius v. Alex. erwähnten Christen,
„die zwar scheinbar Gemeinschaft mit den Brüdern unterhalten, aber häufig
zu einem Irrlehrer gehen" (ap.Eus.h.e. VII,7,4); bis hin zu dem von Epiph.
entlarvten ehemaligen Presbyter Petrus, der *in* der Kirche das Gift der
archontischen Häresie verbreitete, findet sich dieser Sachverhalt bezeugt.

---

[25] Cf. die glänzende Analyse bei MÜLLER Beiträge 213f.

[26] Analoge Aussagen finden wir bei den „Basilidianern" des Hipp., die
— als „dritte Sohnschaft" — im Kosmos sind, um „Wohltaten zu erweisen
(VII,25,2: „die Seelen zu leiten, zu formen . . . und zur Vollendung zu
bringen") und Wohltaten zu empfangen" (VII,22,16 25,1 26,10 27,12).
Aus dem valentinianischen Bereich kommen vielleicht noch TracTrip (NHC
I,5) 123,10-22 sowie ExpVal (NHC XI,2) 37,28-31 in Betracht.

[27] Cf. KOCH Pronoia 88: Orig. „betrachtet die Kirche als Stätte der Erziehung des wahren Gnostikers, als eine Schule . . ., wo es sowohl moralische
Läuterung als auch Erkenntnis der Wahrheit gilt" — eine Analogie, die
umso stärker ist, als nach dem oben Gesagten KOCHS Fortsetzung in dieser
Form nicht möglich ist: „wo die Christen nicht wie bei den Gnostikern in
zwei scharf getrennte Gruppen fallen, sondern in eine Unendlichkeit von
Variationen, je nachdem sie mehr oder weniger vorgeschritten sind". Cf.
auch KETTLER Sinn 48ff.

Und die erstaunliche Entdeckung, daß die gnostischen Schriften der Nag-Hammadi-Bibliothek in einem pachomianischen Kloster hergestellt wurden, dürfte wohl ebenfalls in diesen Zusammenhang einzuordnen sein. — Doch sollte man andererseits die Frage danach, wieweit tatsächlich die äußeren Gegebenheiten dem Selbstverständnis der Gnostiker als des inneren Kreises des gemeinen Christentums entsprachen, nicht von vornherein einengen auf die Frage nach dem Bestehen kirchlicher Gemeinschaft zwischen Gnostikern und Gemeindechristen. Das würde nicht der pluralistischen Ausgestaltung des Christentums an manchen Orten und seiner unterschiedlichen Entwicklung in den verschiedenen Regionen Rechnung tragen. Man sollte vielleicht allgemeiner fragen, wie starr jeweils die Grenze zwischen kirchlichem und gnostischem Christentum war, ob (relativ) *ungehinderter Verkehr zwischen beiden möglich* war oder nicht. Unter diesem Aspekt wollen wir im Folgenden beispielhaft einige Ketzerbestreiter auf die in ihrer Polemik vorausgesetzte äußere Situation befragen.

a. *Iren.* Daß die Polemik des Iren. aus lebendiger Auseinandersetzung mit den Gnostikern hervorgeht, ist evident. Von Streitgesprächen mit den Gnostikern berichtet er häufig (zB II,17,9 III,15,2 IV,35,4 II,8,2 II,5,2 IV,2, 6), ihren Fragen und Einwänden hat er sich zu stellen (II,35,4 II,15,3 IV,41,5 II,11,2 II,16,4 V,9,1), auf diese Gespräche als Kenntnisquelle beruft er sich (I praef.). Wo diese Gnostiker selbst ihren Standort wählten, erfahren wir aus der so ungemein aufschlußreichen Stelle *III,15,2* (doch cf. auch III,25,6 IV,26,2 I,13). Hier berichtet Iren. von valentinianischen Predigern, die an die Masse der communes ecclesiastici ihre Vorträge richten, die sich über den Entzug der Gemeinschaft durch den Kirchenmann Iren. beklagen und gegen die Bezeichnung als „Häretiker" protestieren. Zwei Dinge können wir also an dieser Stelle beobachten: die Tatsache, daß diese Gnostiker die kirchliche Gemeinschaft aufrecht zu erhalten suchten, sowie das Bemühen des Kirchenmannes Iren., hier klare Grenzen zu ziehen. Daß es ihm noch keineswegs gelungen ist, wirksam den Einfluß der Gnostiker auf das Kirchenvolk zu unterbinden, geht aus seinem Werk deutlich hervor; haben die Gnostiker doch gerade auch unter den urteilslosen rudiores „viele" für sich gewinnen können (zB I praef.; I,8,1 13,4.2.7 20,1). Auch sind sie noch keineswegs wirklich aus der Kirche verdrängt. Das zeigt die Warnung des Iren. vor jenen gnostischen Gemeindechristen, „qui putantur recte credidisse", jedoch „haereticos sensus in se habentes" sind, wie ihre Anschauungen über die Auferstehung ausweisen (V,31,1). Ja es gibt sogar Fälle, wo sie durch ihre dominierende Stellung rechtgläubige Christen zum Verlassen der Gemeinde veranlassen. Das zeigt die beiläufige Bemerkung in III,11,9: „Mit großer Wahrscheinlichkeit sind auch unter den ‚Heuchlern' in der Gemeinde (qui in hypocrisi veniunt) (III,11,9), deretwegen andere zu Schismatikern werden, um ihre Gemeinschaft zu meiden, Gnostiker zu verstehen" (BROX Irenäus 23). Die Trennung von der Kirche ist für Iren. natürlich die falsche Konsequenz, so wie die radikalen Antimontanisten in Verwerfung des EvJoh übers Ziel hinausgeschossen sind (III,11,9). Bezeichnend für den Stand der Auseinandersetzung ist diese falsche Konsequenz in jedem Fall.

b. *Tert.* Auch Tert. sieht sich konfrontiert mit dem enormen Erfolg der Propaganda gnostischer Häretiker unter den katholischen Christen Karthagos (resurr. 19: „sie pflegen bei Unterredungen häufig die Unsrigen zu fangen"; praescr. 3: sie vermögen kirchliche Würdenträger [Bischof, Diakon, Witwe, Jungfrau, Lehrer, Märtyrer] zum Abfall zu bewegen; resurr.

2: gerade die ,,multi rudes" und ,,simplices plures" zählen zu den Gefähr-
deten, ,,multos irretitos videmus"; bapt. 1: sie haben ,,sehr viele durch ihre
Lehre verführt"; scorp. 1; praescr. 18; etc.). Diese gnostischen Häretiker
haben wir uns entweder in eigenen Gemeinschaften vorzustellen — das zeigen die Äußerungen Tert.s über ihr Gemeinschaftsleben (praescr. 41f; bapt.
17) sowie die Nennung der kirchlichen Apostaten im häretischen Lager
(praescr. 41,6 42,2 3,2.13; adv.Val. 1,1) — oder als Wanderprediger (praescr.
42,10 43,1; bapt. 1). Dabei werden diese gnostischen Gruppen, die ,,pax cum
omnibus", Kirchenfrieden mit allen halten (praescr. 41,3) und unter sich
keine Schismen kennen (praescr. 42,6), von solcher Gemeinschaft die Katholiken nicht ausgenommen haben; betonen sie doch ausdrücklich die Ge-
meinsamkeit des Glaubens mit diesen (adv.Val. 1: ,,communem fidem affirmant"). Daß sie ,,draußen" stehen, hat seinen Grund in der ihnen katho-
lischerseits entzogenen Gemeinschaft (bapt. 15: ,,quos extraneos utique testa-
tur ipsa ademptio communicationis"; cf. praescr. 20,8). Faktisch jedenfalls
treffen wir nicht eine nach außen geschlossene katholische Gemeinschaft
an, sondern haben eher das Bild eines schwankenden Gemeindechristentums
vor uns, das orthodoxe wie gnostische Wortführer jeweils auf ihre Seite zu
ziehen suchen. Das ist jedenfalls die Situation, die praescr. 18 (15-19) schildert: vor dem Forum der Menge streiten der kirchliche und der gnostische
Lehrer um die wahre Schriftauslegung; diese jedoch geht nach Hause,
,,ohne zu wissen, welche Partei für die Häresie zu halten sei". Dem entspricht
auch der Hinweis des Tert., daß es dieselben Fragen sind, die die ,,Unsrigen"
wankend machen und die die ,,Häretiker" untersuchen (zB praescr. 8,1 13,6
2,6; resurr. 2 5,1).

    c. Auch im *Alexandrien* des *Clem.Al.* begegnet die gnostische Häresie in
Form vielfältiger Gemeinschaften (str. VII,106,3 92,7 98,2 99,2; I,146,1f
96,1f; III,10,1f), die mit der katholischen Ekklesia um Einfluß ringen.
Dem externen Beobachter bietet sich das Bild einer Vielzahl konkurrieren-
der Richtungen; Clem.Al. referiert als Einwand der Juden und Heiden,
,,man dürfte wegen der Verschiedenheit der christlichen αἱρέσεις nicht glauben" (VII,89,1f). Auch hier besagt der Umstand, daß die gnostischen Häretiker in eigenen Gemeinschaften leben, nichts über starre Grenzen gegenüber dem kirchlichen Christentum; im Gegenteil sind hier die bestehenden
Grenzen ausgesprochen durchlässig und der Fluktuationsgrad entsprechend
hoch. Das zeigt die Klage des Clem.Al., daß die Häretiker ,,heimlich die
Mauer der Kirche durchgraben" (VII,106,2); das zeigt umgekehrt die andere
Feststellung, daß die Häretiker ,,alle täuschen, die sich an sie wenden", die
sie also von sich aus aufsuchen (VII,92,6). Eine Stelle wie VII,106,2 zeigt
deutlich, daß Clem.Al. bei der Abwehr häretischer Anschauungen zugleich
auf latente Gefährdungen seiner eigenen Zuhörer eingeht — wegen ,,der bei
ihnen vorhandenen Gefahr der Hingabe an die Irrlehren". Diese Gefahr kann
bezeichnenderweise als Gefahr des *Rückfalls* bezeichnet werden (VII,93,4);
in jedem Fall ist die Gefahr der Verführung groß (VII,96,5); sie einzudäm-
men, bezwecken die häufig erwähnten Streitgespräche des Clem.Al. (zB
VII,97,1f 98,2 96,5). So gelten auch für den Bereich dieses sehr viel stärker
in einzelne Gruppen zerfallenden Christentums Alexandriens die oben angegebenen Verhältnismerkmale zwischen gnostischem und kirchlichem Christentum. Die Gnostiker rekrutieren ihren Anhang aus den Reihen der
Kirchenchristen; und wie Clem.Al. den häretischen Gnostikern vorwirft,
,,über den allen *gemeinsamen Glauben* hinauszustreben und so die Wahrheit zu verfehlen (VII,97,3; cf. VII,90,3f 91,2), so halten die Valentinianer
ihrerseits die katholischen Christen für simplices (II,10,2) sowie — in Re-

plik auf deren Vorhaltungen — für unfähig zum Verständnis der biblischen
Schriften (VII,96,5). — Auch *Orig.* bezeugt für Alexandrien die relative
Ungeschiedenheit von gnostischem und kirchlichem Christentum. Das zeigen schon die Daten seines eigenen Lebens: nach dem Tod seines Vaters
(201/202) fand er Aufnahme im Hause einer vornehmen Christin, die zugleich den „berühmten" gnostischen Lehrer Paulus beherbergte, bei dem
„eine sehr große Menge nicht nur von Häretikern, sondern auch von den
Unsrigen zusammenkam" (Eus.h.e. VI,2,13f). Als Orig. dann den Unterricht in der Katechetenschule übernahm, strömten ihm einerseits die Häretiker zu (Ep.Orig. ap.Eus.h.e. VI,19,12; cf. Eus.h.e. VI,18,2). Welche Bedeutung dieser Kontakt für die Ausprägung seines Denkens hatte, zeigt
Koch Pronoia 16-19. — In seinen Homilien muß Orig. seinen Hörern den
Besuch häretischer Versammlungen untersagen (Harnack Ertrag I 68);
gegenüber seiner Jugendzeit ist also noch kein prinzipieller Wandel einge-
treten. Umgekehrt gehören zur Zuhörerschaft des Orig. auch Häretiker
(Harnack Ertrag I 38 Anm. 1). — Daß in späterer Zeit auch *Dionysius v.
Alex.* mit Christen zu tun hat, „die zwar scheinbar Gemeinschaft mit den
Brüdern unterhalten, aber häufig zu einem Irrlehrer gehen" (ap.Eus.h.e.
VII,7,4), sahen wir bereits. Wie lange Häretiker unbemerkt in der katho-
lischen Gemeinschaft leben konnten, führt insbesondere auch die von ihm
in seinem Brief an Xystus geschilderte Begebenheit vor Augen (ap.Eus.h.e.
VII,9,2f).

d. *Orig.* verdient im Zusammenhang unserer Fragestellung noch unter
einem anderen Aspekt Beachtung. Er, der geübte und weitgereiste Ketzerbestreiter (cf. seine Selbstcharakterisierung in c.C. VIII,15 VI,24), vermag
nämlich für recht *unterschiedliche Orte* die Situation lebendiger Auseinandersetzung zwischen gnostischem und kirchlichem Christentum zu bezeugen.
Zunächst zeigen die gleichmäßig sein Werk durchziehenden Warnungen
vor den Häretikern, in erster Linie vor Markion, Basilides und Valentin,
daß die „Gefahr der häretischen Verführung ... augenscheinlich in Alexandrien und Cäsarea noch sehr groß" war (Harnack Marcion 338*). Des
weiteren zeugen seine Vortragsreisen gegen die Apellianer (Harnack Marcion 180) sowie seine öffentliche Disputation mit dem Valentinianer Kan-
didus in Athen 230 (den er später noch zur Rede stellen konnte) und sein
Zusammentreffen mit einem unbekannten Valentinianer (?) in Ephesus
und Antiochien von seiner ständigen Tuchfühlung mit Gnostikern. Die Tatsache, daß der erstere verfälschte, der letztere frei erfundene Diskussions-
protokolle in Umlauf setzen konnte (Reaktion aus Palästina bezeugt), zeigt,
daß solche öffentliche Zusammentreffen als ganz normal angesehen wurden
(s. Bardenhewer Geschichte II 166f; Harnack Litteratur I 182.465f).

e. *Epiph.* Epiph. — häufig als Gewährsmann für die Gnosis von sehr
geringem Wert — macht in seinem Panarion einige wichtige Mitteilungen
über die gnostische Szenerie seiner Gegenwart. So berichtet er über Fort-
bestehen und Verbreitung der Valentinianer (pan. 31,7), Basilidianer (24,1,4),
Markioniten (42,1,1) und anderer; Sethianer will er persönlich getroffen
haben (wo, weiß er allerdings nicht mehr: 39,1,1); auch die mündliche Tradition über Valentin scheint er in Ägypten aus dem Mund dortiger Valentinianer erfahren zu haben (31,2,7). V.a. zwei seiner Mitteilungen sind für
uns hier von einiger Bedeutung. 1. In seiner Jugend (um das Jahr 340) war
er in Ägypten zeitweilig Mitglied eines gnostischen Konventikels (pan. 26,
17,4ff). Dabei will er allerlei obzöne Riten miterlebt haben; wie wenig ver-
trauenweckend seine diesbezüglichen Angaben sind, hat Kraft (Gemein-

schaftsleben 77-83) dargetan. Was uns hier jedoch interessiert, ist dies, daß diese 80 Mitglieder umfassende Gruppe noch „in der Kirche" stand; erst auf die Anzeige des Epiph. hin wurde sie daraus entfernt (26,17,9). Das ist umso bemerkenswerter, als sich diese Episode nach HARNACK (Pistis-Sophia 112; zustimmend SCHMIDT Schriften 576) in Alexandrien oder Umgebung, also nicht in einer abgelegenen Region abspielte. — 2. Als Begründer der zeitgenössischen Häresie der Archontiker nennt Epiph. einen Petrus, der in Hebron (in der Nachbarschaft des von ihm geleiteten Klosters) lebte (pan. 40,1,3-7). Trotz seiner Zugehörigkeit zu einer gnostischen Sekte hatte es dieser zur Presbyterwürde gebracht; erst der Bischof Aetius setzte ihn ab. Später schien er zur Vernunft gekommen zu sein; doch erwies er sich abermals als Wolf im Schafspelz. Epiph. entlarvte ihn und stieß ihn aus der Kirche. Über die Bedeutung, die diese Häresie in Armenien gewann, macht Epiph. bemerkenswerte Angaben (40,1,1.8f).

E. Zusammenfassende Deutung der gnostischen Polemik

1. Wie haben die Gnostiker selbst ihr Verhältnis zum kirchlichen Christentum bestimmt? Das ist die Frage, die die vorliegende Arbeit am Leitfaden der gnostischen Polemik zu beantworten gesucht hat. Die Untersuchung zahlreicher gnostischer Texte ergab dabei folgendes Resultat: *die Polemik der Gnostiker zielt* in der weitaus überwiegenden Anzahl der Fälle *nicht auf den unterwertigen kirchlichen Glauben als solchen ab.* Diesem wird sein relatives, vorläufiges Recht durchaus zuerkannt: sei es aufgrund der Einsicht, daß sich die transmundane Wahrheit in dieser Welt ohnehin nur in schwachen Abbildern darstellen läßt; sei es, daß dessen Aussagen — wenngleich für das Heil irrelevant — in ihrem Realitätsgehalt doch nicht bestritten werden; sei es schließlich, daß der kirchliche Glauben als Ausgangspunkt für pneumatisches „Forschen" durchaus anerkannt wird; etc. Diese These ist auch dann gültig, wenn — wie meistens — der Ausgangspunkt und die auf ihm aufbauende gnostische Einsicht in diametralem Gegensatz zueinander stehen (Beispiel: Christus hat gelitten — er hat nicht gelitten). „Sie reden zwar Ähnliches wie die Gläubigen, verstehen darunter aber nicht nur Unähnliches, sondern sogar Entgegengesetztes und durchaus Gotteslästerliches" (Iren. III,17,4). — *Polemik gilt vielmehr dem Umstand, daß die Kirchenchristen diese ihre vorläufige Glaubensweise als die endgültige hinstellen* und exklusive Geltung für sie in Anspruch nehmen. Damit nämlich verlieren die Glaubensaussagen Befähigung, auf Höheres hinzuweisen; und eben darin können die Gnostiker nur das Wirken der Archonten sehen, die die Menschen durch Irreführung im Gefängnis dieser Welt festhalten wollen. So weist also die Polemik der Gnostiker eher die illegitimen Übergriffe der kirchlichen

Seite ab, als daß sie ihrerseits das relative Recht des kirchlichen Glaubens in Frage stellt, und das ist zugleich der Grund dafür, daß aufs Ganze gesehen Polemik zu den untypischen Äußerungsformen des gnostischen Christentums zählt [1]. — Doch auch dort, wo die Polemik der Gnostiker der kirchlichen an Schärfe in nichts nachsteht, tendiert sie — anders als jene — nicht eigentlich auf die Konsequenz äußerer Grenzziehung und Trennung. Denn das, was den Unterschied des Gnostikers gegenüber dem Kirchenchristen ausmacht, gehört ganz der Welt des Geistes an und kann für den Gnostiker darum auch allein in der Sphäre des Geistes verstehend realisiert werden. Nach außen hin, als Mensch der empirischen Wirklichkeit hingegen, macht sich der Gnostiker „jedermann gleich" (TestVer [NHC IX,3] 44,14-16).

2. Suchen wir nun nach *Vergleichsmöglichkeiten* zu dieser so strukturierten gnostischen Polemik, so bieten sich zwei Analogien an, eine, deren sich die Gnostiker selbst als mythischen Symbols bedient haben, eine andere, die sich dem historischen Vergleich nahelegt.

a. *Demiurg, nicht Teufel als Chiffre für die Kirchenchristen.* Anders als die kirchliche Orthodoxie sehen die Gnostiker in ihren Gegnern nicht Werkzeuge des Satans, sondern Diener des Demiurgen [2]. Dieser Unterschied macht allein schon die gänzlich andere Struktur der gnostischen gegenüber der kirchlichen Polemik deutlich. Denn der Satan ist die Macht des *Bösen* und Widergöttlichen; der Demiurg hingegen vertritt das *schwache*, nur in vermindertem Maße und abgeleiteten Sinn göttliche, doch sich in dieser seiner Partikularität verkennende Prinzip. Dieser Unterschied von Satan und Demiurg

---

[1] Das ist häufiger konstatiert worden, zB BROX Irenäus 34: Iren. „beschuldigt sie (sc. die Gnostiker) aber auffälligerweise nirgends einer direkten antikirchlichen Polemik".

[2] Für die Valentinianer übt der Demiurg deshalb seine Herrschaft aus, „weil ihm die Kirche am Herzen liegt" (Iren. I,7,4); TestVer (NHC IX,3) stellt mit Blick auf die Kirchenchristen fest, daß die Aussprüche des Judengottes nur „für die gelten, die an ihn glauben und ihm dienen" (48,13-15); für 2ApcJac (NHC V,4) sind die Nicht-Gnostiker „die Diener seines (= des Demiurgen) Willens"; etc. Die Tatsache, daß der Demiurg (bzw. die Archonten) und die Kirchenchristen auf dieselbe Stufe gestellt werden, verweist auf einen ganz zentralen Sachverhalt gnostischer Polemik. Denn der immer wieder ausgesprochene Vorwurf an die Adresse der Kirchenchristen ist der, daß sie nur die vordergründige, körperliche Wirklichkeit zu erfassen vermögen. Das aber ist das eigentliche Herrschaftsgebiet des Schöpfergottes; gleich ihm vermögen die Kirchenchristen es nicht zu transzendieren. S. weiter unten Anm. 7.

wird leider immer noch nicht genügend beachtet [3], obwohl er grundlegend für den nicht-iranisierenden Typos der Gnosis ist [4] und etwa
von Ptolemäus in seinem Brief an Flora polemisch gegen eine andersgeartete Anschauung geltend gemacht wird. In gnostischen Texten
wird der Demiurg stets unter einem doppelten Aspekt gesehen. Zum
einen wird, wenngleich im Einzelnen recht unterschiedlich, seine
Abkunft und damit seine Verbindung zum Lichtreich herausgestellt:
er kann als das „Abbild" des höchsten Gottes gelten (zB Clem.Al.
str. IV,90,2), er kann als das Produkt der pneumatischen, wenngleich fehlgetretenen Sophia verstanden sein (zB EpPt [NHC
VIII,2] 135,15f), etc. Andererseits wird als sein entscheidender
Fehler stereotyp seine anmaßende und verblendete Selbst-Verabsolutierung benannt; das Prophetenwort Jes 45,5 46,9 kann geradezu technisch zu seiner Kennzeichnung dienen [5]. Und dieser sein Anspruch („Ich bin Gott, keinen gibt es außer mir") erfährt deshalb
auch im Mythos Zurückweisung: „Ich aber lachte freudig, als ich
seinen eitlen Ruhm prüfte" [6]. In solcher nichtigen Selbst-Verabsolutierung präfiguriert der Demiurg den ebenso nichtigen Exklusivitätsanspruch seiner menschlichen Diener. Daß diese Verbindung
auch explizit hergestellt wird, sahen wir bereits [7].

[3] So nennt zB SCHMITHALS (Korinth 306 Anm. 2) den Weltschöpfer den
„bösen Gott", und SCHOTTROFF (Animae 86) meint: „Das System Iren.
I,1ff zeichnet ein unausgeglichenes Bild des Demiurgen. Er ist nicht — wie
in gnostischen Texten *üblicherweise* angenommen wird — das gegengött-
liche Prinzip, Repräsentant der Finsternis, sondern hält eine Mittelstellung
zwischen den Polen der Finsternis" (Hervorhebung von mir).

[4] Zu recht stellt ihn JONAS Gnosis I 332f als Hauptmerkmal des — mit
der christlichen Gnosis als deckungsgleich bezeichneten (S. 328) — „syrisch-
ägyptischen Typus" der Gnosis heraus: „Andererseits aber ist das Demiurgische auch nicht der Teufel, d.h. ein präexistent Böses gegenüber dem Guten,
sondern vermindertes Göttliches, aus der oberen Wurzel — dessen Minder-
sein freilich ... Darum ist der Charakter der Weltschöpfermächte nicht
so sehr Bosheit, als vielmehr Unwissenheit um das Über ihnen und um
ihre eigene Partikularität, Vermessenheit und Eigenmächtigkeit, kurz die
superbia des Abkünftigen".

[5] In 2ApcJac (NHC V,4) zB ist der Demiurg einfach „der, der sich brü-
st[et und sagt]: ,I[ch bin Go]tt, keinen [gibt es] außer mir' " (56,20ff).

[6] 2LogSeth (NHC VII,2) 53,27ff; ähnlich Iren. I,30,6 oder OrigMund
(NHC II,5) 103,17f.

[7] S. S. 53-54 zu ApcPt 76,27-77,22. Solche Transparenz des Irrtums
und der Anmaßung des Demiurgen (bzw. der archontischen Mächte) auf
den Irrtum der Kirchenchristen hin ist kein Einzelfall; vielmehr wird in
gnostischen Texten an zahlreichen Stellen die Auseinandersetzung mit den
Kirchenchristen in der Figur des Demiurgen (als deren mythischer Repräsentant) geführt, indem der umstrittene Glaube der Kirchenchristen an
diesem seinem mythischen Ursprung aufgesucht, dort dargestellt und wider-

b. *Die Distanzierung des Orig. von den simpliciores, nicht die anti-*
häretische Polemik des Tert. als Vergleich. Diese These orientiert sich
nicht an der gleichlautenden Terminologie — obwohl es keineswegs
Zufall ist, daß die gnostischen Christen mit „simplices" denselben
Ausdruck für die Kirchenchristen bereithalten [8], mit dem Orig.
die Masse der einfachen Gläubigen bezeichnet —, sondern an der
vergleichbaren Struktur des *Wahrheitsverständnisses.* Während es
für Tert. nur die *eine* Wahrheit gibt — und mit der regula bereits
alles gegeben, die Schrift zumindest theoretisch eindeutig in ihrem
Sinn ist etc — und folglich der Wahrheit nur die Lüge oder der Irrtum gegenüberstehen kann, kennt Orig. Stufungen der Wahrheit
(mehrfacher Schriftsinn, „Kerygma" als Ausgangspunkt der „Forschung", Unterscheidung von vielfältigen ἐπίνοιαι des Logos etc.),
ja er redet sogar von den „*vielen* Wahrheiten" (Comm.Jo. VI,3).
Dabei ist die ψιλὴ πίστις der simpliciores prinzipiell als — zwar das
ganze Heil gewährleistende — Vorstufe verstanden, es geht also
um ein Mehr oder Minder. Gleichwohl findet sich (gleichmäßig im
ganzen Werk, besonders kraß aber gegenüber dem externen Kritiker
Celsus) deutliche Distanzierung gegenüber diesen simpliciores, die
sich dort, wo die simpliciores ihr sarkisches Verständnis als das allein gültige hinstellen, zum Vorwurf der Häresie steigern kann. Was
Orig. den simpliciores vorhält [9], finden wir sonst auch als Gegenstand der gnostischen Polemik gegen das Gemeindechristentum.

Die simpliciores erkennen zunächst den Soter nur nach seiner

---

legt wird. Die Ekklesiastiker halten Christus für den Sohn des Schöpfergottes — wie der Demiurg selbst (er „dachte, daß ich [ein] Sohn von ihm
wäre. Er war [mir] gnädig zu dieser Zeit, als ob ich ein Sohn von ihm wäre":
1ApcJac [NHC V,3] 39,10ff); sie meinen, daß er den Kreuzestod erlitten
habe — in gleicher Weise wie die archontischen Mächte („Sie haben mich
nicht erkannt. Sie dachten von mir, ich sei ein sterblicher Mensch": EpPt
[NHC VIII,2] 136,20-22), weshalb umgekehrt die Offenbarung der Leidensunfähigkeit des Erlösers charakterisiert wird als Offenbarung der Dinge,
die der Demiurg „nicht erkannt hat" (2ApcJac [NHC V,4] 56,20ff). Die
Kirchenchristen bekennen Christus als „sitzend zur Rechten Gottes" —
und irren hierin wie auch der Schöpfergott (da Christus dort nur vorüber-
gehend weilt oder dort nur seine psychische Hülle zurückläßt: Iren. I,30,14
[„patre eius ignorante"]; III,17,4; Tert.carn.Chr. 24; Prot [NHC XIII,1]
50,9-12; cf. Hipp. VII,26,2). Entsprechendes läßt sich für die sonstigen
Streitpunkte zeigen.

   [8] „Ideoque simplices notamur apus eos" (Tert.adv.Val. 2). Weiter:
Tert.scorp. 1 („nesciunt simplices animae"); 15,1; praescr. 41,3; Clem.Al.str.
I,40,5 II,10,2; paid. I,6; Iren. I,6,2.4 II,15,3.
   [9] Das Material ist übersichtlich zusammengestellt und diskutiert bei
HIRSCHBERG Simplices 166-234.

sarkischen Seite hin und halten diese für seine einzige Wirklichkeit (Comm.Jo. II,3: „Andere, die ‚nichts kennen als Jesus Christus, und zwar den Gekreuzigten‘, im Glauben, das fleischgewordene Wort sei *alles* am Wort, kennen Christus nur dem Fleische nach. Sie bilden die Masse derer, die als Gläubige gelten"), obwohl die Erkenntnis seiner Menschheit nur die erste und v.a. auch entbehrliche Stufe beim Fortschreiten zu den hoheren ἐπίνοιαι darstellt [10]. Weiter vertreten sie die „niedere", ja geradezu blasphemisch zu nennende (orat. 23,3) Auffassung, daß sich „Gott an einem Ort befinde" (orat. 23,1) und „von Natur ein Körper, und zwar ein menschenähnlicher Körper" sei (c.C. VII,27). Zurückweisung verdient weiter ihre grob-sinnliche Zukunftserwartung: sie „wünschen, nach der Auferstehung so fleischlich zu sein, daß ihnen niemals die Fähigkeit des Essens und Trinkens abgehe, ... und schenken so den Lehren des Apostels keinen Glauben, der von der Auferstehung eines geistigen Körpers spricht ... Um es kurz zu machen: sie wünschen, daß alle Dinge, nach denen sie in den Verheißungen suchen, bis in alle Einzelheiten diesem Leben entsprechen sollen" (princ. II,11,2). Begründet sind solche Irrtümer in ihrem Unvermögen zum Verstehen der Schriften; gegen das sarkische Schriftverständnis der „Anhänger des bloßen Buchstabens" wendet sich Orig. an unzähligen Stellen [11]. Die simpliciores richten ihren Sinn also nur auf das Sinnliche (sie „richten nur die körperlichen Augen auf den Leib Jesu" [Comm.Jo.frgm. CXIII] und „dringen nur bis zum Worte der Sinnendinge vor und ehren durch diese hindurch den Schöpfer" [Comm.Jo. I,28]). Sie sind nicht bereit zum „Suchen" (c.C. V,16: „Leute, die nicht imstande sind, den Sinn der Schriftstellen zu durchdringen, auch keine Mühe auf die Erforschung der Schrift verwenden *wollen*, obwohl Jesus doch sagt: ‚Forschet in den Schriften‘"); sie sind „unvermögend, zu unterscheiden und zu trennen, was in den hl. Schriften dem inneren Menschen, was dem äußeren Menschen zuzuschreiben ist, durch die Ähnlichkeit der Worte getäuscht" (Comm.Cant.Prol.). Der Vorwurf des Judaismus kann ihnen nicht erspart werden (princ. II,11,2).

In all diesen, leicht vermehrbaren Differenzpunkten gegenüber dem Glauben der „Einfältigen" stimmen Orig. und die Gnostiker

---

[10] Comm.Jo. XIX,6 II,3 frgm. CXIII. Cf. KOCH Pronoia 70f: „Alles Gott Unwürdige wird der menschlichen Natur zugeschrieben, hierunter auch Leiden und Tod".

[11] Z.B. princ. II,11,2 IV,1,11; c.C. II,63 V,15.16.17.19.62 VII,27; Comm. Jo. I,38 X,43 XIII,6; orat. 23,1.3 27,1.

überein. Damit sollen die Unterschiede zwischen beiden keineswegs bagatellisiert werden. Als deren wichtigste hat hier die für Orig. so entscheidende Universalität des Heils zu gelten hat, das — im Unterschied zu den Gnostiker, die den Psychikern allenfalls ein beschränktes Maß an Seligkeit zubilligen konnten — gerade auch den simpliciores gilt [12]. Doch ist auch mit dieser Universalität des Heils letztlich keine klare Trennungslinie in der Beurteilung der „Einfältigen" gegeben. Denn wo die simpliciores ihre beschränkte Weisheit als die alleingültige ausgeben, kommt auch Orig. nicht umhin, gegen sie den Häresie-Vorwurf zu erheben und sie der „impietas", der „Einführung" neuer Lehren etc zu bezichtigen [13].

Der Vergleich mit der Distanzierung des Orig. von den kirchlichen simpliciores ist nicht nur im Hinblick auf die Struktur der gnostischen Polemik von Bedeutung. Wie wir sahen, sind es durchaus gleichartige Anschauungen (und damit auch gleichartige Gruppierungen), die Orig. wie die Gnostiker in ihrer Kritik vor Augen haben. Dem entspricht auch der Sachverhalt, daß die von den Gnostikern attackierten Positionen häufig innerhalb des Spektrums kirchlicher Anschauungen keineswegs die typischen sind. Andererseits hat man hier genauso auch mit polemischer Verkürzung kirchlicher Anschauungen durch die Gnostiker zu rechnen [14].

3. Wir halten das Ergebnis unserer Diskussion im Hauptteil IV fest. Es besagt: gerade die Untersuchung der gnostischen Polemik führt zu der Erkenntnis, daß sich das gnostische Christentum nicht als Gegensatz *gegen*, sondern als höhere Stufe *über* dem gemeinen Christentum konstituiert, dieses voraussetzend und auf diesem aufbauend. Abschließend sei noch einmal der *Gültigkeitsbereich dieses Stufenmodells* abgesteckt.

---

[12] Zu diesem für die Theologie des Orig. zentralen Motiv cf. KOCH Pronoia 310.305-321; HIRSCHBERG Simplices 192.

[13] Z.B. princ. II,10,3; ser. 27 in Mt; orat. 23,3. Cf. das von HIRSCHBERG (Simplices 198f; cf. 191 Anm.129. 218-225) zusammengestellte Material zur „Heterodoxie der simplices". HARNACK (Ertrag II 81 Anm.1) bemerkt zu Comm.Jo. II,3: „Hier hätten die Angegriffenen — Orig. stellt sogar ihren Christenstand in Frage — den Vorwurf der Irrlehre zurückgeben können und haben es auch getan".

[14] Tert.carn.Chr. 16,1 belegt kirchlichen Einspruch gegen die Darstellung ihrer Position durch Gnostiker (hier: den Valentinianer Alexander: „quasi nos adfirmemus idcirco Christum terreni census induisse carnem, ut evacuaret in semetipso carnem peccati"). Im übrigen ergibt sich die Vereinseitigung gnostischer Polemik schon aus dem Vorwurf des Judaismus: die Gnostiker haben die von den Kirchenchristen zwischen sich und den Juden getroffene Unterscheidung nicht anerkennen können.

a. Die gegebene Verhältnisbestimmung gilt *nicht* — und das ist im Hinblick auf die Frage nach der Gnosis als Faktor der Kirchengeschichte von allergrößter Bedeutung — für den Bereich der nur *christianisierten Gnosis* [15]. Denn diese konstituiert sich anders als die eigentlich christliche Gnosis nicht durch die gnostische Deutung der gemeinchristlichen Tradition, sondern verleibt nur einer vorgegebenen Mythologie einzelne christliche Elemente ein (man denke als Musterbeispiel an das Verhältnis des Eugnostosbriefs zur Sophia Jesu Christi). Sie ist also von der genuin christlichen Gnosis in ihrer Struktur, hinsichtlich ihres Ausgangspunktes und damit zugleich auch in ihrer kirchengeschichtlichen Relevanz deutlich unterschieden [16]. Auch ihre polemischen Äußerungen scheinen auf

---

[15] Zur genaueren Bestimmung der Unterscheidung von christlicher und christianisierter Gnosis s. Teil IV.C (S. 204-219).

[16] Das muß sich bei der häresiologischen Berichterstattung vor Augen halten, die — bemüht um den Nachweis der heidnischen Herkunft der gnostischen Häresie — die nur äußerlich christianisierte Gnosis betont in den Vordergrund zu stellen sucht. Was beispielsweise Hipp. im 5. Buch der Refutatio an neuen Quellenmaterialien bringt, ist zwar zur Kenntnis des gnostischen Synkretismus von höchster Bedeutung, verrät aber so gut wie nichts über jene Gnosis, deren magnetische Anziehungskraft auf die christlichen Gemeinden ein Iren. oder Tert. so vehement beklagen. Ähnlich untypisch für die christliche Szenerie sind die Ophianer des Celsus, deren völlige Bedeutungslosigkeit Orig. ausdrücklich konstatiert (c.C. VI,24.26); nur ist es hier ein heidnischer Kritiker, der diese Randgruppe aus polemischen Motiven weit über Gebühr aufbauscht. — Sehr beachtenswert sind auch die Überlegungen von HORNSCHUH (Anfänge 326ff) zu den „Anfängen des Christentums in Ägypten": „Die vulgäre vor-basilidianische und vor-valentinianische Sophia-Gnosis wird zunächst nicht zur Gefahr für das Christentum. Sie setzt ja ebenso wie die heidnische Gnosis der hermetischen Traktate (bes. I und XIII) das Christentum überhaupt nicht voraus und ist nicht als christliche Häresie entstanden" (S. 326). „Gelegenheit zum Konflikt" ergibt sich erst mit dem „ganz und gar äußerlichen Schritt" der Christianisierung dieser Gnosis. „Diese äußerliche Verchristlichung der gnostischen Offenbarungstexte setzt einen gewissen Kontakt zu christlichen Kreisen und ein Kennenlernen ihrer Traditionen voraus. ... Die Verchristlichung dieser Systeme führte die Gnostiker nicht in die bestehende christliche Gemeinde. Trotz der äußerlichen Christianisierung lebten sie weiterhin in ihren eigenen Gemeinschaften, welche seit jeher ganz unabhängig von den Christengemeinschaften existiert hatten" (S. 326f). „Das Verhältnis der großen Gnostiker Basilides und Valentinus zum Christentum ist ein ganz anderes als das der Barbelo-Gnostiker ... Der christliche Gedanke der Offenbarung in Jesus Christus spielt für Basilides eine ganz andere Rolle als für die vulgäre ägyptische Sophia-Gnosis". Es sind „die heiligen Schriften gewesen, die er bei den Christen in Gebrauch fand, welche ihn außerordentlich beeindruckten ... Diejenigen, in deren Besitz er die Schriften vorfand, verstanden sich nicht auf diese (sc. allegorische) Methode; sie waren Psychiker, keine Pneumatiker. Dennoch blieb er zunächst in der

das ganz andere Verhältnis zum kirchlichen Christentum hinzu-
deuten [17]. Daß auch dieser Typos der Gnosis in Stufungen denkt
und so — im Rahmen eines synkretistischen Gradualismus — dem
katholischen Christentum einen Ort zuweisen kann, sei mit alledem nicht in Abrede gestellt. Nur ist hier eben — anders als bei
der christlichen Gnosis — der Ausgangspunkt nicht die mit dem
kirchlichen Christentum gemeinsame christliche Tradition [18].

b. Weiter gilt das Stufenmodell *nicht* für den *Markionitismus*.
Das Verhältnis des markionitischen und des gnostischen Christentums ist umstritten, doch scheinen mir beide Größen aufs Ganze
gesehen recht eng zusammenzugehören. Aber an *einem* signifi-
kanten Unterschied lassen die Quellen gar keinen Zweifel: daß die
Markioniten ihre „Lästerungen" gegen den Demiurgen anders als
„*alle* (!) fälschlich so genannten Gnostiker" nicht durch gleich-
klingende Worte und bloße „*Umdeutung* der Lehre (secundum
eversionem sententiae)", sondern durch „klare Worte (ipsis verbis
et manifeste)" aussprechen [19]. Solch *klarer Grenzziehung* im Bereich der Lehrbildung entspricht die kirchliche Organisation der
Markioniten (Tert.adv.Marc. IV,5: „Faciunt ecclesias et Marcio-
nitae"); die exponierte Stellung des Markion als des Stifters dieser
Gemeinschaft (nach dem sich die Markioniten selbst benannt und

---

Gemeinschaft derer, deren Schüler er insofern war, als er ihnen die Kennt-
nisse der heiligen Bücher verdankte. Ihnen wußte er sich immerhin mehr
verbunden als den Anhängern der älteren Sophia-Gnosis ... Basilides, der
in Ägypten beachtliche Erfolge gehabt hat, gehörte mit seinem Anhang im
Gegensatz zu den Barbelo-Gnostikern zur christlichen Gesamtgemeinde"
(S. 330-332). — Wichtig auch die Überlegungen bei LIETZMANN Geschichte
I 298f.

[17] Zwei Beispiele verdienen hier Beachtung. Zum einen die — in ihrer
Interpretation freilich umstrittene (s. SCHMITHALS Korinth 120f; PEARSON
JBL 86 [1967] 301-305; cf. S. 46) — Mitteilung des Orig., daß die *Ophianer*
„niemand zu ihrer Gemeinschaft zulassen, der nicht vorher Jesus verflucht
hat" (c.C. VI,28; Cat. in 1Cor [CRAMER V 227]); zum andern die Taufpolemik des allenfalls peripher mit dem Christentum in Berührung gekommenen Traktates *ParSem* (NHC VII,1), die in der christianisierten Ausgabe
dieser Schrift (Hipp. V,19-22) fehlt (zu Einzelheiten cf. S. 146.254).

[18] Die größere — doch kaum wesentlich über das Maß des „kirchlichen
Gnostikers" Clem.Al. hinausgehende — Liberalität der christlichen Gnostiker
im Umgang mit außerchristlicher Literatur sei mit alledem nicht bestritten.
Doch vergleiche man etwa EpPtol und PastHerm — zwei Schriften, in
Rom ungefähr zur selben Zeit entstanden, die eine gnostisch-„häretisch",
die andere kirchlich-„orthodox" — miteinander: welche von beiden stärker
von Christus und der christlichen Tradition (im Sinn von Herrenschriften)
ausgeht, bedarf wohl keiner Erörterung.

[19] Iren. V,26,2. Ausführlicher s. S. 178f. 189-192.

dem sie im Himmel zusammen mit Paulus einen Platz an der Seite
Christi zugewiesen haben [20]); der eigene, von den bei den Katholiken gebräuchlichen Schriften bewußt unterschiedene Kanon; etc.

c. *Nicht* gültig ist die gegebene Verhältnisbestimmung weiter für
die *manichäische Gnosis*, die sich ebenfalls in ihrer kirchlichen
Organisation, ihrem eigenen (und außerbiblischen) Kanon, ihrer
mythologischen Dogmatik und nicht zuletzt im Hinblick auf ihr
Selbstverständnis (als die abschließende Form der Offenbarung) [21]
als ein abgegrenztes Eigenes darstellt, auch wenn sie sich v.a. im
Westen ganz überwiegend aus dem katholischen Christentum re-
krutiert und den Anspruch erhoben hat, das wahre Christentum zu
vertreten. Gerade die der valentinianischen Gliederung in Pneumatiker und Psychiker scheinbar analoge Unterscheidung von
Electi und Auditores zeigt die ganz andere Stellung zum kirchlichen
Christentum. Denn während für die Valentinianer das Gemeindechristentum in seiner *Gesamtheit* die Gruppe der Psychiker ausmacht, stellen die manichäischen Auditores dort, wo der Manichäismus seine Anhänger in katholischen Kreisen sucht, eben nur
eine Gruppe *innerhalb* der katholischen Gemeinde dar. Anstelle
zweier konzentrischer Kreise haben wir hier also nur das Bild zweier sich teilweise überschneidender Kreise vor uns.

d. Entwickelt wurde das oben bezeichnete Stufenmodell aus
Texten der *christlichen Gnosis*, und für eben diesen Bereich bean-
sprucht es Gültigkeit. In ausgeprägter Weise scheint es dabei für
den valentinianischen Ausstrahlungsbereich und damit für jene
Gnosis zu gelten, die kraft ihrer inneren Nähe zum Gemeindechristentum dort auch die stärkste Verbreitung gefunden hat. Stellen
die Valentinianer doch die ,,robustissima secta" (Orig. Hom. II,5 in
Ezech.) und das ,,frequentissimum plane collegium inter haereticos" (Tert.adv.Val. 1) dar. Doch belegen andererseits gerade auch
die Dokumente der außervalentinianischen Gnosis — erinnert sei an
Texte wie EpPt (NHC VIII,2), TestVer (NHC IX,3), 2ApcJac (NHC
V,4) oder ApcPt (NHC VII,3) — die spezifische Unterschiedenheit
der gnostischen gegenüber der kirchlichen Polemik (in der Struk-

---

[20] S. Harnack Marcion 162 Anm. 2. Das nicht-sektiererische Selbstverständnis Markions steht nicht im Widerspruch zu solch betonter Grenzziehung zwischen Wahr und Falsch.
[21] Keph. 1. S. auch Keph. 105 über das Verhältnis des ,,Christen"-
und des ,,Manichäer"-Namens. S. Böhlig Mysterion 202-222.

tur, den resultierenden Konsequenzen etc). Zu den christlich-gnostischen Texten, für die die gegebene Verhältnisbestimmung nicht
gilt, zählt etwa LibTh (NHC II,7) — hier wird einfach Richtig gegen
Falsch gesetzt — oder (als das Dokument einer zeitlich wie ent-
wicklungsmäßig späten Gnosis) die Pistis-Sophia-Literatur, die ihre
mythologischen Spekulationen als ,,Lehre, außer der es keine andere
gibt'' (1 Jeu 257,14f), dogmatisiert und der katholischen ,,Irrlehre''
entgegengestellt. Des weiteren scheint sich — im Hinblick auf die
Geschichte der Auseinandersetzung von Kirche und Gnosis von
besonderem Interesse — die erfolgreiche Abdrängung des gnostischen Christentums durch die kirchliche Orthodoxie in entsprechend
schärferer Polemik der Gnostiker niederzuschlagen [22]. Doch kann
selbst ein Text wie 2LogSeth mit seiner unerhört bitteren Polemik
einräumen, daß Christus der Christus auch der Kirchenchristen ist
und daß diese ihn darum nur ,,teilweise'' nicht erkannt haben [23].

---

[22] Cf. unten S. 250-255.
[23] S. S. 192. 189ff.

TEIL V

VERSUCH HISTORISCHER KONKRETISIERUNG

Im vorangegangenen Hauptteil versuchten wir, auf der Basis der neuen gnostischen Originaltexte sowie der kritisch befragten patristischen Zeugnisse das Verhältnis von gnostischem und kirchlichem Christentum neu zu bestimmen. Was trägt das so gewonnene Bild nun für die *Geschichte* der Auseinandersetzung beider Größen aus? Es kann im Folgenden — schon aus Gründen des zur Verfügung stehenden Raumes — nur darum gehen, beispielhaft einige wichtige Punkte zu markieren.

a. *Das Scheitern der ketzerbestreitenden Vorgänger des Iren.* Im Hinblick auf die unterschiedlichen Phasen der Auseinandersetzung kommt der Mitteilung des Iren. in IV praef. 2 eine gewisse Schlüsselstellung zu. Wir sind auf diese Stelle bereits mehrfach kurz eingegangen; sie lautet: „Nec enim possibile est alicui curare quosdam male habentes, qui ignorat passionem eorum qui male valent. Quapropter *hi qui ante nos fuerunt*, et quidem multo nobis meliores, *non tamen satis potuerunt contradicere* his qui sunt a Valentino, *quia ignorabant regulam ipsorum*, quam nos cum omni diligentia in primo libro tibi tradimus; in quo et ostendimus doctrinam eorum recapitulationem esse omnium haereticorum". Diese Mitteilung — eher beiläufig zu Beginn des 4. Buches seines ja sukzessiv entstandenen Werkes getroffen — ist gegen den Verdacht gefeit, nur einem literarischen Klischee zu folgen. Welche antivalentinianischen Vorgänger Iren. hier vor Augen hat, läßt sich im Einzeln kaum feststellen. Mit Sicherheit dürfte jener im Kampf gegen die valentinianische Häresie hervorgetretene „Bessere" dazu gehören, den Iren. an verschiedenen Stellen ehrfurchtsvoll erwähnt [1]. Auch den Justin wird man mit großer Wahrscheinlichkeit hinzurechnen dür-

---

[1] I praef.; III,17,4; I,13,3; I,15,6. Zur Identifizierung dieser Gestalt cf.: ZAHN Forschungen VI 53-58 („älterer, aber noch am Leben befindlicher Zeitgenosse": Miltiades? Claudius Apollinaris? Melito?); ALÈS REG 42 (1929) 398-410 (Pothin); HARNACK Litteratur II/1 333 Anm.1 (= 334) (Justin?); HILGENFELD Ketzergeschichte 51.369 (Polykarp?); HENNECKE (in der 2. Aufl. der Ntl.n Apokryphen S. 541: Pothin? Melito?); BLUM Tradition 189; BROX Irenäus 157. Mir scheint er nach Kleinasien zu gehören (cf. I,15,6/13,5).

fen ². Für unsere Fragestellung ist v.a. die generalisierende Form
dieses Urteils von Interesse, das von einem Mann getroffen wird,
der an zahlreichen Stellen seines Werkes Kenntnis der älteren
antignostischen Literatur beweist ³. — Wir gehen die wichtigsten
Aspekte dieser Mitteilung durch.

1. Es ist häufig konstatiert worden, daß uns von der antignostischen Streitliteratur der Kirche aus der Zeit vor Iren. nichts
erhalten ist. Für diesen Tatbestand wird meist einfach der Zufall,
das Desinteresse späterer Zeiten an vergangenen Kontroversen oder
auch fehlende dogmatische Korrektheit dieser Schriften verantwortlich gemacht. Der von Iren. zumindest für den Bereich der
antivalentinianischen Literatur angegebene Grund ist jedoch ein
anderer: der *fehlender Eignung* („non tamen satis potuerunt contradicere ..."). Dies Urteil des Iren. ist umso gewichtiger, als er seinerseits mit seinem Werk die folgende häresiologische Tradition
geprägt hat (s.u.). Indirekte Bestätigung erfährt es auch durch Tert.,
der verschiedene antivalentinianische Schriften — auch solche aus
der Zeit vor Iren. — vergleichen konnte und der dabei dem Werk
des Iren. als des „omnium doctrinarum curiosissimus explorator"
den Vorzug gibt (adv.Val. 5.6ff). — 2. Nun haben die Schwierigkeiten der Antignostiker bei der Bekämpfung ihrer Gegner sicherlich verschiedene Ursachen gehabt. Der von Iren. für das Ungen-
nügen seiner antivalentinianischen Vorgänger angegebene Grund
ist jedoch der, daß diese die Häretiker nicht wirksam als solche zu
entlarven vermochten. Ganz allgemein stellt er fest, daß sie die

---

² So auch HILGENFELD Ketzergeschichte 49; HARNACK Quellenkritik 47;
cf. auch HARNACK Litteratur II/1 333 Anm.1 (= 334); LIPSIUS Quellen
57 Anm.1; HARNACK Dogmengeschichte I 358; sowie LANGERBECK Aufsätze 174f (s.u.).

³ Iren. nennt an älteren kirchlichen Schriftstellern den Polykarp (V,33,4
III,3,4; Ep.adFlor.), Ignatius (V,28,4), Papias (V,33,4), Klemens (III,3,3)
und Hermas (IV,20,2). Von Justin zitiert er die Schrift gegen Markion
(IV,6,2; cf. V,26,2). Ob er in seinem Ketzerkatalog (I,22,2ff) auf Justins
Syntagma (so: LIPSIUS Epiphanios 57f; HARNACK Quellenkritik 56; HILGEN-
FELD Ketzergeschichte 54f) oder eine neuere Liste (so LIPSIUS Quellen
63f.36-64; WISSE VigChr 25 [1971] 214) zurückgreift, sei dahingestellt.
Die Frage der Kenntnis der Apologien des Justin beantwortet LIPSIUS
Quellen 63 Anm.2 positiv. Wichtig sind die Überlieferungen der „Pres-
byter" (II,22,5 V,5,1 30,1 33,3f 36,1) und v.a. die große antihäretische
Presbyter-Predigt (IV,27-32; ob gegen Markion oder die Gnostiker gerichtet,
ist umstritten, s. HARNACK Presbyter-Predigt 1-37; LIPSIUS Quellen 57).
Vorsicht geboten ist gegenüber den Versuchen, die Verwendung der Werke
des Hegesipp und des Theophilus sowie von Ps.Justins De resurrectione
nachzuweisen.

„Krankheit" der Häretiker nicht kannten, und insbesondere jener
mehrfach ehrfurchtsvoll zitierte „Bessere" wird als Zeuge dafür
angeführt, daß die häretische Gnosis der Wahrheit so ähnelt wie
die Glasimitation dem Smaragd (I praef.) und das Gipswasser der
Milch (III,17,4). Das hat sich nicht geändert — auch Iren. führt
an zahlreichen Stellen bewegte Klage über die äußere *Ununterscheidbarkeit* der Gnostiker [4] —, aber er ist davon überzeugt, die
Häretiker jetzt dingfest machen und so wirksam bekämpfen zu
können. Mit dem von ihm in seinem „ersten Buch" (I,1-8) referierten System glaubt er nämlich die bislang unbekannte „regula"
der Valentinianer und im Grunde der Gnostiker überhaupt [5] entdeckt zu haben. Darauf kann er nun folgerichtig all das, was ihm an
gnostischer Opposition begegnet, festlegen und so „entlarven", auch
wenn die Gnostiker an sich ganz „Ähnliches wie die Gläubigen"
reden [6]. Die Kenntnis dieser „regula" bzw. dieses Systems ist also
unentbehrliche Voraussetzung einer wirksamen Bekämpfung der
Häretiker; denen, „die vor uns gewesen sind", geht sie jedoch ab
(IV praef. 2; I praef.) [7]. — 3. Das antignostische Werk des Iren.
markiert also in doppelter Hinsicht einen *tiefgreifenden Einschnitt*.
Zum einen ist es nicht angängig, die Art und Weise kirchlicher Bestreitung der Gnosis in der Zeit *vor* Iren. per analogiam aus seinem
Werk (bzw. der auf ihm fußenden häresiologischen Tradition) zu
erschließen, wie es häufig genug — ob ausgesprochen [8] oder nicht
— geschieht [9]. Das aber ist von einiger Tragweite, da die entscheidende Ausprägung der frühkatholischen Kirche in eben diese Jahrzehnte vor Iren. fällt. Zum andern ist es nicht legitim, das von Iren.
gezeichnete Bild der valentinianischen Gnosis — in dessen Zentrum
das von Iren. als „regula" klassifizierte System steht — ohne wei-

---

[4] S. S. 175ff.

[5] Diese „regula" der Valentinianer ist ja zugleich die „recapitulatio
omnium haereticorum" (IV praef. 2).

[6] Cf. zB III,16,1. S. S. 204-207.

[7] Daß Iren. die erfolgreiche „Entlarvung" der Gnostiker als seine besondere Leistung gegenüber der bisherigen Ketzerbestreitung in Anspruch
nimmt, läßt bereits der selbstgewählte Titel seines Werkes erkennen, auf
den er häufig Bezug nimmt (I,31,4; II praef. 2; IV,41,6; IV praef. 1; V
praef.; III praef.).

[8] So zB BARDENHEWER Geschichte I 384.

[9] Dieses Urteil sprechen auch etwa SCHWARTZ Aporien 126 und CARPENTER
JThS NS 14 (1963) 297 aus; cf. S. 2 Anm. 4. Cf. auch ANDRESEN Kirche
101 über die „auffallende(r) Tatsache, daß keine offiziellen Aktionen oder
Verlautbarungen gegen die Gnosis seitens der frühkatholischen bzw. der
altkatholischen Kirche im 2./3. Jh. bekannt sind".

teres auf die Zeit vor ihm zu übertragen. Denn daß seine Vorgänger
die valentinianische Gnosis nicht in dieser Gestalt kennenlernten,
spricht Iren. selbst ja deutlich aus; daß sie es hätten tun können,
ist seine nicht beweisbare Annahme. — 4. Mit der Feststellung des
Iren. in IV praef. 2 lassen sich zwanglos eine Reihe *sonstiger Daten
aus der Zeit vor Iren.* verbinden, deren Einordnung gemeinhin
Schwierigkeiten bereitet. So etwa die Beobachtung von ANDRESEN
(Kirchen 99): ,,Wollte man sich Irenäus anvertrauen, dann hätte
Valentin völlig unangefochten in Rom gelebt und gelehrt''. Auch
die Überlegungen von LANGERBECK (Aufsätze 173ff) zur ,,Aus-
einandersetzung von Theologie und Gemeindeglauben in der
römischen Gemeinde in den Jahren 135-165'' wären hier zu nennen.
Er begründet hier u.a. die Vermutung, daß der Valentinianer Ptolemäus zu identifizieren sei mit dem gleichnamigen Lehrer der römischen Gemeinde, den Justin in seiner 2. Apologie erwähnt, und
verweist auf die ,,bedeutende Rolle'', die Valentin in der römischen
Gemeinde allem Anschein nach gespielt hat, ferner darauf, daß er
der 1. Apologie des Justin noch nicht als Häretiker gilt und daß wir
auch später nichts von einer ,,endgültigen Exkommunikation'' hören. Wieder fällt hier der Unterschied zu Markion auf, bei dem es
ja in Rom zum klaren Bruch kam. — Oder man denke beispielsweise an den Traktat EvVer (NHC I,3), neben PtolFl die einzige
erhaltene valentinianische Schrift, die mit ziemlicher Sicherheit auf
die Zeit vor Iren. datierbar ist [10]. Die Ratlosigkeit, die diese Schrift
beim modernen Interpreten auslöst — ,,Ihre bemerkenswerte Christologie z.B. ist so schillernd und undurchsichtig, daß man mit der
vorgegebenen Alternative, ob sie eigentlich doketisch oder nicht
doketisch ist, ziemlich ratlos vor dem Text steht'' [11] —, dürfte bei
einem orthodoxen Kirchenmann der damaligen Zeit kaum geringer
gewesen sein. — 5. Das Urteil des Iren. bezieht sich nur auf das
Geschick seiner Vorstreiter im Kampf gegen die *valentinianische*
Gnosis. Das will beachtet sein; entsprechend haben wir hier von
der vorvalentinianischen Zeit zunächst ganz abzusehen. Doch sollte
man sich vor Augen halten, daß die Valentinianer Hauptgegner
nicht nur des Iren. sind, sondern wohl der gefährlichste Rivale der

---

[10] Cf. Iren. III,11,9 sowie: MALININE-PUECH-QUISPEL (in der Zürcher
Ausgabe pg. XII); JONAS Gnosis I 408; STORY Nature XIIIff; etc. Die
Bestreitung des valentinianischen Charakters von EvVer durch SCHENKE
(Ursprung passim) scheint mir ein indirektes Zeugnis der Wirkungsgeschichte
des von Iren. geprägten Bildes der valentinianischen Gnosis zu sein.
[11] TRÖGER Gnosis 28.

kirchlichen Orthodoxie insgesamt; denn sie bilden sie ja die „robustissima secta" (Orig.Hom. II,5 in Ezech.) bzw. das „frequentissimum plane collegium inter haereticos" (Tert.adv.Val. 1). V.a. aber stellt gerade Iren. die äußere Ununterscheidbarkeit, die das Scheitern seiner Vorgänger begründet, als *Kennzeichen „aller" Gnostiker* heraus. Denn anders als die Markioniten lästern „die Valentinianer und *alle* fälschlich so genannten Gnostiker" nicht durch „klare Worte", sondern durch „Umdeutung der Lehre" (V,26,2).

Es ist aufschlußreich, wie wenig die Mitteilung des Iren. in IV praef. 2 in der neueren Diskussion beachtet wird [12]. Das dürfte zu einem guten Teil Ausdruck einer gewissen Verlegenheit sein; angesichts des gerade von Iren. geprägten Gnosisbildes, das auf die Identifizierung der Gnostiker mit den so betont fremdartigen Systemen hinausläuft, kann man mit dieser Mitteilung nichts Rechtes anfangen. Die Mitteilung des Iren. fügt sich jedoch genau dem Bild ein, das unsere Untersuchung der Struktur der gnostischen Polemik ergab. Danach sind *beide* Merkmale des gnostischen Christentums in gleicher Weise zu beachten: seine spezifische *sachliche Unterschiedenheit* gegenüber dem Gemeindechristentum *und* zugleich seine — von orthodoxer Seite so vehement beklagte — *äußere Ununterscheidbarkeit.*

b. *Der langdauernde Prozeß wechselseitiger Einwirkung.* Nun ist mit der Zeit des Iren. noch keineswegs eine Klärung der Fronten erreicht. Wie sehr dem Iren. in seiner unmittelbaren Umgebung die äußere Ununterscheidbarkeit der Gnostiker zu schaffen macht, stellten wir bereits fest [13]. Daß er eine derartige Situation als allgemein gegeben voraussetzt, zeigt wohl auch die Zielsetzung seines Werkes. Dies scheint von vornherein auf einen weiteren Leserkreis hin mitkonzipiert zu sein [14], dessen Hilflosigkeit gegenüber der täuschenden Ähnlichkeit der valentinianischen Irrlehre es zu be-

---

[12] BROX etwa notiert sie in seiner ausführlichen Monografie über die Ketzerbekämpfung des Iren. nur zweimal — in anderem Zusammenhang und ohne nähere Sachdiskussion.

[13] S. S. 175ff.229.

[14] III,17,4: „du und alle, welche sich mit dieser Schrift befassen"; „du und alle zukünftigen Leser dieser Schrift" (V praef.); „alle Wahrheitsfreunde" (II,35,4); „du und die Deinigen" (I praef.). Daß Iren. einen auswärtigen Freund anspricht, ergibt sich aus dem entschuldigenden Hinweis auf seine Arbeit unter den „Kelten" (I praef.). Cf. ZAHN RE IX 403f; LIETZMANN Geschichte II 209; BARDENHEWER Geschichte I 404; BENOIT Irénée 152 (+ Anm.1).

heben sucht (III,17,4). Und in der Tat scheint die rasche und weite Verbreitung seines Ketzerwerkes [15] zu zeigen, wie sehr solche Hilfe nottat. Als Einzelfall beleuchtet das Beispiel des Valentinianers Florinos, römischer Presbyter unter Bischof Viktor, die Situation zur Zeit des Iren. Ich zitiere hier HARNACK: in dem „Fragment des syrischen Briefes wird Victor von Irenäus aufgefordert, gegen den Florinus, der Presbyter in Rom ist, einzuschreiten und seine häretischen Bücher — Irenäus lässt *aus Schonung* den *günstigen Fall* offen, dass Victor noch keine Kenntnis von ihnen hat . . . — zu unterdrücken" [16]. Die angeführten Zeugnisse stammen bemerkenswerterweise aus Gebieten, die zu den stärksten Bastionen der kirchlichen Rechtgläubigkeit gehörten. Daß im Osten die Mehrheitsverhältnisse ohnehin mancherorts ganz anders lagen, ist bekannt [17]. Orig. macht sogar Mitteilung von gewaltsamen Repressalien einer gnostischen Majorität gegen rechtgläubige Christen [18].

Doch gerade auch bei klarer orthodoxer Mehrheit ist das eigentliche Problem längst nicht entschieden. Wenn etwa Orig. von der geradezu superstitiösen Scheu zu berichten weiß, die manche *simpliciores* in seinem Umkreis vor der Häresie empfanden, so war eine solche Einstellung sicherlich der Verbreitung der häretischen Gnosis nicht unbedingt förderlich. Das eigentliche Problem bestand nur eben darin, die gnostischen Häretiker als solche zu identifizieren. Denn das war keine abgeschlossene Angelegenheit, diese Aufgabe stellte sich stets neu. Die Schwierigkeiten des Tert., der die Gnostiker seiner Umgebung auf die bereits von Iren. vorbildlich bekämpften valentinianischen Anschauungen festzulegen sucht, sprechen hier eine deutliche Sprache; muß er sich doch dabei seitens der Gnostiker den Vorwurf gefallen lassen, sich selbst ausgedacht zu haben, was er über sie berichtet („utique dicemur ipsi nobis finxisse materias": adv.Val. 4f). Diese Schwierigkeiten spiegeln die im vorangegangenen Hauptteil erörterte Tatsache wider, daß gnostische Häresie nicht in fixierten, abgegrenzten, lehrmäßig tradierten An-

---

[15] Hipp. (Refutatio) und Epiph. (Panarion) schreiben Iren. wortwörtlich aus; desgleichen Tert. (Adversus Valentinianos; ca. 205). Hipp. scheint ihn in seinem Syntagma (in Rom vor 200) zugrundegelegt zu haben (s. HILGENFELD Ketzergeschichte 61). Clem.Al. hat Iren. benutzt (Eus.h.e. VI,13,9). Die Fragmente von Pap.Oxyr. 405 (Anfang 3. Jh.) gehören zu Iren. III,9 (FREND Martyrdom 13 Anm.100). Zur weiteren Wirkungsgeschichte s. HILGENFELD Ketzergeschichte 73f.

[16] HARNACK Litteratur II/1 321; Hervorhebung von mir.

[17] Cf. BAUER Rechtgläubigkeit 6ff.49ff.

[18] HARNACK Ertrag II 61 Anm.5.

schauungen besteht, sondern etwas ist, was sich stets aufs neue bildet. „Suchet, so werdet ihr finden", ist laut Tert. der Wahlspruch, den die Gnostiker allerorten und zu jeder Zeit im Munde führen. Die Gnostiker haben stets aufs neue gefunden. Das machte ihre Identifizierung (als Voraussetzung wirksamer Bekämpfung) so schwierig.

Jedenfalls finden wir länger, als gemeinhin angenommen wird, Gnostiker in der Kirche oder zumindest in einer Situation relativ ungehinderten Kontaktes zum Gemeindechristentum (zu Einzelheiten s. EXKURS VIII). Der Grund dafür liegt eben darin, daß sie durch gnostische Umdeutung mit Leichtigkeit all das unterliefen, was die auf Abgrenzung bedachte kirchliche Orthodoxie ihnen entgegenstellte. Wir haben dies an verschiedenartigen Beispielen im vorangegangenen Hauptteil illustriert. Bei Beachtung dieses Sachverhalts läßt sich der Impuls der Fragestellung von W. BAUER um Einiges weiter verfolgen, als BAUER selbst es sich als Aufgabe gestellt hat. Seine These ist bekanntlich die, daß am Anfang des Christentums nicht die Einheit, sondern die Vielheit steht, daß in zahlreichen Gebieten — Hauptbeispiele sind Edessa und Ägypten — die ,Häresie' die ursprüngliche Repräsentanz des Christentums darstellt oder daß dort Rechtgläubigkeit und Ketzerei lange Zeit ungeschiedene Größen blieben. BAUER verfolgt die Entwicklung in den einzelnen Gebieten jeweils bis zu dem Punkt, wo das kirchliche Christentum die dominierende Stellung eingenommen hat. — Jedoch hat sich, wie das von uns diskutierte Gnosismodell zu demonstrieren vermag, mit der äußeren Konsolidierung des kirchlichen Christentums die Problemlage nur verschoben: jetzt wirkt die Gnosis von innen her, auf dem kirchlichen Christentum aufbauend und wegen dieser inneren Nähe zum kirchlichen Glauben umso gefährlicher (und nachwirkender). — Für BAUER stellt Rom seit dem I. Klemensbrief die Vorhut der Rechtgläubigkeit dar, die allerorten auf Zurückdrängung der gnostischen Häresie hinwirkt; aber noch um das Jahr 190 hat nach dem Urteil des kundigen Ketzerentlarvers Irenäus der valentinianisch gesonnene Presbyter (!) Florinos eben in (!) der römischen Kirche blasphemische Lehren vertreten, die „selbst die außerhalb der Kirche stehenden Häretiker niemals aufzustellen gewagt" haben (Iren.ap.Eus.h.e. V,20,4) und dieselben — unbeanstandet von dem nicht in gleicher Weise geübten römischen Bischof Viktor — in einer regen, bis nach Gallien hineinreichenden literarischen Propaganda zu verbreiten vermocht

(„et nostris laedat, quia per libros eius falsa dogmata de Deo in mentes eorum injicit": Iren. frgm.syr. XXVIII). — Um 350 war die kirchenpolitische Szene durch den Streit um das Nicaenum bestimmt; um diese Zeit war es zugleich noch möglich, daß mit Petrus durch Epiphanius ein früherer kirchlicher Presbyter (!) entlarvt wurde, der in (!) der Kirche das Gift der gnostischen Häresie der Archontiker verbreitete [19]. — Solche Vorkommnisse finden in dem von uns beschriebenen Gnosismodell ihre plausible Begründung und zeigen, wie lange das gnostische auf das kirchliche Christentum einzuwirken vermochte (und umgekehrt).

c. *Die unterschiedlichen Phasen christlicher Traditionsbildung.* Verfolgt also W. BAUER die geschichtliche Entwicklung jeweils bis zu dem Punkt, wo sich das rechtgläubige Christentum ausgeprägt und durchgesetzt hat, und hat unsere in Teil IV geführte Diskussion zu zeigen versucht, wie die Gnostiker ihrerseits solche kirchliche Tradition durch ‚pneumatische Deutung' wiederum gnostisch unterlaufen haben, so könnte man von zwei aneinander anschließenden Fragestellungen sprechen. Doch wäre eine solche Verhältnisbestimmung ungenau, da die Gnostiker nicht bloß auf einem *vorgegebenen* kirchlichen Glauben aufzubauen vermochten, sondern ihrerseits auch *Schrittmacher* kirchlichen Glaubens sein konnten. Wie das Vorbild der Gnosis rechtgläubige Kreise in Richtung auf den späteren kirchlichen Kanon drängt, läßt sich etwa schön am *Beispiel der Epistula Apostolorum* diskutieren, einer antignostischen Schrift judenchristlicher Provenienz, die in einem Einschub (c. 31 [42] und 33 [44]) mit deutlich apologetisch-polemischer Tendenz die Anerkennung des recht(gläubig) verstandenen Apostels Paulus durchzusetzen sucht. Ich folge der Analyse von M. HORNSCHUH: zum einen zwingt „gerade die Situation des antignostischen Kampfes" den Verfasser, „sich mit dem Andenken des Paulus auszusöhnen" und judenchristliche Ressentiments zurückzustellen; zum andern aber wird der Kronzeuge der gnostischen Gegner dadurch neutralisiert, daß er den 11 Aposteln und deren — kirchlicher — Lehre untergeordnet wird. „Zu einer theologischen Auswertung der literarischen Hinterlassenschaft des Paulus ist der Verfasser nicht imstande. Hier sind die Gegner überlegen ... Ihm genügt vollauf die Feststellung, daß Paulus mit den Aposteln übereinstimmt ... Weiß man, was die Jünger des Herrn gelehrt haben, so weiß man

---

[19] Epiph.pan. 40,1,3-6.

auch, was Paulus gelehrt hat, und so ist man der schwierigen Aufgabe einer Interpretation seiner Aussagen enthoben" [20]. — Wir
können hier also beobachten, wie *die Rechtgläubigkeit der Gnosis
in der Anerkennung des Paulus folgt, doch so, daß der ständige Vorwurf der Gnostiker an die Adresse des Gemeindechristentums* — nur
äußere, nicht durch „Wissen" realisierte Aneignung der Schätze der
christlichen Offenbarung — *erneut Bestätigung findet*. Denn durch
die rechtgläubige Paulus-„Interpretation" der EpAp werden sich
die gnostischen Opponenten kaum von ihrem Paulusverständnis
haben abbringen lassen, dafür konnten sie sich aber nun auf eine
Autorität berufen, die auch vom Gegner anerkannt war. — Ähnlich
wirkungslos wird das an den Anfang von EpAp gesetzte, gegen die
Ketzer gerichtete Bekenntnis zum Vater, zu Jesus Christus, zum
Hlg.Geist, zur Kirche und zur Sündenvergebung (cap. 5[16]) geblieben sein; die Gegner konnten so etwas, wie wir es an zahlreichen
Beispielen sahen und wie es etwa EvPh (NHC II,3) plastisch vor
Augen führt [21], mit Leichtigkeit gnostisch unterlaufen. — Man sieht:
die Opponenten übernehmen von einander, der gemeinsame Boden
wird größer, die wesentliche Differenz bleibt erhalten. Die Gegner
schaukeln also, was die Anerkennung christlicher Tradition angeht, einander gleichsam hoch, ohne daß sich dadurch an der struk-
turellen Differenz zwischen gnostischem und kirchlichem Christentum Wesentliches ändert. Die Konstituierung der christlichen Gnosis als höhere Stufe *über* dem gemeinen Christentum ist kein abge-
schlossener Vorgang: sie wiederholt sich stets neu in den unterschiedlichen Phasen der christlichen Traditionsbildung.

d. *Das wechselnde Verhältnis zum kirchlichen Christentum im
Spiegel der gnostischen Polemik*. Sofern in der Forschung die geschichtliche Entwicklung der christlichen Gnosis thematisiert wird,
werden zumeist nur Fragen des Ursprungs diskutiert [22] oder kommt
Gnosis nur als Gegner des kirchlichen Christentums in den Blick.
Die spätere Entwicklung des gnostischen Christentums jedoch wird
im Regelfall ausgesprochen stiefmütterlich behandelt. Dabei sind
dessen vielfältige Entwicklungsformen *nach* seiner Ausschaltung
als ernstzunehmender Rivale der kirchlichen Rechtgläubigkeit —
ein Vorgang, der bekanntlich an den unterschiedlichen Orten zu

---

[20] HORNSCHUH Studien 87.84ff.
[21] Cf. EvPh (NHC II,3) § 11; cf. S. 187-189.
[22] Überblick über diese Diskussion bei RUDOLPH ThR 36 (1971) 30ff.

unterschiedlicher Zeit stattfand — von höchstem Interesse: so etwa der Prozeß zunehmender Isolierung oder auch anpassender Verkirchlichung; die fortdauernde Existenz in eigenen Gemeinschaften, trotz sich steigernden äußeren Druckes [23]; wachsende Bedeutungslosigkeit und schließliche Rückkehr in die katholische Kirche [24]; nach Abdrängung an die Peripherie des Christentums Verschmelzen mit der außerchristlichen Gnosis [25], zunehmende (Re-)Paganisierung und der Prozeß der Entchristianisierung [26]; Aufgehen im Manichäismus [27]; Weiterleben in asketischen und monastischen Strömungen[28]; etc. — Was hier zu wünschen wäre, ist folgendes: 1. Zusammen-

---

[23] Das gilt etwa für die Gemeinschaft der Valentinianer, über die wir hören, daß sie der Lynchjustiz seitens der Arianer in Edessa (Julian.Ap.ep. 115 [BIDEZ I/2 196,6-9]) oder der orthodoxen Mönche von Callinicum (Ambros.ep. 41,27 [PL XVI,1120]) ausgesetzt waren.

[24] Cypr.ep. 73,3 berichtet von Tausenden von Häretikern, die seit dem Episkopat des Agrippinos in die Kirche zurückgekehrt sind. Nach Lage der Dinge ist dabei v.a. an Markioniten und Gnostiker zu denken (cf. ep. 73,4 sowie: LIETZMANN Geschichte II 228f; HARNACK Marcion 335*).

[25] Cf. WISSE VigChr 25 (1971) 223.

[26] WISSE NovTest 12 (1970) 135: „just as there are cases of Christianization among Nag-Hammadi tractates, it is also conceivable that there was a process of de-Christianization going on in gnostic circles, particularly at a relatively late date when the gnostic sects were losing the battle against the orthodox Church and were moving away from Christianity"; ähnlich KUNZE Glaubensregel 345. Ob ein solcher Prozeß am Beispiel von SJC (NHC III,4) / Eug (NHC III,3) nachgewiesen werden kann, ist umstritten (dafür: SCHENKE ZRGG 14 [1962] 263ff; TILL [in der Einleitung seiner Edition von BG 8502] S. 54; WILSON Gnosis 110; dagegen: KRAUSE Verhältnis).

[27] Das ist häufig vermutet worden; cf. HARNACK Marcion 156; ders. Mission 932 (Aufgehen des Markionitismus im Manichäismus; vielleicht liegt in Ephr.hymn. 22,3 ein direktes Zeugnis für diese Entwicklung vor); DRIJVERS Bardaisaniten 310 (Bardesan); FREND JEH 4 (1953) 15ff („historical continuity between the Gnostics and the Manichees in Africa"); SCHENKE Gnosis 415 (allgemein); BÖHLIG Mysterion 202-221; RUDOLPH Manichäismus 156-190; etc.

[28] Für den syrischen Bereich cf. hier VÖÖBUS History I 31ff. 109ff.138ff sowie BLUM Rabbula 95 (Häretiker und häretisches Schrifttum in den Klöstern), für den ägyptischen Bereich die Entstehung der Nag-Hammadi-Bibliothek in einem pachominanischen Kloster (BARNS Covers 9-18; WISSE Gnosticism (s. S. 162); cf. in diesem Zusammenhang das abschätzige Urteil Schenutes über die pachomianischen Brüder [LEIPOLDT Schenute 36]), die gnostischen Texte im Kloster von Deir el-Bala'izah (KAHLE Bala'izah 473ff) und die mögliche Beheimatung des neugefundenen Kölner Mani-Codex in einem Kloster in Oxyrhynchos (so fragend HENRICHS-KOENEN ZPE 5 [1970] 103 mit Verweis auf die „zahlreichen Anhänger [sc. des Manichäismus] unter den christlichen Mönchen Ägyptens"). Allgemein cf. EXKURS IV.

stellung des zerstreuten themarelevanten patristischen Materials,
so, wie es HARNACK für die Geschichte der markionitischen Kirche
getan hat [29]; 2. detaillierte Befragung der neugefundenen gnostischen Originaltexte auf ihren historischen und traditionsgeschicht-
lichen Ort — ein Prozeß, der gegenwärtig in Gang ist; 3. Untersuchung der Frage, ob und inwiefern sich die Änderung der kirchenpolitischen Konstellation in entsprechenden Äußerungen gnostischer
Texte niederschlägt; 4. schließlich die Verknüpfung dieser unterschiedlichen Arbeitsgänge mit dem Ziel einer zusammenhängenden
Darstellung. — Was nun im Folgenden versucht werden soll, ist
allein dies, die dritte unter den genannten Fragestellungen beispielhaft an einigen Texten zu skizzieren.

1. Wir haben den valentinianischen Traktat *Inter* (NHC XI,1)
als die erste bekanntgewordene gnostische Gemeindeordnung charakterisiert (s. EXKURS II.3). Vorausgesetzt ist hier eine Situation, in der die gnostischen Pneumatiker den anerkannt führen-
den Gemeindeteil darstellen. Doch ist die von Inter angesprochene Gemeinschaft zerrissen durch gegenseitigen ,,Neid" und Mißgunst zwischen den gnostischen Pneumatikern und ihren weniger
reichlich mit Gnadengaben bedachten Mitchristen. Dieser Situation begegnet Inter mit an 1Kor 12/Rm 12 anklingenden Mahnungen, wobei freilich der Unterschied zu Paulus deutlich heraustritt.
Denn Inter geht von der faktischen Ungleichwertigkeit der unterschiedlichen ,,Glieder" des ,,Leibes" aus; hat doch der Soter nur
,,einigen" unter seinen irdischen ,,Brüdern" das Edikt des Vaters
,,ganz" verkündigt (14,27-31). Deshalb muß Inter die gnostischen
Pneumatiker mit Verweis auf das begründende Vorbild des Soter
zu gleichartiger Selbsterniedrigung aufrufen (15,26ff 10,27ff 17,35ff).
So bestätigt Inter den psychischen Mitchristen zwar ausdrücklich
die Zugehörigkeit zum ,,Leib" und zum ,,Haupt", doch muß er
sie andererseits warnen, ,,nicht dein Haupt anzuklagen, daß es dich
nicht zum Auge gemacht hat, sondern zum Finger, und sei nicht
neidisch gegen den, der zum Auge ... gemacht worden ist" (18,28-
32). — 2. Als nächstes Beispiel sei *EvPh* (NHC II,3) genannt (cf.
S. 187-189). Hier ist es nicht der ,,Neid" der psychischen Mitchristen auf die höheren Gaben der gnostischen Pneumatiker, den
es abzuwehren gilt, sondern die irrige Meinung der Gemeindechristen, die ihre beschränkte Erkennensweise für die vollgültige halten.

---

[29] HARNACK Marcion 153-196, v.a. 153-160.

Denn sie halten die „wertlosen" und „schwachen" „Abbilder" für
die Sache selbst und glauben in den irdischen „Namen" die transmundane „Wahrheit" an sich erfaßt zu haben. Gnostische Polemik
ist hier Kritik der Selbst-Verabsolutierung des beschränkten Glaubens der Gemeindechristen. Daß dies der Haupttypos gnostischer
Polemik ist, konnten wir häufig genug feststellen. — 3. Die Polemik
von *2LogSeth* (NHC VII,2) gegen die katholische „Nachahme"-
„Kirche" ist an Schärfe kaum zu überbieten. Dem entspricht eine
ganz bestimmte äußere Situation: die hinter 2LogSeth stehende
Gemeinschaft wird von den Katholiken „im Namen Christi" verfolgt, was bemerkenswerterweise im selben Zusammenhang wie die
Verfolgung durch die „Unwissenden" (= Heiden) mitgeteilt wird
(59,22ff). Wichtig für uns aber ist v.a. die Erwähnung früherer Zugehörigkeit zur katholischen Kirche. 61,17-23: die Gegner „verführen die, die bei ihnen sind ..., so wie sie *uns* unter Knechtschaft, Zwang von Satzungen und Furcht gebracht hatten".
GIBBONS (Commentary 259) sieht mit Bezug auf diese Stelle die
Absicht von 2LogSeth darin, „to keep gnostics from falling back
into the slavery of orthodox Christianity in spite of persecution".
Daraus erklärt sich auch der ungewöhnlich scharfe Ton der Polemik. Auch das ungewöhnlich starke Interesse am „Kirchen"-Be-
griff weist 2LogSeth als Dokument des Abwehrkampfes der Gnosis
aus. Doch findet sich selbst in 2LogSeth die Bemerkung, daß
Christus auch „ihr (sc. der Katholiken) Christus" ist (52,3-5) und
daß diese ihn nur „nicht vollkommen erkannt haben" (60,1). —
4. Die Datierung von *Rheg* (NHC I,4) ist umstritten; so sieht etwa
GAFFRON in dieser Schrift ein relativ frühes, SCHENKE hingegen
„ein relativ spätes Produkt der Gnosis" [30]. Übereinstimmung jedoch besteht über die für Rheg vorauszusetzende Situation: der
Lehrer von Rheg hat sich mit Einwänden und „Zweifeln" auseinanderzusetzen, die darin ihren Ursprung haben, daß man die
„gnostische Lehre von der Auferstehung als dem Akt des ‚Erkennens' mit der Auferstehungshoffnung ‚katholischer' Christen konfrontiert sah" [31]. Gegenüber solchen „Zweifeln betreffs der Auferstehung" (47,1-3) schärft der gnostische Lehrer ein: „denke nur
nicht, daß die (Gegenwärtigkeit der) Auferstehung eine Illusion
sei" (48,10-12). Dabei muß er durch Appell an den Willen die Ge-

---

[30] GAFFRON Apologie 220; SCHENKE OLZ 60 (1965) 472.
[31] GAFFRON Apologie 220f; ähnlich SCHENKE OLZ 60 (1965) 472; PEEL
Rheginos 49.

wißheit gegenwärtigen Erlöst-Seins ersetzen, die sonst in gnostischen Texten das Gefühl siegreicher Überlegenheit begründet: „Weshalb siehst du dich nicht selbst als auferstanden an?" (49,22f). Letztlich gesteht sich der Verfasser ein, die „schwierigen" (45,1) Fragen nicht wirklich geklärt zu haben (50,5ff). So ist auch Rheg ein Dokument der Auseinandersetzung — bzw. der wechselseitigen Einwirkung — von kirchlichem und gnostischem Christentum. Dabei richtet sich der Blick nicht so sehr nach außen. Vielmehr sucht der Verfasser der Verunsicherung zu begegnen, die durch diese Konfrontation in den Reihen der eigenen Gemeinschaft ausgelöst ist. — 5. Beachtung verdient in unserem Zusammenhang wohl vielleicht auch *ParSem* (NHC VII,1). Wie wir sahen (S. 146), findet sich in dieser allenfalls peripher vom Christentum berührten Schrift eine ganz massive Taufpolemik. Ob sich diese gegen das Sakrament der christlichen Gemeinschaft richtet oder nicht, läßt sich kaum sicher entscheiden. Fest steht jedoch dies, daß diese Taufpolemik in der deutlich christianisierten und offenkundig aus missionarischen Motiven umgestalteten Version fehlt, die bei Hipp. (V,19-22) erhalten ist [32]. Bei der Interpretation dieses Unterschiedes ist angesichts des komplexen literarischen Charakters von ParSem Zurückhaltung geboten; es bedarf noch eingehender Klärung, ob die polemischen Passagen frühen oder späten Schichten angehören. Bemerkenswert aber ist diese Differenz in jedem Fall. -6. Schließlich sind die Texte der *Pistis-Sophia*-Literatur [33] für unsere Fragestellung von Bedeutung. Wie in ihrem exzessiven Sakramentalismus und der massiven Gegenständlichkeit ihrer Himmelsspekulationen, so unterscheiden sich diese Texte auch in der Art ihrer antikatholischen Polemik tiefgreifend von sonstigen gnostischen Zeugnissen. Denn es sind hier gerade diese endlosen Spekulationen über die vielfältigen und sogar kartographisch dargestellten Details der himmlischen Welten, die als „Lehre, außer der es keine andere gibt" (1 Jeu 257,14), verabsolutiert und den „Irrlehren" der katholischen Pseudochristen gleichsam als Richtschnur einer gnostischen Orthodoxie entgegengestellt werden. So beantwortet etwa Jesus die Frage nach den Erkennungsmerkmalen der „Irrlehren" (ⲤⲂⲰ

---

[32] Cf. Koschorke Hippolyt 96ff.

[33] Zum inneren Verhältnis dieser Texte cf.: Till (in der Einleitung der Edition [GCS 45]) XXff; ders. La Parola del Passato X (1949) 230-249; Liechtenhan ZwTh 44 (1901) 236-253. Bei der Bestimmung der äußeren Situation dieser Gnostiker wird nicht immer der traditionsgebundene Charakter vieler Einzelabschnitte berücksichtigt.

ⲘⲠⲖⲀⲚⲎ) folgendermaßen: die Jünger sollen prüfen, ob deren Worte übereinstimmen mit Jesu Worten hinsichtlich „der Aufstellung der Luft und der Himmel und der Umkreise und der Sterne und der Leuchten und der ganzen Erde ... Dieses ist es, was ihr den Menschen, wenn ihr ihnen verkündigt, sagen werdet, damit sie sich vor den Irrlehren hüten" (PS 226,6ff.17ff). HARNACK (Pistis Sophia 97) hat diese Literatur als das Dokument eines „greisenhaften Gnosticismus" bezeichnet. In der Tat wird man die hier zutage tretende Dogmatisierung gnostischer Mythologie, der auf sakramentalem Sektor die Betonung der Unerläßlichkeit der vielfältigen Riten (zB PS 226,36ff), im Gemeinschaftsleben die ausgeprägte Hierarchisierung (zB 2Jeu 304,38f) etc entspricht, in Beziehung zu dem späten Entwicklungsstadium dieser Gnosis zu setzen haben. Des weiteren läßt hier aber die fiktive Situation der oben zitierten Anweisung erkennen, wie wenig diese Gruppe noch in lebendiger Auseinandersetzung mit dem großkirchlichen Christentum steht. Darauf deuten auch die sonstigen Eigentümlichkeiten dieser Literatur hin. Dogmatisierung der eigenen Mythologie sowie scholastische Traditionspflege einerseits und die Situation weitgehender Isolierung vom Hauptstrom des zeitgenössischen Christentums andererseits entsprechen einander.

Wir sehen: unterschiedlichen Typen der Polemik entsprechen erkennbar unterschiedliche äußere Situationen. Insofern vermag die Polemik der Gnostiker als Indikator des wechselnden Verhältnisses zum kirchlichen Christentum zu dienen.

Die hier vorgetragenen Überlegungen stellen nicht mehr als eine Skizze dar. Doch haben sie bereits ihren Zweck erreicht, wenn sie die Möglichkeit aufgewiesen haben, die Frage nach der geschichtlichen Dimension der Auseinandersetzung von gnostischem und kirchlichem Christentum neu — und mit Aussicht auf Erfolg — anzugehen.

LITERATURVERZEICHNIS

1. TEXTE, HILFSMITTEL

a. *Die koptischen Gnostica*

(Ein vollständiges Verzeichnis der Ausgaben und Übersetzungen der Nag-Hammadi-Traktate findet der Leser in der Bibliografie von D. M. SCHOLER sowie in SCHOLERS ,,Bibliographia Gnostica Supplementum'' in Novum Testamentum).

THE FACSIMILE EDITION OF THE NAG HAMMADI CODICES: Published under the Auspices of the Department of Antiquities of the Arab Republic of Egypt in Conjunction with the UNESCO. Leiden 1972ff. Erschienen sind bisher: Codex I, II, III, IV, V, VI, VII, VIII, XI-XIII.

NHC I,1-5:   (CODEX JUNG): Edd. M. MALININE, H.-C. PUECH, G. QUISPEL, (W. TILL, R. ZANDEE, R. McL. WILSON, W. VYCICHL), Zürich (/Bern) 1956ff.

NHC II,1:   KRAUSE, M./LABIB, P., Die drei Versionen des Apokryphon des Johannes im koptischen Museum zu Alt-Kairo, ADAIK Kopt.R. 1, Wiesbaden 1962 (= NHC II,1 III,1 IV,1).

NHC II,2:   LEIPOLDT, J., Das Evangelium nach Thomas, TU 101, Berlin 1967.

NHC II,3:   MÉNARD, J. E., L'Évangile selon Philippe, Strasbourg 1967.

NHC II,4:   NAGEL, P., Das Wesen der Archonten, Halle 1970.

NHC II,5:   BÖHLIG, A. / LABIB, P., Die koptisch-gnostische Schrift ohne Titel, Berlin 1962.

NHC II,6.7:   KRAUSE, M. / LABIB, P., Gnostische und hermetische Schriften aus Codex II und Codex VI, ADAIK Kopt.R. 2, Glückstadt 1971.

NHC III,2/IV,2 BÖHLIG, A. / WISSE, F., Nag Hammadi Codices III,2 and IV,2. The Gospel of the Egyptians, Nag Hammadi Studies 4, Leiden 1975.

NHC V,2-5:   BÖHLIG, A. / LABIB, P., Koptisch-gnostische Apokalypsen aus Codex V von Nag Hammadi im Koptischen Museum zu Alt-Kairo, WZ Halle-Wittenberg 1963.

NHC V,4:   FUNK, W.-P., Die zweite Apokalypse des Jakobus aus Nag-Hammadi-Codex V, Diss.theol. Berlin 1971 (erscheint als TU Bd. 119).

NHC VI,1-8:   KRAUSE, M. / LABIB, P., Gnostische und hermetische Schriften aus Codex II und Codex VI, ADAIK Kopt.R. 2, Glückstadt 1971.

NHC VII,1-3.5: KRAUSE, M. / GIRGIS, V., Neue Texte. In: F. ALTHEIM, R. STIEHL (Ed.), Christentum am Roten Meer, Bd. II, Berlin - New York 1973, 2-232.

BG 8502   TILL, W. C., Die gnostischen Schriften des koptischen Papyrus Berolinensis 8502, TU 60 (2. Aufl. von H.-M. SCHENKE), Berlin 1970.

Cod.Askew./   SCHMIDT, C., Koptisch-gnostische Schriften; Erster Band:
Cod.Bruc.   Die Pistis Sophia, Die beiden Bücher des Jeu, Unbekanntes
                 altgnostisches Werk, GCS 45 (3. Aufl. von W. TILL),
                 Berlin 1959³ (Nach der Seitenzählung dieser Übersetzung
                 wird zitiert).
                 SCHMIDT, C., Pistis Sophia, Coptica II, Hauniae 1925.
                 SCHMIDT, C., Gnostische Schriften in koptischer Sprache
                 aus dem Codex Brucianus, TU 8,1.2, Leipzig 1892.

(BERLINER ARBEITSKREIS FÜR KOPTISCH-GNOSTISCHE SCHRIFTEN). Von sei-
nen Übersetzungen sind bisher erschienen: NHC VI,1 (H.-M. SCHENKE
ThL 98 [1973] 13-19); NHC VI,3 (W.-P. FUNK ThL 98 [1973] 251-259);
NHC VI,4 (K.-M. FISCHER ThL 98 [1973] 169-176); NHC VII,2 (H.-G.
BETHGE ThL 100 [1975] 97-110). NHC VII,3 (A. WERNER ThL 99 [1974]
575-584); NHC XIII,1 (G. SCHENKE ThL 99 [1974] 731-746).

b. Sonstige Texte, Hilfsmittel

(Einzelne Editionen innerhalb einer Reihe werden nicht gesondert aufgeführt; entsprechende Verweise werden ggf. innerhalb des Textes gegeben.
Irenäus-Zitate folgen im Text der Ausgabe von HARVEY, in der Zählung
der Editionen von MASSUET bzw. STIEREN, deren Zählweise bei HARVEY
am Rand vermerkt ist.)

ADAM, A., Texte zum Manichäismus, KlT 175, Berlin 1954.
(Aphrahat): PARISOT, J., Aphraatis Sapientis Persae Demonstrationes, Pa-
     trologia Syriaca I,1, Paris 1894.
(Aphrahat): BERT, G. (Übers.), Aphrahat's des persischen Weisen Homilien,
     TU 3/3.4, Berlin 1888.
(Apologeten): GOODSPEED, E. J., Die ältesten Apologeten, Göttingen 1914.
(Apostolische Väter): FUNK, F. X./BIHLMEYER, F., Die Apostolischen Väter,
     SQS II 1,1, Tübingen 1956².
BAUER, W., Wörterbuch zu den Schriften des Neuen Testaments, Berlin
     1963⁵.
BKV: Bibliothek der Kirchenväter, edd. O. BARDENHEWER/T. SCHERMANN
     (bzw. J. ZELLINGER/C. WEYMANN), Kempten 1911ff².
Corpus Christianorum, series latina, Turnhout 1953ff.
(Corpus Hermeticum): NOCK, A. D./FESTUGIÈRE, A.-J., Corpus Hermeti-
     cum, Bd. I-IV, Paris 1945-1954.
CSCO: Corpus scriptorum christianorum orientalium, Paris 1903ff.
CSEL: Corpus scriptorum ecclesiasticorum latinorum, Wien 1866ff.
CRAMER Catenae: CRAMER, J. A., Catenae Graecorum Patrum in Novum
     Testamentum, Bd. I-VIII, Oxford 1838-1844.
CRUM Dictionary: CRUM, W. E., A Coptic Dictionary, Oxford 1939.
(Didaskalia): FUNK, F. X., Didascalia et Constitutiones Apostolorum, Bd.
     I/II, Paderborn 1905.
(Didaskalia): ACHELIS, H./FLEMMING, J. (Übers.), Die syrische Didaskalia,
     TU 25,2, Leipzig 1904.
DRAGUET, R., Index copte et grec-copte de la Concordance du Nouveau
     Testament Sahidique, CSCO 196, Louvain 1960.
DUENSING, H. (Übers.), Die dem Klemens von Rom zugeschriebenen Briefe
     über die Jungfräulichkeit, ZKG 63 (1950/51) 166-188.
FOERSTER Gnosis: FOERSTER, W. (Ed.), Die Gnosis. Bd. I: Zeugnisse der
     Kirchenväter. Bd. II: Koptische und mandäische Quellen, Zürich-
     Stuttgart, 1969/1971.

(Ephraem): MITCHELL, C. W. (Übers.), Ephraim's Prose Refutations, Bd. I/II, London 1912/1921.

GCS: Die griechischen Schriftsteller der ersten drei Jahrhunderte, Leipzig 1897ff.

GOODSPEED, E. J., Index Apologeticus, Leipzig 1912.

HARNACK, A., Kritik des Neuen Testaments von einem griechischen Philosophen des 3. Jh.s (Die im Apocritus des Macarius Magnes enthaltene Streitschrift), TU 37,4, Leipzig 1911.

HENNECKE-SCHNEEMELCHER Apokryphen: HENNECKE, E./SCHNEEMELCHER, W., Neutestamentliche Apokryphen, Bd. I/II, Tübingen 1968/1964.

(Hippolyt): BOTTE, D. B., La tradition apostolique de Saint Hippolyte, LQF 39, Münster 1963.

(Hippolyt): TILL, W./LEIPOLDT, J., Der koptische Text der Kirchenordnung Hippolyts, TU 58, Berlin 1954.

(Irenäus): HARVEY, W. W., Sancti Irenaei Libros quinque adversus Haereses, Bd. I/II, Cambridge 1857.

(Julianus Apostata): BIDEZ, J., L'empereur Julien. Oeuvres complètes, 1,1-2,2, Paris 1932-1964.

(Julianus Apostata): NEUMANN, K. J., Juliani imperatoris librorum contra Christianos quae supersunt, Leipzig 1880.

(Julianus Apostata): NEUMANN, K. J. (Übers.), Kaiser Julians Bücher gegen die Christen, Leipzig 1880.

KAHLE Bala'izah: KAHLE, P. E., Coptic Texts from Deir el-Bala'izah in Upper Egypt, London 1954.

KRAFT, H./FRÜCHTEL, U., Clavis Patrum Apostolicorum, Darmstadt 1963.

KROPP Zaubertexte: KROPP, A. M., Ausgewählte koptische Zaubertexte, Bd. 1-3, Brüssel 1930-31.

LAMPE Lexikon: LAMPE,G. W. H., A Patristic Greek Lexicon, Oxford 1968.

LEFORT,L.-Th., Concordance du Nouveau Testament Sahidique. I., CSCO 124, Louvain 1950.

LIDELL,H. G./SCOTT,R., A Greek-English Lexicon, Oxford 1973 [9].

LIPSIUS,R. A./BONNET,W., Acta Apostolorum Apocrypha, Bd. I/II, Leipzig 1891.

LIDZBARSKI, M. (Übers.), Ginza. Der Schatz oder das große Buch der Mandäer, Göttingen 1925.

LIDZBARSKI, M., Das Johannesbuch der Mandäer, Gießen 1905-1915.

(Meliton): LOHSE, B., Die Passa-Homilie des Bischofs Meliton von Sardes, Textus minores 24, Leiden 1958.

(Novum Testamentum): NESTLE, E., Novum Testamentum Graece, Stuttgart 1963 [25].

(Oden Salomos): BAUER, W., Die Oden Salomos, KlT 64, Berlin 1933.

(Origenes): LOMMATZSCH, C. H. E., Origenis Opera omnia, Bd. 1-25, Berlin 1831-1848.

PG: MIGNE, J. P., Patrologia Graeca, Paris 1857-1866.

PL: MIGNE, J. P., Patrologia Latina, Paris 1878-1890.

POLOTSKY, H. J., Manichäische Homilien. Mit einem Beitrag von IBSCHER, H., Stuttgart 1934.

POLOTSKY, H. J./BÖHLIG, A., Kephalaia, 1. Hälfte, mit einem Beitrag von IBSCHER, H., Stuttgart 1940.

(Septuaginta): RAHLFS, A., Septuaginta, Bd. I/II, Stuttgart 1962.

SC: Sources chrétiennes, edd. H. de LUBAC/J. DANIELOU, Paris 1941ff.

STEINDORFF, G., Koptische Grammatik, Berlin 1894.

STERN, L., Koptische Grammatik, Leipzig 1880.

TILL Grammatik: TILL, W., Koptische Grammatik, Leipzig 1961 ².
TILL, W., Koptische Dialektgrammatik; München 1961 ².
TISCHENDORF, K. von, Evangelia Apocrypha, Leipzig 1876 ².
VÖLKER Quellen: VÖLKER, W., Quellen zur Geschichte der christlichen Gnosis, SQS NF5, Tübingen 1932.
WESTENDORF Handwörterbuch: WESTENDORF, W., Koptisches Handwörterbuch, Heidelberg 1965ff.
WILMET, M., Concordance du Nouveau Testament Sahidique. II., 3 Bde., CSCO 173.183.185, Louvain 1957-1959.

2. LITERATUR

ADAM, A., Grundbegriffe des Mönchtums in sprachlicher Sicht, ZKG 65 (1953/54) 209-239.
ADAM Kirchenbegriff: ADAM, K., Der Kirchenbegriff Tertullians, FChLDG VI/4, Paderborn 1907.
ALAND, B., Marcion. Versuch einer neuen Interpretation, ZThK 70 (1973) 420-447.
ALÈS, A. d', Le ΠΡΕϹΒΥΤΗϹ de saint Irénée, REG 42 (1929) 398-410.
ALTANER-STUIBER Patrologie: ALTANER, B./STUIBER, A., Patrologie, Freiburg-Basel-Wien, 1966 ⁷.
ANDRESEN Kirchen: ANDRESEN, C., Die Kirchen der alten Christenheit, Stuttgart 1971.
ANDRESEN Logos: ANDRESEN, C., Logos und Nomos, AKG 30, Berlin 1955.
ANRICH Mysterienwesen: ANRICH, G., Das antike Mysterienwesen in seinem Einfluß auf das Christentum, Göttingen 1894.
AUNE Anti-Sacramentalism: AUNE, D. E., The Phenomenon of Early Christian ‚Anti-Sacramentalism', in: Festschr. A. P. WIKGREN (ed. D. E. AUNE), Suppl.NovTest 32, Leiden 1972, 194-214.
BAER Categories: BAER, R. A., Philo's Use of the Categories Male and Female, Leiden 1970.
BARDENHEWER Geschichte: BARDENHEWER, O., Geschichte der altchristlichen Literatur, Bd. I-V, Freiburg 1902-1932.
BARNS Covers: BARNS, J., Greek and Coptic Papyri from the Covers of the Nag Hammadi Codices: A Prelimanary Report, in: Festschr. P. LABIB (ed. M. KRAUSE), Nag Hammadi Studies 6, Leiden 1975, 9-18.
BARTH Interpretation: BARTH, C., Die Interpretation des Neuen Testaments in der valentinianischen Gnosis, TU 37,3, Leipzig 1911.
BARTSCH Ignatius: BARTH, H. W., Gnostisches Gut und Gemeindetradition bei Ignatius von Antiochien, BFChTh II 44, Gütersloh 1940.
BAUER Leben: BAUER, W., Das Leben Jesu im Zeitalter der neutestamentlichen Apokryphen, Tübingen 1909.
BAUER Rechtgläubigkeit: BAUER, W., Rechtgläubigkeit und Ketzerei im ältesten Christentum. Mit einem Nachtrag von G. STRECKER, BHTh 10, Tübingen 1964 ².
BAUMSTARK, C. A., Die Lehre des römischen Presbyters Florinus, ZNW 13 (1912) 306-319.
BAUR, F. Ch., Die christliche Gnosis oder die christliche Religions-Philosophie in ihrer geschichtlichen Entwicklung, Tübingen 1835.
BELTZ Adam-Apokalypse: BELTZ, W., Die Adam-Apokalypse aus Codex V von Nag Hammadi. Jüd. Bausteine in gnostischen Systemen, Hab. theol. Berlin (DDR) 1970.
BENOIT Baptême: BENOIT, A., Le baptême chrétien au second siècle, Paris 1953.

BENOIT Irénée: BENOIT, A., Saint Irénée, Paris 1960.

BEYSCHLAG Clemens: BEYSCHLAG, K., Clemens Romanus und der Frühkatholizismus, BHTh 35, Tübingen 1966.

BEYSCHLAG Simon: BEYSCHLAG, K., Simon Magus und die christliche Gnosis, WUNT 16, Tübingen 1974.

BEYSCHLAG, K., Kallist und Hippolyt, ThZ 20 (1964) 103-124.

BEYSCHLAG, K., Zur Simon-Magus-Frage, ZThK 68 (1971) 395-426.

BIANCHI, U. (Ed.), Le Origini dello Gnosticismo, Colloquio di Messina, 13-18 Aprile 1966, Studies in the History of Religion XII, Leiden 1967.

BIEDER, W., Zur Deutung des kirchlichen Schweigens bei Ignatius von Antiochia, ThZ 12 (1956) 28-43.

BLOND, G., L' „hérésie" encratite vers la fin du quatrième siècle, Science religieuse 32 (1943) 157-210.

BLUDAU, A., Die Schriftfälschungen der Häretiker, NTA 11,5, Münster 1925.

BLUM Rabbula: BLUM, G. G., Rabbula von Edessa. Der Christ, der Bischof, der Theologe, CSCO 300, Louvain 1969.

BLUM Tradition: BLUM, G. G., Tradition und Sukzession. Studien zum Normbegriff des Apostolischen von Paulus bis Irenäus, Berlin-Hamburg 1963.

BÖHLIG Mysterion: BÖHLIG, A., Mysterion und Wahrheit, Leiden 1968.

BÖHLIG Schule: BÖHLIG, A., Die griechische Schule und die Bibliothek von Nag Hammadi, in: A. BÖHLIG/F. WISSE, Zum Hellenismus in den Schriften von Nag Hammadi, Gött. Orientforsch. VI,2, Wiesbaden 1975, 9-53.

BÖHLIG, A., Zur Apokalypse des Petrus, in: Göttinger Miszellen 8 (1973) 11-13.

BORNEMANN, J., Die Taufe Christi durch Johannes in der dogmatischen Beurteilung der christlichen Theologen der vier ersten Jahrhunderte, Leipzig 1896.

BORST Katharer: BORST, A., Die Katharer, Schrift.Monum.Germ.Hist. 12, Stuttgart 1953.

BOUSSET Antichrist: BOUSSET, W., Der Antichrist, Göttingen 1895.

BOUSSET Apophthegmata: BOUSSET, W., Apophthegmata, Studien zur Geschichte des ältesten Mönchtums, Tübingen 1923.

BOUSSET Hauptprobleme: BOUSSET, W., Hauptprobleme der Gnosis, FRLANT 10, Göttingen 1907.

BOUSSET Schulbetrieb: BOUSSET, W., Jüdischer und christlicher Schulbetrieb in Alexandria und Rom, FRLANT NF 6, Göttingen 1915.

BOUSSET, W., Art. Gnosis, PW VII/2, 1503-1534.

BROUDÉHOUX Mariage: BROUDÉHOUX, J.-P., Mariage et Famille chez Clement d'Alexandrie, Theologie historique 2, Paris 1970.

BROWN, P., The Diffusion of Manichaeism in the Roman Empire, JRomS 59 (1969) 92-103.

BROX Irenäus: BROX, N., Offenbarung, Gnosis und gnostischer Mythos bei Irenäus von Lyon, Salzburg-München 1966.

BROX Suchen: BROX, N., Suchen und Finden. Zur Nachgeschichte von Mt 7,7b/Lk 11,9b, in: Festschr. J. SCHMID, ed. P. HOFFMANN, Freiburg etc. 1973, 17-36.

BROX Zeuge: BROX, N., Zeuge und Märtyrer. Untersuchungen zur frühchristlichen Zeugnis-Terminologie, München 1961.

BROX, N., Der einfache Glaube und die Theologie, Kairos 14 (1972) 161-187.

BROX, N., Gnostische Argumente bei Julianus Apostata, JAC 10 (1967) 181-186.

Brox, N., Nikolaos und Nikolaiten, VigChr 19 (1965) 23-30.

Bruckner Faustus: Bruckner, A., Faustus von Mileve, Basel 1901.

Bultmann Johannes: Bultmann, R., Das Evangelium nach Johannes, MeyerK II, Göttingen 1968 [19].

Burkitt Christianity: Burkitt, F. C., Early Christianity Outside The Roman Empire, Cambridge 1899.

Cadiou Jeunesse: Cadiou, R., La Jeunesse d'Origène. Histoire de l'école d'Alexandrie au début du IIIe siècle, Études de Theologie Historique 17, Paris 1936.

Campenhausen Amt: Campenhausen, H. Frh. von, Kirchliches Amt und geistliche Vollmacht in den ersten drei Jahrhunderten, BHTh 14, Tübingen 1963 [2].

Campenhausen Bibel: Campenhausen, H. Frh. von, Die Entstehung der christlichen Bibel, BHTh 39, Tübingen 1968.

Campenhausen Frühzeit: Campenhausen, H. Frh. von, Aus der Frühzeit des Christentums, Studien zur Kirchengeschichte des 1. und 2. Jahrhunderts, Tübingen 1963.

Campenhausen Idee: Campenhausen, H. Frh. von, Die Idee des Martyriums in der alten Kirche, Göttingen 1936.

Campenhausen Jungfrauengeburt: Campenhausen, H. Frh. von, Die Jungfrauengeburt in der Theologie der alten Kirche, SHA, Phil.-hist.Kl. 46,3, Heidelberg 1962.

Campenhausen, H. Frh. von, Das Bekenntnis im Urchristentum, ZNW 63 (1972) 210-253.

Carpenter, H. J., Popular Christianity and the Theologians in the Early Centuries, JThS NS 14 (1963) 294-310.

Casey, R. P., Two Notes on Valentinian Theology, HThR 23 (1930) 275-298.

Chadwick, H., The Silence of Bishops in Ignatius, HThR 43 (1950) 169-172.

Chadwick, H., Art. Enkrateia, RAC V 343-365.

Chênevert Église: Chênevert, J., S. J., L'Église dans le Commentaire d'Origène sur le Cantique des Cantiques, Bruxelles-Paris-Montréal 1969.

Colpe, C., Die religionsgeschichtliche Schule. Darstellung und Kritik ihres Bildes vom gnostischen Erlösermythos, FRLANT 78, Göttingen 1961.

Colpe, C., Heidnische, jüdische und christliche Überlieferung in den Schriften aus Nag Hammadi II, JAC 16 (1973) 106-126.

Corwin Ignatius: Corwin, V., St.Ignatius and Christianity in Antioch, New Haven 1960.

Dahl Erstgeborene: Dahl, N. A., Der Erstgeborene Satans und der Vater des Teufels (Polyk. 7,1 und Joh 8,44), in: Apophoreta, Festschr. E. Haenchen, BZNW 30, Berlin 1964, 70-84.

Decret Manichéisme: Decret, F., Aspects du Manichéisme dans l'Afrique romaine, Paris 1970.

Dölger Antike: Dölger, J., Antike und Christentum, Bd. I/II, Münster 1929/1930.

Dölger Sphragis: Dölger, F. J., Sphragis, Paderborn 1911.

Döllinger, I. von; Beiträge zur Sektengeschichte des Mittelalters, Bd. I/II, München 1890.

Dörries Wort: Dörries, H., Wort und Stunde, Bd. I, Göttingen 1966.

Doresse Books: Doresse, J., The Secret Books of the Egyptian Gnostics. An Introduction to the Gnostic Coptic Manuscripts discovered at Chenoboskion, London 1960.

Drijvers Bardaisan: Drijvers, H. J. W., Bardaisan of Edessa, Assen 1966.

DRIJVERS Bardaisaniten: DRIJVERS, H. J. W., Bardaisan, die Bardaisaniten und die Ursprünge des Gnostizismus, in: U. BIANCHI (Ed.), Le Origini dello Gnosticismo, Leiden 1967, 307-316.
EHRHARD Märtyrer: EHRHARD, A., Die Kirche der Märtyrer, München 1932.
ELSAS Weltablehnung: ELSAS, C., Neuplatonische und gnostische Weltablehnung in der Schule Plotins, Diss.theol. Göttingen 1971.
ELZE, M., Tatian und seine Theologie, FKDG 9, Göttingen 1960.
ELZE, M., Häresie und Einheit der Kirche im 2. Jahrhundert, ZThK 71 (1974) 389-409.
FAYE, E. de, Gnostiques et Gnosticisme, Paris 1925.
FENDT Mysterien: FENDT, L., Gnostische Mysterien. Ein Beitrag zur Geschichte des christlichen Gottesdienstes, München 1922.
FICKER Amphilochiana: FICKER, G., Amphilochiana, 1. Teil, Leipzig 1906.
FICKER, G., Rez. Burkitt: Urchristentum im Orient, ThL 32 (1907) 431-433.
FISCHER Christus: FISCHER, K. M., Der johanneische Christus und der gnostische Erlöser, in: TRÖGER Gnosis, 245-266.
FLIEDNER Florinus: FLIEDNER, F., Die ketzergeschichtlichen Angaben des Agapius und das System des Presbyters Florinus, Diss.theol. Münster 1935.
FOERSTER Valentin: FOERSTER, W., Von Valentin zu Herakleon. Untersuchungen über die Quellen und die Entwicklung der valentinianischen Gnosis, BZNW 7, Gießen 1928.
FREND Church: FREND, W. H. C., The Donatist Church. A Movement of Protest in Roman North Africa, Oxford 1952.
FREND Martyrdom: FREND, W. H. C., Martyrdom and Persecution in the Early Church, Oxford 1965.
FREND, W. H. C., The Gnostic Sects and the Roman Empire, JEH 5 (1954) 25-37.
FREND, W. H. C., The Gnostic-Manichaean Tradition in Roman North Africa, JEH 4 (1953) 13-26.
FUNK Jakobus: FUNK, W.-P., Die zweite Apokalypse des Jakobus aus Nag-Hammadi-Codex V. Neu herausgegeben und kommentiert, Diss.theol. Berlin (DDR) 1971 (erscheint als TU Bd. 119).
FUNK, W., Ein doppelt überliefertes Stück spätägyptischer Weisheit, ZÄS (1976) 8-21.
GAFFRON Apologie: GAFFRON, H.-G., Eine gnostische Apologie des Auferstehungsglaubens, in: Festschr. H. SCHLIER (edd. G. BORNKAMM/K. RAHNER), Freiburg-Basel-Wien 1970, 218-227.
GAFFRON Studien: GAFFRON, H.-G., Studien zum koptischen Philippusevangelium unter besonderer Berücksichtigung der Sakramente, Diss. theol. Bonn 1969.
GEFFCKEN Apologeten: GEFFCKEN, J., Zwei griechische Apologeten, Leipzig-Berlin 1907.
GEORGI Gegner: GEORGI, D., Die Gegner des Paulus im zweiten Korintherbrief, WMANT 11, Neukirchen 1964.
GIBBONS Commentary: GIBBONS, J. A., A Commentary on the Second Logos of the Great Seth, Diss.phil. Yale 1972.
GIVERSEN Solomon: GIVERSEN, S., Solomon und die Dämonen, in: Festschr. A. BÖHLIG (ed. M. KRAUSE), Nag Hammadi Studies 3, Leiden 1972, 16-21.
GRANT Testament: GRANT, R. M., After the New Testament, Philadelphia 1967.
GRANT, R. M., Notes on Gnosis, VigChr 11 (1957) 145-151.

GRUBER Ophiten: GRUBER, J. N., Die Ophiten, Diss.theol. Würzburg 1864.
HAENCHEN Botschaft: HAENCHEN, E., Die Botschaft des Thomas-Evangeliums, Theol. Bibl. 6, Berlin 1961.
HAENCHEN, E., Das Buch Baruch. Ein Beitrag zum Problem der christlichen Gnosis, ZThK 50 (1953) 123-158.
HAENCHEN, E., Literatur zum Thomasevangelium, ThR 27 (1961/62) 147-178, 306-338.
HANSON Tradition: HANSON, R. P. C., Origen's Doctrine of Tradition, London 1954.
HANTSCH, H., Die ‚Abrenuntiatio' im Taufritus und die Mönchsprofess, ihre Beziehungen zueinander und zu zeitgenössischen Rechtsanschauungen, Österr. Arch. f. Kirchenrecht, 11 (1960) 161-189.
HARNACK Dogmengeschichte: HARNACK, A., Lehrbuch der Dogmengeschichte, Bd. I-III, Tübingen 1909 [4].
HARNACK Ertrag: HARNACK, A. v., Der kirchengeschichtliche Ertrag der exegetischen Arbeiten des Origenes, Teil I/II, TU 42,3.4, Leipzig 1918/19.
HARNACK Litteratur: HARNACK, A., Geschichte der altchristlichen Litteratur bis Eusebius, Bd. I/II,1.2, Leipzig 1893-1904.
HARNACK Marcion: HARNACK, A. von, Marcion: Das Evangelium vom fremden Gott, TU 45, Leipzig 1924 [2].
HARNACK Maruta: HARNACK, A., Der Ketzer-Katalog des Bischofs Maruta von Maipherkat, TU 19, Leipzig 1899.
HARNACK Mission: HARNACK, A. von, Die Mission und Ausbreitung des Christentums in den ersten drei Jahrhunderten, Bd. I/II, Leipzig 1924 [4].
HARNACK Mönchthum: HARNACK, A., Das Mönchthum. Seine Ideale und seine Geschichte, Gießen 1886 [3].
HARNACK Petrus: HARNACK, A. von, Petrus im Urteil der Kirchenfeinde des Altertums, in: Festg. K. MÜLLER, Tübingen 1922, 1-6.
HARNACK Pistis-Sophia: HARNACK, A., Über das gnostische Buch Pistis-Sophia, TU 7,2, Leipzig 1891.
HARNACK Presbyter-Prediger: HARNACK, A., Der Presbyter-Prediger des Irenäus (IV,27,1-32,1), in: Philothesia. Festschr. P. KLEINERT, Berlin 1907, 3-37.
HARNACK Quellenkritik: HARNACK, A., Zur Quellenkritik der Geschichte des Gnostizismus, Leipzig 1873.
HARNACK Terminologie: HARNACK, A. von, Die Terminologie der Wiedergeburt, TU 42/3, Leipzig 1918.
HARNACK, Rez. Bousset: HARNACK, A., Rez. W. BOUSSET, Hauptprobleme der Gnosis, ThL 33 (1908) 10-13.
HAUCK Stellung: HAUCK, F., Die Stellung des Urchristentums zu Arbeit und Geld, BFCh Th 2,3, Gütersloh 1921.
HEINRICI Schrift: HEINRICI, G., Die valentinianische Gnosis und die heilige Schrift, Berlin 1871.
HELLMANNS Wertschätzung: HELLMANNS, W., Wertschätzung des Martyriums als eines Rechtfertigungsmittels in der altchristlichen Kirche bis zum Anfang des vierten Jahrhunderts, Breslau 1912.
HENRICHS, A., Mani and the Babylonian Baptists: A Historical Confrontation, Harvard Studies in Classical Philology, 77 (1973) 23-59.
HENRICHS, A./KOENEN, L., Ein griechischer Mani-Codex, ZPE 5 (1970) 97-221.
HEUSSI Ursprung: HEUSSI, K., Der Ursprung des Mönchthums, Tübingen 1936.

HILGENFELD Ketzergeschichte: HILGENFELD, A., Die Ketzergeschichte des Urchristentums, Leipzig 1884.

HIRSCHBERG Simplices: HIRSCHBERG, M., Studien zur Geschichte der simplices in der Alten Kirche, Diss.theol. Berlin 1944.

HOCKEL Erstgeborene: HOCKEL, A., Christus der Erstgeborene. Zur Geschichte der Exegese von Kol. 1,15, Düsseldorf 1965.

HOLL Aufsätze: HOLL, K., Gesammelte Aufsätze zur Kirchengeschichte, II: Der Osten, Tübingen 1928.

HOLZAPFEL Wertung: HOLZAPFEL, H., Die sittliche Wertung der körperlichen Arbeit im christlichen Altertum, Würzburg 1941.

HORNSCHUH Anfänge: HORNSCHUH, M., Die Anfänge des Christentums in Ägypten, Diss.theol. Bonn 1959.

HORNSCHUH Studien: HORNSCHUH, M., Studien zur Epistula Apostolorum, Patr.Text.Stud. 5, Berlin 1965.

JONAS Gnosis: JONAS, H., Gnosis und spätantiker Geist, Teil 1/2,1, FRLANT 51.63, Göttingen 1964 [3], 1966 [2].

KÄSEMANN Versuche: KÄSEMANN, E., Exegetische Versuche und Besinnungen, Bd. I/II, Göttingen 1965.

KASSER, R., Les deux Apocalypses de Jacques, RThPh (3. ser.) 18 (1968) 163-186.

KASSER, R., Textes Gnostiques. Remarques à propos des éditions récentes du livre secret de Jean et des apocalypses de Paul, Jacques et Adam, Muséon 78 (1965) 71-98.

KASSER, R., Textes Gnostiques. Nouvelles remarques a propos des apocalypses de Paul, Jacques et Adam, Muséon 78 (1965) 299-306.

KATTENBUSCH Symbol: KATTENBUSCH, F., Das Apostolische Symbol II: Verbreitung und Bedeutung des Taufsymbols, Leipzig 1900.

KECK Baptist: KECK, L. E., John the Baptist in Christianized Gnosticism, in: C. J. BLEEKER (Ed.), Initiation, Supp.Numen 10, Leiden 1965, 184-194.

KETTLER Sinn: KETTLER, F. H., Der ursprüngliche Sinn der Dogmatik des Origenes, BZNW 31, Berlin 1966.

KIPPENBERG, H. G., Versuch einer soziologischen Verortung des antiken Gnostizismus, Numen 17 (1970) 211-231.

KIRSTEN Taufabsage: KIRSTEN, H., Die Taufabsage, Berlin 1960.

KOCH Pronoia: KOCH, H(al), Pronoia und Paideusis. Studien über Origenes und sein Verhältnis zum Platonismus, AKG 22, Berlin-Leipzig 1932.

KOCH Cathedra: KOCH, H(ugo), Cathedra Petri. Neue Untersuchungen über die Anfänge der Primatslehre, BZNW 11, Gießen 1930.

KOCH, H., Zum Lebensgange des Origenes und des Heraklas, ZNW 25 (1926) 278-282.

KOCH Virgo Eva: KOCH, H., Virgo Eva — Virgo Maria, AKG 25, Berlin-Leipzig 1937.

KOCH Virgines: KOCH, H., Virgines Christi. Die Gelübde der gottgeweihten Jungfrauen in den ersten drei Jahrhunderten, TU 31,2, Leipzig 1907.

KOCH, H., Taufe und Askese in der alten ostsyrischen Kirche, ZNW 12 (1911) 37-69.

KOSCHORKE Hippolyt: KOSCHORKE, K., Hippolyt's Ketzerbekämpfung und Polemik gegen die Gnostiker. Eine tendenzkritische Untersuchung seiner ,,Refutatio omnium haeresium'', Göttinger Orientforschungen VI,4, Wiesbaden 1975.

KOSCHORKE, K., Die ,,Namen'' im Philippusevangelium. Beobachtungen zur Auseinandersetzung zwischen gnostischem und kirchlichem Christentum, ZNW 64 (1973) 307-322.

Koschorke Polemik: Koschorke, K., Die Polemik der Gnostiker gegen das kirchliche Christentum. Skizziert am Beispiel des Nag-Hammadi-Traktates Testimonium Veritatis, in: Gnosis and Gnosticism (ed. M. Krause), Nag Hammadi Studies 8, Leiden 1977, 43-49.

Koschorke, K., Eine gnostische Pfingstpredigt. Zur Auseinandersetzung zwischen gnostischem und kirchlichem Christentum am Beispiel der „Epistula Petri ad Philippum" (NHC VIII,2), ZThK 74 (1977) 323-343.

Koschorke, K., „Suchen und Finden" in der Auseinandersetzung zwischen gnostischem und kirchlichem Christentum, WuD N.F. 14 (1977) 51-65.

Koschorke, K., Der gnostische Traktat „Testimonium Veritatis" aus dem Nag-Hammadi-Codex IX. Eine Übersetzung, ZNW 69 (1978).

Köster-Robinson Entwicklungslinien: Köster, H., - Robinson, J. M., Entwicklungslinien durch die Welt des frühen Christentums, Tübingen 1971.

Kraft Gemeinschaftsleben: Kraft, H., Gnostisches Gemeinschaftsleben, Diss.theol. Heidelberg 1950.

Kraft, H., Gab es einen Gnostiker Karpokrates? ThZ 8 (1952) 434-443.

Krämer, H. J., Der Ursprung der Geistmetaphysik, Amsterdam 1964.

Krause Petrusakten: Krause, M., Die Petrusakten in Codex VI von Nag Hammadi, in: Festschr. A. Böhlig (ed. M. Krause), Nag Hammadi Studies 3, Leiden 1972, 36-38.

Krause Verhältnis: Krause, M., Das literarische Verhältnis des Eugnostosbriefes zur Sophia Jesu Christi, in: Mullus. Festschr. T. Klauser, JAC Erg. 1, 215-223.

Krause, M., Zur Bedeutung des Handschriftenfundes von Nag Hammadi für die Koptologie, Orientalia Lovaniensia Periodica 6/7 (1975/76) 329-338.

Kretschmar Auferstehung: Kretschmar, G., Auferstehung des Fleisches. Zur Frühgeschichte einer theologischen Lehrformel, in: Festschr. H. Thielicke (edd. B. Lohse/H. P. Schmidt), Tübingen 1968, 101-137.

Kretschmar, G., Ein Beitrag zur Frage nach dem Ursprung frühchristlicher Askese, ZThK 61 (1964) 27-67.

Kroll Lehren: Kroll, J., Die Lehren des Hermes Trismegistos, Münster 1914.

Kunze Glaubensregel: Kunze, J., Glaubensregel, Heilige Schrift und Taufbekenntnis, Leipzig 1899.

Labriolle, P. de, La Réaction paienne. Étude sur la polémique antichrétienne du Ier au VIe siècle, Paris 1934.

Lampe Seal: Lampe, G. W. H., The Seal of the Spirit, London-New York-Toronto 1951.

Langerbeck Aufsätze: Langerbeck, H., Aufsätze zur Gnosis. Aus dem Nachlaß hrsg. von H. Dörries, AAG phil.-hist.Kl. III 69, Göttingen 1967.

Leipoldt, J., Das „Evangelium der Wahrheit", ThL 82 (1958) 825-834.

Leipoldt Schenute: Leipoldt, J., Schenute von Atripe, TU 25, Leipzig 1903.

Liechtenhan Offenbarung: Liechtenhan, R., Die Offenbarung im Gnosticismus, Göttingen 1901.

Liechtenhan, R., Untersuchungen zur koptisch-gnostischen Litteratur, ZwTh 44 (1901) 236-253.

Lietzmann Geschichte: Lietzmann, H., Geschichte der alten Kirche, Bd. I-IV, Berlin 1961 ⁴.

Lipsius Epiphanios: Lipsius, R. A., Zur Quellenkritik des Epiphanios, Wien 1865.

LIPSIUS Quellen: LIPSIUS, R. A., Die Quellen der ältesten Ketzergeschichte, Leipzig 1875.

LOHSE Askese: LOHSE, B., Askese und Mönchthum in der Antike und in der alten Kirche, München-Wien 1969.

LOEWENICH Johannes: LOEWENICH, W. von, Das Johannes-Verständnis im zweiten Jahrhundert, BZNW 13, Gießen 1932.

LUDWIG Primatworte: LUDWIG, J., Die Primatworte Matth. 16,18.19 in der altkirchlichen Exegese, NTA 19,4, Münster 1952.

MACRAE Soul: MACRAE, G. W., A Nag Hammadi Tractate on the Soul, in: Ex Orbe Religionum. Studia Geo Widengren oblata, Leiden 1972, 471-479.

MALONE Monk: MALONE, E. E., The Monk and the Martyr, in: B. STEIDLE (Ed.), Antonius Magnus Eremita, Rom 1956, 201-228.

MICHEL, O., ,,Diese Kleinen" — eine Jüngerbezeichnung Jesu, ThStKr NF 3 (1937/38) 301-415.

MONTEFIORE-TURNER Thomas: MONTEFIORE, H./TURNER, H. E. W., Thomas and the Evangelists, London 1962.

MÜLLER Beiträge: MÜLLER, K(arl), Beiträge zum Verständnis der valentinianischen Gnosis, NGG 1920 (Hist.-phil.Kl.) 179-241.

MÜLLER Ehelosigkeit: MÜLLER, K., Die Forderung der Ehelosigkeit für alle Getauften in der alten Kirche, SgV 126, Tübingen 1927.

MUNCK, J., Untersuchungen über Klemens von Alexandria, FKGG 2, Stuttgart 1933.

MÉHAT Clement: MÉHAT, A., Étude sur les ,Stromates' de Clément d'Alexandrie, Paris 1966.

NAGEL Motivierung: NAGEL, P., Die Motivierung der Askese in der alten Kirche und der Ursprung des Mönchtums, TU 95, Berlin 1966.

NIEDERWIMMER Freiheit: NIEDERWIMMER, K., Die Freiheit des Gnostikers nach dem Philippusevangelium, in: Verborum Veritas, Festschr. G. STÄHLIN, Wuppertal 1970, 361-370.

NESTLE, W., Die Haupteinwände des antiken Denkens gegen das Christentum, ARW 37 (1941/42) 51-100.

PAGELS Gospel: PAGELS, E., The Johannine Gospel in Gnostic Exegesis. Heracleon's Commentary on John, SBL Monograph Series 17, Nashville-New York 1973.

PAGELS, E., ,,The Mystery of the Resurrection": A Gnostic Reading of 1 Corinthians 15, JBL 93 (1974) 276-288.

PAGELS, E., The Valentinian Claim to Esoteric Exegesis of Romans as Basis for Anthropological Theory, VigChr 26 (1972) 241-258.

PAGELS, E., A Valentinian Interpretation of Baptism and Eucharist and its Critique of ,Orthodox' Sacramental Theology and Practice, HThR 65 (1972) 153-169.

PEARSON Warnings: PEARSON, B. A., Anti-Heretical Warnings in Codex IX from Nag Hammadi, in: Festschr. P. LABIB (ed. M. KRAUSE), Nag Hammadi Studies 6, Leiden 1975, 145-154.

PEARSON Traditions: PEARSON, B., Jewish Haggadic Traditions in The Testimony of Truth from Nag Hammadi, CG IX,3, in: Ex Orbe Religionum. Studia Geo Widengren oblata, Leiden 1972, 458-470.

PEARSON, B., Did the Gnostics curse Jesus?, JBL 86 (1967) 301-305.

PEEL Rheginos: PEEL, M. L., The Epistle to Rheginos. A Valentinian Letter on the Resurrection, Philadelphia 1969.

PIANA, G. la, The Roman Church at the End of the Second Century, HThR 18 (1925) 201-277.

POSCHMANN Paenitentia: POSCHMANN, B., Paenitentia secunda. Die kirchliche Buße im ältesten Christentum bis Cyprian und Origines, Bonn 1940.
QUASTEN Patrology: QUASTEN, J., Patrology, Bd. I-III, Utrecht-Brussels 1950-1960.
QUISPEL, G., Gnosis als Weltreligion, Zürich 1951.
QUISPEL, G., La lettre de Ptolémée à Flora, VigChr 11 (1948) 17-56.
QUISPEL, G., La conception de l'homme dans la gnose valentinienne, ErJb XV (1947) 249-286.
PREISKER, H., Christentum und Ehe in den ersten drei Jahrhunderten, Berlin 1927.
PRESTIGE, G. L., Fathers and Heretics, London 1948.
PUECH, H. Ch./QUISPEL, G., Le quatrième écrit du Codex Jung, VigChr 9 (1955) 65-102.
RAHNER, H., Antenna Crusis II. Das Meer der Welt, ZKTh 66 (1942) 89-118.
RANKE-HEINEMANN Mönchtum: RANKE-HEINEMANN, U., Das frühe Mönchtum. Seine Motive nach den Selbstzeugnissen, Essen 1964.
REILING Hermas: REILING, J., Hermas and Christian Prophecy. A Study of the Eleventh Mandate, Leiden 1973.
REITZENSTEIN Historia: REITZENSTEIN, R., Historia Monachorum und Historia Lausiaca. Eine Studie zur Geschichte des Mönchtums und der frühchristlichen Begriffe Gnostiker und Pneumatiker, FRLANT 24, Göttingen 1916.
REITZENSTEIN, R., Die hellenistischen Mysterienreligionen nach ihren Grundgedanken und Wirkungen, Leipzig-Berlin 1927[3].
ROBINSON, J. M., The Facsimile Edition of the Nag Hammadi Codices: Introduction, Leiden 1972.
ROBINSON, J. M., Inside the Front Cover of Codex VI, in: Festschr. A. BÖHLIG (ed. M. KRAUSE), Nag Hammadi Studies 3, Leiden 1972, 74-87.
ROTHENHÄUSLER, M., Die Anfänge der klösterlichen Profeß, Benediktische Monatszeitschrift 4 (1922) 21-28.
ROTHENHÄUSLER, M./OPPENHEIM, P., Art. Apotaxis, RAC I, 558-564.
RUDOLPH Mandäer: RUDOLPH, K., Die Mandäer, Bd. I/II, FRLANT 74.75, Göttingen 1960/61.
RUDOLPH Manichäismus: RUDOLPH, K., Gnosis und Manichäismus nach den koptischen Quellen, in: Koptologische Studien in der DDR, WZ Halle-Wittenberg 3 (1965), Ges.Spr.wiss.R. 6, 156-190.
RUDOLPH, K., Gnosis und Gnostizismus, ein Forschungsbericht, ThR NF 34 (1969) 121-175.181-231.358-361; 36 (1971) 1-61. 89-124, 37 (1972) 289-360.
RUDOLPH Mani-Codex: RUDOLPH, K., Die Bedeutung des Kölner Mani-Codex für die Manichäismusforschung, in: Mélanges d'histoire des religions offerts à H.-C. PUECH, Paris 1974, 471-486.
RUDOLPH, K., Randerscheinungen des Judentums und das Problem der Entstehung des Gnostizismus, Kairos 9 (1967) 105-122.
RUDOLPH, K., Das Christentum in der Sicht der mandäischen Religion, WZ Leipzig 7 (1957/58), Ges.Spr.wiss.R. 5, 651-659.
SAGNARD, F.-M., La Gnose valentinienne et le Témoignage de Saint Irénée, Paris 1947.
SÄVE-SÖDERBERGH Psalm-Book: SÄVE-SÖDERBERGH, T., Studies in the Coptic Manichaean Psalm-Book, Uppsala 1949.
SÄVE-SÖDERBERGH Scriptures: SÄVE-SÖDERBERGH, T., Holy Scriptures or Apologetical Documentations? The „Sitz im Leben" of the Nag Ham-

madi Library, in: J.-E. MENARD (Ed.), Les textes de Nag Hammadi, Nag Hammadi Studies 7, Leiden 1975, 3-14.

SÄVE-SÖDERBERGH Traditions: SÄVE-SÖDERBERGH, T., Gnostic and Canonical Gospel Traditions, in: U. BIANCHI (Ed.), Le Origini dello Gnosticismo, Leiden 1967, 552-562.

SALZBERGER Tempelbau: SALZBERGER, G., Salomos Tempelbau und Thron in der semitischen Sagenliteratur, Berlin 1912.

SEIPEL Lehren: SEIPEL, I., Die wirtschaftsethischen Lehren der Kirchenväter, Wien 1907.

SIEBER, J. H., An Introduction to the Tractate Zostrianos from Nag Hammadi, NovTest 15 (1973) 233-240.

SOHM Kirchenrecht: SOHM, R., Kirchenrecht, Bd. I, Leipzig 1892.

SCHAEDER, H. H., Der Manichäismus und sein Weg nach Osten, in: Festschr. F. GOGARTEN (ed. H. RUNTE), Gießen 1948, 236-254.

SCHÄFER Primat: SCHÄFER, K. T., Der Primat Petri und das Thomas-Evangelium, in: Festschr. J. KARD.FRINGS (edd. W. CORSTEN/A. FROTZ/P. LINDEN), Köln 1960, 353-363.

SCHENKE Gnosis: SCHENKE, H.-M., Die Gnosis in: J. LEIPOLDT/W. GRUNDMANN (Ed.), Umwelt des Urchristentums, Bd. I, Berlin 1967 ², 371-415.

SCHENKE Petrusapokalypse: SCHENKE, H.-M., Bemerkungen zur Apokalypse des Petrus, in: Festschr. P. LABIB (ed. M. KRAUSE), Nag Hammadi Studies 6, Leiden 1975, 277-285.

SCHENKE Relevanz: SCHENKE, H.-M., Die Relevanz der Kirchenväter für die Erschließung der Nag-Hammadi-Texte, in: Das Korpus der griech.-christlichen Schriftsteller, TU 120, Berlin 1977, 209-218.

SCHENKE System: SCHENKE, H.-M., Das sethianische System nach Nag-Hammadi-Handschriften, in: P. NAGEL (Ed.), Studia Coptica, Berlin (DDR) 1974, 165-172.

SCHENKE, H.-M., Auferstehungsglaube und Gnosis, ZNW 59 (1968) 123-126.

SCHENKE, H.-M., Zur Faksimile-Ausgabe der Nag-Hammadi-Schriften. Die Schriften des Codex VII, ZÄS 102 (1975) 123-138.

SCHENKE, H.-M., Rez. BÖHLIG/LABIB, Koptisch-gnostische Apokalypsen ..., OLZ 61 (1966) 23-34.

SCHENKE, H.-M., Der Jakobusbrief aus dem Codex Jung, OLZ 66 (1971) 117-130.

SCHENKE, H.-M., Rez. MALININE/PUECH/QUISPEL et.al.: De resurrectione, OLZ 60 (1965) 471-478.

SCHENKE, H.-M., Nag-Hammadi-Studien III, ZRGG 14 (1962) 352-361.

SCHENKE, H.-M., Sprachliche und exegetische Probleme in den beiden letzten Schriften des Codex II von Nag Hammadi, OLZ 60 (1975) 5-13.

SCHILLING Eigentum: SCHILLING, O., Reichtum und Eigentum in der altkirchlichen Literatur, Freiburg 1908.

SCHLIER Untersuchungen: SCHLIER, H., Religionsgeschichtliche Untersuchungen zu den Ignatiusbriefen, BZNW 8, Gießen 1929.

SCHMIDT Gespräche: SCHMIDT, C., Gespräche Jesu mit seinen Jüngern nach der Auferstehung, TU 43, Leipzig 1919.

SCHMIDT Schriften: SCHMIDT, C., Gnostische Schriften in koptischer Sprache aus dem Codex Brucianus, TU 8,1.2, Leipzig 1892.

SCHMIDT, C., Die Urschrift der Pistis Sophia, ZNW 24 (1925) 218-240.

SCHMITHALS Korinth: SCHMITHALS, W., Die Gnosis in Korinth, FRLANT 66, Göttingen 1965 ².

SCHNEEMELCHER, W., Paulus in der griechischen Kirche des zweiten Jahrhunderts, ZKG 75 (1964) 1-20.

SCHOLER, D.-M., Nag Hammadi Bibliography 1948-1969, Leiden 1971.
SCHOTTROFF Animae: SCHOTTROFF, L., Animae naturaliter salvandae: Zum Problem der himmlischen Herkunft des Gnostikers, in: W. ELTESTER (Ed.), Christentum — Gnosis, BZNW 37, Berlin 1969, 65-97.
SCHOTTROFF Glaubende: SCHOTTROFF, L., Der Glaubende und die feindliche Welt, WMANT 37, Neukirchen-Vluyn 1970.
SCHRAGE Verhältnis: SCHRAGE, W., Das Verhältnis des Thomas-Evangeliums zur synoptischen Tradition und zu den koptischen Evangelienübersetzungen, BZNW 28, Berlin 1964.
SCHWARTZ Aporien: SCHWARTZ, E., Aporien im vierten Evangelium, NGG 1908 (Phil.-hist.Kl.), 115-188.
SCHWEIZER Matthäus: SCHWEIZER, E., Das Evangelium nach Matthäus, NTD 2, Göttingen 1973 [13].
SPEYER, W., Zu den Vorwürfen der Heiden gegen die Christen, JAC 6 (1963) 129-135.
STAATS, R., Ogdoas als ein Symbol für die Auferstehung, VigChr 26 (1972) 29-52.
STEIN, E., Alttestamentliche Bibelkritik in der späthellenistischen Literatur, Collectanea Theologica 16 (1935) 38-83.
STORK Melchisedekianer: STORK, H., Die sogenannten Melchisedekianer, Leipzig 1928.
STRECKER Pseudoklementinen: STRECKER, G., Das Judenchristentum in den Pseudoklementinen, TU 70, Berlin 1958.
STROMBERG Taufe: STROMBERG, A. Frh. von, Studien zur Theorie und Praxis der Taufe in der christlichen Kirche der ersten zwei Jahrhunderte, Berlin 1913.
STORY Nature: STORY, C., The Nature of Truth in ,,The Gospel of Truth" and in the Writings of Justin Martyr, SupplNovTest 25, Leiden 1970.
STURHAHN, C. L., Die Christologie der ältesten apokryphen Apostelakten, Diss.theol. Heidelberg o.J. (= 1952).
TILL, W., Die Gnosis in Ägypten, La Parola del Passato X (1949) 230-249.
THOMAS, J., Le mouvement baptiste en Palestine et Syrie (150 av. J.-C. — 300 ap. J.-C.), Gembloux 1935.
TRÖGER Gnosis: TRÖGER, K.-W., (Ed.) Gnosis und Neues Testament, Berlin 1973.
TURNER Pattern: TURNER, H. E. W., The Pattern of Christian Truth, London 1954.
TURNER Thomas: TURNER, J. D., The Book of Thomas the Contender from Codex II of the Cairo Gnostic Library from Nag Hammadi. Introduction and Commentary, Diss.Duke Univ. 1970.
TURNER Tradition: TURNER, J. D., A New Link in the Syrian Judas Thomas Tradition, in: Festschr. A. BÖHLIG (ed. M. KRAUSE), Nag Hammadi Studies 3, Leiden 1972, 109-119.
UNNIK Kirche: UNNIK, W. C. van, Die Gedanken der Gnostiker über die Kirche, in: J. GIBLET (Ed.), Vom Christus zur Kirche, Wien 1966, 223-238.
UNNIK, W. C. van, The Newly Discovered Gnostic ,Epistle to Rheginos' on the Resurrection: I, JEH 15 (1964) 141-167.
VILLER-RAHNER Aszese: VILLER, R./RAHNER, K., Aszese und Mystik in der Väterzeit, Freiburg 1939.
VÖLKER Gnostiker: VÖLKER, W., Der wahre Gnostiker nach Clemens Alexandrinus, TU 57, Berlin 1952.

Völker Vollkommenheitsideal: Völker, W., Das Vollkommenheitsideal des Origenes, BHTh 7, Tübingen 1931.
Vööbus Celibacy: Vööbus, A., Celibacy. A Requirement for Admission to Baptism in the Early Syrian Church, Stockholm 1951.
Vööbus History: Vööbus, A., History of Ascetism in the Syrian Orient. Vol. I/II, CSCO 184. 197, Louvain 1958/60.
Wagenmann Stellung: Wagenmann, J., Die Stellung des Apostels Paulus neben den Zwölf in den ersten zwei Jahrhunderten, BZNW 3, Gießen 1926.
Walls, A. F., The References to Apostles in the Gospel of Thomas, NTS 7 (1960/61) 266-270.
Weigandt Doketismus: Weigandt, P., Der Doketismus im Urchristentum und in der theologischen Entwicklung des zweiten Jahrhunderts, Diss.theol. Heidelberg 1961.
Weiss Paulus: Weiss, H.-F., Paulus und die Häretiker. Zum Paulusverständnis in der Gnosis, in: W. Eltester (Ed.), Christentum und Gnosis, BZNW 37, Berlin 1969, 116-128.
Werner Paulinismus: Werner, J., Der Paulinismus des Irenaeus, TU 6,2, Leipzig 1889.
Werner Entstehung: Werner, M., Die Entstehung des christlichen Dogmas, Bern-Tübingen 1953 [2].
Widengren Mani: Widengren, G., Mani und der Manichäismus, Stuttgart 1961.
Wilson Gnosis: Wilson, R. McL., Gnosis und Neues Testament, Stuttgart 1971.
Wisse Sethians: Wisse, F., The Sethians and the Nag Hammadi Library in: L. C. McGauphy (Ed.), Proceedings of the 108th Annual Meeting of the SBL, Bd. II, Montana 1972, 601-607.
Wisse Sextus: Wisse, F., Die Sextus-Sprüche und das Problem der gnostischen Ethik, in: A. Böhlig/F. Wisse, Zum Hellenismus in den Schriften von Nag Hammadi, Gött. Orientforschungen VI,2, Wiesbaden 1975, 55-86.
Wisse, F., The Nag Hammadi Library and the Heresiologists, VigChr 25 (1971) 205-223.
Wisse, F., The Redeemer Figure in the Paraphrase of Shem, NovTest 12 (1970) 130-140.
Wlosok, A., Laktanz und die philosophische Gnosis, AAH Phil.hist.Kl. 1960/62, Heidelberg 1960/61.
Wuttke Melchisedech: Wuttke, G., Melchisedech der Priesterkönig von Salem, BZNW 5, Gießen 1927.
Zahn Forschungen: Zahn, Th., Forschungen zur Geschichte des ntl.n Kanons, VI. Teil, Leipzig 1900.
Zahn Geschichte: Zahn, Th., Geschichte des ntl.n. Kanons, Bd. I/II, Erlangen-Leipzig 1888-1892.
Zscharnack Frau: Zscharnack, L., Der Dienst der Frau in den ersten Jahrhunderten der christlichen Kirche, Göttingen 1902.

INDEX

1. TEXTE (in Auswahl)

a. *Gnostische Originaltexte*

b. *Häresiologische, allgemein-christliche sowie außerchristliche Literatur*
(s. auch 2: ,,Personen, Gruppen'')

2. PERSONEN, GRUPPEN (in Auswahl)

3. SACHEN (in Auswahl)